Günter Jena

„Das gehet meiner Seele nah"

Das Buch

Die Matthäuspassion von Johann Sebastian Bach – eines der „Wunder" der abendländischen Musik – wird jedes Jahr in ungezählten Konzerten vor einem riesigen Publikum aufgeführt. Günter Jena hat sie lange Jahre nahezu jedes Jahr meist mehrmals dirigiert. Seine Einsichten und Erfahrungen gibt er in diesem Buch an alle weiter, die sich damit als aktive Musiker und als Musikliebhaber beschäftigen. Er führt in dieses Gipfelwerk der Musik ein und gibt aus reicher Kenntnis Denkanstöße dafür, was Musik und Theologie der Matthäuspassion heute bedeuten können. „Ich will die Hörer nicht belehren, sie wissen und hören letztlich ebensoviel wie ich. Aber die Hörer mögen ihr Empfinden vertiefen, wenn sie lesend an meinem teilhaben. Ich möchte sie auf einem Gang durch die Passion begleiten – wie bei einem Streifzug durch ein Museum." Das Buch folgt der Gliederung des Werks. Nach einem großen Kapitel über den „Eingangschor" geht der Autor in je einem Kapitel auf die 27 Szenen ein, in die Bach selbst die Passion gegliedert hat. Er beschreibt Musik und Text und deutet beide auf faszinierende Weise. Ein Werk, das viele Menschen bewegt und beschäftigt – wird so neu lebendig. „Uns interessiert, was die *Matthäuspassion* uns bedeutet. Anders kann ich mir die tiefe und weltumspannende Wirkung der Passion nicht vorstellen. Wir nehmen Anteil an den Personen der Passion, weil wir uns wiedererkennen in ihnen. Die Bachsche Passion lebt, weil ihre Musik Fragen, Konflike und Ängste so lebendig schildert, daß wir uns nicht entziehen können, auch wenn sie von Dingen spricht, die wir nicht wahrhaben wollen und daher verdrängen."

Der Autor

Günter Jena, geboren 1933 in Leipzig. Besuch der Thomasschule, Studium der Musikwissenschaft, Psychologie und Philosophie in Berlin, dann an der Musikhochschule in München Dirigieren und Orgel. Nachdem er 1974 Kirchenmusikdirektor an St. Michaelis in Hamburg wurde, regelmäßige Aufführung der Oratorien Bachs.

Günter Jena

„Das gehet meiner Seele nah"

Bachs Matthäuspassion

Mit 14 Abbildungen und 69 Notenbeispielen

Bibliografische Information der Deutschen Nationalbibliothek
Die Deutsche Nationalbibliothek verzeichnet diese Publikation
in der Deutschen Nationalbibliografie; detaillierte bibliografische
Daten sind im Internet über http://dnb.dnb.de abrufbar.

Erstausgabe: Piper-Verlag 1993
Notensatz: Frédéric Braun, Hamburg
Notengraphik: Heike Maibaum, Hamburg
Satz: Uwe Steffen, München

© 2017 Günter Jena
Umschlaggestaltung, Herstellung und Verlag:
BoD – Books on Demand
ISBN 978-3-7448-0558-2

Inhalt

Einleitung

Bei einer kleinen Premierenfeier nach dem Ballett *Skizzen zur Matthäuspassion* fragte eine junge Sängerin aus meinem Chor den Choreographen John Neumeier, warum er dem Tänzer des Judas im Lauf des Stückes auch die Rolle des später auftretenden Pilatus übertragen habe. Er soll – wohl ein wenig unwillig – geantwortet haben:»Der stand gerade so herum.«

Mag sein, daß Bach auf die Frage, warum er seine *Matthäuspassion* mit dem völlig ungewöhnlichen Apparat von zwei Orchestern, zwei Chören und jeweils vier Solisten aus diesen beiden Ensembles ausgestattet hat, auch geantwortet hätte:»Die standen gerade so herum.« Immerhin hatte Bach nur am Karfreitagnachmittag, an dem die *Matthäuspassion* aufgeführt wurde, alle seine Musiker an einem Ort zur Verfügung, die er sonst zur Gottesdienstzeit auf vier verschiedene Leipziger Kirchen aufteilen mußte.

Ich weiß nicht, ob unsere junge Sängerin später über die Antwort Neumeiers stutzig geworden ist, als sie im vollständigen *Matthäuspassions*-Ballett erleben mußte, daß Jesus selbst, nachdem er mit einer Auferstehungsgebärde vom Kreuz herabgestiegen ist, sich in die Schar der anderen Tänzer einreiht.

Nun, Bach hat's nicht anders gehalten. Denn der autographe Stimmenbefund belegt völlig eindeutig, daß der Sänger des Jesus bei ihm auch andere Stücke gesungen hat, darunter zwei Arien, eine gleichsam nach seinem eigenen Tod, und beide mit Texten, die man Jesus kaum in den Mund legen kann.

Diese Tatsache gehört zu den Dingen, die ich längst wußte, aber lange Jahre nicht beachtete. Plötzlich brachte ich sie mit einem anderen Umstand in Verbindung (ich spreche in der vierten Szene des ersten Teils darüber), und nun ergab sich für mich eine völlig neue und aufregende Erfahrung.

Solche immer wieder neuen, oft überraschenden Erfahrungen haben sich im Lauf der Jahre, in denen ich die *Matthäuspassion* dirigiere, viele angesammelt. Dennoch scheue ich mich, sie zu formulieren, weil sie offenkundig noch nicht zu einem Ende gelangt sind. Jede neue Aufführung, jedes neue Studium läßt mich bisher Unbekanntes entdecken, alte Auffassungen korrigieren. Er»fahren« meint ja wohl, daß man etwas durch forschendes Reisen kennenlernt. Doch wann kann eine solche Fahrt, einer Pilgerschaft gleich, ans Ziel gelangen, da doch offenbar das Land der Erforschung unendlich weit ist? Jede neue Erfahrung, jede neue Erkenntnis, jede Antwort gebieren neue Fragen, neue Rätsel. Schließlich wird man bescheiden und beginnt, scheu vor zu schnellen, erklärenden Antworten, die Fragen zu lieben.

So fasse ich Mut zum Vorläufigen und danke allen, die mir bisher geholfen haben, Erfahrungen mit dem Werk zu sammeln. Sicher zuerst meinem Lehrer Karl Richter, dem Bach-Dirigenten voller Intuition und Spannung. Sein Ernst hat meine ersten, meine Kindheitseindrücke in der Leipziger Thomaskirche verstärkt, hier vor etwas ganz Besonderem zu stehen. Als er mir nach einem Vorspiel – ich war wohl nicht besonders gut an diesem Tag – einmal nur sagte:»Und so spielen Sie, obwohl Sie wissen, daß ich in dieser Woche die *Matthäuspassion* dirigiere!«, war dies für mich der schwerste Tadel während meines ganzen Studiums.

Dank vor allen anderen meinen Chorsängerinnen und Chorsängern, voran denen des Hamburger St.-Michaelis-Chors. Sie waren am unmittelbarsten und intensivsten an dieser Er»fahrung« beteiligt und haben geduldig manches Experimentieren ertragen. Dank allen Instrumentalisten meiner Aufführungen, voran dem einfühlsamen Konzertmeister und großartigen Geiger Thomas Brandis. Er beweist immer erneut, daß Musizieren nur gelingen kann im Hören auf andere; nie begleitet das Orchester etwa die Christus-Worte so sensibel, wie wenn er am ersten Pult sitzt. Dank allen Gesangssolisten, mit deren verschiedenen Stimmen und Auffassungen ich große Vielfalt der Interpretation kennenlernte; hier besonders Peter Schreier, dem prägenden Evangelisten unserer Aufführungen. Er ist gewiß derjenige, der die schwierige und schmale Gratwanderung zwischen Erzählung und Anteilnahme, zwischen Parlando und Espressivo am souveränsten beherrscht. In ganz besonderer Verbundenheit schließlich danke ich dem besessenen, nachdenklich-ernsten und tiefdeutenden Choreographen John Neumeier, mit dem ich das Werk ganz anders als je vorher neu studierte und erlebte: Oft kann ich heute (auch in diesem Buch) nicht anders, als Dinge, die mich in der Passion bewegen, mit *seinen* Bildern beschreiben. Von ganzem Herzen Dank auch an diejenigen, die beim Entstehen dieses Buches geholfen haben. Voran dem Verleger Klaus Piper – ohne seine Ermunterung hätte ich mich nie ans Werk gemacht – und seinen Lektoren Klaus Stadler und Uwe Steffen – sie haben mit großem Sachverstand und Engagement das Entstehen des Buches begleitet. Schließlich Dank an Hans Joachim Marx, Hans Christoph Worbs, Bernhard Stockmann, Gerhard Schuler, Eva-Maria Spiller und Hannelore Krömer (allesamt Hamburg) für Auskünfte und das Beschaffen beziehungsweise Verifizieren von Zitaten; meinem Sohn Stefan Jena für die gleichen Hilfen und für das Lesen von Korrekturen.

*

Häufig sagen mir Hörer nach einem Konzert: »Ich verstehe nichts von Musik, aber ich liebe sie.« Ich antworte dann gern: »Was ist Ihnen in Ihrem Leben wichtiger, daß Sie jemanden lieben oder daß Sie ihn verstehen?« Ich denke, das erste, aber auch das Wichtigste einem Kunstwerk wie einem Menschen gegenüber ist, daß man berührt, daß man fasziniert ist, daß ein Funke überspringt – wie beim Verlieben: unerklärlich zuerst, ja fremd oft und erschreckend. Vor allem Begreifen steht das Ergriffensein.

»Mit nichts kann man ein Kunst-Werk so wenig berühren als mit kritischen Worten: es kommt dabei immer auf mehr oder minder glückliche Mißverständnisse heraus. Die Dinge sind alle nicht so faßbar und sagbar, als man uns meistens glauben machen möchte; die meisten Ereignisse sind unsagbar, vollziehen sich in

einem Raume, den nie ein Wort betreten hat, und unsagbarer als
alles sind die Kunst-Werke, geheimnisvolle Existenzen, deren
Leben neben dem unseren, das vergeht, dauert«, ... und »Kunst-
Werke sind von einer unendlichen Einsamkeit und mit nichts so
wenig erreichbar als mit Kritik. Nur Liebe kann sie erfassen und
halten und kann gerecht sein gegen sie«, schreibt Rainer Maria
Rilke in seinen wunderbaren Briefen an den jungen Herrn Kap-
pus[1].

Aber jedem Liebenden wohnt der Wunsch inne, den Geliebten, Gegenstand oder Mensch, kennenzulernen, jede Faser von
ihm zu erforschen und – »wes das Herz voll ist, des geht der
Mund über« – über ihn zu sprechen, auch wenn es nicht mehr
als ein Stammeln sein kann. Der Verliebte brennt in dem Wunsch,
andere an seinem Glück teilnehmen zu lassen, anderer Begeiste-
rung an den Wundern zu erwecken oder zu bestätigen, die er
selbst erfahren hat. Von »Sezieren« und »Geheimnisse entrei-
ßen« sprachen Autoren noch zu Anfang des Jahrhunderts, im Tau-
mel wohl der ersten Ahnungen von Bachs tiefgründiger Größe.
Von solchem Mut, solchem Hochmut sind wir weit entfernt. Liebende wissen, daß man Leben nicht sezieren kann, ohne es zu
töten. So reizt gerade das Unerforschte, Unerwartete, immer wieder Neue und Lebendige des Kunstwerks, seine »geheimnisvolle
Existenz«, die man nicht »greifen«, nicht »begreifen«, letztlich
nicht analysieren kann, in die man aber gern eindringen möchte.
Solcher Umgang führt nicht zu arroganter, falscher Selbstsicher-
heit, sondern dazu, daß man sich immer noch mehr wundert.

In Proben versuche ich, meinem Chor Musik so nahezubrin-
gen, wie ich sie erlebt und erfahren habe. Dabei müssen, weil
doch die meisten Dinge eigentlich »unsagbar« sind, bisweilen
Fabeln oder persönliche Erlebnisse zur Verdeutlichung helfen.
Man kann Musik beschreiben, oder man kann Musik in fremde
Bilder, andere Chiffren übertragen. Beides geschieht in diesem
Buch. Die Beschreibung birgt die Gefahr jeder Abstrahierung:
Sie entläßt uns schnell aus unseren eigenen verwirrten Gefühlen
und unserer Anteilnahme. Außermusikalische Bilder beschwö-
ren das Mißverständnis herauf, Bach habe dies oder jenes so
»gemeint«. Wenn ich Bilder – etwa die Farben zur Charakteri-

sierung der Tonarten oder Gebärden zur Beschreibung von Motiven – in meinem Buch zu Hilfe nehme, so sollen sie natürlich gleichnishaft verstanden werden. Den Sinn der Musik selbst nennen, ihre Bedeutung begreifen – als könne man herausgehen aus der Welt der Bilder und Bedeutungen und das Endgültige sagen –, das können wir wohl nicht. Das Geheimnis bleibt geheimnisvoll, das Rätsel bleibt rätselhaft. Aber wenn man sich zwingt, bisweilen genau hinzusehen, nur um zu erzählen, was geschieht, so ist man dem Wunder schon nähergekommen. Und wenn man Bilder wie in einer Art Transsubstantiation in andere Bilder verwandelt, in Gleichnisse anderer Sinnessphären versetzt, so kann es geschehen, daß sich Türen öffnen und immer neue Wunder offenbar werden.

Es ist nicht mein wichtigstes Anliegen, den Hörer zu belehren – unser Wissen um das inkommensurable Werk wird ohnehin Stückwerk bleiben. Auch denke ich, der Hörer empfindet ebenso viel und tief wie ich. Aber wie plötzlich Dankbarkeit für unsere Gesundheit uns erfüllt, wenn wir einen Kranken sehen; wie uns vielleicht plötzlich die Einsicht durchfährt, einen Menschen sehr zu lieben, wenn wir zwei Menschen sich umarmen sehen, so mag der Hörer sein Empfinden vertiefen, wenn er lesend an meinem teilhat.

Ich möchte den Hörer auf einem Gang durch die *Matthäuspassion* begleiten. Wie bei einem ersten Streifzug durch ein Museum: Es ist völlig unmöglich, vor jedem Bild stehenzubleiben und sich in seinen Anblick zu vertiefen. Die großen, atemberaubenden Darstellungen, die besonderen Momente lassen uns verweilen. Manchmal aber auch Kleineres, vielleicht Marginales, auf das ein zufälliger oder verliebter Blick fällt.

Um technische Schwierigkeiten oder interpretatorische Probleme zu bewältigen, gibt es in der Musikausübung zwei Wege: die Möglichkeit, mit Etüden (derer es für alle Instrumente hervorragend durchdachte gibt) losgelöst vom musikalischen Zusammenhang, gleichsam abstrakt zu üben; oder die andere Möglichkeit, auftretende Schwierigkeiten an der Musik selbst zu bewältigen. Den zweiten Weg scheint Bach gegangen zu sein, denn in den für den Unterricht seiner Söhne überlieferten Mu-

sikstücken sind die Probleme mit steigender Schwierigkeit so
eingebaut, daß sie gleichsam nebenbei gelöst werden und allemal
die Musik im Vordergrund steht. Auch ich will alles Grundsätzliche, alles, was der Hörer wissen sollte, bevor er sich einer ge-
naueren Betrachtung widmet, nicht losgelöst, als vorweggenommene »Etüde«, besprechen. Ich werde es vielmehr immer dort
erklären, wo der musikalische Ablauf es zum erstenmal nahelegt.
Nirgends kann der Leser den Ariadnefaden leichter aufnehmen, der später den Weg durch das Labyrinth der vielfältigen
Formen, Stimmungen und Bedeutungen zeigen soll, als im Eingangschor. Dieser gleicht einer gewaltigen Ouvertüre, in der bereits viel thematisches Material und nahezu alle tonartlichen Farben enthalten sind, die später entfaltet werden. So beschreibe ich
relativ detailliert seinen Ablauf und verweile dort schon bei vielen grundsätzlichen Fragen, die uns im Verlauf der *Matthäuspassion* immer wieder begegnen. Da aber manche prinzipiellen
Fragen erst im Lauf der Betrachtung auftauchen und ich sie dann
erst aufgreife, ergeben sich ungleiche Gewichtungen: Die Formen der ersten Arien bespreche ich ausführlicher und detaillier-
ter als die der folgenden; auf deklamatorische Besonderheiten
in den Rezitativen des Evangelisten gehe ich nur beispielsweise
ein.

Musikalische Fachwörter suche ich zu vermeiden. Es bedeutet
auch für den Musiker eine heilsame Schule, sich der Bedeutung
der Fachvokabeln erneut zu versichern, indem er sie ausspart
oder übersetzt. Dennoch konnte ich ihren Gebrauch nicht völlig
umgehen, wenn ich nicht zu umständlichen Umschreibungen
greifen wollte. Insbesondere verwende ich der Kürze wegen
einige selten gebrauchte Vokabeln aus der Figurenlehre des Barocks. Ein Verzeichnis der von mir verwendeten Fachwörter findet sich im Glossar (S. 336).

Es ist natürlich immer nützlich, wenn der Hörer einen Kla-
vierauszug oder eine Taschenpartitur zur Hand hat. Das Buch ist
aber so ausführlich mit Notenbeispielen ausgestattet, daß dies
zum Verständnis nicht unbedingt erforderlich ist.

Bach setzt in der Überschrift seiner Partitur die Bemerkung
»a due cori« (im Partiturverlauf auch etwa »Aria di primi chori«).

Darunter ist bei Bach immer das ganze Ensemble, also Solisten, Chor und Orchester, zu verstehen. Ich übernehme der Einfachheit die italienische Bezeichnung »coro«, wenn ich das Ensemble meine, und spreche vom »Chor«, wenn ich den Sängerchor meine.

Bach hat seine Notenhandschriften nicht, wie heute üblich, mit durchgehender Numerierung der einzelnen Sätze versehen. Die Herausgeber der *Neuen Bach-Gesamtausgabe*[2] haben – wie mir scheint, richtig – entschieden, die Numerierung abweichend vom *Bach-Werkverzeichnis*[3] und allen bisherigen Editionen[4] so durchzuführen, daß immer zusammengehörige Evangeliumsabschnitte (unabhängig davon, ob in ihnen Besetzungswechsel enthalten sind) mit einer Nummer und einzelne Neubesetzungen darin lediglich mit untergliedernden Buchstaben a – b – c versehen sind. Rezitative (Accompagnati) und Arien erhalten wie bisher jeweils eigene Nummern. Um die Benutzung beider Notenausgaben zu erleichtern, ist in diesem Buch an erster Stelle die Numerierung der *Neuen Bach-Ausgabe* (abgekürzt: NBA), an zweiter Stelle die ältere der anderen Verlage (zitiert als: BWV) angeführt.

Bach verteilt den Passionstext des *Matthäusevangeliums*, die Kapitel 26 und 27, ungleichmäßig auf die beiden Passionsteile. An Stellen, die ihm offenbar bedeutungsvoll erschienen, unterbricht er den biblischen Bericht und schaltet, insgesamt 27mal, einen Choral oder eine, oft von einem Rezitativ eingeleitete, Arie ein. So entstehen 27 Szenen, die ich als Einteilung meiner Buchabschnitte übernehmen will. Es gibt unzählige Vorschläge für andere Gliederungen, etwa in 24 Szenen[5] oder in sechs Kantatenzyklen[6]. Alle solche Einteilungen enthalten bereits Elemente der Interpretation, sei es nach tonartlichen, textlichen oder anderen Zusammenhängen. Ich will hier nichts deuten und halte mich daher an die von Bach selbst vorgenommene Gliederung des Textes. Freilich, daß jede Gliederung, die den Fluß der Musik in überschaubare Abschnitte teilt, dem tatsächlichen Strömen der Musik nur höchst mangelhaft gerecht wird, davon später. »Zuletzt steht es recht willkürlich ums Einteilen der Zeit und nicht viel anders, als zöge man Linien ins Wasser, man kann sie so

ziehen und auch wieder so, und während man zieht, läuft schon
wieder alles zur weiten Einheit zusammen« (Thomas Mann[7]).
Viel mehr als aus Aufsätzen oder Büchern habe ich bei meiner
Entdeckungsfahrt von Bach selbst gelernt. Bach läßt nämlich
durch zahlreiche Verknüpfungen von Motiven, Tonarten, Proportionen und Zahlen einen Organismus entstehen, in dem – so empfindet man – beinahe jedes zu jedem in Beziehung steht, sich
gegenseitig kommentiert und erklärt. Das ist ähnlich wie beim
Menschen. Ich habe mir sagen lassen, daß ein menschliches Gehirn aus mindestens 100 Milliarden Zellen besteht, von denen
eine jede bis zu 10 000 Informationsstränge zu anderen Zellen
anknüpft. Es ist nicht vorstellbar, daß in einem derart komplexen
Gebilde auch nur annähernd alle gegenseitigen Abhängigkeiten
und Verbindungen aufgefunden werden könnten. Dennoch fühlt
man sich gedrängt, Vernetzungen nachzuspüren.
    So wie es beispielsweise spannend und erhellend ist, zu erfahren, daß unsere Geruchsnerven direkt, noch vor Erreichen
einer bewußten Wahrnehmung, mit einem für unsere Gefühle
wichtigen Teil des Gehirns, dem limbischen System, verkoppelt
sind und folglich keine Chance besteht, mit unserem Verstand
zu bestimmen, was oder wen wir »riechen« können, so fördert
es gewiß unser Verstehen, wenn wir hören, wie Bach etwa durch
gleiche Tonarten oder thematische Verwandtschaft unterschiedliche, scheinbar weit auseinanderliegende Stücke und Aussagen
verbunden hat.
    Letztlich stellt sich die Frage nach dem Schöpfungsakt. Viel
Vor- und Irrationales, viel Intuition, ja Instinkt geht wohl in jedes
Kunstwerk ein; ererbte Erfahrungen also, die frühere Generationen gespeichert hatten. Kunstwerke scheinen in jenem seltsamen
Reich zu entstehen, von dem die neue Chaostheorie so Spannendes zu berichten weiß. Durch ein Netz komplizierter Beziehungen, durch ständige Rückkopplungen entsteht ein so komplexes
Gebilde, daß die Muster – von »Ordnung« mag man nicht mehr
sprechen – grundsätzlich nicht berechenbar, im einzelnen nachvollziehbar und erklärbar sind. So mag – um den berühmten
»Schmetterlingseffekt« zu zitieren – der Flügelschlag eines Falters auf einem Kontinent einen Hurrikan in einem anderen Erd-

teil auslösen: Kleine, im Detail unbekannte Anfangsbedingungen schaukeln sich durch unvorhersehbare Entwicklungen zu gigantischer Wirkung auf. Zwei typische Eigenschaften solcher »chaotischen« Nichtlinearität sind ihre »Selbstähnlichkeit« – so etwa sehen Ausschnitte eines Küstenstreifens, ständig vergrößert, sich selbst auffallend ähnlich – und ihre »Selbstorganisation« – so entsteht durch vervielfachende Verästelung, die etwa mit zwei auf einem Computer ständig wiederholten schlichten Anweisungen veranlaßt wird, aus einer einfachen geometrischen Figur ein komplexer »Baum«, der in all seinen Verzweigungen auffallend sich selbst ähnlich ist und damit der Natur gleicht. Höchste, undurchschaubare Komplexität des Ergebnisses ist zustande gekommen durch fortlaufende Anwendung einfachster Regeln. »Es wurde mir immer klarer, daß Selbstähnlichkeit nicht etwa nur irgendeine uninteressante Eigenschaft ist, sondern ein mächtiges Mittel zum Hervorbringen von Gestalten«, schreibt Benoit Mandelbrot, der Urvater der Chaostheorie[8].

Auch bei Bach ist es offenbar prinzipiell aussichtslos, alle bestehenden Verknüpfungen aufzudecken und erklären zu wollen, denn alles hat alles beeinflußt. Auch in seiner Musik hören wir deutlich »Selbstähnlichkeit«. Wer hätte diese geheimnisvolle, kaum erklärbare Ähnlichkeit aller Bachschen Musik mit sich selbst nicht schon wahrgenommen, für die wir die Bezeichnung »Personalstil« geprägt haben. Auch in seiner Musik haben wir immer wieder den Eindruck, alles sei in allem enthalten, jeder Teil sei Abbild des Ganzen, entstanden durch ständige Neuprägung aus einem Grundmuster – gleicht doch, wie gesagt, der Eingangschor einer gewaltigen Monade, aus der sich dann drei Stunden Musik entfalten. Die Komplexität Bachscher Musik ist so verwunderlich, daß wir der Äußerung von Robert Schumann zustimmen möchten, Bach habe »millionenmal mehr gewußt, als wir vermuten«[9].

Neben solchen Vernetzungen können uns beim Studium der *Matthäuspassion* Erkenntnisse helfen, die wir aus Bachs autographen Notenschriften gewinnen, oder seine leider nur höchst spärlich überlieferten direkten Äußerungen. Schließlich tragen Erklärungen in zeitgenössischen, insbesondere musiktheoretischen Schriften zum Verständnis der Passion bei, wenn wir auch nur selten gewiß sein können, daß Bach sie tatsächlich gekannt hat. Denn wir besitzen zwar eine »Specificatio der Verlassenschaft des am 28. Juli 1750 seelig verstorbenen Herrn Johann Sebastian Bach«, darin eine Aufstellung »An geistlichen Büchern«, die sich im Besitz Bachs befunden hatten. Der Kenntnis seiner theologischen Fachbücher verdanken wir manche Einsicht[10]. Die musiktheoretischen Bücher der Bachschen Bibliothek aber sind in dieser Aufstellung nicht enthalten. Wir müssen mutmaßen, daß sie vor der Erbteilung bereits unter den Musikerkindern verteilt waren.

»Der Komponist offenbart das innerste Wesen der Welt und spricht die tiefste Weisheit aus, in einer Sprache, die seine Vernunft nicht versteht; wie eine magnetische Somnambule Aufschlüsse gibt über Dinge, von denen sie wachend keinen Begriff hat«, schreibt Arthur Schopenhauer[11]. Sosehr wir uns herauszufinden bemühen, was Bach selbst gekannt und gedacht hat: er ist für uns nicht der einzige Deuter seines Werkes. Es muß erlaubt sein, sich Bachs Musik zu vergegenwärtigen, denn ein jedes Kunstwerk hat Gegenwart in jeder Zeit. Wie ein Kind nicht einfach das ontogenetische Produkt seiner Eltern ist, sondern phylogenetisch in sich Informationen von Jahrtausenden speichert und sich zu einem eigenen Wesen entwickelt, so ist ein Kunstwerk eine lebendige Existenz, deren Wurzeln »tief in den Brunnen der Vergangenheit« (Thomas Mann) reichen, tiefer noch als zum eigenen Schöpfer.

Und wie die Natur geheimnisvollerweise in ihren Organen, die doch nur zur Bewältigung gegenwärtiger Aufgaben gebildet wurden, Fähigkeiten auch entwickelt und bereitstellt, die sie erst Jahrtausende später in Anspruch nehmen wird (so waren in den Flossen der Meeresbewohner die Flügel längst vorgebildet, bevor das erste Wesen sich damit in die Luft erhob; so denken manche Forscher, unser Stirnhirn, dem in größeren Abschnitten, in seinen »stummen Zonen«, keine Funktion zugeschrieben werden kann, werde in späteren Zeitläuften noch neue Bedeutung erhalten), wie also Natur weit über den Tag hinaus vorsorgt, so scheint Bachs Musik für Gedanken offen zu sein, die erst in un-

serer Zeit zur Bedeutung gelangen; Wirkungen also, die selbst
dem Schöpfer nicht bewußt gewesen sein können. Ein Kunstwerk ist ein Lebewesen, das unter veränderten Umständen seine
Wahrheiten bewahrt, aber in veränderten Zeiten auch neue Wahrheiten zu befördern vermag. Von Bachs Werk gilt das in besonderer Weise, denn es umspannt in seiner geistigen und musikalischen Substanz Jahrhunderte: Von der Welt pythagoreischen
und platonischen Musikdenkens, von der Welt antiker Rhetorik
über die Welt mystischer Gotik, über Gedanken jüdischer Kabbala bis zum ausgeweiteten schweifenden Tonartenverständnis
der Romantik und bis zur Zwölftontechnik Arnold Schönbergs
reicht seine die Zeiten umspannende Musik.
Wir neigen dazu, unsere Erfahrungen absolut zu setzen. Ähnlich aber, wie unsere Sinne uns nur einen winzigen Ausschnitt
der ganzen Realität erleben lassen (wir sehen, hören, riechen
sogar weniger als andere Geschöpfe und haben von der Existenz
vieler Dinge nur durch Meßverfahren Kenntnis, die weit über
menschliche Wahrnehmung hinausgehen), so können wir an
großen Kunstwerken (die der Natur in ihrer Fülle ähnlich sind)
nur wahrnehmen, wofür unser Leben uns die Sinne entwickelt
und geschärft hat. Der Mitwirkende bei der Uraufführung oder
Felix Mendelssohn Bartholdy, der das Werk nach 100 Jahren
wieder ans Licht zog, oder jeder Hörer mit anderen Glaubens-
und Hörvoraussetzungen wird andere, eigene Erfahrungen mit
dem Stück (gehabt) haben. Solch unterschiedliche Erfahrungen
mögen einander widersprechen, gegenseitig ausschließen müssen sie sich nicht. Das gehört zur Größe von Kunstwerken, daß
sie in ihrer Vielschichtigkeit deutbar bleiben und jeder Nach-
geborene auch nur den Teil für sich erfahren kann, der seinen
Lebenserfahrungen entspricht. »Es ist das Paradox aller Rezeption, daß der nichts erfährt, der noch nichts erfahren hat«,
schreibt Hans Blumenberg in seinem Buch über die *Matthäuspassion*[12].
So, glaube ich, sind meine Gedanken weniger verbindlich als
meine Erfahrungen (der Leser wird zu unterscheiden wissen und
mir vielleicht in mancher Beobachtung noch folgen, wo er die
Schlußfolgerungen nicht mehr akzeptieren mag). Ja, ich scheue

nicht den Vorwurf, auch »modernes« Gedankengut in die Betrachtung einzubringen, Überlegungen, die einem Hörer, einem Theologen oder Musiker des 18. Jahrhunderts tatsächlich fremd waren. Bachs Musik umgreift die Jahrhunderte, und letztlich interessiert uns nicht, was die Passion dem Hörer vergangener Jahrhunderte, ja nicht einmal, was sie ihrem Schöpfer bedeutet hat. Uns interessiert, was die *Matthäuspassion* uns bedeutet.

Anders kann ich mir die tiefe und weltumspannende Wirkung der Passion nicht vorstellen: Wir nehmen Anteil an den Personen der Passion, weil wir uns wiedererkennen in ihnen. Ihre Fassungslosigkeit, ihre Hilflosigkeit; ihre Abhängigkeit von und ihre Angst vor anderen Menschen; ihre Indoktrinierung; ihre Flucht in die Lüge; ihre hitzköpfige Unüberlegtheit; ihre blauäugigen Vorsätze und nicht einzuhaltenden Versprechungen; ihre Sehnsucht nach Geborgenheit und Angenommenwerden; ihre Furcht vor Schmerzen, ihre Angst vor dem Tod – all dies gehört auch zu unserem Leben. Die Bachsche Passion lebt, weil ihre Musik Fragen, Konflikte und Ängste so lebendig schildert, daß wir uns nicht entziehen können, auch wenn sie von Dingen spricht, die wir nicht wahrhaben wollen und daher verdrängen. Wir sind bewegt von der Musik und der großen Geschichte, die sie schildert. Und es gilt, was die Sängerin am Ende der Passion singt:

Das gehet meiner Seele nah.

Erfahrungen durch die Jahrhunderte

Die *Matthäuspassion* ist ein Gipfel. Dieser »Montblanc« (so nannte der Hannoveraner Bischof Hanns Lilje Bachs Werk) steht, »als ob er von Anfang an gewesen wäre«, nicht in platter Ebene, sondern in einer Landschaft von Hügeln[13]. Aber durch seine Größe ist er einsam, und der Blick auf die Hügel taugt wenig, seine unerreichbare Höhe und Klarheit zu erfassen. Die gewachsene Landschaft der umgebenden Hügel, sosehr sie Anteil hat an ihrem herausragenden Gipfel, erklärt ihn nicht. Freilich – viele Erscheinungen oder Merkmale der Bachschen Passion, manche auch, die dem unbefangenen Blick als ureigene Bachsche Idee erscheinen mögen, sind vor oder neben ihm schon vorhanden.

Immer wurde die Passionsgeschichte, wie jedes andere Evangelium auch, in der Kirche auf einem Rezitationston gelesen. Schon früh, spätestens im 13. Jahrhundert, wurde die Verlesung auf mehrere Sänger aufgeteilt, dazu verschiedene Tonhöhen und Vortragsweisen festgelegt, die die Betreffenden charakterisierten: Der Evangelist sollte »celeriter«, flüssig erzählend, singen; Jesus »tenere«, gehalten und tief; alle übrigen Figuren der Passion »sursum«, höher. So, »choraliter«, wurde die Passion auch noch zur Bach-Zeit im Vormittagsgottesdienst des Karfreitags in der Leipziger Thomaskirche gesungen.

Bald wurde der einstimmigen Erzählung responsorisch eine mehrstimmige Vertonung aller Volkschöre, auch der einzelnen Personen, hinzugefügt, bald der ganze Text mehrstimmig durchkomponiert. Eine zusammenfassende Überschrift »Exordium«, eine abschließende Zusammenfassung »Conclusio« wurden hinzugefügt. In dieser Tradition stehen Heinrich Schütz' Passionen (Spätwerke allesamt eines Hochbetagten).

All solche Traditionen wurden von Generation zu Generation selbstverständlich übernommen und durch die Jahrhunderte beibehalten. Wir erkennen sie in Bachs Vertonung wieder. 1723 trat Bach seine Stelle in Leipzig an. Kurz zuvor (nämlich in Sankt Thomas 1721, in anderen Leipziger Kirchen schon 1717) wurden dort »oratorische Passionen« eingeführt: durchkomponierte große Musikwerke, die ihre musikalischen Quellen auch stark aus der italienischen und französischen Opernmusik bezogen. Als Textgrundlage behielten sie das Evangelium bei, das nur in freien madrigalischen Dichtungen ausgelegt und »andächtig« bedacht wurde. Ihren Platz konnten diese Passionsvertonungen nur in den liturgisch weniger geprägten Nachmittagsgottesdiensten finden.

Eine noch weitergehende Entfernung vom liturgisch Gebundenen vollzog sich in anderen Städten mit dem »Passionsoratorium«, bei dem auch die Bibeltexte frei umgedichtet waren. Die vielfach vertonte berühmteste Passionsdichtung war die des Hamburger Ratsherrn Barthold Heinrich Brockes. Neben anderen vertonten Georg Philipp Telemann, Georg Friedrich Händel und Johann Mattheson diesen Text. Händels Komposition hat Bach, gewiß für seinen eigenen Gebrauch, abgeschrieben[14]. Der Text seiner eigenen *Johannespassion* weist in acht Sätzen unverkennbare Anklänge an diese Brockes-Dichtung auf. Wie aber können wir uns glücklich preisen, daß diese Passionsform nicht Bachs Wohlwollen fand. Sie scheint auch in der konservativen Leipziger Kirche nicht gelitten gewesen zu sein. So bleibt uns in der großen Musik Bachs im Evangelium das große Deutsch Martin Luthers erhalten.

Man macht sich eine völlig falsche Vorstellung vom Umfeld Bachs, wenn man meint, die kirchliche, liturgisch gebundene Musik sei sein »Endzweck« gewesen, und er habe gleichsam in klösterlicher Abgeschiedenheit die Strömungen der Zeit nicht wahrgenommen oder nicht wahrnehmen wollen. Dies mag für sein letztes Lebensjahrzehnt zutreffen und für die esoterischen Spätwerke, mit denen er sich wohl bewußt resignierend von den modischen Strömungen der Zeit absetzte. Keinesfalls gilt das für seine Existenz als »Capellmeister« und »Director Musices«

(wie er zu unterschreiben pflegte). Mit Oper und Ballett war Bach nachweislich bereits als Schüler in Verbindung gekommen: Er besuchte von der Lüneburger Lateinschule aus den Celler Hof und hat dort zumindest Musik Jean-Baptiste Lullys kennengelernt. Später zeugen mannigfache Abschriften besonders italienischer und französischer Musik von der Breite seines Interessenspektrums. Und Opern hat er spätestens in Dresden wieder gehört, das er mehrmals von Leipzig aus besuchte. Der Besuch einer Erstaufführung Johann Adolf Hasses dort ist belegt[15].

Bach hat nicht aus dem Nichts geschaffen. Nirgends so sehr wie gerade bei ihm möchte man einem Gedanken von Ernst Bloch zustimmen:»Wir suchen, wohin das Hellsehen verschwunden sei. Ein Fluß versiegt im Boden. Plötzlich taucht weit davon entfernt ein anderer Fluß auf, der nie vorher an dieser Stelle zu sehen war, der mindestens in diesem trockenen Gebiet keine Quelle hat. Kann man so bestimmt, wie man diese beiden Flüsse in einen zusammenlegen darf, auch das Hellsehen und die Musik in Zusammenhang bringen? Sie waren nie gleichzeitig zusammen zu erblicken, aber als das Eine ging, wuchs das Andere langsam groß und wie es scheint, aus den gleichen Kräften groß.«[16] Als der»treffende Blick« der Perser, Chaldäer, Ägypter und Griechen, als Mythos, Märchen, Mystik aus der Welt verschwunden waren, wurde – so Bloch – uns»der Trostgesang der Musik geschenkt«. Die geistesgeschichtlichen Wurzeln Bachs reichen tief und lassen sich auch nicht etwa nur auf sein (teilweise verifizierbares) Bücherwissen einengen.

Gewiß hatte Bach auch in der Musik Vorgänger, aber es verwirrt eher, wenn man versucht, die Bachsche Passion gleichsam als natürliche Folge vorhandener Vorbilder zu betrachten. Gerade in den letzten Jahrzehnten hat sich die gedanklich und musikalisch einsame Gipfelleistung seiner Passion erwiesen, da ernste und gutgemeinte Versuche unternommen wurden, die Kompositionen seiner Zeitgenossen wiederzubeleben oder den vorbachschen Passionen, und sei es in einem gottesdienstlichen Rahmen, zu ihrem Recht zu verhelfen. Neben der gedanklichen Tiefe und der musikalischen Treffsicherheit Bachs verblassen

alle Werke der Zeitgenossen – selbst die des genialen Händel! –
zu bestenfalls unterhaltender Andachtsmusik, die des großen
Schütz zu sprachdeklamatorischen Glanzleistungen, die noch
früheren einstimmigen (ganz gegen das Verständnis ihrer Ent-
stehungszeit, in der sie ebenso als zu sinnlich verworfen wurden
wie die Bachsche Passion zu ihrer Zeit) zu Meditationsmusik.
Eine so unmittelbare Wirkung, die ohne jedes historische Ein-
fühlen oder Wissen eintritt – *Das gehet meiner Seele nah* –,
vermag keine andere Passion zu entfalten. Der Montblanc ist da.
Man erklärt ihn nicht an seinem Vorgebirge.
    Aber die Faszination der Hörer war wohl nicht zu jeder Zeit
gleich. Kunstwerke scheinen zu bestimmten Zeiten besonders
intensiv zu leuchten, um dann wieder zu verblassen. Oft bleiben
Tiefe und Bedeutung von Kunstwerken gerade Zeitgenossen ihrer Entstehung verborgen. Der einzige Bericht eines Zeitzeugen
Bachs, der sich möglicherweise auf die Uraufführung bezieht,
der des Musikschriftstellers Christian Gerber, gibt zumindest die
Empfindungen wieder, die die Leipziger Hörer der Uraufführung
wohl gehabt haben könnten:
    »Als in einer vornehmen Stadt die Passionsmusik mit zwölf
Violinen, vielen Oboen, Fagotten und anderen Instrumenten
mehr gemacht ward, erstaunten viele Leute darüber und wußten
nicht, was sie daraus machen sollten. Auf einer adeligen Kirch-
stube waren viele hohe Ministri und adelige Damen beieinander,
die das erste Passionsspiel aus ihren Büchern mit großer Devo-
tion sangen. Als nun diese theatralische Musik anging, so ge-
rieten alle diese Personen in größte Verwunderung, sahen einander an und sagten: ›Was soll daraus werden?‹ – Eine alte
adelige Witwe sagte: ›Behüte Gott, ihr Kinder! Ist es doch, als
ob man in einer Opera Comödie wäre!‹ – Alle aber hatten ein
herzliches Mißfallen daran und führten gerechte Klage darüber.
– Es gibt aber freilich auch solche Gemüter, die an solchem eitlen
Wesen ein Wohlgefallen haben, zumal wenn ihr Temperament
sanguinisch und zur Wollust geneigt ist.«[17]
    Ob die Schelte der adeligen Dame tatsächlich der *Matthäus-
passion* gegolten hat, ist höchst umstritten, fast mit Gewißheit
ist dies nicht der Fall. Wir stellen uns aber vor, daß jedenfalls so

ähnlich die Reaktion der Leipziger Hörer gewesen sein mag, die vom Vorgänger Bachs im Thomaskantorat, dem großen Johann Kuhnau, vornehmlich einen goldgrundigen edlen Palestrina-a-cappella-Stil gewohnt waren und die die theatralische Passionsmusik Bachs als völlig ungehörig empfunden haben müssen. Zumindest ist doch fraglich, ob Bach mit seiner Passionsvertonung dem »Revers, in nachgesetzten Punkten von mir zu vollziehen«, gerecht wurde, den er bei seinem Amtsantritt in Leipzig unterschrieben hatte und der folgende Zusicherung enthielt: »Zu Beybehaltung guter Ordnung in denen Kirchen die Music dergestalt einrichten, daß sie nicht zulang währen, auch also beschaffen seyn möge, damit sie nicht opernhafft herauskommen, sondern die Zuhörer vielmehr zur Andacht aufmuntere.«[18]

Denn viele Stilmittel der Passion sind der italienischen Oper entnommen, und der dissonanzreiche, affekt- und emotionsgeladene Ausdruck der für damalige Leipziger Verhältnisse gigantisch besetzten Passion, allein etwa die unerhörten dissonanten Akkorde auf den **Barrabam**-Schrei, müssen den Hörer schokkiert haben, der seine eigene Existenz durch die Schilderung von Schuld und Verstrickung nicht in Frage gestellt wissen wollte, vielmehr nur fromme und erbauliche »Andacht«, Bestätigung seines eher engen Glaubens erwartete.

Ist es vielleicht noch erklärlich, daß wir keine Zeugnisse über die Uraufführung haben, so ist es immerhin ungewöhnlich, daß von jener ersten Aufführung auch nicht eine einzige Notenhandschrift erhalten ist. Wir kennen das Jahr der Uraufführung der *Matthäuspassion* nicht[19]. Wir vermuten heute, daß es 1727 gewesen ist, können aber die frühere Vermutung nicht völlig ausschließen, die Passion sei erst 1729 zum erstenmal erklungen. Eine autographe Partitur und autographe Stimmen, die wir gottlob besitzen, gehen auf eine spätere Aufführung zurück – wohl im Jahre 1736. Bach führte die Passion insgesamt drei- bis viermal auf. Als ihm 1739 der Stadtrat eine Wiederaufführung durch Boten untersagen ließ, gab er zur Antwort: »Es wäre ja allemahl so gehalten worden, er fragte nichts danach, denn er hätte ohnedem nichts darvon und wäre nur ein onus« – eine Last[20]. Wie deutlich zeigt dies Wort Bachs spätere Verbitterung und Resignation gegenüber seiner kirchlichen Arbeit, in der er sich wohl unverstanden fühlte. Dem steht entgegen, daß er das Werk selbst sehr hoch geschätzt haben muß. Die autographe Partitur ist nämlich eine der schönsten Notenhandschriften Bachs. Mit Sorgfalt und großer Mühe sind auf den ersten Seiten, die eine Beschädigung erlitten hatten, Ausbesserungen vorgenommen. Der Bibeltext, übrigens mit Ausnahme der Volkschöre, ist mit roter Tinte eingetragen. Die kaum Korrekturen aufweisende saubere Schrift läßt darauf schließen, daß es sich nicht um eine Erstschrift, sondern um die Abschrift und Überarbeitung einer bereits vorliegenden Handschrift handelt[21].

Zudem sind uns 40 Stimmhefte überliefert, die mit wenigen Ausnahmen, auf die ich zu sprechen komme, zur selben Aufführung wie die autographe Partitur angefertigt wurden. Ein großer Teil dieser Stimmen ist ebenfalls autograph, die anderen wurden von insgesamt sieben verschiedenen Schreibern, darunter Bachs Frau Anna Magdalena, hergestellt, sind aber oft mit Korrekturen in Bachs Handschrift versehen. Offensichtlich hat er also die Stimmen persönlich überprüft. Es bleibt ein Rätsel, warum so kurz, nämlich sieben oder höchstens neun Jahre, nach der Uraufführung bereits neue Stimmen notwendig wurden. Die Stimmen der *Johannespassion* etwa haben – mit entsprechend zahlreichen Korrekturen – viele Aufführungen überstehen müssen.

Legen also autographe Partitur und Stimmen Zeugnis ab von einer späteren Aufführung, bei der das Werk nicht mehr in seiner Urfassung erklang, so ist dennoch ein kleiner Einblick in die Entstehungsgeschichte der Passion möglich. Es gibt nämlich eine Abschrift von Bachs Schüler und späterem Schwiegersohn Johann Christoph Altnikol, die offensichtlich auf eine frühere Fassung zurückgeht, als sie uns von Bachs Hand überliefert ist. In dieser Abschrift fehlen noch einige Stücke, so der später aus

Abb. 1 Erste Notenseite des Partiturautographs: Eingangschor »Kommt, ihr Töchter, helft mir klagen« (Takte 1–4). Es ist deutlich zu erkennen, daß Bach rechts, kurz nach der Seitenmitte, offensichtlich zur Reparatur einer Beschädigung einen Papierstreifen angeklebt hat, auf dem die Notenlinien von Hand nachgezogen sind.

der *Johannespassion* übernommene Chor *O Mensch, bewein dein Sünde groß.* Und der in dieser Abschrift repräsentierten Urfassung gegenüber nimmt die uns bekannte Fassung geringfügige, aber wirkungsvolle Änderungen in Motivik und Instrumentation vor und führt auch erst in aller Konsequenz die Trennung in »due cori«, in zwei Orchester und Chöre, durch. In der Frühfassung hatten die beiden Chöre und Orchester beispielsweise noch eine gemeinsame Continuostimme[22]. Auf einzelne Beobachtungen an den Stimmen komme ich später zu sprechen. Hier nur dies: Bach hat in der endgültigen Fassung jedem Coro eine eigene Continuostimme und dieser als Akkordinstrument eine Orgel zugeteilt. Dies ist durch zwei Stimmen eindeutig belegt. Zusätzlich existiert nur für den zweiten Coro auch eine Cembalostimme. Wahrscheinlich ist sie für eine spätere Aufführung entstanden, in der eine zweite Orgel nicht zur Verfügung stand. Es ist aber nicht undenkbar, daß Bach die Aufführung vom Cembalo aus geleitet hat und dann etwa die Rezitative des Evangelisten und Arien des ersten Chores teilweise selbst begleitet hat. Er hätte dann natürlich aus seiner Partitur gespielt und dirigiert, und das Ausschreiben einer zusätzlichen Cembalostimme für das erste Orchester wäre überflüssig gewesen. Jedenfalls scheint für manche Aufführungen der späteren Leipziger Zeit verbürgt zu sein, daß in Kirchen das eigentlich für weltliche Räume bestimmte Cembalo und Orgel gemeinsam eingesetzt waren[23].

Ich kann keinen Sinn darin sehen, diese Unsicherheit zu einer Frage der Stil- oder Werktreue zu erklären. Ich plädiere für eine pragmatische Entscheidung. In meinen Aufführungen begleite ich den Evangelisten selbst, weil ich nur so denkbar schnell und sensibel auf den Sänger reagieren beziehungsweise ihn führen kann. Ich begleite am Cembalo, weil eine Orgel dafür aus Platzgründen nicht in Frage kommt.

Innerhalb einer fünfbändigen Gedichtsammlung des Leipzigers Christian Friedrich Henrici, genannt Picander, ist uns ein erster Textdruck der freien Dichtung erhalten, die neben dem Evangelium Vorlage für Bachs Musik war. Picander genoß schon zu seiner Zeit, erst recht postum und in der Bach-Literatur, als

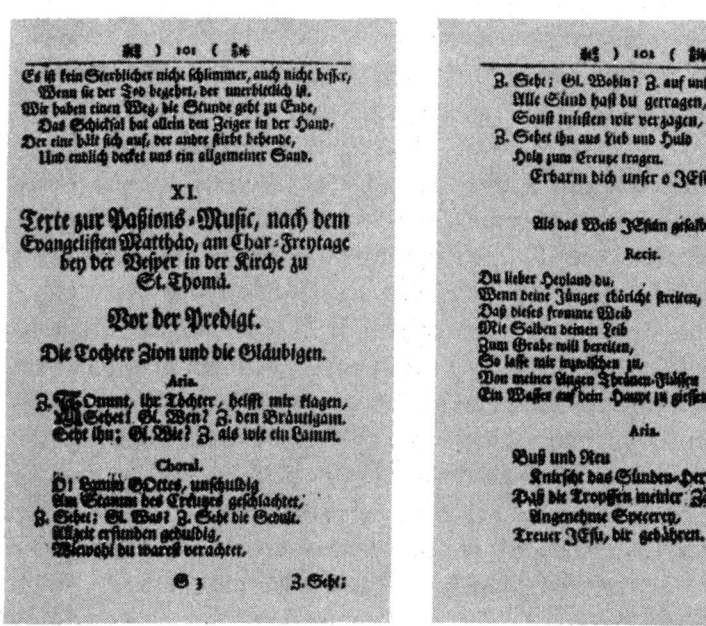

Abb. 2 Die ersten zwei Seiten in Picanders Textdruck.

schneller und gewandter Verseschmied einen zweifelhaften Ruf, war er doch auch der Verfasser schlüpfriger Lustspiele[24]. Dennoch war er der meistbeschäftigte Textautor Bachs, vielleicht wegen seiner sprachlichen Gewandtheit, die dem immer unter Termindruck arbeitenden Kantor zustatten kam. Insgesamt unterbricht Picander 15mal das Evangelium mit eigenen Betrachtungen. Das Evangelium ist nicht ausgedruckt, die Stellen der Picanderschen Einschübe aber durch Überschriften gekennzeichnet wie etwa:»Als das Weib Jesum gesalbet hatte«. Die Sammlung mit dem schönen Titel *Ernst-Schertzhaffte und Satyrische Gedichte, Anderer Theil* ist 1729 erschienen. Unter anderem auch deshalb schloß man bisher, wahrscheinlich fälschlich, dies müsse das Jahr der Uraufführung gewesen sein[25].

Wir wissen, daß Bach im zeitlichen Zusammenhang mit der Entstehung der *Matthäuspassion* eine Trauermusik auf das Ableben seines langjährigen früheren Dienstherrn, des Fürsten Leopold von Anhalt-Köthen, geschrieben hat. Die Musik ist verlorengegangen, nicht aber der von Picander verfaßte Text. Er hat in mehreren Sätzen so auffallende, vor allem metrische, Ähnlichkeiten mit seinem Passionstext, daß wir mit Sicherheit annehmen dürfen, viele Sätze der Trauermusik seien uns auch musikalisch in der *Matthäuspassion* erhalten. Solche von Bach besonders in Zeitnot oft praktizierte »Parodierung« hat in der Bach-Literatur, auch in der über die *Matthäuspassion*, lebhaftes Interesse gefunden und höchst kontroverse Beurteilung erfahren. Oft lassen sich im Text von Parodien gegenseitig erklärende Hinweise ausmachen, so im Vorbild zum ersten Chor des *Weihnachtsoratoriums*, der mit seinem Text »Tönet ihr Pauken« das Paukensolo des ersten Taktes jedenfalls mehr nahelegt als der Text des *Weihnachtsoratoriums*. Picanders Text zur Trauerode ist oft platt und gedankenarm. »Es ist kaum glaublich, daß der Bach, der die Matthäuspassion geschrieben hat, und der, der diese Musik mit allem, was sie ausdrückt, in der Parodie mit Füßen trat, ein und dieselbe Persönlichkeit sind«, lautet das harte Urteil Albert Schweitzers[26].

Im Text der Passion, wenngleich auch er nicht frei ist von Peinlichkeiten, schwingt sich Picander dagegen zu einer höchst bilderreichen und affektgeladenen Sprache auf, die erwiesenermaßen Vorbilder hat. Vor einigen Jahren nämlich konnte Elke Axmacher[27] nachweisen, daß Picander manche Gedanken, ja manche Redewendungen wörtlich übernommen hat aus einem Predigtbuch des Rostocker Pastors Heinrich Müller, das sich in Bachs Bibliothek befunden hat. Bei der heute unterstellten Entstehungsfolge ist mit Sicherheit die Trauerode eine Parodie auf die bereits vorliegende Passion. Sie kann somit zur Deutung der Passion kaum beitragen. Dennoch führe ich im Anhang A (S. 342) den Text der entsprechenden Stücke auf.

Nach Bachs Tod blieb das Werk vergessen. Doch nicht ganz; denn Bachs zweiter Sohn Carl Philipp Emanuel, der in Hamburg Kirchenmusikdirektor der Hauptkirchen war, bewahrte pietätvoll die kostbare Partitur und die Stimmen auf und übernahm davon drei Choräle und elf Chöre in seine eigene *Matthäuspassion*, die er wiederholt in der Hamburger Sankt-Michaelis-Kirche aufführte[28].

*

Zur Zeitlosigkeit und immerwährenden Gegenwart eines Kunstwerks gehört, daß es in seinem Gedankenreichtum und in seiner Vielschichtigkeit unterschiedliche Deutungen zuläßt. So sind die Entdeckungen, die eine jede Generation an der *Matthäuspassion* gemacht hat, auch eine Aussage über das Werk selbst. Als Schlaglicht auf die über 250jährige Aufführungsgeschichte möchte ich von seiner ersten denkwürdigen Wiederaufführung und von einigen bemerkenswerten Äußerungen über die Passion berichten.

Aufschlußreich ist zunächst das Schweigen der nachfolgenden Generationen – es dauert ein volles Jahrhundert. In der Zeit der Galanterien, in einer Zeit vor allem, in der die Gestalt Jesu in den Hintergrund theologischer Betrachtung trat, ist kein Platz für den erschütternden Ernst von Bachs Passion. 1829, genau 100 Jahre nach dem damals vermuteten Termin der Uraufführung, erbat sich der erst 20jährige Felix Mendelssohn Bartholdy von seinem Lehrer, dem Dirigenten Carl Friedrich Zelter, den berühmten Chor der Berliner Singakademie, um die *Matthäuspassion* aufzuführen[29].

Es ist wohl nicht zufällig, daß die Romantik den ihr geistig verwandten Bach wiederentdeckt. »In solchen Sätzen atmet die Seele der Romantik in der Formenwelt des Barock«, schreibt etwa der Musikwissenschaftler Friedrich Blume über den Eingangschor der *Matthäuspassion*[30].

Es gibt vom damaligen Sänger des Christus einen köstlichen Bericht darüber, wie sie – Mendelssohn Bartholdy und Eduard Devrient – gemeinsam Zelter besuchten, um ihn für die Aufführung zu gewinnen: Zelter poltert über die »Rotznasen«, die es wagen zu unternehmen, was er selbst sich versagt hat: »Wie wollt Ihr denn das machen?... Ihr denkt an Nichts. Da ist zuerst die Vorsteherschaft, die consentiren muß, da sind gar viele Köpfe und viele Sinne – und Weiberköpfe sind auch dabei, ja! – die bringt Ihr nicht so leicht unter einen Hut.« – »Ich«, so schreibt der Sänger, »entgegnete ihm: die Vorsteher seien mir freundlich gesinnt, die tonangebenden Vorsteherinnen, als Mitsingende bei den Uebungen im Mendelssohnschen Hause, schon gewonnen, ich hoffte die Bewilligung des Saales und die Zustimmung zur

Mitwirkung der Mitglieder wohl zu erlangen. ›Ja, die Mitglieder!‹ rief Zelter, ›da fängt der Jammer erst an. Heute kommen ihrer zehn zur Probe und morgen bleiben zwanzig davon weg, ja!‹« Trotz dieser pessimistischen Prognosen beginnen die Proben. Mendelssohns Schwester Fanny berichtet in einem Brief:»Die Leute staunten, gafften, bewunderten; und als nach einigen Wochen die Proben auf der Academie selbst begannen, da zogen sie erst die längsten Gesichter vor Staunen, daß solch ein Werk existierte, wovon sie, die Berliner Academisten, nichts wußten!« Die denkwürdige Aufführung mit Mendelssohn am Dirigentenpult findet am Mittwoch, den 11. März 1829, um sechs Uhr abends statt. Sie wird ein großer Erfolg, muß wiederholt werden und leitet die eigentliche Bach-Renaissance ein. Der nunmehr überzeugte Zelter berichtet begeistert seinem Freund Goethe. Der Wortgewaltige antwortet:»Der neueste Brief, die Nachricht der glücklichen Aufführung des größeren älteren Musikstückes enthaltend, machte mich denken. Es ist mir, als wenn ich von fern das Meer brausen hörte.«[31]

Und noch vier andere aufschlußreiche und charakteristische Äußerungen aus der Wirkungsgeschichte der Passion:

Der große Gottesleugner Friedrich Nietzsche schreibt 1870 an seinen Freund Erwin Rohde:»In dieser Woche habe ich dreimal die Matthäus-Passion gehört, jedes Mal mit demselben Gefühl der unermeßlichen Bewunderung. Wer das Christentum völlig verlernt hat, der hört es hier wirklich wie ein Evangelium.«[32]

Rainer Maria Rilke berichtet 1920 in einem Brief von einem ähnlichen Erlebnis:»Sonst nichts Neues: es sei denn, daß ich am Samstag im Münster die vollständig aufgeführte Matthäus-Passion gehört habe, – aber das ist eine undatierbare und uneinräumliche Begebenheit, au dessus de la vie de tous les jours – – – –.«[33]

Der große Theologe Karl Barth hingegen befindet 1955 in seiner Dogmatik:»Über ihre rein musikalische Größe ist kein Wort zu verlieren. Sie will aber eine Auslegung der Kap. 26–27 des Matthäusevangeliums sein. Als solche kann sie ihre Hörer nur irreführen. Sie ist ein einziges, in fast ununterbrochenem

Moll gewiß wunderbar wogendes Wolkenmeer von Seufzern, Klagen und Anklagen, von Ausrufen des Entsetzens, des Bedauerns, des Mitleidens: eine Trauer-Ode, die in einem regelrechten Grabgesang (›Ruhe sanft‹) ihren Ausklang findet, die durch die Osterbotschaft weder bestimmt, noch auch nur begrenzt ist, in der Jesus der Sieger völlig stumm bleibt. Wann wird die Kirche sich darüber klar werden, und dann auch die Tausende und Tausende, die die evangelische Leidensgeschichte ausgerechnet nur in dieser Version kennen mögen, darauf aufmerksam machen..., daß das bestimmt *nicht* die Passion Jesu Christi ist?«[34]

Und vom jungen Bertolt Brecht wird berichtet:»In der Barfüßerkirche erlebte der junge Brecht einmal Bachs *Matthäuspassion*; er war davon so bewegt, daß er um seine Gesundheit fürchtete und deshalb weitere Aufführungen mied. Noch 1944 im amerikanischen Exil erinnerte er sich daran. ›Schon als Junge, als ich die Matthäuspassion in der Barfüßerkirche gehört hatte, beschloß ich, nicht mehr so wo hinzugehen, da ich den Stupor verabscheute, in den man da verfiel, dieses wilde Koma, und außerdem glaubte, es könne meinem Herzen schaden...‹«[35]

*

Bevor wir die große Erkundungsfahrt antreten und uns der Betrachtung der *Matthäuspassion* widmen, möchte ich noch einige Männer vorstellen, die uns immer wieder dabei begegnen werden, die ich oft zitiere, ohne sie dann abermals einzuführen, Männer aus der zeitlichen Umgebung Bachs und aus unserer eigenen Zeit.

Andreas Werckmeister (1645–1706) war ein führender Musiktheoretiker der Bach-Zeit. Wir verdanken ihm unter anderem die Grundlagen der von Bach verwendeten »temperierten« Stimmung, die Bach mit seinem *Wohltemperierten Klavier* als erster auf künstlerisch anspruchsvollem Niveau anwandte und gegen konservativere Strömungen verteidigte, etwa gegenüber dem Orgelbaumeister Gottfried Silbermann, der die bisher gültige Stimmung beibehalten wollte. Werckmeister schlug als erster vor, die

Quinten so zu modifizieren, daß sich der Quintenzirkel schließt.
Erst eine so temperierte Stimmung erlaubt den ausgedehnten Gebrauch aller Dur- und Molltonarten, wie er insbesondere auch in
der *Matthäuspassion* von Bach verwirklicht ist. Werckmeisters
Abhandlungen waren Bach wahrscheinlich durch seinen Vetter
Johann Gottfried Walther bekannt, der ein Schüler Werckmeisters war.

Johann Mattheson (1681–1764) war Sänger, Komponist, Dirigent, Diplomat, besonders aber bedeutsamer Musikschrift-
steller, der Bach in vielen seiner Abhandlungen würdigte. Bach
mag ihn als junger Schüler des Lüneburger Michaelisklosters bei
seinen Besuchen in Hamburg als Sänger an der Oper gehört haben; sicher hat er ihn bei seinem Besuch 1720 in Hamburg persönlich kennengelernt. Mattheson war mit Georg Friedrich Händel befreundet. Heftige Kritik handelte er sich ein, als er zum
erstenmal in Deutschland 1715 im Hamburger Dom Sängerinnen
öffentlich auftreten ließ. In einem seiner Werke, *Das Neu-Eröffnete Orchestre*, verdanken wir Mattheson eine ausführliche Beschreibung aller Tonarten, aus der ich zitiere.

Carl Philipp Emanuel Bach (1714–1788) ist der zweite Sohn
Johann Sebastians aus erster Ehe. Nach langjährigem Dienst am
Hofe König Friedrichs des Großen wurde er 1768 als Nachfolger
seines Patenonkels Georg Philipp Telemann zum Musikdirektor
an den Hamburger Hauptkirchen berufen. Er scheint derjenige
unter Bachs Kindern gewesen zu sein, der das Erbe des Vaters
am sorgsamsten bewahrte. In seinem Besitz befanden sich nicht
nur das »Altbachische Archiv«, eine Bildnissammlung unter anderem mit Porträts des Vaters, sondern auch etwa ein Drittel des
väterlichen musikalischen Nachlasses, darunter nahezu alle Notenhandschriften der großen Werke, so auch Partitur und Stimmen der *Matthäuspassion*. Die wertvolle Reinschrift der autographen Partitur erwarb aus seinem Nachlaß sein Hamburger
Nachfolger im Amt Christian Friedrich Gottlieb Schwenke
(1767–1822). Aus dessen Nachlaß kaufte sie der berühmte
Sammler von Musikhandschriften Georg Poelchau (1773–1836),
aus dessen Besitz sie an die Deutsche Staatsbibliothek, früher
Preußische Staatsbibliothek, überging. Die (überwiegend auch

autographen) Stimmen sind offenbar auf getrenntem Wege von Carl Philipp Emanuel Bach über die Berliner Singakademie (die sich das Jahrhundertverdienst der Wiederaufführung erwarb) an die Berliner Bibliothek gekommen[36]. Johann Mattheson und Carl Philipp Emanuel Bach haben in Hamburg gelebt und sind in der Krypta der Sankt-Michaelis-Kirche beigesetzt. Alle unsere Aufführungen erklingen über ihren Gräbern.

Die Liste verdienstvoller Bach-Forscher in unserem Jahrhundert ist lang. Für meine Gedanken spielen insbesondere fünf eine große Rolle:

Albert Schweitzer (1875–1965), der Theologe, Bach-Schriftsteller und spätere »Urwalddoktor«, hat in seiner großen Monographie *Johann Sebastian Bach*, eigentlich nur für das französische Publikum bestimmt, umfassend von seiner intensiven Beschäftigung mit Bach Zeugnis abgelegt. Dabei hat er – einfach aus der Beobachtung an Vokalwerken Bachs – zahlreiche Motive geschildert, die auffallend mit tatsächlich später nachgewiesenen, ihm aber noch nicht bekannten rhetorischen »Figuren« übereinstimmen. Wir können vielleicht heute im einzelnen seinen ästhetischen Kategorien (er teilte Musiker in »Maler« oder »Dichter«) nicht mehr folgen; zudem sind zahlreiche seiner Schilderungen, insbesondere Datierungen und Schlußfolgerungen daraus, durch die neuere Bach-Forschung überholt. Dennoch bleibt sein Verdienst, als erster detailliert den musikalischen Motiven Bachs nachgegangen und sogar – heute wohl kaum mehr vorstellbar – ein Gesamtbild seines Lebens und Schaffens erstellt zu haben[37].

Arnold Schering (1877–1941) untersuchte nicht nur genauestens die Umstände der Kirchenmusik Leipzigs zur Bach-Zeit, sondern versuchte auch als erster, »Symbole« Bachscher Musik zu beschreiben und zu entschlüsseln. Im ersten Fall verdanken wir ihm noch heute gültige Erkenntnisse, im zweiten Fall die spannende und nun immer wieder aufgegriffene Anregung, sich hermeneutisch mit Bachs Musik auseinanderzusetzen[38].

Friedrich Smend (1893–1980), Theologe und Musikologe, hat sich ausführlich mit Bachs Beziehungen zur lutherischen

Theologie, befaßt. Dazu – für meine Gedanken wichtig – mit der Ordnung und Bedeutung von Tonarten bei Bach, mit der Axialsymmetrie als Bauprinzip Bachscher Großwerke und mit Zahlensymbolik bei Bach. Smend ist einer der anregendsten Bach-Schriftsteller. Seine verstreuten Aufsätze sind in dem Band *Bach-Studien* herausgegeben worden[39].

Alfred Dürr (geb. 1918) ist Verfasser einer grundlegenden Einführung in *Die Kantaten von Johann Sebastian Bach*, dazu Herausgeber der *Matthäuspassion* innerhalb der *Neuen Ausgabe sämtlicher Werke*. Diese seit dem Bach-Gedenkjahr 1950 parallel vom Johann-Sebastian-Bach-Institut Göttingen und dem Bach-Archiv Leipzig im Bärenreiter Verlag / Deutscher Verlag für Musik herausgegebene kritische Neuausgabe – sie ist noch nicht abgeschlossen – soll die von 1850 bis 1900 erschienene alte und in weiten Teilen durch neuere Forschungen überholte Gesamtausgabe ablösen. Die Neuausgabe der *Matthäuspassion* erschien 1974. Dürr hatte die Aufgabe von dem über der Herausgabe verstorbenen verdienstvollen Max Schneider (1876–1967) übernommen. Sein kritischer Bericht schildert ausführlich, dazu übersichtlich und interessant, alle Umstände um die überlieferten Handschriften, ihre Entstehung, ihr Schicksal. Für die Frühfassung der Passion legt er – als kommentierte Faksimileausgabe – einen eigenen Notenband vor. Für Dirigenten oder jeden, der Detailkenntnisse über die *Matthäuspassion* erwerben will, sind beide Bände ein absolutes Muß[40]!

Werner Neumann (geb. 1905), der Gründer und langjährige Leiter des Bach-Archivs Leipzig, hat eine grundlegende Arbeit über die Bachsche Chorfuge und ein Kantaten-Handbuch verfaßt. Insbesondere aber ist er (zusammen mit Hans-Joachim Schulze) als Herausgeber vierer Supplementbände zur *Neuen Bach-Ausgabe* zu nennen, in denen alle bekannten »Schriftstücke von der Hand Johann Sebastian Bachs« gesammelt sind (Band I), »Fremdschriftliche und gedruckte Dokumente zur Lebensgeschichte Johann Sebastian Bachs 1685–1750« (Band II) und »Dokumente zum Nachwirken Johann Sebastian Bachs 1750–1800« (Band III). In Band IV hat er, mit überwältigender Sachkenntnis kommentiert, umfangreiche »Bilddokumente zur

Lebensgeschichte Johann Sebastian Bachs« veröffentlicht. Alle vier Bände sind als Nachschlagewerke für jeden Bach-Freund ein bequemes und unerläßliches Hilfsmittel[41].

Ich müßte andere hochverdiente Bach-Forscher nennen: so den Mitherausgeber der *Neuen Bach-Ausgabe* Christoph Wolff, der mit vielen interessanten und anregenden Arbeiten (auch zur *Matthäuspassion*) hervorgetreten ist; oder Christoph Trautmann, der als erster die erhaltene Bibel aus Bachs Bibliothek untersucht und beschrieben hat; oder Elke Axmacher, der wir eine wichtige Untersuchung und Beobachtungen zum Text der *Matthäuspassion* verdanken. Ihre und anderer zahlreiche Einzeluntersuchungen haben unser Bild von Bachs Werk, auch von der *Matthäuspassion*, in den letzten Jahren erheblich geschärft. Sie alle und viele andere, denen ich wichtige Einzelbeobachtungen verdanke, sind im Text (zumindest der Anmerkungen) ausführlicher zitiert.

Der Eingangschor

Form

CHOR und CHORAL
Kommt, ihr Töchter, helft mir klagen,
sehet – wen? – den Bräutigam,
seht ihn – wie? – als wie ein Lamm!
    O Lamm Gottes, unschuldig
    am Stamm des Kreuzes geschlachtet,
Sehet – was? – seht die Geduld,
    all' Zeit erfunden geduldig,
    wiewohl du warest verachtet.
seht – wohin? – auf unsre Schuld,
    All' Sünd hast du getragen,
    sonst müßten wir verzagen.
sehet ihn aus Lieb und Huld
Holz zum Kreuze selber tragen.
    Erbarm dich unser, o Jesu!

Die *Matthäuspassion* rechnet, wie schon erwähnt, mit einer für die damaligen Leipziger Verhältnisse gewaltigen Anzahl von Ausführenden, die Bach nur im Vespergottesdienst des Karfreitags zusammenbringen konnte. Zur Uhrzeit dieses Gottesdienstes mußten die Thomaner nicht, wie an gewöhnlichen Sonn- und Festtagen, gleichzeitig in mehreren Kirchen musizieren. Die Aufführung konnte nur in der Sankt-Thomas-Kirche stattfinden, die Chorempore der benachbarten Sankt-Nikolai-Kirche, in der dieser Karfreitags-Gottesdienst in jährlichem Wechsel mit Sankt Thomas stattfand, war für die Zahl der Ausführenden zu klein. Die heutige Architektur der Thomaskirche und ihrer westlichen Sängerempore unterscheidet sich wesentlich von der der Bach-Zeit. Da die Orgel weit in die Empore hineinragte, können die

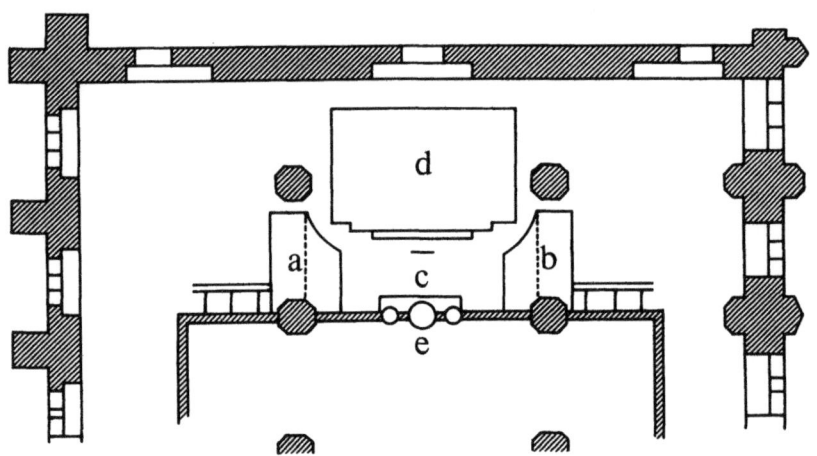

Abb. 3 Skizze der Sängerempore der Thomaskirche zur Bach-Zeit mit der von Arnold Schering rekonstruierten Aufstellung der Ausführenden (a = Streicherempore; b = Bläserempore, c = Chorraum, d = Orgel, e = Rückpositiv).

Ausführenden wohl nur zum geringsten Teil vor der Orgel Platz gefunden haben. Überwiegend müssen sie, getrennt und auseinandergezogen, seitlich links und rechts neben der Orgel gestanden haben[42]. Vielleicht hat auch diese räumliche Gegebenheit Bach zur Doppelchörigkeit der Passion inspiriert. 31 Meter von der westlichen Sängerempore entfernt war an der Ostwand der Kirche, über dem Eingang zum Chorraum, noch eine kleine Empore mit einer zweiten Orgel vorhanden. Da wir durch die Notiz eines Küsters informiert sind, daß bei der Passionsaufführung 1736 eine zweite Orgel eingesetzt war, und da wir annehmen dürfen, damit sei diese entfernte Orgel gemeint und nicht etwa ein zusätzlich auf die Sängerempore verbrachtes Positiv, ist die Möglichkeit diskutiert worden, ob die zwei Chöre sogar weit getrennt auf West- und Ostempore aufgestellt waren. Dies scheidet aber aus, denn die Ostempore war viel zu klein, um einen selbst gering besetzten Coro aufzunehmen. Dazu dürfte die Entfernung der beiden Emporen untereinander zu groß gewesen sein, um in einer Aufführung die diffizile polyphone Musik rhythmisch koordinieren zu können. Es ist aber durchaus mög-

Abb. 4 Inneres der Thomaskirche bis 1885 (Stich von O. Kutschera nach einem Aquarell von Hubert Kratz). Blick auf den Altar mit kleiner Sänger(Orgel-)empore. Möglicherweise war dort der Cantus-firmus-Chor postiert.

lich, daß der Cantus firmus des Eingangschors von dieser weit
entfernten Position erklungen ist. Der Eingangschor wäre dann
vor den Ohren des Hörers räumlich wie ein gewaltiges Tripty-
chon erschienen.

Die ungewöhnliche Besetzung eines Werkes mit strikt getrennten zwei Chören und zwei Orchestern ist einmalig in Bachs
Œuvre. Doppelchörigkeit, aber ohne selbständigen Orchesterpart, kehrt in vier Motetten wieder. Doppelchörigkeit mit selb-
ständigem, aber nicht getrenntem Orchesterpart findet sich in
wenigen Sätzen seiner Musik, so in einem Kantatentorso *Nun ist
das Heil und die Kraft*, der den Kampf der Engel im Himmel
und den Sieg Michaels über den Drachen besingt; so in einem
Satz der *h-Moll-Messe*, dem »Osanna in excelsis«.

Alle Musizierenden setzt Bach gleich im Eingangschor ein:
zwei Orchester, jeweils besetzt mit Streichern, zwei Flöten, zwei
Oboen, Fagott (übrigens mit einer eigenen Notenstimme nicht
belegt, aber dem Zeitbrauch folgend gewiß eingesetzt) und
eigenem Continuoinstrument (vermutlich Orgel, die erhaltene
Cembalostimme scheint, wie oben ausgeführt, auf den Sonderfall einer einzigen Aufführung hinzuweisen); dazu zwei vier-
stimmige Chöre, aus denen heraus dann je vier Gesangssolisten
und zusätzlich Sänger kleinerer Partien besetzt sind. Nur noch
die beiden Schlußchöre der Passionsteile, *O Mensch, bewein
dein Sünde groß* und *Wir setzen uns mit Tränen nieder*, dazu
mehrere Volkschöre und alle Choräle, rechnen mit dem ganzen
musikalischen Apparat. Alle anderen Stücke der *Matthäuspassion* beschäftigen grundsätzlich nur einen Teil der Ausführenden.

Man hat oft darüber nachgedacht, ob die Zuteilung bestimmter Texte an den »coro primo« oder den »coro secondo« (wor-
unter hier, wie gesagt, Chor beziehungsweise die aus ihm her-
vortretenden Solisten *und* Orchester zu verstehen sind) einer
bestimmten Idee folgt. Mag sein, daß Bach zu der Verdopplung
des musikalischen Apparats neben den räumlichen Gegeben-
heiten auch durch die Textvorlage seines Hauspoeten Picander
angeregt wurde. Dieser läßt, beispielsweise im Eingangschor,
die »Tochter Zion« und die »Gläubigen« ein Zwiegespräch füh-

ren. Aber diese Zuordnung ist von Bach nirgends in seine Notenhandschrift übernommen und offensichtlich nicht so konse-
quent durchgehalten wie bei Picander. Auch andere inhaltliche Zuordnungen zu den einzelnen Ensembles sind kaum zu erkennen. Zwar singen beispielsweise Je-
sus oder die Jünger immer aus dem Coro primo, aber die Gegen-
spieler Jesu finden sich nicht nur im Coro secondo; Judas, Pilatus
oder die Mägde etwa singen aus dem Coro primo. Übrigens gibt
es für diese Nebenrollen gesonderte Stimmhefte: Sie wurden also
von anderen als den Hauptsolisten gesungen. Die Reden der Hohenpriester, Schriftgelehrten und der Ältesten im Volk sowie die
Schreie des Volkes sind beiden Chören übergeben. Eine gedankliche Zuordnung der Passionsgestalten zu den beiden musikalischen Ensembles ist also nicht zu erkennen und sicher nicht
beabsichtigt.

Den großen doppelchörigen Apparat und auch die vielen
damit zur Verfügung stehenden Gesangs-»Solisten« setzt Bach
unterschiedlich und farbig zur Charakterisierung der Situation
ein und nur manchmal zu einem Dialog, wie ihn Picanders
Text nahelegt. Er nahm den Sänger, der »gerade so herumstand«.

Der Eingangschor ist ein überaus komplexes Gebilde. Wir
werden später sehen, daß er in seiner Vielschichtigkeit auch
gleichsam eine Urzelle der ganzen Passion ist, aus der sich die
drei Stunden Musik entfalten. Er läßt keine einfach abzählbare
Gliederung erkennen, in seiner Vielfalt und überströmenden Fülle wirkt er beunruhigend und verwirrend – und entspricht damit
dem Gemütszustand des Textes. Wie ein Katarakt ergießt er sich
über den Hörer mit seinen unterschiedlichen Gedanken und Motiven, Stimmungen und Tonarten.

So möchte ich den Hörer bitten, am Anfang unserer gemeinsamen Betrachtung einen Gang mit mir durch dieses komplexe
Stück zu unternehmen. Wenn wir Details betrachten wollen, er-
fordert er gewiß konzentrierte Aufmerksamkeit. Aber die Erfahrungen, die wir hier machen, werden uns später zugute kommen. Um wenigstens ein geringes Maß an Anschaulichkeit
herzustellen, vergleiche ich den Lauf des Chores mit einem Gang

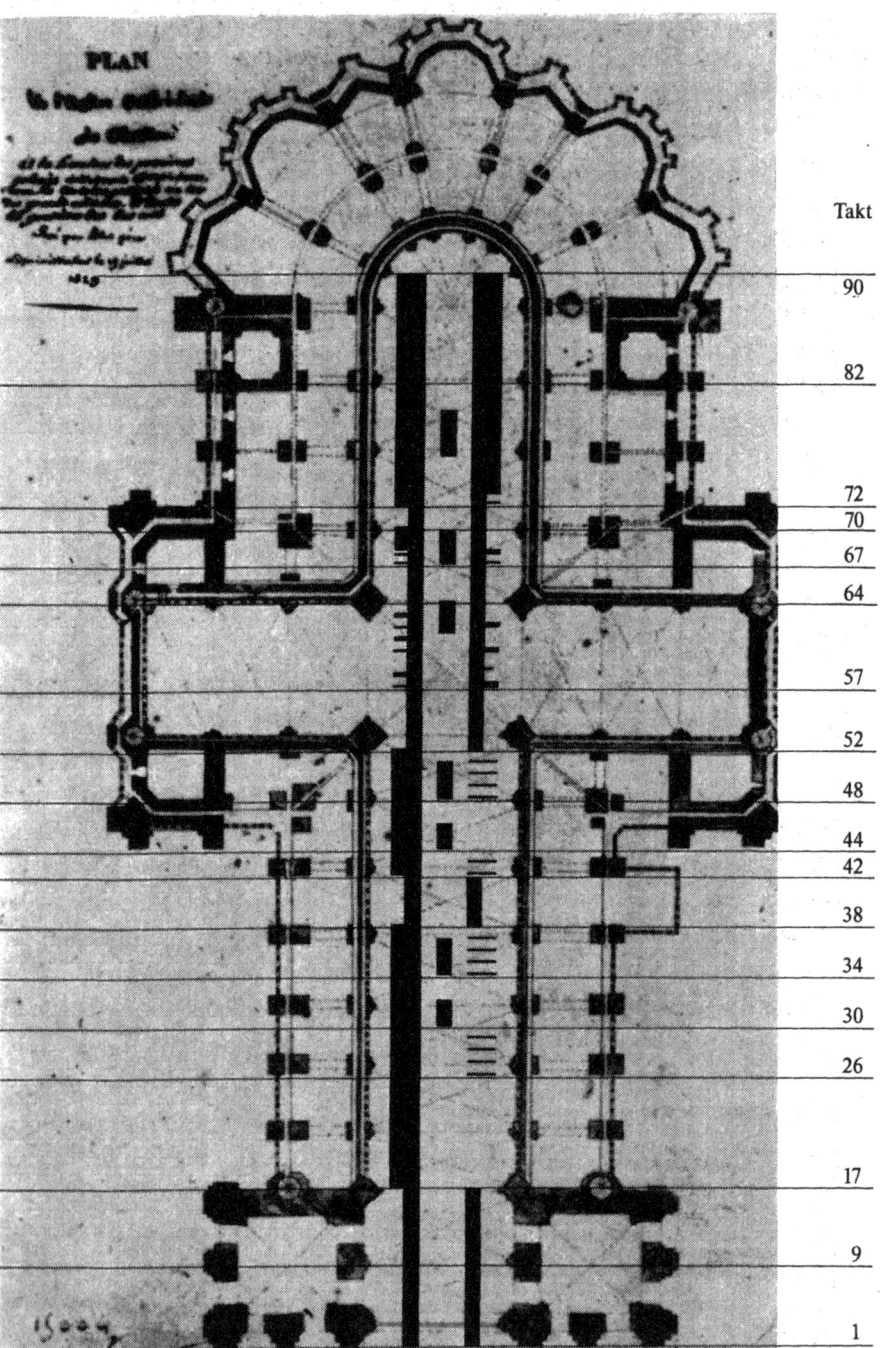

durch eine gotische Kathedrale. Hierzu wähle ich den Grundriß von Chartres, weil er in einem entscheidenden Punkt formale Ähnlichkeit mit dem Eingangschor hat.

In die alte Bauzeichnung ist links der Gang des Coro primo, rechts der des Coro secondo eingezeichnet; in der Mitte der Cantus firmus *O Lamm Gottes, unschuldig.* Verdickte Linien bedeuten: Chor und Orchester musizieren gemeinsam; dünnere Linien: nur das Orchester spielt; ausgefranste Linien: der Chor tritt immer nur in Einwürfen zum Orchester hinzu. Rechts am Rand sind die Taktzahlen des gesamten Stückes von 1 bis 90 eingetragen.

Wir betreten die dunkle Vorhalle. Man betritt einen »Innen«raum. Es ist, als würde man mit dem Durchschreiten eines tiefen Portals tatsächlich alle Helligkeit und Nüchternheit, alle falsche Aufgeregtheit der Welt hinter sich lassen. Magisch zieht es den Besucher ins »mystisch« Dunkle. Bald begreift er, daß er am liebsten seine Sinne, Augen und Ohren nach außen »schließen« möchte – das meint das Wort μυειν (myein). Die Musik beginnt mit einem instrumentalen Vorspiel von zweimal acht Takten. Beide Orchester spielen zunächst gleiche Noten. Dunkel und schwer erhebt sich im ersten Takt aus verhangenem e-Moll in den zweiten Holzbläsern eine nach oben gerichtete Tonfolge, die schließlich den Raum eines Tetrachords ausfüllt – immer wieder ängstlich zurückweichend, voller Vorsicht und Schwermut zwar, aber in Hoffnung: Die Mollterz wird bei ihrem zweiten und dritten Erklingen nach Dur aufgehellt. Man meint, einen Hoffnungsstrahl zu erhaschen gleich jenem gedämpften Licht, das durch die farbigen Glasfenster in den dunklen Raum fällt (Beispiel 1a, S. 44).

Das kleine, aufwärts gerichtete Motiv wird alsbald von den ersten Violinen kontrapunktiert, die seine Bewegungsrichtung und damit seinen Charakter umkehren: Wie in qualvoller Er-

Abb. 5 Die Kathedrale von Chartres: Horizontalschnitt in Triforiumshöhe. In die Bauzeichnung ist der Aufbau des Eingangschors maßstabgetreu (mit minimaler Veränderung der 16 Vorspieltakte) eingezeichnet: links Coro primo, rechts Coro secondo, Mitte: Cantus firmus, dicke Linie: Chor und Orchester, dünne Linie: nur Orchester; rechts die Taktzahlen.

niedrigung steigen sie vom Fundament des Grundtons hinab
(Beispiel 1b).

Beide Stimmen bleiben zunächst im engen Tonraum der
Quart, bis sie nach eineinhalb Takten abgelöst werden. In den
neu hinzutretenden ersten Bläsern und den fortspinnenden ersten
Violinen erklingen die beiden Motive dann wie in einer höher-
schlagenden Welle um eine Quinte erhoben auf die Dominante h
(Beispiele 1c und d).

Mit der gleichzeitig in beiden Richtungen einsetzenden Tonfigur scheint man gleich zu Beginn der Passion zu begreifen, daß
Leben vom ersten Anfang an immer gleichzeitig in beide Richtungen tendiert: in das Unten der Erniedrigung, des Unbewußten,

Beispiel 1

der dunklen, oft verworrenen Gefühle und in das Oben der Erhöhung, des Bewußtseins, der Erleuchtung des Denkens. Gleich
im ersten Takt spüren wir, wie Leben – obwohl aus einem Thema
geformt – auseinanderstrebt. Der Dirigent muß – wie der Mensch
in seinem Leben – versuchen, die Balance zwischen den beiden
Stimmen herzustellen: Das Aufwärtsschreiten der Holzbläser
und das Abwärtstauchen der ersten Violinen muß gleichgewichtig sein. Wie im Leben, so ist in der Musik eine solche Balance
nicht leicht und selbstverständlich herzustellen.

Wie man beim Betreten der dunklen Eingangshalle alles hinter
sich zu lassen meint und unwiderstehlich vom Geheimnis der
Kathedrale angezogen wird, so ahnt der Hörer beim Anheben der
Musik eine Faszination, die ihn drei Stunden lang nicht mehr
loslassen wird. Es ist, als würde er mit den pulsierenden Achteln
der Musik in einen kraftvollen Strom eintauchen, dessen fluten-
der Energie er sich nicht mehr entziehen kann. Der Eindruck des
stetigen Fließens entsteht wesentlich auch durch die Sekund-
motivik. Zwar kann die Musik nicht einfach geradlinig strömen,
oft muß sie zurückweichen, als hätte sie ein Hindernis zu um-
fließen; oft muß sie (später zumal) in Synkopen wie stockend
anhalten, immer aber bewegt sie sich in kleinen, gleichsam natürlichen, gesanglich strömenden Schritten. Später, im Lauf der
Passion, wenn die Musik vom tatsächlichen Leben mit seinem
Leiden und seinen Leidenschaften berichtet, werden die Intervalle größer, oft gezackt, wird die Motivik charakteristischer:
Leben hat Kanten, wird eckig, fahrig, ja hektisch und verzweifelt. Nur noch die Motivik des Schlußchors im ersten Teil
O Mensch, bewein dein Sünde groß ist ähnlich von der Skala
geprägt wie die des Eingangschors. Muß hier die Melodik immer
wieder aus- oder zurückweichen, so muß sie sich dort durch ständige Tonrepetierungen die Umformung in ein schluchzendes Sekundmotiv gefallen lassen.

Das Fließen der Musik ist wie ein Abbild des stetig sich wan-
delnden Lebens, der Beginn dieses Flusses wie ein Aufbruch ins
Leben. Mit der Kraft ihrer Melodik scheint die Musik den Hörer
dabei eigener Anstrengung fast zu entheben: Sie trägt ihn wie
ein großer Fluß. Aber wer in diesen Strom steigt, wagt Be-

wegung, wagt Neues, wagt Übergang, er setzt sich möglicherweise Wandlungen aus, vielleicht gelangt er an neue Ufer. »Ich
kann mir kein seligeres Wissen denken, als das Eine: daß man
ein Beginner werden muß« (Rainer Maria Rilke[43]).
Niemand vielleicht spürt das Initiierende dieser ersten Takte
so unmittelbar wie der Dirigent, der ja den Klang mit seinem
Schlag in Bewegung setzt. Und niemand vielleicht erlebt das
Fluten so unmittelbar und so verständig wie der Musiker, der ja
gewohnt ist, daß er nichts Bleibendes schafft, daß jeder Klang,
den er erzeugt, sofort wieder verschwunden ist. Der Musiker lebt
im Augenblick und für den (nächsten) Augenblick, in seinem
Musizieren denkt er nicht an Vergangenes oder Zukünftiges.
(Deswegen haben alle Aufzeichnungen und Konservierungen
von Musik letztlich etwas Antimusikalisches an sich: Sie halten
im Normalfall etwas fest, das gültig sein will und so auf Spon-
tanität verzichtet; oder sie konservieren im besten Fall einen gelungenen Moment, der in seiner Einmaligkeit bei ständiger Wiederholung langweilt.)
John Neumeier scheint ähnlich empfunden zu haben: Seine
Choreographie beginnt ganz schlicht mit einem ruhigen Gehen
von erst vier und alsbald immer mehr Tänzern. »... eine schlichte Handlung, die wie eine rituelle Reinigung ist. Für einen
Tänzer, der gewohnt ist, höchst artifizielle und artistische Bewegungen virtuos auszuführen, sich zu präsentieren und pro-
duzieren, ist Gehen – einfach nur Gehen – wie eine innere
Reinigung von allem Prätentiösen, allen Ambitionen, aller
Selbstdarstellung...«[44]
Aber etwas stemmt sich gegen solch strömende Bewegung:
Fünf lange Takte treten die Continuostimmen, die Füße gewissermaßen des Orchesters, beharrlich auf der Stelle, als versuch-
ten sie, sich gegen den Sog der Oberstimmen Halt zu verschaffen,
indem sie sich in den Boden stemmen. Ausgerechnet das Tiefste
in mir hat offenbar Angst vor dem geheimnisvollen Fluten des
Lebens. Von einem zeitgenössischen Komponisten wird berichtet, er habe in einer jahrelangen Depression stundenlang am Klavier gesessen und immer nur einen Ton gespielt[45]. Ähnlich, als
wären sie in einem furchterregenden Kerker der Seele gefangen,

verhalten sich die Continuostimmen in den ersten Takten. Die
strömenden Oberstimmen erklingen nämlich über einer nieder-
drückenden, starr-insistierenden, 40fachen Wiederholung *eines*
Tons im Orchesterbaß (Musiker nennen anhaltende oder immer
wieder repetierende Töne im Baß »Orgelpunkt« – lassen sie sich
doch mit den Füßen, die weniger gelenkig als die Hände sind,
leichter spielen als jede andere Tonfolge; Beispiel 1e). Übrigens
umfaßt dieser Orgelpunkt genau 41 Anschläge der Note e. Ich
komme später ausführlich auf die gewichtige Bedeutung zu sprechen, die Zahlen bei Bach haben. Die Zahl 41 steht in einer sym-
bolischen Chiffrierung für das Signum »J. S. Bach«. Nicht völlig
auszuschließen, daß Bach hier bereits, in den ersten Takten, sein
großes Werk unterschreibt.

Die an einen Ton gefesselten Baßstimmen suchen sich dem
Strömen der Musik zu widersetzen, die Wandlungen des Lebens
zu hindern. Vergeblich, die Energie des Fließens ist größer. Im
sechsten Takt nämlich werden die Baßstimmen selbst in den Sog
der Musik gezogen. Aufregende Erfahrung: Man muß nicht gegen den Strom schwimmen oder sich gegen ihn anstemmen. Wie
von selbst wird man getragen, wenn man sich ihm anvertraut.
Kraftvoller, als man es ahnen konnte: Statt wie die Oberstimmen
immer wieder ausweichend durch vier Töne taucht die Baßstimme ohne jedes Hindernis um zwölf Töne (dreimal die Quart
des Urmotivs aneinanderkoppelnd) empor (Beispiel 1f). Das
steinerne Verharren auf einem Ton ist gebrochen.

Der Mythos von Orpheus erzählt, dieser habe mit seinem Gesang Steine in Bewegung versetzen können. Welche Wirkung der
Musik! Das Fluten der Klänge, das den Hörer sogleich mit sich
reißt, das Aufbrechen aus der Erstarrung des Orgelpunkts ist ein
faszinierendes Wunder der ersten Passionstakte. Nichts – das
lehrt uns Psychotherapie – ist für menschliches Leben gefahr-
voller als Lethargie, Antriebslosigkeit und Aktivitätsverlust;
nichts ist lähmender als das Unvermögen, Überlebtes und Totes
loslassen zu können; nichts ist quälender als die Angst vor der
Unsicherheit der Zukunft, als die Angst davor, immer wieder neu
anzufangen. Und leider gilt: »Vermutlich war der Mensch see-
lisch noch nie so unbeweglich wie heute... In der äußeren Mo-

bilität kommt die Sehnsucht nach innerer Beweglichkeit zum Ausdruck« (Peter Schellenbaum[46]).

Kein Wunder, daß die Christen ihren Feiertag vom siebten Tag, dem Tag der Vollendung, des Ausruhens, auf den ersten Tag verlegten, den Tag des großen Neubeginns mit all seinem Zauber. »Sehen Sie denn nicht, wie alles, was geschieht, immer wieder Anfang ist, und könnte es nicht *Sein* Anfang sein, da doch Beginn an sich immer so schön ist?« (Rainer Maria Rilke[47])

Unerwartet für unsere vor allem aus der Klassik an symmetrische Periodik von je vier Takten gewohnten Ohren: Die ersten acht Takte gliedern sich asymmetrisch in fünf Takte mit dem Orgelpunkt und drei weitere Takte, in denen alle Stimmen – meist komplementär – am Fluten der Achtel teilnehmen.

Die zweiten acht Takte (9–16) des Orchestervorspiels beginnen wie die ersten, nun aber auf der Dominanttonart h-Moll: gesteigerter, dramatischer, erregter. Als wolle dabei die Bläserstimme belegen, daß das Auf und Ab der beiden Grundmotive zwei Seiten derselben Medaille sind, die in *einer* Stimme vermengt und vereint werden müssen, wechselt sie zwischen herabsteigendem und aufwärtsgewandtem Motiv ab (Beispiel 2a und b). Fünf Takte lang erklingt der lastende Orgelpunkt im Baß.

Beispiel 2

Dann, wenn wir den großen Aufwärtsgang erwarten, bricht die Stimme plötzlich ab, wie verstummt. Einen Takt lang krallen sich statt ihrer die Violinen und Bratschen an einem Ton fest. Der Baß aber tappt, durch Pausen unterbrochen, in großen Quintschritten abwärts, um schließlich in zwei chromatischen Schritten den Dominantton h zu erklimmen. In diesen letzten drei Takten des Vorspiels spalten sich (in Takt 14) zum erstenmal die beiden Orchester zu Antiphonie auf, die Holzbläser mit einem kleinen, um einen Ton kreisenden Motiv, das sie sich wechselweis zuwerfen (Beispiel 3a); die ersten Violinen einen Takt später in Terzparallelen mit einem Motiv aneinandergebundener, im Fallen wie

Beispiel 3

seufzender Sekundschritte (Beispiel 3b). Beide Motive erlangen später große Bedeutung. Alle Stimmen münden im letzten Takt des Vorspiels auf dem pathetischen neapolitanischen Sextakkord (Beispiel 3c), den Bach oft wie eine gewaltige Staumauer kurz vor dem Ende einer Phrase einsetzt. (Es ist übrigens umstritten, ob der Akkord wirklich in Neapels Oper erfunden und zum erstenmal verwendet wurde; aber wer Neapel und die Leidenschaft seiner Bewohner kennt, kann sich gut eine Vorstellung vom Pathos dieses Akkords machen.) Über den chromatisch geführten Continuobässen schließt das 16taktige Orchestervorspiel in einer Kadenz, die nach e-Moll zurückführt. Wir betreten das Langschiff: Vom Choreinsatz an im 17. Takt trennen sich die beiden Orchester. Der Coro secondo, also zweiter Chor und zweites Orchester, pausiert. Die Führung des Satzes geht für lange Takte auf den Coro primo (den ersten Chor und das erste Orchester) über. Auf die beiden geschilderten Auf- bzw. Abwärtsgrundmotive ruft der Chor mit den Worten der Tochter Zion aus: ***Kommt, ihr Töchter, helft mir klagen.*** Unversehens spüren wir, daß wir leben, wenn wir unserer Klage Ausdruck verleihen, statt sie zu verschlucken und stumm zu bleiben; daß wir leben, wenn wir uns, wie die Musik aus ihrer Fesselung an einen Ton, aus uns heraus bewegen können – nichts anderes meint das Wort E»motion«.

Dem Abwärtsmotiv ist, ähnlich wie bereits einmal im Orchestervorspiel (siehe Beispiel 2, S. 48), ein ausholender, dramatischer Aufwärtsdreiklang vorgeschaltet. Zwei zusätzliche Themeneinsätze werden eingepreßt, die quälenden Achtelgänge werden fortgesponnen – so werden aus den acht nunmehr neun Takte. Hatten im Vorspiel die ersten und die zweiten Bläser jeweils gleiche Noten gespielt, so spalten sich jetzt die Flöten von den Oboen ab. Sie lassen eine eigene Oberstimme erklingen, die zuerst das im Sopran abwärts führende Grundmotiv auf seine Stammnoten reduziert, später (ab Takt 23) oktavierend die wichtige Achtelbewegung des Choralts unterstützt. Mit der Reduzierung des Grundmotivs auf seine Stammnoten hören wir gleichsam seine Urfassung: Die Flötenstimme schreitet den schlichten Tetrachord aus, der den quälerischen Ausweitungen der beiden Motive zugrunde liegt (Beispiel 4). Dieser einfache Quartgang wird zu einem Grundbaustein der Passion. Er ist eines der ur-

Beispiel 4   Fl.1+2

Kommt - - - - - -, ihr   Töch-ter   helft mir kla- - - - - - - gen,

sprünglichsten Motive, das in der Musik überhaupt denkbar ist, und besitzt essentielle Bedeutung in vielen Kulturen (zum Beispiel im klassischen Griechentum, im arabisch-islamischen Bereich und im byzantinischen Gesang). Mit den nächsten beiden Textzeilen, *sehet – wen? – den Bräutigam, seht ihn – wie? – als wie ein Lamm!*, gerafft vertont in zweimal nur zwei Takten, beginnt in Takt 26 auch in der Musik Neues. Nach wie vor liegt die Führung beim ersten Chor. Er wird auf das *sehet* von hohen Flöten mit einer charakteristischen auffahrenden Septakkordbrechung übertönt (Beispiel 5). Der zweite Chor tritt zum erstenmal auf den Plan mit kurzen Zwi-

Beispiel 5

schenfragen *wen?, wie?*. Das zweite Orchester begleitet diese Fragen mit eindringlichen Wechselnoten (Beispiel 6).

Beispiel 6

Nach vier Takten, ab Takt 30, erklingen in zweimal vier Takten erneut alle drei bisherigen Textzeilen mit ihrer jeweiligen musikalischen Motivik beziehungsweise deren Fortspinnung. Und hier in Takt 30, genau nach dem ersten Drittel des Chores, setzt überraschend mit einer zusätzlichen Stimme, die beide Orchester und Chöre überhöht, das Lied *O Lamm Gottes unschul-*

dig ein. Das Lied ist bereits in Picanders Druck in die freie Dichtung eingerückt – so wortbezogen auf diese, daß man fast annehmen möchte, Picander habe am Text des Liedes entlang gedichtet (siehe Abb. 2, S. 27). Das Lied steht in der üblichen Barform (mit den zwei Stollen A und A' sowie einem Abgesang B) und kontrastiert damit zu der von Picander vorgeschriebenen Dakapoform der freien Dichtung.

Bach notiert in seiner autographen Partitur des Eingangschors die je zwölf Stimmen des Coro primo und Coro secondo durchweg einzeln, auch wenn bisweilen zwei Holzbläserstimmen gleiche Noten haben oder ganze Notensysteme über mehrere Seiten leer bleiben, weil die Stimmen pausieren – dies, obwohl er sonst, auch in dieser Reinschrift, sehr sparsam mit dem Papier umgeht und etwa auf die letzte Seite des Eingangschors, auf der rechts ein schmaler Rand von ungefähr sieben Zentimetern frei geblieben war, das ganze Rezitativ des ersten Evangeliums preßt. Moderne Partituren folgen dieser übersichtlichen, aber platzraubenden Schreibweise leider nicht, sie ziehen Stimmen mit gleichen Noten in ein System zusammen und sparen sich über ganze Seiten den Ausdruck vom pausierenden Coro secondo. In Bachs Schreibweise sind die zweimal zwölf Stimmen viel deutlicher zu verfolgen als im modernen Druck, und insbesondere dies Lied, das die Tonart von Moll spannungsvoll nach Dur aufhellt und wohl so etwas wie ein Leitmotiv der Passion ist, wird, bedeutungsvoll ins Auge fallend, jeweils als zusätzliche 13. Stimme in beiden Orchestern über der Continuostimme mit roter Tinte notiert, die in Bachs schöner Reinschrift sonst dem Evangelium vorbehalten ist.

Geht Bachs autographe Partitur – ebenso wie die durch Johann Christoph Altnikols Abschrift überlieferte Frühfassung – noch von einer instrumentalen Ausführung des Liedes durch die Orgeln aus, so besetzen wir heute diese 13. Stimme mit Sängern, traditionell mit Knabenstimmen. Es gibt nämlich textierte Stimmen zu diesem Lied, davon ist eine sogar autograph. Bachs Notation in seiner handschriftlichen Partitur war also nicht der bei der Aufführung praktizierte letzte Wille. Da wir annehmen dürfen, daß aus den Stimmen, ob autograph oder von Abschreibern gefertigt, tatsächlich musiziert und also jede mögliche letzte Korrektur Bachs berücksichtigt wurde, haben sie in Zweifelsfällen immer Priorität vor einer – selbst autographen – Partitur. So entscheiden auch die Herausgeber der *Neuen Bach-Ausgabe*[48]. Die erhaltenen Stimmen zu dem Lied tragen die Überschrift »Soprano in ripieno« und sind weder dem Coro primo noch dem Coro secondo zugeordnet. Offenbar hat Bach sich den Cantus firmus wirklich wie eine Überhöhung der beiden Ensembles vorgestellt: Er sollte nicht aus einem der beiden Chöre heraus erklingen. Man hat, wie gesagt, sogar spekuliert, ob er von der weit entfernten kleinen Ostempore der Thomaskirche erklang, die zur Bach-Zeit noch existierte[49]. Ich postiere, wenn es irgend geht, diesen (Knaben-)Chor in der Mitte über den beiden getrennt aufgestellten Chören und Orchestern.

Wenn in Takt 38 die ersten drei Zeilen des Liedes verklungen sind (wir erwarten deren Wiederholung auf anderen Text), befinden wir uns nach wie vor im selben Raum, im gleichen Tonraum auch (die Vorzeichen der Tonart sind nicht geändert), aber, als fiele plötzlich ein Sonnenstrahl durch die Fenster, statt im dunkel verhangenen e-Moll in der strahlend leuchtenden Paralleltonart G-Dur. Ein kurzes viertaktiges Orchesterzwischenspiel vereint die beiden Orchester wie im Vorspiel zu gemeinsamem Musizieren in gleichen Noten: Aus lichten Höhen schweben die Bläser und Violinen herab, indes der Orchesterbaß in riesigen

Beispiel 7   I + II.

Aufwärtsskalen den gewaltigen Tonraum von zweimal zwölf Tönen durchmißt: vereinfachende Abwandlung und Steigerung der beiden Grundmotive, des aufwärts und des abwärts gewandten Tetrachords (Beispiel 7).

Die nächste Textzeile *(Sehet – was?* – *seht die Geduld)* hat strukturelle Ähnlichkeit mit den beiden vorherigen Textzeilen und benutzt entsprechend das gleiche musikalische Material der flötenunterstützten Ausrufe im ersten und der Fragen im zweiten Chor. Nach zwei Takten, in Takt 44, setzt der Cantus firmus mit seinen nächsten beiden Liedzeilen ein. Sie erklingen über der vierten Textzeile des Picander-Textes ähnlich wie vorher über zweimal vier Takten mit ihrer verschiedenartigen Motivik. Ein erneutes Orchesterzwischenspiel beendet diesen ganzen ersten Chorteil, wieder in leuchtendem G-Dur, wieder beide Orchester in gleichen Noten vereinend. Der Baß verharrt in den Repetierungen des Orgelpunktes, die Oberstimmen wandeln die beiden Grundmotive ins lichte Dur. Die Bläser hängen, wie schon einmal im Orchestervorspiel, die beiden Motive aneinander und vereinen so deren Auf und Ab in einer Stimme.

Bis hierher sind die beiden Stollen (A–A') des *O Lamm Gottes* erklungen, und wir erwarten den Beginn des Abgesangs (B). Tatsächlich erfolgt an dieser Stelle, im 57. Takt, ein größerer Einschnitt. Um im Bild der Kathedrale zu bleiben: Es ist, als öffneten sich plötzlich die Querschiffe und gäben uns den Blick frei auf verblüffend Neues, bisher Ungesehenes – in Chartres auf die prunkvollen Rosetten des Nord- und Südschiffs. Text und Musik gehen neue Wege. Der Text lenkt mit den Worten *seht – wohin?* – *auf unsre Schuld* die Aufmerksamkeit vom Lamm weg auf uns selbst. Wieder fällt dabei der zweite Chor nur mit wiederholten, insistierenden Fragen ein: *wohin?*. Instrumentale und vokale Stimmen, die vorher fast ausschließlich »colla parte«, also gleiche Noten, musiziert hatten, trennen sich an dieser Stelle. Auch die beiden Orchester spalten sich auf und wechseln sich in Stakkatonoten ab (Beispiel 8).

Es ist ein irritierendes Erlebnis: Man durchschreitet das Langschiff – in der Passion das Leben und Leiden eines anderen beklagend. Dann öffnet sich der Blick in eine Querachse –

unvermutet blickt man in der Passion auf sich und wird sich eigener Verstricktheit bewußt. Was man wahrnimmt, ist nicht angenehm: Die harten Stakkatoakkorde des Orchesters klingen, als würden sie zuschlagen. *Unsre Schuld* wird vom Chor (in Takt 69) mit einer acht Achtel anhaltenden Dissonanz (seiner längsten Note im Eingangschor) ausgehalten und einem harten,

Beispiel 8

ins Ohr fallenden »Quer«stand zwischen Alt und Sopran versehen – so hart und lang drückt Schuld, so quer wie der »Balken
in unserem Auge« liegt sie in unserem Leben. Zwei Abschnitte
lang (der erste zehn, der zweite fünf Takte) ist so die Aufmerksamkeit auf uns und unsre Schuld gelenkt. Im Cantus firmus
erklingen indes die fünfte und sechste Liedzeile: *All' Sünd hast
du getragen, sonst müßten wir verzagen.* Beide Male enden die
Orchester allein in dem Wechselspiel der Holzbläser, den Parallelen der ersten Violinen und dem neapolitanischen Sextakkord, wie wir sie aus den letzten Takten des Orchestervorspiels kennen (siehe Beispiel 3, S. 49).

Wir betreten – in Takt 72 – den Hochchor der Kirche, wieder
mit ähnlichem Ausblick wie im Langschiff, aber näher der Apsis
und dem Altar. Der Chor lenkt mit den Worten *sehet ihn aus
Lieb und Huld Holz zum Kreuze selber tragen* seine Gedanken
wieder von uns weg auf das *Lamm.* Dabei verwendet er reprisenartig die gleichen musikalischen Motive des Auf- bzw.
Abwärtstetrachords wie auf die ersten Worte des ganzen Chores
und verknüpft so beide Gedanken. Mit dem neuen Text gelangt
er aber in eine neue Tonart, a-Moll, die später große Bedeutung
erlangen wird. Nach kurzem Alleingang des ersten Chores – der
zweite Chor, bisher nur mit drängenden Fragen am Geschehen
beteiligt, ist mit dem bekräftigenden Ausruf *sehet* ein letztes
Mal abgespalten – verdoppelt der zweite Chor die Stimmen des
ersten Chores. Zum erstenmal addieren sich hier in unerhörter
Steigerung die Klänge beider Chöre. Zum erstenmal ist das
Grund-e-Moll zu E-Dur geschärft (als Dominante des soeben
erreichten a-Moll). Und an dieser Stelle, wenn der Chor von der
Lieb und Huld Jesu singt, setzt der Cantus firmus mit seiner
letzten Zeile, mit seiner höchsten Note auch, ein: *Erbarm dich
unser, o Jesu!*

Die Zusammenführung der beiden Chöre leitet nahezu unmerklich in die teilweise wörtlich anklingenden ersten Takte des
Orchestervorspiels über, nur vom Chor mit Text versehen und
ohne den lastenden Orgelpunkt im Continuo. In Takt 82 münden
in gewaltiger Steigerung beide Chöre in eine Reprise der zweiten
achttaktigen Vorspielperiode: In erregtem h-Moll nehmen sie

Text und Musik des Anfangs wieder auf: **Kommt, ihr Töchter, helft mir klagen.** Ein letztes Mal strömen die beiden Motive über die 41 sich beharrlich entgegenstemmenden Baßnoten hinweg, in zwei paarigen Einsätzen (Sopran/Alt – Alt/Tenor) und einem aufsteigenden Einsatz (im Baß) verdichten sie sich zum Sog. Auf die Worte **sehet – wen? – den Bräutigam, seht ihn – wie? – als wie ein Lamm!** spalten sich die beiden Chöre auf, wie im Vorspiel die beiden Orchester. Ein letztes Mal branden die beiden Motive der sich umkreisenden Noten und der seufzenden Sekunden gegen den neapolitanischen Sextakkord. Ganz als ob nun am Hochaltar wirklich gleißendes Sonnenlicht durch die Ostfenster leuchtete, endet das Stück nach der langen, nur zeitweise aufgehellten Düsternis des e-Moll mit einem gleißenden E-Dur-Akkord. Auch diese Tonart spielt im Laufe der Passion eine bedeutungsvolle Rolle.

Später, in den Arien, im großen Schlußchor, aber auch in der Anlage der ganzen Passion, werden wir viel Periodik und Symmetrie entdecken, die ja ein Gefühl von Sicherheit und Geborgenheit vermitteln. Hier aber, denke ich, ist das Bild vom Gang durch eine Kathedrale nicht unpassend: denn hier umfluten die Klänge den Hörer wie in einem gewaltigem Energiestrom und ziehen ihn in die folgende große Musik hinein – die Geborgenheit einer übergreifenden Ordnung kann er allenfalls ahnen. Gliedernde Periodik ist immer wieder überspült vom Fluten der Melodik, die sich wellenartig übereinanderschiebt. Ganz anders als im Eingangschor der älteren *Johannespassion*, der trotz seines auch aufgeregten Vorwärtsdrängens in strenger Dakapoform erklingt, ist in diesem Eingangssatz der *Matthäuspassion* nur in den letzten Takten die Andeutung einer Dakapo-Bogenform, das schwache Zeichen einer Symmetrie, zu erkennen[50]. Diese Andeutung aber gibt zumindest eine Ahnung davon, daß wir dem Katarakt der wilden Gefühlsströme nicht schutzlos ausgeliefert sind.

Von Orpheus wird nicht nur berichtet, er habe mit seiner Musik Steine in Bewegung versetzt, sondern auch, er habe mit ihr wilde Tiere gezähmt. Musik vermag – so verspricht uns dieser alte Mythos – nicht nur Versteinerung zu lösen, Bewegung und

Leben zu spenden. Sie vermag auch wildes Leben zu zähmen,
ziellosem Sehnen und Schweifen Geborgenheit in fester Form,
Nach-Hause-Kommen ins Bekannte der Wiederholung zu ge-
währen. »Musik hab' ich mir kommen lassen, die Seele zu lindern
und die Geister zu entbinden« (Johann Wolfgang von Goethe[51]).
Beides vermag Bachs Musik – die der *Matthäuspassion* insbesondere – zu bewirken: Linderung und Entfesselung, Beruhi-
gung und Initiierung.

Wie manchmal bei Bach: für den Dirigenten ist es schwer,
allen oft widerstreitenden und sich scheinbar ausschließenden
Affekten und Gedanken gerecht zu werden, die hier in nur
90 Takte gebannt sind, ihnen allen gleichermaßen Gewicht und
Gehör zu verschaffen. Völlig unmöglich scheint es mir, wenn
man nicht strikt die Aufteilung und auch räumliche Trennung in
zwei Ensembles beachtet, die Bach vorschreibt und die notwendig ist, um das aufgespalten antiphonische wie auch das sich
zur Gemeinsamkeit steigernde Musizieren eindringlich und pla-
stisch werden zu lassen. Am schwierigsten scheint mir, im Musizieren zugleich das lastende, grüblerische Dunkle (etwa der
ständigen Tonrepetierungen im Baß) wie das dramatische, melodische Vorwärtsdrängen (aller Achtel, insbesondere der Auf-
wärtsdreiklänge) zu verwirklichen. Nur zum Teil ist dies eine
Frage des Tempos, denn es ist möglich, in flüssigem Tempo lastend schwer oder in langsamem Tempo vorwärtsdrängend zu
musizieren. Und wie immer bei Bach: besonders schwer ist es,
der ausufernden Espressivität und der kristallenen Formstrenge
seiner Musik gleichermaßen gerecht zu werden.

Der Eingangschor

Bedeutung

Das eigentlich Außergewöhnliche am Eingangschor ist nicht nur die Fülle seiner musikalischen Ideen, die verwirrende Komplexität seiner verschachtelten Form und der auf den Hörer einstürzende Katarakt von Empfindungen, es ist insbesondere die Schlüsselrolle, die diesem komplexen Gebilde für die gesamte Passion zufällt.

Es ist nicht ungewöhnlich, daß der Beginn einer Erzählung oder eines Musikstücks, verdichtet und wie in einer Urzelle geborgen, bereits die Aussage des ganzen nachfolgenden Werkes enthält wie eine »geprägte Form, die lebend sich entwickelt« (Johann Wolfgang von Goethe[52]). Wir kennen aus den Ouvertüren vieler Opern eine solche vorweggenommene Verdichtung aller musikalischen Themen und Ereignisse. Arnold Schönberg spricht davon, »die Kunst, alles aus Einem zu erzeugen«, von Bach gelernt zu haben[53]. Sie ist in der *Matthäuspassion* allerdings ungewöhnlich weit getrieben. Der Eingangschor wirkt wie eine gewaltige Monade, in der alles Folgende verschlüsselt ist und aus der heraus sich dann in drei Stunden Musik ständig neue Abbilder und Umformungen entwickeln. Dies trifft bereits auf Picanders Text zu, der viele Schlüsselbegriffe enthält, die später entfaltet werden. In der Musik sind es vornehmlich vier Erscheinungen, die hier und später immer wieder unsere Aufmerksamkeit beanspruchen:

I: die Erfindung und Konstitution der Tonsprache für dieses Werk durch Themen oder kleine melodische Figuren, die leitmotivartig immer wiederkehren und das musikalische Geschehen bestimmen und verknüpfen.

II: der konstituierende Einsatz von Tonarten, die bestimmte Ereignisse in jeweils einer »Farbe« erscheinen lassen, durch sol-

che Farbgebung eine Dramaturgie psychischer Abläufe und Hö-
hepunkte schaffen und scheinbar weit auseinanderliegende Ereignisse miteinander verbinden.
   III: Form und Proportion der Musik nach eigentümlichen,
offenbar der Natur verwandten und abgelauschten Gesetzen.
   IV: die Wiederkehr einiger offensichtlich bedeutungsvoller
Zahlen.

I Figuren und Leitmotive

In Bachscher Musik, in der *Matthäuspassion* eher vielfältiger
und gedrängter als sonst, redet die Musik immer selbst. Jeder
Hörer hat schon das Gefühl gehabt, daß diese Musik nicht ein-
fach den Text buchstabiert, sondern daß sie – auch in textlosen
Stücken – gleichsam deklamiert, und zwar in einer unerhört pla-
stischen und griffigen Weise. Man darf das wörtlich nehmen. Wir
wissen nämlich, daß barocke Musiktheoretiker forderten, die
Musik müsse die Gesetze der Rhetorik beachten und, durch
Nachahmung oder wie auch immer, die in einem Text enthaltenen
Affekte ausdrücken. Und für diese Affektualisierung beschrieben manche Theoretiker – in Anlehnung an die antike Kunst der
Rhetorik – eine Fülle von über 100 vorformulierten Redensarten,
fertigen musikalischen Motiven, die gleichsam die eigene Phan-
tasie anregen und ergänzen sollten.
   Natürlich bereitet es Entdeckerfreuden, vielen der so beschriebenen »Figuren« bei Bach wiederzubegegnen. Aber wie
es nicht der Sinn einer Rede sein kann, daß sie nur mit einem
Redensartenlexikon in der Hand verständlich ist, so gehe ich
davon aus, daß die Figuren beim Hörer, und sei es unbewußt,
wirken, auch wenn sie ihm nicht erklärt wurden – sofern er nur
aufgeschlossen hört und sie in ausreichender Plastizität vorge-
führt bekommt. Und ich gehe weiter davon aus, daß Bachs Musik
eigentlich immer auf diese Weise »redet«, auch wenn ihr gerade
eine anderswo belegte Redefigur nicht nachzuweisen ist. So ver-
zichte ich nahezu ausnahmslos auf den Nachweis der vielen oft

sich überlagernden Figuren, deren lexikalische Auflistung nur wenig Gewinn brächte.

Der große Albert Schweitzer kannte die Figurenlehre nicht. Aber er schilderte in seinem Bach-Buch viele Motive, denen er bestimmte Bedeutungen zuordnete, meist schlicht sich am Text der betreffenden Musik orientierend. Oft kam er mit dieser ableitenden Methode zu treffenderen Ergebnissen als die heutzutage manchmal kleingläubige Klauberei nach Figuren, die in zeitgenössischen Theoriebüchern belegt sind. Allzu schnell wird bei solch schematischer Suche übersehen, daß musikalische Motive meist ambivalent und vieldeutig, höchstens im Kontext eindeutig sind.

Bachs Könnerschaft auf dem Gebiet der Rhetorik wird übrigens ausdrücklich von einem Zeitgenossen bestätigt, dem Dozenten der Leipziger Universität Johann Abraham Birnbaum: »Die Theile und Vortheile, welche die Ausarbeitung eines musikalischen Stückes mit der Rednerkunst gemein hat, kennet er so vollkommen, daß man ihn nicht nur mit einem ersättigenden Vergnügen höret, wenn er seine gründlichen Unterredungen auf die Aehnlichkeit und Übereinstimmung beyder lenket: sondern man bewundert auch die geschickte Anwendung derselben in seinen Arbeiten. Seine Einsicht in die Dichtkunst ist so gut, als man sie nur von einem großen Componisten verlangen kann.«[54]

Meist bestehen die Figuren aus einfachsten Entsprechungen. Vielleicht muß man für diese Erfahrungen bedenken, daß entwicklungsgeschichtlich wohl alle unsere Sinne eines Ursprungs sind. »Der Startpunkt muß, vor etlichen Jahrmilliarden, für alle Sinne der gleiche gewesen sein«, schreibt Hoimar von Ditfurth[55]. So ist die Vorstellung nicht abwegig, unsere Wahrnehmungen könnten miteinander verbunden sein, es könnte etwas wie »Synästhesien« geben[56], Sinneserscheinungen, die allem Wahrnehmen gleichermaßen zugrunde liegen. Mit einem Wort Goethes möchte man klagen:

»O daß der Sinnen doch so viele sind!
Verwirrung bringen sie ins Glück hinein.

Wenn ich dich sehe, wünsch ich taub zu sein,
Wenn ich dich höre, blind.«

und hoffen:

»Ist somit dem Fünf der Sinne
Vorgesehn im Paradiese
sicher ist es, ich gewinne
einen Sinn für alle diese.«

(Johann Wolfgang von Goethe: *West-östlicher Divan*[57])

Die Wirkung so elementarer Erfahrungen wie Auf- oder Abwärtsbewegung einer Melodie, Tonlänge, Rhythmus, instrumentale Farbe, Geborgenheit in der Stabilität von Formen – all
solche Wirkungen wieder ernst zu nehmen und mit ihnen um-
zugehen hat uns heutige Musiktherapie gelehrt. An einigen
besonders charakteristischen Beispielen sei das erläutert: Wir
alle teilen die Wahrnehmung, schnelle Schallschwingungen als
hoch, langsame als tief zu hören (in weiten Teilen Afrikas gibt
es Völker, die tiefe Töne als »groß« und hohe als »klein« be-
zeichnen – eine Synästhesie, die ebenso unmittelbar einleuch-
tet[58]). So ist es bedeutungsvoll, ob eine Musik überwiegend in
hohen oder tiefen Lagen erklingt, ob sie dem leuchtenden
Sopran, der hellen Flöte, oder ob sie dem fundamentalen Baß,
dem Continuo des Orchesters, anvertraut ist. Und es ist bedeutungsvoll, ob eine Tonfigur, eine einfache Skala etwa, sich
von ihrem Ausgangspunkt nach oben wendet oder nach unten.
Diese beiden »Figuren« werden von mehreren Theoretikern des
Barocks beschrieben als Anabasis und Katabasis, als Gebärden
von Heraufragendem, Aufsteigendem, Erhabensein oder als
Gebärden des Herabsteigens, der Erniedrigung, der Demü-
tigung[59].

Unser Empfinden von Unten und Oben hat etwas mit unserer
Körpererfahrung zu tun. Unten, das ist Dunkelheit und Mond;
Fruchtbringen der Erde, Geschlecht und Trieb; das »weiblich«,
passiv Nachgiebige; Schlaf und Traum. Oben, das ist Helligkeit
und Sonne; Ordnungskraft, Verstand und Bewußtsein; das
»männlich«, aktiv Handelnde; Wachheit und Gedankenklarheit.

Aus der dem Boden verhafteten vierbeinigen Haltung hat sich der Mensch aufgerichtet, dem Licht, der Herrschaft seines Bewußtseins entgegen – und vergißt zu seinem Schaden oft, daß er dennoch dem Reich des Unten verhaftet bleibt. Beides gehört zum Leben des Menschen: der »Drang des Geistes empor zum Tag, und der Sog der Seele hinab in die Nacht«[60]. Immer wieder, in der ganzen Passion, spielt die Richtung einfacher Tonleitern eine gewichtige Rolle. Der ganze Eingangschor wird ja geradezu von dem Antagonismus der beiden auseinanderstrebenden Grundmotive geprägt; dazu von der mehrfach wiederkehrenden Aufwärtsskala der Bässe, die den Tonraum von zwölf Tönen, manchmal sogar den riesigen Raum von zweimal zwölf Tönen durchschreitet (siehe Beispiel 7, S. 53). Ganz sicher, daß alle Musik solch elementaren Empfindungen folgt. Immer wieder trifft man auf ähnliche verherrlichende oder erniedrigende Tonfiguren – so leitet beispielsweise in Ludwig van Beethovens *Leonoren-Ouvertüre III* eine rasante Aufwärtsbewegung der Streicher von über zwei Oktaven das erlösende Trompetensignal des Gouverneurs ein, so werden im letzten Satz des *Deutschen Requiems* von Johannes Brahms die Worte »ewige Freud wird über ihrem Haupte sein« mit einer Aufwärtsapotheose im Orchester gar durch fünf Oktaven begleitet.

Auch das Gegenteil jeder Bewegung, das Verharren auf einem Ton, ist eine solche Urempfindung. Lange Noten halten fest (nicht anders als mit einer zwei Takte lang gehaltenen Note kann Bach »*Halt* im Gedächtnis Jesum Christ« vertonen[61]), sie stehen für Dauer, für Geduld, Ruhe und Treue. Repetierende, immer wieder angeschlagene Noten stehen für lastende Erstarrung, für Fesselung und Sich-nicht-lösen-Können, bisweilen für Insistieren. Der Eingangschor erhält solchen Charakter der Versteinerung mit den quälenden Tonrepetierungen seines mehrmals wiederkehrenden Orgelpunktes. Auch diese beiden musikalischen Urempfindungen finden sich in aller Musik – in Brahms' *Requiem*, um bei dem zitierten Beispiel zu bleiben, symbolisiert ein 36 Takte langer Orgelpunkt die Geborgenheit des »Der Gerechten Seelen sind in Gottes Hand«; eine zehn Takte anhaltende

Tonrepetierung im Orchesterbaß das Lastende des »Selig sind, die da Leid tragen«.

Der chromatische Tetrachord, ein Symbol

Die beiden Hauptmotive des Eingangschors enthalten Chromatik – die Terz des aufwärts gewandten, die Sexte und die Septime des abwärts gewandten Motivs erklingen jeweils auch chromatisch verändert. Folgerichtig ist auch die zugrundeliegende Quartfigur, wenn sie ihrer Umspielungen zum erstenmal entkleidet erklingt (siehe Beispiel 4, S. 50), zu einem chromatischen Gang verdichtet, der später eine Art Leitmotiv abgibt. Ein solcher chromatischer Gang wird in der Figurenlehre des Barocks »passus duriusculus«, ein ziemlich harter Gang, genannt[62]. Das kann man wohl sagen, denn die in die Tonleiter zusätzlich hineingepreßten Halbtöne geben der Figur etwas Beengendes, Quälendes.

Tatsächlich kennen wir die Figur aus anderen Bachschen Kompositionen, wo ihre Textierung oft eine bestimmte Deutung nahelegt. So erklingen in einer Kantate[63] die Worte »Weinen, Klagen, Sorgen, Zagen, Angst und Not sind der Christen Tränenbrot« über diesem chromatisch absteigenden Gang. »... die das Zeichen Jesu tragen« fährt der Text fort und verweist damit auf das Leiden, das, so hoffen wir, alles andere aufzuheben imstande ist: das Kreuz Jesu. So ist das »crucifixus etiam pro nobis« (Er wurde gekreuzigt auch für uns) in der *h-Moll-Messe* eine Parodie dieses Kantatensatzes. In 13 hartnäckigen Wiederholungen quält sich dort der chromatische Abwärtsgang unter dem Text, den der Chor mit harten Dissonanzen vorträgt. Vielleicht ist an dieser Stelle auch ein Muster für die Richtung des qualvollen Ganges erkennbar: Denn den erniedrigend absteigenden Gängen auf den Crucifixus-Text ist ein nach oben gewandter vorgeschaltet auf die Worte »et homo factus est« (in der Altstimme am Schluß des vorausgehenden Satzes »Et incarnatus est«).

In noch eindeutigerer Weise hat Bach mit einer Unterschrift erklärt, was der Passus duriusculus für ihn bedeutet. Unter einen

Abb. 6 Rätselkanon BWV 1077. Eintragung Bachs im Stammbuch eines Theologiestudenten. Der chromatische Passus duriusculus befindet sich in der Oberstimme.

Rätselkanon, dem diese Figur zugrunde liegt (er widmete ihn einem Leipziger Theologiestudenten), schrieb er mit eigener Handschrift:»Symbolum: Christus coronabit crucigeros«(Symbol: Christus wird die Kreuztragenden krönen)[64]. Bach selbst nennt die Figur»Symbolum«. Manche Dinge in dieser Welt sind offenbar nicht nur das, was man ihnen ansieht oder anhört. Sie sind aber auch nicht etwa anderes, sie sind vielmehr Bruchstücke, Teile, denen ein anderer, geheimnisvoll verborgener Teil hinzugefügt werden müßte, um sie in voller Klarheit erkennen zu können. Solches Zusammenfügen meint das griechische Wort συμβαλλειν (symballein). Die Griechen brachen nämlich einfach einen Stab oder einen anderen Gegenstand auseinander: An der Bruchstelle war beim Aneinanderhalten leicht zu erkennen, ob die beiden Teile ursprünglich zueinander gehört hatten. So konnten sie als Erkennungszeichen für Geschäftsfreunde oder Abgesandte von Völkern dienen, die sich durch das passende Teil jederzeit ausweisen konnten. Eine solche»chaotische« Bruchstelle versuchen auch Schlüssel zu imitieren: Je ungeordnet zufälliger die Zacken ihrer Bärte sind, desto sicherer ist das Schloß nur mit dem passenden Schlüssel zu öffnen. Symbole und Verschlüsselungen sind also verwandt. Dennoch sollten wir sie sprachlich unterscheiden: Symbole sind abgebrochene Teile eines uns verborgenen größeren Ganzen; Zeichen stehen, mehr oder weniger zufällig erfunden oder vereinbart, als »Chiffre«, als Verschlüsselung für etwas Bekanntes, wie ein Buchstabe für einen Laut, eine gedruckte Note für einen Ton bestimmter Höhe und Dauer. Kein Zweifel, daß die Trennlinie zwischen Symbol und Zeichen fließend ist. Oft degeneriert im Lauf von Generationen ein ursprünglich tief empfundenes Symbol zu einem Zeichen, das am Bezeichneten keinen anderen Anteil mehr hat, als darauf hinzuweisen; es schließt keine hinter ihm verborgene Wirklichkeit mehr auf; oder es verkümmert zu einer Dekoration, zu einer nichts als sich selbst meinenden schmückenden Figur. Aber sicher ist auch, daß zumindest diese chromatische Figur von Bach als »Symbolum« bezeichnet und also zu Recht von uns als über sich hinausweisend empfunden wird.

Offenbar sind alle echten Symbole Archetypen, apriorische Muster, die im Grund des menschlichen Körpers und der menschlichen Seele verwurzelt liegen. So mag dieser Passus duriusculus etwas mit Engpässen zu tun haben, die der Mensch bei Geburt und Tod zu durchqueren hat (ehemals klinisch Tote und Reanimierte berichten oft, sie hätten sich in einem langen, dunklen Tunnel befunden, an dessen Ende ein heller Lichtschein zu sehen gewesen sei).

In einem bildkräftigen Text beschreibt Martin Luther diese Vorstellung in seinem *Sermon von der Bereitung zum Sterben* (1519): »Und hier beginnt die enge Pforte, der schmale Steig zum Leben. Darauf muß sich ein jeder getrost gefaßt machen. Denn er ist wohl sehr eng, er ist aber nicht lang. Und es geht hier zu, wie wenn ein Kind aus der kleinen Wohnung in seiner Mutter Leib mit Gefahr und Ängsten geboren wird in diesen weiten Himmel und Erde, das ist unsere Welt: ebenso geht der Mensch durch die enge Pforte des Todes aus diesem Leben. Und obwohl der Himmel und die Welt, darin wir jetzt leben, als groß und weit

angesehen werden, so ist es doch alles gegen den zukünftigen
Himmel so viel enger und kleiner, wie es der Mutter Leib gegen
diesen Himmel ist. Darum heißt der lieben Heiligen Sterben eine
neue Geburt, und ihre Feste nennt man lateinisch Natale, Tag
ihrer Geburt. Aber der enge Gang des Todes macht, daß uns dies
Leben weit und jenes eng dünkt. Darum muß man das glauben
und an der leiblichen Geburt eines Kindes lernen, wie Christus
sagt: ›Ein Weib, wenn es gebiert, so leidet es Angst. Wenn sie
aber genesen ist, so gedenkt sie der Angst nimmer, dieweil ein
Mensch geboren ist von ihr in die Welt.‹ (Joh. 16,21) So muß
man sich auch im Sterben auf die Angst gefaßt machen und wissen, daß danach ein großer Raum und Freude sein wird«[65].

Ähnliche Erlösung nach qualvoller Einengung schildert ein
Gleichnis aus dem Buddhismus. Ich will es erzählen, auch als
Nachweis dafür, über eine wie tief verwurzelte, allen Menschen
gemeinsame archetypische Vorstellung wir sprechen:

»Ein Wanderer, der seinen Freund im Westen besuchen will,
wird von wilden Tieren und Wegelagerern verfolgt, bis er an
einen Strom kommt. Zu seiner Rechten züngeln hohe Flammen,
zu seiner Linken tosen mächtige Wellen, zwischen beiden geht
nur ein schmaler, weißer Pfad. Beim Versuch, den Fluß zu über-
schreiten, droht er entweder in die Flammen oder in die Wogen
zu stürzen, bei einer Rückkehr von den wilden Tieren oder Wegelagerern getötet zu werden. Da hört er eine Stimme von drü-
ben: ›Komm, ich will dich beschützen‹ und eine andere Stimme
von hüben: ›Geh, du wirst gewißlich errettet werden‹. Da wird
der Wanderer von unerschütterlicher Entschlossenheit erfüllt; er
achtet nicht auf die Rufe der Wegelagerer, sondern geht auf dem
schmalen, weißen Pfad voran, gestärkt durch die hilfreichen Zu-
rufe, und gelangt so sicher an das andere Ufer, wo die Hand des
teuren Freundes sich ihm entgegenstreckt.«[66]

Meerengen, Felsspalten oder ähnliche Hindernisse, die in
Mythen, Märchen und Legenden die Helden auf ihrer (Le-
bens-)Fahrt oder Wanderung zu durchqueren oder zu bewältigen
haben, bedeuten gewiß ähnliches: so etwa das hinter Mose und
dem aus ägyptischer Knechtschaft fliehenden Volk Israel zu-
sammenstürzende Rote Meer oder die sizilianische Meerenge

»Skylla und Charybdis« des Odysseus oder die Wegenge und
-gabelung, an der Ödipus seinen Vater trifft und diesen, ohne ihn
zu erkennen, im Streit um den Vortritt erschlägt. Die »enge Pforte«, der »schmale Weg«, die nach den Worten Jesu im *Matthäusevangelium* »zum Leben führen«[67], sind gleicher Ausdruck einer
Gabelung im Lebensweg, an der Neuorientierung gefordert ist,
einer Lebenskrise, in der etwas auferstehen, ganz neu geboren
werden will. Der Weg, der aus einer persönlichen Not heraus-
führt, muß wohl eng sein, weil er noch nicht von unzähligen
anderen breitgetreten ist. Er ist nur mein Weg.

Aus Bachs Unterschrift erfahren wir, was der gleichsam abgebrochene Teil des jedem verständlichen »harten Gangs« bedeutet: Wie nach qualvoller Geburt ein Leben in weitem Raum
und großer Freude wartet, so wird unser Kreuz zur Krönung
unseres Lebens werden. Die wenigen Takte sind von Bach als
Rätselkanon notiert: Die Stellen, die Anzahl und die Art der
Einsätze sind nicht angegeben, sondern müssen gesucht werden.
Auch im Leben sind Kreuz und Krone auseinandergebrochen
wie der Symbolstab der Griechen – die Krone seines Leidens
muß der Leidende suchen wie der Musiker die Einsätze im
Kanon. Wenn er die Lösung des Kanons gefunden hat, entdeckt
er, daß die beiden Kanonstimmen in Umkehrung zu den notierten Stimmen musiziert werden müssen: Die Lösung seines Lebens kann nur finden, die Krone nur erlangen, wer »umkehrt«
vom Bisherigen (Umkehrung der Intervallfolge war in der Musik ein gern verwendetes Zeichen für Buße). Und schließlich:
Wie das Kreuz aus dem Leben, so verschwinden bei einer Auflösung des Kanons erstaunlicherweise nahezu alle »Kreuz«-
zeichen aus dem Notenbild, die vorher zahlreich in ihm enthalten waren[68].

Der harte, chromatisch eingeengte Gang findet sich archetypisch in ähnlicher Bedeutung oft auch in der Musik vor oder
nach Bach. Wie bei Bach auf das »crucifixus etiam pro nobis«
schon in einer Messe bei Claudio Monteverdi, aber auch bei Ludwig van Beethoven in der *Missa solemnis*[69]. In anderem, aber
ähnlichem Zusammenhang in vielen Messen bei Joseph Haydn,
im *Don Giovanni* von Wolfgang Amadeus Mozart, im *Requiem*

von Giuseppe Verdi[70]. In Bachs Werk, auch in der *Matthäus-passion*, findet sich der chromatische Gang häufig, oft nur kurz, wie beiläufig. Immer hören wir spontan das Beengende, Angst-machende der Tonfolge. Dürfen wir jedesmal Bachs in der Un-terschrift geäußerten Überzeugung vertrauen, daß das Kreuz in Wahrheit nur der abgebrochene Teil eines Ganzen ist, daß dessen komplementärer verborgener Teil eine Krone ist? Daß unser Lei-den der Schlüssel für »ewige Freude« ist?

Circumflex und Subsumtio – Sichwinden und Seufzen

Zwei Motive, die später bedeutungsvoll werden, kehren im Eingangschor des öfteren wieder, sind hier aber noch nicht zu voller Bedeutung entfaltet. Mehrmals erklingt in den Holz-bläsern ein kurzes chiastisches Motiv (Beispiele 3a, S. 49, und 9a) – »chiastisch« genannt, weil sich ein Kreuz ergibt, wenn man die erste und letzte sowie die zweite und dritte Note des

Beispiel 9a

kleinen Motivs miteinander verbindet. Ich glaube, dieser Chiasmus ist nur eine interessante Beigabe für das Auge des Notenlesenden, vom Hörer wird er nicht wahrgenommen. »Cir-cumflex« wurde die Notenfolge auch wegen ihrer Ähnlichkeit mit dem griechischen Akzentzeichen genannt[71]. Ich finde diese Assoziation treffend: Wie das Dehnungszeichen über einem Vokal, so dreht sich etwas um sich selbst, windet sich wie eine Schlange. Ich will diese Bezeichnung der Prägnanz wegen bei-behalten.

Das Motiv findet sich bei Bach des öfteren. In der *Matthäus-passion* bildet es das Hauptmotiv zu der Arie *Blute nur, du liebes Herz!* (NBA 8; Beispiel 9b) und erscheint bedeutungsschwer wieder in den beiden Chören *Laß ihn kreuzigen!* (NBA 45b,

Beispiel 9b

Blu – – te nur

50b; Beispiel 9c) und schließlich verengt im Choral *Wenn ich einmal soll scheiden* (NBA 62; Beispiel 9d). In der *h-Moll-Mes-*

Beispiel 9c

Laß ihn kreu - -

Beispiel 9d

Wenn mir am al - ler bäng - - sten

se stellt es das Thema zur großen zweiten Chorfuge auf den Text »Kyrie eleison« (Beispiel 9e). Im *Wohltemperierten Klavier I*

Beispiel 9e

ky - - - - ri - - - - e ———— e

bildet es das erste Fugenthema einer großen Tripelfuge in cis-Moll (Beispiel 9f). Und nicht zuletzt ergibt der Name B-A-C-H,

Beispiel 9f

bekanntlich das letzte Thema in Bachs letztem Werk, der *Kunst der Fuge*, als Notenfolge gelesen eine solche »Circumflex«-Tonfolge (Beispiel 9g). Auch bei dieser Figur scheint es sich um ein

Beispiel 9g

b   a   c   h

archetypisches Motiv zu handeln. Immer wieder erscheint es in der Musik, wenngleich in weitgespannter Bedeutung. *Wie* weitgespannt und ambivalent, belegt das *Requiem* von Antonín Dvořák. Es ist vom ersten bis zum letzten Takt buchstäblich von diesem Thema durchzogen, ja beherrscht (Beispiel 9h). Aber die vielfältigen Texte, die Dvořák darauf vertont, sind deswegen na-

Beispiel 9h

Abb. 7 Michelangelo: »Schiavo che si rideste« (Der erwachende Sklave); Florenz, Galleria dell'Accademia.

türlich nicht gleich, sie haben nur an Gleichem teil. Gerade die unterschiedlichen Facetten, die dies Motiv bei Dvořák aufweist, sollten uns davor bewahren, beim Erklingen eines Motivs in verschiedenen Sätzen allzu schnelle und leichtfertige Schlußfolgerungen zu ziehen.

Immer wenn im Eingangschor dieser Circumflex auftaucht (Takte 14, 64, 69, 87), ist die Harmonisierung mit Querständen und Dissonanzen quälend dicht. Eine analoge Körperempfindung zu diesem sich um sich selbst windenden Motiv ist, so denke ich, das Erlebnis, dem der Mensch um seine Geburt ausgesetzt ist. Das Leben des Embryos bedeutet Geborgenheit, Umgebensein, ja Einssein mit dem schützenden, liebenden und nährenden Leib der Mutter; es bedeutet aber auch: schmerzendes Eingesperrtsein und schließlich qualvolles Sichwinden, um ans Licht der Freiheit zu gelangen. Die gewaltigen Steinfiguren Michelangelos – die unvollendeten zumal – zeugen von solcher sich windender Befreiung bei der Geburt. Michelangelo hat oft geschildert, daß er die Figuren im Stein enthalten sah und sie nur aus ihm »befreien« mußte (das befähigte ihn auch, den großartigen David aus einem Marmor zu schlagen, der von anderen berühmten Bildhauern seiner Zeit verworfen worden war, weil er ihnen an einer Stelle zu schmal für eine jede Figur erschien). Man meint, etwa den Sklaven des Julius-Grabes die Qual dieser Geburt aus Stein anzusehen.

In unserer kleinen Notenfigur scheinen Seligkeit und Qual so nahe beieinander zu liegen wie in der Existenz des Embryos[72]. Je nach Rhythmisierung und Enge des Notenstandes überwiegt eine der beiden Empfindungen. Hier, im Eingangschor, haben die vier Noten durch die von Bach vorgeschriebene Anbindung der zweiten zur dritten Note den Charakter einer Klage und damit eigentümliche Verwandtschaft mit einem kurzen Motiv, das gleich anschließend in den Violinen erscheint.

Dreimal nacheinander erklingt dort eine Notenfolge von zwei aneinandergebundenen fallenden Sekunden (Beispiel 10a,

Abb. 8 Szene aus John Neumeiers Ballett »Matthäuspassion«; Ronald Darden in »O Schmerz, hier zittert das gequälte Herz«.

Beispiel 10a

S. 74), jeweils nur einen, allerdings höchst spannungsvollen,
Takt lang, der auf den pathetischen neapolitanischen Sextakkord
mündet. Durch ihre Anbindung an die Vornote klingt die zweite
unbetont, wie seufzend abphrasiert.
Wenn solche Phrasierung dadurch erzwungen wird, daß jede
zweite Note repetiert wird (und also nicht erklingen kann, bevor
sie nicht abgesetzt ist), so sprechen zeitgenössische Theoretiker
von »subsumtio postpositiva«[73]. So kommt das kleine Motiv
etwa im Chor *O Mensch, bewein dein Sünde groß* vor, der wie
in einem »Meer von Tränen« ganz von solchen Seufzersekunden
überschwemmt ist (Beispiel 10b). Aber auch ohne Tonrepetierung ist das Seufzen bei allen durch Anbindung abphrasierenden

Beispiel 10b

Sekunden unüberhörbar. Tatsächlich erklingt das Motiv, wiederum wie ein musikalischer Archetyp, in der ganzen Musikgeschichte in immer ähnlicher Bedeutung: so in Mozarts und
Verdis *Requiem* auf den Text »Lacrymosa, dies illa« (Bei-

Beispiel 10c

Beispiel 10d

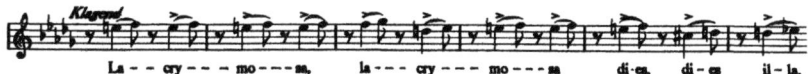

spiele 10c und 10d); oder in Brahms' *Deutschem Requiem* auf den Text »Die mit Tränen säen« (Beispiel 10e), aber auch »Selig

Beispiel 10e

sind die Toten«; oder in der Oper *Boris Godunow* von Modest Mussorgski auf die Klage des Gottesnarren »Fließet, fließet, bitt're Tränen, weine, o weine, gläubige Christenseele« (Beispiel 10f). Vielleicht ist das einfache *Ach* in einem Tenorrezitativ

Beispiel 10f

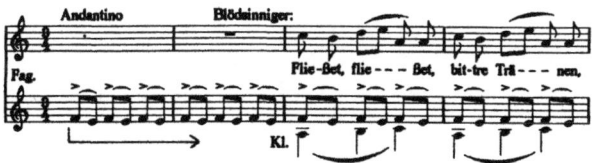

der *Matthäuspassion* (NBA 19), ein undefiniertes Aufstöhnen also, die passendste Übersetzung dieses kleinen »Seufzer«- oder »Schmerz«-Motivs (so nennt es Albert Schweitzer) in Sprache (Beispiel 10g, S. 76)[74].

Die Folge von betonter und unbetonter Note, wie die Folge von Dissonanz und Konsonanz, ist in unserem Körperempfinden verankert: Beide entsprechen der Urfunktion von Spannung und

Beispiel 10g

Entspannung, von Einatmen und Ausatmen. Auch »Seufzen« und
»Weinen« bergen in sich neben allem Schmerz das nachfolgend
Entspannende, Erlösende, Einschlummernde: die Aktivität des
Parasympathikus gegen die des Sympathikus. Tränen etwa haben
eine solche physiologisch entspannende Wirkung: Sie schwem-
men Streßhormone aus dem Körper. Hört man mit einem Ste-
thoskop den Herzschlag eines Menschen, so klingt das Nacheinander von anspannender (das Blut in die Adern pumpender)
Systole und entspannender (das Blut wieder einfließen lassender) Diastole tatsächlich unserem Motiv verwandt. Das kleine
Motiv wie die beschriebenen Körperfunktionen sind ein Schlüssel zum Verständnis von Musik wie Natur: Spannung und Entspannung, so gegensätzlich sie sind, bedingen einander; das eine
kann ohne das andere nicht sein. Verharren in einem von beidem
bedeutete Tod. Nur beides gemeinsam ergibt Leben.

»Im Atemholen sind zweierlei Gnaden:
Die Luft einziehen, sich ihrer entladen;
Jenes bedrängt, dieses erfrischt;
So wunderbar ist das Leben gemischt.
Du danke Gott, wenn er dich preßt,
Und dank ihm, wenn er dich wieder entläßt.«

(Johann Wolfgang von Goethe: *West-östlicher Divan*[75])

Es wären noch manche, teils als Figuren bekannte, typische Erscheinungen zu nennen, die im Eingangschor und später immer
wieder vorkommen. Als eine der häufigsten und charakteri-
stischsten sei die synkopische Überbindung erwähnt. Sie tritt
bereits im Thema auf, jedoch erst in seiner Fortspinnung (in den
Takten 4, 5, 7 und 8) in ihrer charakteristischen harmonischen
Form, die in der Überbindung immer eine Dissonanz, ein peini-
gend auflösungsbedürftiges Intervall entstehen läßt. Dort scheint
der Fluß der strömenden Achtel jedesmal durch eine Sperre quälend gestaut, bevor er weiterfließen kann (Beispiel 1g, S. 44).
Von solcher »Syncopatio« ist in der Musikliteratur der Zeit zu

lesen,»daß ihre Helffte gut, die andere schlimm sey« (wegen
der Dissonanz auf die angebundene zweite Hälfte der Note) und
daß sie »gewissermaßen den Takt zerbrechen« (weil sie den natürlichen Fluß des Rhythmus zerstören)[76].
Solch mutwillige Durchbrechung des normalen Taktschlags
läßt auch an taumelndes Straucheln, an erschrockenes Stolpern,
an auftrumpfende, manisch-eckige Gestik, bei Stimmeinsätzen
an ungeduldiges Ins-Wort-Fallen denken. Sie kann auch auftrumpfend oder aufrüttelnd wirken (so in der *Matthäuspassions*-
Arie *Gebt mir meinen Jesum wieder*, so in Mozarts *Requiem* in
den Streichern auf die unduldsame Bitte des Chores »Kyrie eleison«) oder keck-fröhlich (so in den Solostimmen des »Laudamus
te« von Bachs *h-Moll-Messe*). In unterschiedlichster Bedeutung
begegnet uns die Synkope in der Passion immer wieder.

Der Cantus firmus

In das e-Moll des großen Chores hinein erklingt wie ein Leitmotiv über den beiden Orchestern und Chören in strahlendem
G-Dur das Lied *O Lamm Gottes, unschuldig am Stamm des
Kreuzes geschlachtet*, die mittelalterliche Eindeutung des
»Agnus Dei«. In einem weiteren Sinn als dem der Musikfachsprache, die vom Cantus »firmus« spricht, weil er in der
mehrstimmigen Motettenkomposition die vorgegebene Choralmelodie als feststehend kennzeichnet, kann man hier von einem
»sicheren Gesang« sprechen. Denn dies Lied scheint als Vorlage
zu dienen zu einer Reihe von Themen der Passion, die zumindest mit ihrem Quintsprung zu Beginn und der folgenden Sexte
als dessen Ausformungen gedeutet werden können. Friedrich
Smend führt aus, daß das Motiv *Ist er der König Israel* aus dem
Turbachor *Andern hat er geholfen* (NBA 58d) wörtlich den Cantus firmus zitiert[77] – was bei dieser Textstelle ja zweifellos sinnig
ist: wird doch auf diese Weise die hämische Verspottung Jesu
mit seiner Charakterisierung als *Lamm Gottes* in Bezug gesetzt
(Beispiel 11, S. 78). Auch andere Motive scheinen dem Cantus
firmus verwandt. Selbst wenn man Smend nur vorsichtig folgen
will, weil ja thematisches Material wie Aufwärtsquint mit fol-

Beispiel 11

O Lamm Got--- tes, un--schul----dig

ist   er   der   Kö-nig Is-ra ---el

gender Sexte äußerst gebräuchlich ist und gleichsam auf vorderster Hand liegt, so darf man doch eine ständige latente Gegenwart des *O Lamm Gottes unschuldig* in der Passion unterstellen.

Da die Liedmelodie der Tonartenmodulation im Eingangschor folgt beziehungsweise sie bestimmt, diese Tonartenmodulation ihrerseits wie eine Vorwegnahme der Tonartenfolge in der ganzen *Matthäuspassion* wirkt, kann das Lied auch als tonartliches Leitmotiv der ganzen Passion angesehen werden[78], zumindest aber als Initiierung des leuchtenden Dur gegenüber dem klagenden und depressiven, die Passion so beherrschenden Moll.

Es gibt einen zweiten Choral, der eine eher noch gewichtigere Bedeutung in der Passion hat: das Lied *O Haupt voll Blut und Wunden*. Mit seiner Melodie unterbricht es, in vierstimmigem Satz vertont, mit sechs Versen (aus zwei verschiedenen Liedern), insgesamt fünfmal die Passionserzählung. Dazu scheinen seine Anfangsnoten auch – wie die des *O Lamm Gottes unschuldig* – des öfteren von Bach in freien Sätzen zitiert zu sein. Das Lied ist im Eingangschor nicht enthalten, ich komme später darauf zurück.

II Tonarten

Wenn in die sieben Töne einer Tonleiter fremde Töne aufgenommen werden, so sprechen wir von Chromatik (Farbigkeit). Ganz gewiß, in der Musik sind Tonarten das, was in der Malerei die Farben sind. Wie in der Malerei, so in der Musik: Zwar haben Tonarten und Farben offensichtlich starke Eigenwirkung. Bestimmte Tonarten oder Farben sind nur für bestimmte Gefühlsebenen denkbar, ein Requiem in D-Dur etwa ist unvorstellbar, und nicht ohne Grund empfehlen Psychologen für Arbeits-, Wohn- oder Schlafräume unterschiedliche Grundfarben. Aber dennoch: Farben und Tonarten sind in ihrem Ausdruckswert ambivalent. Johann Mattheson schreibt, daß von ihren »Eigenschafften nichts unumstößliches zu sagen sey, weil keine Ton-Art an und für sich selbst so traurig oder so lustig seyn kan, daraus man nicht das Gegentheil setzen mögte«[79]. So reicht die Wirkung der Farbe Rot von Aggressiv-Verletzend bis zu Warm-Verinnerlicht – sicher liegt die Assoziation von Blut zugrunde. Erst im Kontext oder im Kontrast zu anderen Farben oder Tonarten entstehen deutliche Charakteristika. Häufiger, gar abrupter Wechsel von Farben oder Tonarten wirkt dramatisch, ja schockierend.

Von der Vielfalt mittelalterlicher Kirchentöne, in denen die Halb- und Ganztonschritte jeweils anders angeordnet waren, hielten sich nur das dem Ionischen verwandte Dur und das dem Äolischen und Dorischen verwandte Moll. Wie die Worte es sagen, empfinden wir Tonarten mit großer Terz als »durus« (hart), als klar, hell, leuchtend, geistig; Tonarten mit kleiner Terz als »mollis« (weich), als sanft, emotional, gefühlsbetont. Dies freilich in großer Variationsbreite, je nach ihrem Stand im Quintenzirkel.

In allen uns vertrauten je zwölf Dur- und Molltonarten zu musizieren war erst seit der »wohl«temperierten Stimmung möglich, die die Oktave in zwölf annähernd gleiche Halbtonschritte teilte. Gegenüber jeder physikalisch reineren (von der Naturgegebenheit der Obertöne abgeleiteten) Stimmung hat diese Stimmung zwar (wegen der Überlappungen zwangsläufig) alle Intervalle außer der Oktave ein wenig verfälscht, so auch die unserem Ohr so wichtige reine Quint. Die temperierte Stimmung hat aber erst die Möglichkeit geschaffen, alle zwölf Dur- und Molltonarten zu gebrauchen und zwischen ihnen zu modulieren (siehe Anhang D, S. 348: Skizze eines Quintenzirkels). Vorher konnten, je nach Stimmung, nur einige Tonarten verwendet werden, denn in entfernter gelegenen machte sich der Abstand zur Ursprungstonart störend bemerkbar.

Allerdings war die »wohltemperierte« Stimmung Bachs noch nicht wie unsere gleichschwebend temperiert, teilte nicht wie diese die Oktave in zwölf völlig gleiche Intervalle[80]. In einer nicht gleichschwebenden, aber wohltemperierten Stimmung unterscheiden sich die Tonarten nicht nur, wie heute, in der Tonhöhe. Vielmehr erklingen die Intervalle tatsächlich verschieden – etwa die für unser Tonartenbewußtsein so wichtige Terz. Man konnte, wie Mattheson schreibt, »aus den zwölff Octaven-Gattungen unsrer diatonisch-chromatischen Klang-Leiter, durch die Abwechselung der Tertzen, vier und zwantzig Ton-Arten herausbringen, deren iede ihr absonderliches und eigenes Wesen, nicht nur in der Höhe und Tiefe, nach alt-griechischer Art, sondern auch in der wundersamen Vielfältigkeit der Verhältnisse darleget«.[81] Tonarten also haben in diesen Stimmungen deutlich unterschiedliche Charakteristika, die auch von Zeitgenossen Bachs beschrieben wurden, ausführlich von Mattheson in seinem 1713 erschienenen Buch *Das Neu-Eröffnete Orchestre*[82].

Aber auch heute empfinden wir Unterschiede der Tonarten und hören gleiche Charakteristika wie die Bach-Zeit. Dies sogar, obwohl sich die absolute Stimmung der Instrumente im Lauf der Jahrhunderte erheblich verändert hat: Sie ist höher geworden. Ein Es-Dur der Bach-Zeit erklingt heute fast in der Höhe des damaligen E-Dur. Dennoch scheinen wir – vielleicht nur im Kontext der ganzen Bachschen Kompositionen – die Tonartenempfindungen Bachs zu teilen. Ja, viele Tonartencharaktere scheinen über die folgenden Jahrhunderte gleich geblieben zu sein. Beethoven, Brahms, Bruckner, Wagner haben manche Tonarten ganz ähnlich belegt wie Bach. War die Tonart durch bekannte Werke vorgeprägt? Oder durch die Lage ihres Grundtons zum Umfang menschlicher Stimmen? Oder durch bestimmte Instrumente, in denen sie besonders günstig liegt? Denn natürlich konnten gerade die Blasinstrumente zur Bach-Zeit, die noch keine Ventile kannten und die Klänge aus der Naturtonreihe bilden mußten, nur in einigen wenigen Tonarten sauber spielen, die dann schnell zum Charakteristikum dieses Instruments und seiner Farbe wurden (wie etwa das D-Dur der Trompeten). Aber: was ist Ursache, was ist Wirkung? Man hätte ja Trompeten auch in anderer Stimmung bauen können und hat es tatsächlich getan.

Das Phänomen der Tonartencharakteristik ist vielleicht nicht befriedigend zu erklären, an seiner Wirklichkeit läßt sich aber kaum zweifeln. Insbesondere nicht, wenn man Texte untersucht, die Bach auf bestimmte, von ihm offensichtlich bevorzugte Tonarten wie h-Moll, a-Moll, D-Dur oder Es-Dur komponierte. Eine solche rein phänomenologische Untersuchung ergibt so stringente Ergebnisse, daß an dem Empfinden des Komponisten keine Zweifel bestehen können. Ich habe einmal ein Konzert veranstaltet, in dem eine Schauspielerin Texte las, die Bach in bestimmten Tonarten komponiert hat. Ich spielte dazu Orgelstücke Bachs in der gleichen Tonart. Obwohl das Konzert keine Kommentierung erfuhr, verstanden alle Hörer die Absicht und erfaßten die Wirkung der vorgestellten Tonarten eindeutig.

Auch wenn manche Menschen »farbhören« (»audition colorée«), so ist jeder direkte Vergleich von Tonarten und Farben nur mit Vorsicht anzustellen, denn es besteht gewiß nur Verwandtschaft, nicht Übereinstimmung. Vielleicht liegt etwas Gemeinsames zugrunde, das Menschen unterschiedlich stark als Synästhesie wahrnehmen. Wenn ich dennoch in diesem Buch oft auf Farbvorstellungen zurückgreife, so will ich vornehmlich den Hörern helfen, die mit den jedem Musiker geläufigen Tonartenbezeichnungen keine konkreten Vorstellungen verbinden. Wenn man den Farbvergleich ein wenig ausführen will, so kann man sagen, daß die Kreuztonarten, je mehr Töne erhöhende Kreuze sie haben und sich von der gleichsam neutralen Tonart C-Dur entfernen, im Farbspektrum nach der frisch-kühlen, grün-blauen Seite ausschlagen; die B-Tonarten, mit je mehr B sie versehen sind, mit je mehr erniedrigten Tönen sie sich von C-Dur entfernen, über Orange zu einem dunklen, warmen Rot führen.

»Einfachere Empfindungen haben einfachere Tonarten; zusammengesetzte bewegen sich lieber in fremden, welche das Ohr seltener hört«, schreibt Robert Schumann[83]. Man möchte der Beobachtung uneingeschränkt auch für Bach zustimmen, wenn man an so entlegene Tonarten und Stimmungen denkt wie das Cis-Dur-Präludium aus dem *Wohltemperierten Klavier I* oder an das As-Dur in der *Matthäuspassion*. In der Passion ist es signifikant, daß die Tonarten mit zunehmender Erregung in die

Erhöhung der Kreuze gesteigert, mit zunehmender Verinnerlichung in die warm-dunklen B-Tonarten herabgeführt werden.
Und, schwer erklärbar, die beiden Tonarten der Mitte, C-Dur und
a-Moll, bilden tatsächlich ein Zentrum menschlichen Verhaltens:
rein, auch sachlich und nüchtern wie weiß das C-Dur; ausge-
wogen und gefühlvoll das a-Moll.

Gegen die Prägnanz und Stringenz der Tonartencharakteristik
gibt es ein Gegenargument: Manche Musikstücke sind von Bach
selbst bei einer späteren Bearbeitung in eine andere Tonart transponiert worden. So ist der große E-Dur-Schlußchor des ersten
Matthäuspassions-Teils *O Mensch, bewein dein Sünde groß* von
Bach aus seiner *Johannespassion* übernommen worden, wo er
ursprünglich einen Halbton tiefer, in Es-Dur, stand, das ist im
»Farbspektrum« des Quintenzirkels aber der gewaltige Abstand
von sieben Quinten. Dieser Einwand sticht bei näherem Bedenken nicht, denn natürlich hat die Transponierung etwas mit der
veränderten Tonartenstruktur der ganzen *Matthäuspassion* zu
tun (in die an dieser Stelle ein Es-Dur-Stück nicht gepaßt hätte);
aber darüber hinaus wird – sicher beabsichtigt – eben auch der
Charakter des Chores völlig verändert. Ähnliches beobachten
wir in der Malerei: So hat Claude Monet in ungefähr 40 verschiedenen Bildern das Hauptportal der Kathedrale von Rouen immer
wieder »verändert«, da er es zu verschiedenen Tageszeiten und
in immer unterschiedlichen Farben gemalt hat[84].

Auf künstlerisch hohem Niveau war es Bach, der in den
24 Stücken seines *Wohltemperierten Klaviers* zum erstenmal
von der Vollständigkeit des Musikkosmos Gebrauch machte, mit
diesem Werk uns gleichsam ein Wörterbuch seines Tonarten-
verständnisses lieferte und einige vorher nicht oder wenig verwendete Tonarten geradezu in ihrer Charakteristik festlegte.
Von der Möglichkeit des Tonartenwechsels und somit der Farbigkeit hat Bach freilich in keinem anderen Werk einen so
extensiven Gebrauch gemacht wie in der *Matthäuspassion*.
Hier, angesichts der Dramatik der Ereignisse, angesichts der
Fülle menschlicher Regungen und Konflikte, hat er »Farbe bekannt«. Wir werden im Verlauf der Passion vielen Tonarten,
vielen »Farben« begegnen und uns fragen, ob und wie Tonarten

möglicherweise einzelne Stücke charakterisieren und miteinander verbinden.

Im Eingangschor sind, und zwar an bedeutungsvollen Stellen, die wichtigsten Tonarten der Passion bereits enthalten[85]. Ich will ihre Beschreibungen durch Johann Mattheson zitieren. Sie belegen, daß Bach in das Empfinden seiner Zeit eingebettet war und es doch zugleich weit hinter sich ließ.

Der ganze Satz mit seinem erdrückenden Lamento steht in e-Moll – wie übrigens das Crucifixus in der *h-Moll-Messe*: »Dem... E-moll (Phrygio) kan wol schwerlich was lustiges beygeleget werden / man mache es auch wie man wolle / weil es sehr pensif, tiefdenckend / betrübt und traurig zu machen pfleget / doch so / daß man sich dabey noch zu trösten hoffet...«[86]

Ist der Charakter von e-Moll herb und dunkel-betrübt, so steht die parallele Tonart G-Dur (die die Grundtonart der Musik, C-Dur, um eine Quint ins Helle erhebt) für leuchtende Sonne, für das gelbgrüne Aufblühen von Frühlingspflanzen: »G-dur (Hyppo Jonicus) der Achte Thon / hat viel insinuantes und redendes in sich; er brillirt dabey auch nicht wenig / und ist so wol zu serieusen als muntern Dingen gar geschickt...«[87]

Wie weit bleibt diese Beschreibung unter dem exaltiert fröhlichen G-Dur des *Wohltemperierten Klaviers*, aber auch dem frühlingshaft leuchtenden in der *Matthäuspassion*! Hier im Eingangschor breitet sich das Orchester in zwei Zwischenspielen in G-Dur aus, nachdem der Chor vom **Lamm** und seiner **Geduld** gesungen hatte. Und in G-Dur erklingt (mitten in dem e-Moll-Satz) der große Cantus firmus: **O Lamm Gottes, unschuldig am Stamm des Kreuzes geschlachtet**. Später wird G-Dur zur Grundtonart der Jesus-Worte und verleiht ihm jugendlich strahlenden Glanz. Ich bin erinnert an den gekreuzigten Jesus, den Marc Chagall im einem Fenster des Fraumünsters zu Zürich – gewiß dieser Farbbedeutung wegen – grün gemalt hat[88].

Das die Grundtonart des Satzes um eine Quinte verschärfende h-Moll spielt in der Passion (wie überhaupt im Werk Bachs) eine bedeutungsvolle Rolle: »H-moll ist bizarre, unlustig und melancholisch; deswegen er auch selten zum Vorschein kommet / und mag solches vielleicht die Ursache seyn, warum ihn die Alten

aus ihren Clöstern und Zellen so gar verbannet haben / daß sie
sich auch seiner nicht einmahl erinnern mögen.«[89]
Die einschränkende Bemerkung trifft auf Bach nicht zu. Im
Gegenteil: fast könnte man von einer Lieblingstonart Bachs sprechen – allein wenn man an den Eröffnungssatz der *h-Moll-Messe*,
das »Kyrie eleison«, denkt oder an die letzte Fuge aus dem *Wohltemperierten Klavier I*, wo Bach zum erstenmal in der Musikgeschichte ein »Zwölftonthema« formuliert: Die Klagen dort
überschlagen sich gleichsam durch nicht enden wollende Aneinanderreihung der immer gleichen Seufzerfigur[90]. Der Tonart
h-Moll eignet das »tiefdenkend Betrübte« von e-Moll, gesteigert
aber zu einer tränenreichen Traurigkeit, zu einem expressiven
Klageruf, dem auch immer ein wenig vom Stolz und von der
königlichen Würde der parallelen D-Dur-Tonart anhaftet. Hier
im Eingangssatz der *Matthäuspassion* wird die Tonart in einer
ersten Steigerung des Orchestervorspiels in Takt 9 erreicht; dazu
später in den letzten Takten, die in gewaltiger Reprisensteige-
rung mit den Worten *Kommt, ihr Töchter, helft mir klagen* Text
und Musik des Beginns aufnehmen.

Die Tonarten, die neutral, ohne Vorzeichen, die Mitte zwischen den Kreuz- und den B-Tonarten bilden, C-Dur und a-Moll,
sind, ähnlich dem Weiß, nicht eigentlich *ohne* Farbe, ohne Emotion – vielmehr scheinen sie alle anderen Farben, alle anderen
Gefühle in sich zu vereinen, so wie Weiß entsteht, wenn ein Gegenstand alles einfallende Licht gleich reflektiert, die im Spek-
trum sich brechenden Farben also noch eins sind.

C-Dur beschreibt Mattheson so: »C-dur, der fünfte Thon (Jonicus) hat eine ziemlich rude und freche Eigenschaft / wird aber
zu Rejoussancen, und wo man sonst der Freude ihren Lauff läßt
/ nicht ungeschickt seyn...«[91] C-Dur kommt im Eingangschor
nicht vor und auch später nur peripher. Wenn man an die Charakteristik im *Wohltemperierten Klavier* denkt, so trägt es das
Signum von Reinheit und Unberührtheit, von Umfassung und
Bergung. Erst sekundär und abgeleitet vermittelt es den Eindruck
von Nüchternheit, Unbekümmertheit oder sogar Frechheit.

Mattheson schildert a-Moll so: »Des in der Reihe folgenden
dritten Tohnes A moll (Aeolii) Natur ist etwas klagend / ehrbar

und gelassen / it. zum Schlaff einladend; aber gar nicht unangenehm dabei... d. i. geschickt ein Mitleiden zu erwecken.«[92] A-Moll erklingt im Eingangschor an jener Stelle, an der der Chor –»geschickt, ein Mitleiden zu erwecken« – singt: *sehet ihn aus Lieb und Huld Holz zum Kreuze selber tragen* und dabei reprisenartig die musikalische Thematik der ersten Verszeile wiederaufnimmt. Im Verlauf der Passion erhält die Tonart besondere Bedeutung,»Lieb und Huld« sind so etwas wie eine Chiffre dieser weichen, manchmal zärtlichen Tonart. Der Eingangschor schließt sein e-Moll mit einem Schlußakkord in E-Dur ab. Auch diese Tonart gelangt später zu großer Bedeutung:»E.dur drucket eine Verzweiflungs-volle oder gantz tödliche Traurigkeit unvergleichlich wol aus; ist vor extrem-verliebten Hülff- und Hoffnungslosen Sachen am bequemsten / und hat bey gewissen Umständen so was schneidendes / scheidendes / leidendes und durchdringendes / daß es mit nichts als einer fatalen Trennung Leibes und der Seelen verglichen werden mag.«[93] Die Tonarten e-Moll, G-Dur, h-Moll, a-Moll und E-Dur bestimmen den Eingangschor und werden jede damit zur Keimzelle, aus der sich später Bedeutungsvolles entwickelt. Mit ihnen sind die wesentlichen Stationen der ganzen Passion vorweggenommen. Nur je ein Komplex in den B-Tonarten Es-Dur/ c-Moll im ersten und zweiten Passionsteil (dort beschließt er die ganze Passion) findet im Eingangschor noch keine Entsprechung, keine vorwegnehmende Erklärung. Diese Tonartensphären stehen denn auch im Passionsverlauf für etwas völlig Neues, total Anderes, das in der Eröffnung noch nicht anklingen kann.

III »Form und Proportion wie der Mensch«

Der Goldene Schnitt

Wenn man in dem 90taktigen Eingangschor nach einer Gliederung, einer Zäsur, einem Innehalten sucht, so helfen hergebrachte Schemata der Form oder Periodik nicht viel weiter. Schon die ersten acht Takte des Orchestervorspiels sind ja unerwartet und asymmetrisch aus fünf und drei Takten gebildet. Die einzige große Zäsur teilt den 90taktigen Chor nach dem 56. Takt. Dort – in der Kathedrale am Beginn des Querschiffs – kommt es, wie beschrieben, in textlicher wie musikalischer Hinsicht zu einem eigenartigen Bruch. Die Stelle der Zäsur gibt zu denken. 56 zu (verbleibenden) 34 Takten sind nämlich eine höchst bedeutungsvolle Teilung[94]. In ihr verhält sich der kleinere Teil zum größeren wie dieser zum Ganzen (34:56:90 Takte). Auch die Teilung der ersten Takte in fünf zu drei entspricht in der bestmöglichen Annäherung ganzer Zahlen diesem Verhältnis. Exakt ist die zugrundeliegende Teilung nur durch eine irrationale Zahl (das ist eine Zahl mit unendlich vielen Stellen hinter dem Komma, hier 0,61803...) auszudrücken, deren Wiedergabe – in ganzen Takten der Musik wie in Maßen der Natur – daher immer nur approximativ sein kann. Die eigenartige Proportion entsteht auch in einer Zahlenreihe (mit ihrem Fortschreiten immer genauer), in der die beiden vorausgegangenen Zahlen addiert jeweils die nachfolgende Zahl ergeben, also 1:2:3:5:8:13:21 und so weiter (Fibonacci-Folge oder Lamésche Reihe[95]; siehe auch Anhang E, S. 349).

Dieses erstaunliche Formgesetz der Natur, das in nahezu jedem Kristall, in jedem Blatt, in jedem Baum, aber ebenso im menschlichen Körper zu finden ist, scheint die anorganische Welt ebenso zu bestimmen wie die organische.

Ein großes Geheimnis, das die Alten rundweg »göttlich« nannten. Wahrlich eine »proportio divina«, eine »sectio divina« – »göttliche Teilung«, wie der Astronom Johannes Kepler schlicht behauptete. Die ägyptische Kultur kannte und beherzigte dies Maß beim Bau der Pyramiden. Plato und Euklid beschrieben es in Tönen staunender Verehrung. In der Baukunst der griechischen Antike wie in der europäischen Renaissance spielt es eine beherrschende Rolle und hat gewiß entscheidenden Anteil daran, daß die Tempel der Griechen oder der Aufbau von Renaissancebildern so harmonisch wirken. Auch der zum Vergleich herangezogene Grundriß der Kathedrale von Chartres

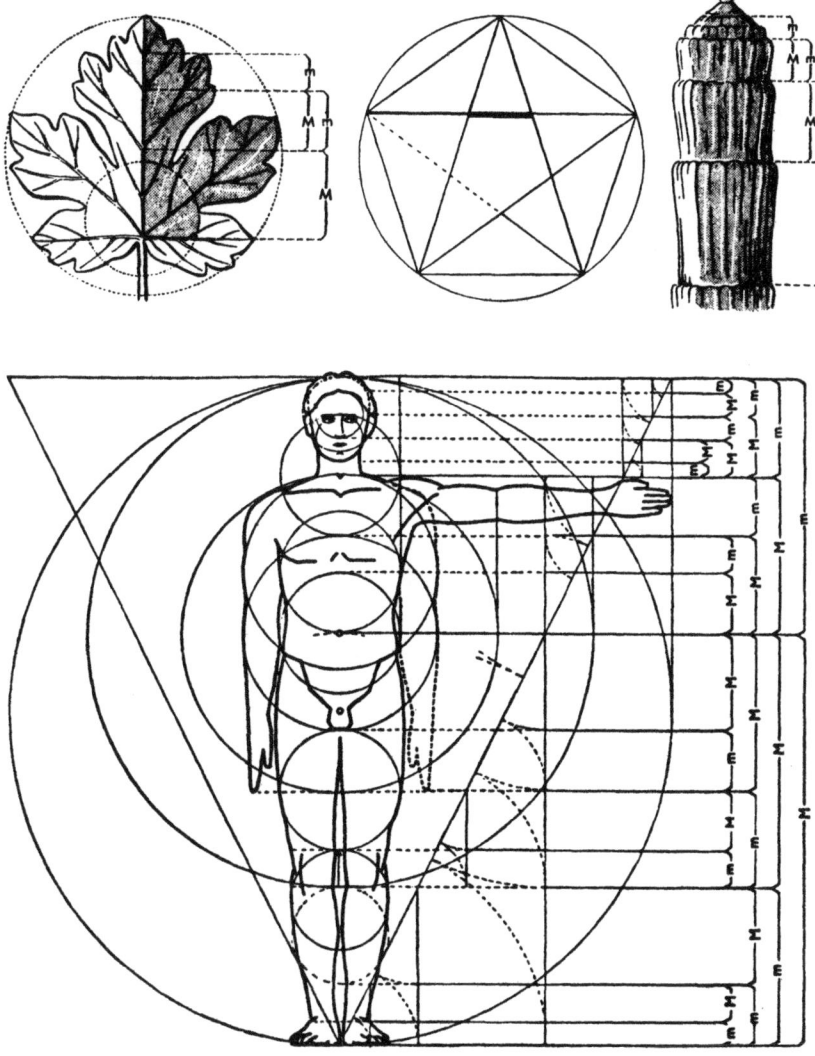

Abb. 9 Goldener Schnitt: Hahnenfuß, Pentagramm, Schachtelhalm, Mensch.

weist an der angegebenen Stelle, beim Eintritt in das Querschiff, diese »göttliche Teilung« auf. Den Namen »Goldener Schnitt« erhielt sie erst im 19. Jahrhundert.

Bei Bach läßt sich das Gesetz oft nachweisen – auch in der *Matthäuspassion*[96]. Erstaunlich: sogar die Maße der autographen Partitur (33 x 20,5 cm) entsprechen nahezu millimeter-

genau dem Goldenen Schnitt. Ob Bach das Maß gekannt hat,
obwohl es in der Architektur seiner Zeit – nachdem es in der
Baukunst der Renaissance eine bestimmende Rolle gespielt hatte
– offenbar vergessen war? Oder ob eine unvorstellbar sensible
innere Waage Bach für seine Musik jene Proportion neu hat finden lassen, die Gottes bevorzugtes Maß beim Bau der Natur war?
Wir wissen von einer ähnlichen Begabung bei Leonardo da
Vinci. Von ihm wird berichtet, er habe einen Wiegeapparat konstruiert, mit dessen Hilfe Farben so gegeneinander abgewogen
werden konnten, wie sie in harmonischem Verhältnis zueinander
auf dem Bild erscheinen sollten. Als ein Gehilfe von ihm mit der
schwierig zu handhabenden Apparatur angetroffen und gefragt
wurde, wie denn der Meister selbst mit der Waage umginge, soll
er geantwortet haben: Er benutzt sie nie[97].

Vielleicht kann man sich vorstellen, daß ohne Kenntnisse des
genauen Prinzips, einfach in Anwendung der Fibonacci-Reihe,
Bach zu seinen Proportionen gekommen ist. Die Idee – sie wäre
dann bei kleinen Einheiten höchst ungenau –, auf ein Formmaß
ein zweites zu fügen, das addiert zum ersten eine gleiche oder
doch ähnliche Proportion wie beide untereinander ergibt, mag
auf der Hand liegen. Vor allem: uns aus unserem eigenen Körper
so selbstverständlich sein, daß ein Formsensibler gar nicht anders kann, als sie, und sei es unbewußt, anzuwenden.»Ich erfinde
nichts, ich finde«, soll Pablo Picasso gesagt haben. Das Geheimnis dieser besonderen»Natürlichkeit« bei Bach wäre damit nicht
erklärt. Daß es existiert, ist mir gewiß. Dies wird insbesondere
dann deutlich, wenn eine Arie ganz eindeutig und kristallklar nur
aus diesem Maß gebildet ist (das ist beispielsweise bei *Blute
nur, du liebes Herz* der Fall) oder wenn gleich mehrere aufein-
anderfolgende Zahlen aus der Fibonacci-Reihe das Formmaß bestimmen (etwa bei *Ich will dir mein Herze schenken*).

Der Hörer mag fragen, ob Takte wirklich das aller Form-
betrachtung zugrundeliegende Maß sein können, da doch deren
tatsächliche Zeitdauer so unterschiedlich lang ist (der $^3/_8$-Takt
einer Arie dauert in etwa, wie es die Vorschrift nahelegt, wirklich
nur ein Viertel so lang wie der $^{12}/_8$-Takt im Eingangschor). Aber
die Takte prägen mit ihrer unterschiedlichen Aufteilung der

Schwerpunkte unser Hören so stark, daß wir sie tatsächlich wie die – unterschiedlich großen – Zellen empfinden, aus denen der ganze Körper der Musik aufgebaut ist. Innerhalb eines geschlossenen Satzes geben sie ja auch ein verläßliches Zeitmaß ab. Wir wissen aus den »Nachrichten von der Societät der musik. Wissenschaften«, der Bach angehörte, daß Takte auch wirklich als grobes Zeitmaß verwendet wurden. Dort steht zu lesen, eine Kirchenmusik solle, um die Andacht zu befördern, nicht allzulang sein: »Aus der Erfahrung kann man das Maaß bestimmen, nemlich eine Kirchenmusik aus 350 Tackten, verschiedener Mensur, wird ohngefähr 25 Minuten Zeit erfordern.«[98] Vielleicht erklärt sich mit solchem Taktmaß die auffallend gleiche Länge fast aller Bach-Kantaten, vielleicht liegt ein ähnliches Maß (versiebenfacht) auch der *Matthäuspassion* zugrunde. Um nicht allzu kühn zu spekulieren, will ich Takte überwiegend nur innerhalb geschlossener Formen messen, wo keine verschiedenen Mensuren das Ergebnis verfälschen können. Daß freilich die genauen Zentren zweier großer Formteile, nach Takten gezählt, nicht nur auf eine Schlüsselszene fallen, sondern sogar auf Schlüsselworte, will ich immerhin mitteilen, ohne zu behaupten, dies sei von Bach beabsichtigt.

Axialsymmetrie

Ein zweites »Natur«gesetz, dem die *Matthäuspassion* folgt, ist für den Eingangschor erst in der Retrospektive erkennbar. Der große Chor wirkt nämlich wie ein Gegenüber zu den Schlußchören der beiden Teile, zu denen er mannigfaltige Entsprechungen aufweist. Dies läßt ihn zum Ausgangspunkt zweier großer Bögen werden, deren Außenglieder jeweils miteinander korrespondieren. Das wiederum legt die Vermutung nahe, die ganze Passion könne in großer Axialsymmetrie gebaut sein, gleich etwa dem Schloß von Versailles oder der Würzburger Residenz, gleich aber auch dem menschlichen Körper, der sein Zentrum, das Herz, mit paarigen Organen und Körperteilen umgibt. Zwar ist eine solche Symmetrie in der *Matthäuspassion* immer wieder durchbrochen und variiert durch das unerbittliche

Fortschreiten des Dramas, das solche Proportionierung aus-
hebelt. Aber dennoch bestätigt sich bei näherer Betrachtung ihre
Existenz ebenso wie die Folgerung, daß dann in der Mitte der
jeweiligen Bögen der »Kaisersaal«, das »Herz« der jeweiligen
Teile liegt. Wir sind gut beraten, diesen Zentren der *Matthäuspassion* später besondere Aufmerksamkeit zu widmen (es sind
dies die Szene 7 aus dem ersten, die Szene 8 und wohl auch 14
aus dem zweiten Teil).

Als axialsymmetrisch kann man letztlich jede Dakapoform
betrachten, in Annäherung also auch den Eingangschor mit seiner Wiederaufnahme der ersten Takte am Ende; als spiegelsymmetrisch die zwei geschilderten Hauptmotive, deren eines
sich nach oben, das andere nach unten bewegt: dazu den antiphonischen Einsatz der beiden Chöre und Orchester.

»tempo ordinario«

Ein drittes der Natur abgeschautes Prinzip ist darin zu erblicken,
daß alle Musik Bachs in einem »tempo ordinario« erklingt. Sie
ist verwurzelt noch in der Tradition der älteren Mensuralnota-
tion, in der der »integer valor notarum« (unveränderte Noten-
wert) galt, der sich nach dem »pulsus aeque respirantis« zu
richten hat, nach dem Pulsschlag eines gleichmäßig atmenden
Menschen. Wir wissen, daß bei Neugeborenen der Schock, aus
dem sicheren Mutterleib in eine fremde Umgebung geworfen
zu sein, gemildert wird durch das Hören des ihm aus dem
Mutterleib vertrauten mütterlichen Herzschlags. Es ist sogar
erwiesen, daß Mütter im instinktiven Wissen darum ihr Kind
fast ausschließlich auf dem linken Arm tragen. Der menschliche
Pulsschlag ist nur einer von mehreren körpereigenen vegetativen Rhythmen wie Atmung oder Wechsel von Wachen und
Schlafen. Diese Rhythmen scheinen alle in Beziehung, ja sogar
in ganzzzahligen Verhältnissen zueinander zu stehen[99]. Wir können uns ihnen gar nicht entziehen, ohne aus dem Leben selbst
herauszutreten. So mag es auch besonders schwer oder sogar
unmöglich sein, die Wirkung von Rhythmen und ihren Veränderungen gleichsam von außen, objektiv zu beschreiben. Al-

len natürlichen Rhythmen ist eine geringfügige Ungenauigkeit eigen, als würden sie ständig kontrolliert und korrigiert. Sie unterscheiden sich darin von den toten, starren Rhythmen der Maschinen.

Wir dürfen gewiß sein, daß jede Musik, ohne es zu wissen oder zu wollen, in dieser Grundbedingung menschlichen Lebens wurzelt. Die besondere, ruhige und bergende Ausstrahlung Bachscher wie überhaupt barocker Musik scheint auch darin zu liegen, daß sie sich solcher Verwurzelung noch bewußter war als spätere Musik (»Wir können beynahe keine tempi ordinari mehr haben, indem man sich nach den Ideen des freyen Genius richten muß«, äußerte Ludwig van Beethoven[100]). Ihre Zähleinheiten laufen grundsätzlich synchron zu körpereigenen Rhythmen und können so, rückkoppelnd und einem Induktionsstrom gleich, unsere vegetativen Zentren beruhigen. Tatsächlich erweist sich, daß die meisten Ausführenden automatisch Tempi auf diesem Grundschlag wählen, hier im Eingangschor etwa 70–80 Schläge pro Minute für ein punktiertes Viertel.

Die Beobachtung, daß sich der Pulsschlag der Musik induktiv auf den Hörer übertragen kann, verifizierte eine Sängerin meines Chores, die Ärztin ist und also gewohnt, derlei genau zu beobachten. Sie kontrollierte in einer Aufführung der *Matthäuspassion* während mehrerer Arien (an deren Ausführung sie als Chorsängerin nicht beteiligt war) ihren Puls und stellte zur eigenen Überraschung fest, daß er synchron zum Takt der gehörten Musik schlug.

Eine ähnliche Beobachtung überraschender Übertragung kenne ich aus einem persönlichen Erlebnis: Als ich zum erstenmal das *Wohltemperierte Klavier* übte, war gerade meine Tochter Susanne geboren. Wie manche Neugeborene konnte sie sich in den ersten Wochen ihres Erdendaseins nicht mit der Arbeit anfreunden, die ihr kleiner Magen aufnehmen sollte. Dauernd hatte sie Schmerzen, die sich in langem, zu Herzen gehendem Weinen und Schreien entluden. Ihre Wiege stand neben meinem Cembalo. Alle Musik, die ich spielte, mochte sie laut oder leis, erregt oder sanft sein, konnte sie nicht von ihrem Leiden ablenken. Nur ein Stück, das Präludium in C-Dur mit seinen gleichmäßig

dahinströmenden Sechzehntelnoten, mit seinen pulsierenden
Vierteln und seinen ruhig atmenden Viertaktperioden, brachte
sie wie von Zauberhand zum Verstummen. Mit großen, weit geöffneten Augen – als sähe und höre sie wunderbare Dinge, die
mir verborgen blieben – lag sie ruhig in ihrer Wiege, kaum, daß
ich je die ersten Takte dieses Präludiums anspielte.

Ein heute gern geführter Streit um »historisch richtige« Tempi
ist also obsolet, solange wir nicht wissen, wie die durchschnitt-
liche Herzfrequenz des barocken Menschen war. Und selbst
wenn wir sie kennten, würde sie über die »richtige« heutige Ausführung nichts aussagen, die als treffend nur empfunden werden
kann, wenn sie auf unserem Pulsschlag basiert.

Vielfalt

Ich schreibe an einem glühenden Sommertag in einem üppigen
toskanischen Garten und möchte hinzufügen: Auch die Ver-
schwendung und die Vielfalt ihrer Erscheinungen, mit denen uns
Natur überrascht und beglückt, finden sich in Bachs Musik. Insbesondere zeichnet sich die *Matthäuspassion* durch eine Fülle
unterschiedlichster Empfindungen und Affekte aus, die sich in
der Tonartenvielfalt und im motivischen Reichtum des Werkes
ausdrücken, aber auch in einer bei Bach sonst nicht wiederkehrenden Vielfalt unterschiedlichster Formen: Neben dem
schlichten vierstimmigen Choralsatz findet sich eine große Choralbearbeitung *(O Mensch, bewein dein Sünde groß)*; neben den
lebendig deklamierenden Seccorezitativen des Evangelisten stehen die Accompagnati vor den Arien; neben den Arien ein großer,
die Dakapoform übernehmender Chor *(Wir setzen uns mit Tränen nieder)*; neben den unstrukturierten drei Akkorden eines
einzelnen Schreies *(Barrabam)* die ausgearbeiteten, teils fugen-
artigen Turbachöre; und einmalig, alles übertrumpfend und zugleich in sich bergend, der Eingangschor mit seiner quasi sym-
phonischen Form. Aber: kein Rezitativ, keine Arie, kein Chor ist
dem anderen in der Form gleich.

Und nie wird die Form zum starr gehandhabten Prinzip, zum
Gefängnis des musikalischen Lebens. Jedesmal ist sie vielmehr

den Gedanken geheimnisvoll so angepaßt, daß wir sie als Struktur empfinden, die den Gedanken selbst innewohnt.

Diese vier Prinzipien: Goldener Schnitt, Axialsymmetrie, Grundtempi auf dem Pulsschlag des Menschen, sowie Fülle und Vielfalt der Tonarten, Motive und Formen sind offensichtlich wichtige Gestaltungsgesetze der *Matthäuspassion*. Wir begegnen ihnen immer wieder, in der Formung von Einzelteilen wie etwa Arien ebenso wie in der Durchformung der ganzen Passion. So konstruiert alle Barockmusik klingen mag, sosehr sie Verwandtschaft eher zur Architektur als zur Natur zu haben scheint: Bachs Musik hat eine unübersehbare Nähe zur Organik der Natur. Die Musiklehre des Barocks war sich der Verwandtschaft von Musik und menschlichem Körper bewußt. Andreas Werckmeister schreibt:»Ja ein wohl proportionirter Mensch hat die Musicalischen Proportiones in seinen Gliedern. Also ist die Music ein Spiegel der Göttlichen Geschöpffe und Weißheit GOttes, / ja GOttes Geschöpffe und Ebenbild (auff gewisse Maße) selbst / weil sie in solcher Form und Proportion, wie der Mensch bestehet: Da sehen wir wieder / wie GOtt Beliebung getragen / eine harmonium in seine Geschöpff zu legen.«[101]

Dies»anthropische«Prinzip kennt übrigens auch heutige Naturwissenschaft[102]. Die Kosmologie etwa errechnete viele mögliche Universen, in denen Menschen nicht vorkommen können, weil beispielsweise die Verteilung der Materie nicht zu Bildungen von Sternen führt und damit organisches Leben unmöglich ist. Daß solche Rechenmodelle nicht mit der Wirklichkeit übereinstimmen, schließt man aus der schlichten Tatsache, daß es uns gibt.»Wir sehen das Universum, *wie* es ist, weil wir existieren«, schreibt der Physiker Stephen Hawking[103]. Die Erkenntnis, daß Natur oder Kunst so geformt ist wie der Mensch, weil nur so der Mensch sie erkennen beziehungsweise gestalten kann, ist im Grund also ganz»natürlich«. Mit den Worten Thomas Manns:»Der Mensch denkt sich nichts aus. Er ist wohl erzgescheit, seit er vom Baume gegessen und diesem Betracht fehlte nicht viel, daß er ein Gott wäre. Aber wie wollte er bei aller Gescheitheit auf etwas kommen, was nicht da ist?«[104]

IV Zahlen

Zahlen sind Träger von Ordnung und offensichtlich von
menschlicher Intelligenz. Sie allein haben an der babylonischen
Sprachverwirrung nicht teil. Nur mit ihnen könnte der Versuch
unternommen werden, mit außerirdischen Intelligenzen in Verbindung zu treten. Sind sie also wirklich Repräsentanten
kosmischer Ordnung und mit dem Entstehen des Universums
geheimnisvoll verbunden?»Gott zählt«, sagt apodiktisch Johannes Kepler; und»du hast alles geordnet mit Maß, Zahl und
Gewicht«, verkündet die Weisheit Salomos von Gott. Zahlen
sind zwar rationale Träger erfaßbarer Ordnung, sie sind aber
auch voller Rätsel und Geheimnisse. Allein die»ungeordnete«
Reihe der Primzahlen, aber auch die Irrationalität von Zahlen,
die ins Unendliche gehen (und dabei solche»natürlichen« Verhältnisse wie den Goldenen Schnitt oder die Kreiszahl π bilden
können), zeugen von ihrer Hintergründigkeit. Zahlen sind wohl
auch unvollständige,»abgebrochene« Teile eines uns unzugäng-
lichen Ganzen; vielleicht geheimnisvolle Mittlerinnen zwischen
Diesseits und Jenseits.

So ist es nicht verwunderlich, daß es Menschen immer wieder gereizt hat, über Zahlen sich dem Numinosen zu nähern,
ein wenig den Vorhang beiseite zu ziehen, der Göttliches vor
uns verborgen hält. Unzählige Spekulationen über Bedeutungen
von Zahlen sind angestellt worden. Wenn man nach der Arche-
typik der Zahlen fragt, nach dem, was sie uns im Innersten
schon vertraut gemacht hat, bevor wir über sie nachdenken,
erübrigt es sich vielleicht, allzu kühne und phantasievolle Ge-
dankengebäude zu errichten. So ist es etwa müßig, darüber zu
grübeln, ob Bach bei jeder Dreizahl die christliche Trinität im
Sinn hatte. Die ihr innewohnende Vollkommenheit, die die
Spannung der Dualität überwindet, braucht nichts Außermusi-
kalisches zu»meinen« – wie platt etwa wirkt die immer wieder
vollzogene Zuordnung der drei Themen in Bachs Präludium und
Fuge Es-Dur für Orgel auf drei Wesenheiten Gottes. Die Dreiteiligkeit ist, auch als bloßes Formprinzip, einfach die adäquate
Transponierung trinitarischer Einigung in die Musik.

Es ist gleichgültig, ob der Baumeister, der einen Bau errichtet, Zahl und Proportion mit Überlegung anwendet, etwas »meinend«, oder aus Instinkt, Erfahrung, Überlieferung: Ihre Wirkung bleibt allemal gleich. Freilich: in christlicher Tradition haben sich eine oder mehrere Bedeutungen bestimmter Zahlen herausgebildet, sie unterscheiden sich aber letztlich nicht von denen anderer Religionen. Offensichtlich sind insbesondere die Bedeutungen der ersten Zahlen Eins, Zwei, Drei, Vier und Fünf – vielleicht noch Sieben und Zwölf – eingebettet in unseren Körper und in unser seelisches Empfinden. Gerade in ihrer Bezogenheit auf Zahlen ist »Musik Spiegel der göttlichen Geschöpfe, ja Gottes Ebenbild, weil sie in solcher Form und Proportion wie der Mensch bestehet« (Andreas Werckmeister).

So scheinen Zahlenbedeutungen Allgemeingut aller Menschen zu sein. Wir können, unabhängig von Kulturkreis und Menschenalter, gar nicht anders, als uns ähnlich in ihnen zu äußern und ähnliches in ihnen zu empfinden. Noch einmal mit Thomas Mann: »Ausdenken« kann sich auch der »Erzgescheite« hier nichts.

Die **Eins** als Zeichen absoluter Einheit ist in unserem Empfinden gegenwärtig als »Mit-sich-eins-Sein« – in solcher Unbedingtheit vielleicht im Paradies oder im Mutterleib erfahren (was manchen Tiefenpsychologen als eins gilt), im Leben aber stets nur ersehnt, immer gebrochen und allenfalls für mystische Augenblicke erreicht. Menschen hat es oft gereizt, nach dem einen, nach dem »Monas«, zu suchen, in dem alles vereint ist und seinen Ursprung hat. Goethe wollte im botanischen Garten von Palermo die Urpflanze finden; und es fehlt nicht an Versuchen, mehrsätzige Musikwerke als aus einem Urmotiv geformt zu erklären (Johann Nepomuk David deutete so die Präludien und Fugen des *Wohltemperierten Klaviers* und Mozarts *Jupiter-Symphonie*[105]). Sicher, so denken heute die Physiker, gab es auch am Anfang der Welt – und sei es nur für Sekundenbruchteile – einmal *eine* Grundkraft anstelle der heute beobachteten vier, die alles bewegte und zusammenhielt.

Die »Einheitlichkeit« Bachscher Musik, der Barockmusik überhaupt, rührt nicht nur daher, daß ihre Musiksätze weitgehend von einem Thema bestimmt werden – gegenüber den zweien der Klassik und den regelmäßig dreien Anton Bruckners. In dem einen Thema ist – zumindest bei Bach – oft eine Vielzahl von Affekten und Stimmungen eingefangen. Es ist eher so, daß alle Bachsche Musik organisiert zu sein scheint wie Zellen eines Lebewesens, die allesamt Ausformungen gemeinsamer Anlage sind: In jeder einzelnen von ihr ist das Ganze enthalten. Insbesondere empfinden wir den Eingangschor der Passion als solche Monade. Der Eindruck besonderer »Ein«igkeit entsteht zudem in der *Matthäuspassion*, die in ihrer doppelchörigen Anlage ja gleichsam die Zwiespaltung festschreibt, wenn beide Chöre und Orchester sich in gemeinsamem Musizieren vereinen. Solche Übereinstimmung ist nicht nur positiv; davon später.

Mit unserer Geburt sind wir in die Welt der **Zwei** geworfen. Welch ein Schock muß es für das Neugeborene sein, mit seinem ersten Atemzug schmerzhaft zu erfahren, daß Leben zwischen Anspannung und Entspannung verläuft (in der tonalen Musik Bachs entspricht dem unter anderem: Dissonanz und Konsonanz). Während seiner gesamten biologischen Existenz entkommt der Mensch dem Dualismus nicht mehr: Er hat Anfang und Ende, Vergangenheit und Zukunft, Innen und Außen. Augen und Ohren, seine wichtigsten Sinnesorgane, mit denen er überhaupt erst die Welt in ihrer dreidimensionalen Wirklichkeit wahrnehmen kann, sind ebenso paarig aufgebaut wie Lungen, Nieren, ja die zwei getrennten und unterschiedliche Aufgaben betreuenden Gehirnhälften links und rechts (»linkisch« und »rechtens« liegen, wie die Worte es suggerieren, tatsächlich in uns); die paarige Ausprägung von Armen und Beinen, der grundsätzlich antagonistische Aufbau unserer Muskulatur: alles scheint nur das nach außen gestülpte Prinzip eines Lebensgesetzes zu sein.
Ebenso schockierend muß die Erfahrung des Neugeborenen sein, in seiner physischen und psychischen Existenz plötzlich ein Gegenüber zu haben. Verständlich, daß das, was ihm in seinen ersten Lebenswochen, in seiner ersten Zweierbeziehung, im Ge-

genüber zur Mutter an Zuneigung und Liebe, an Gleichgültigkeit
oder gar Abneigung und Haß widerfährt, seinem Leben nahezu
unabänderliche Grundgefühle, unabwendbare Schicksale mit-
gibt. Der Mutterbeziehung entwachsen, erfährt der Mensch sich
wieder nur als Teil eines Ganzen: als Mann oder Frau. Es bleibt
die unauslöschliche Sehnsucht nach einem Zurück ins Paradies,
nach der Vereinigung mit einem anderen Menschen, nach Einigkeit mit sich selbst. Männliches wie Weibliches in sich zuzulassen, wie überhaupt Widersprüchlichkeit und Gegensätzlichkeit
des Lebens anzunehmen, ist ein Weg zur Vollständigkeit des
Menschen. Denn jeder kann erfahren, daß er eigentlich alles in
sich trägt, auch das andere Geschlecht. Dem wird die vorkonfu-
zianische Philosophie gerecht, in dem sie in den beiden Prinzipien Yin und Yang jeweils das antagonistische Gegenüber mit-
denkt. Dem wird C. G. Jung gerecht, indem er von der »anima«
des Mannes und dem »animus« der Frau spricht.

Im Text der Passion spielen, wie überhaupt in barocker Literatur, Antithesen eine große Rolle, so, wenn vom *süßen Kreuz*
die Rede ist oder von *Je mehr es unserer Seelen gut, je herber
geht es ein.* Eine offensichtlich bedeutsame Rolle spielt auch das
Gegenüber von weiblichem und männlichem Empfinden gleich
am Anfang der Erzählung, in der männlichen Berechnung der
Hohenpriester und der weiblichen Absichtslosigkeit der Maria
Magdalena; gewiß auch in der Beobachtung, daß in vielen Volkschören die Männer die Anführer sind und die Frauenstimmen
imitierend nur einfallen. Ebenso oder noch stärker ist Duales
präsent im Gegenüber von verworren Menschlichem und liebevoll Göttlichem in den vielen Beziehungspaaren zu Jesus: Judas
und Jesus, Petrus und Jesus, Pilatus und Jesus. Vielleicht aber –
darüber später – erweisen sich die vielen Gegensätze, die in der
Matthäuspassion in Einzelschicksalen personifiziert sind, in
Wahrheit als verworren vielfältige Muster einer Person: der des
Hörers.

Andere spannungsvolle Dualismen beherrschen den Eingangschor: Moll und Dur, Dakapo- und Barform, drei Achtel und
vier Viertel im Zwölfertakt. Und schließlich die konstituierende
Doppelchörigkeit. Später ist sie in den Volkschören eingesetzt,

um darzustellen, wie die Mengen nacheinander schreien, sich
gegenseitig ins Wort fallen und anstacheln. Wie im Eingangschor, so ist noch fünfmal im Textbuch von Picander ein echter
Dialog zwischen der »Tochter Zion« und den »Gläubigen« enthalten, ein Gegenüber von Ausführenden also vorgegeben. Ein
Gegenüber, das freilich noch nicht unbedingt Doppelchörigkeit
bedingt hätte, denn bei Picander handelt es sich immer nur um
einen Wechsel zwischen Solo- und Chorstimmen, wie ihn Bach
dann auch fünfmal beibehält, während er im Eingangschor diese
Vorgabe des Textes auf zwei Chöre aufteilt. Der so unsinnig ge-
wordene Text *Helft mir* zeugt von dieser Vergewaltigung.
Ich sagte schon, daß Bach Picanders Anweisung nirgends in
seine Partitur übernommen hat. Und doch bleibt die eigenartige
Tatsache, daß ihm an sechs bedeutungsvollen Stellen eine einfache Aussage nicht zu genügen scheint, sondern daß er sich in
einem Dialog der (jedesmal ungeheuerlichen) Umstände versichern muß. Manchmal sind es nur verständnislos kopfschüttelnde oder drängend nach Erklärung heischende Fragen
wo?, *wohin?*; bisweilen kommentierende Aussagen oder Ge-
genfragen, mit denen der sekundierende Part bestritten wird.
»Erstes Vorspiel, auf 2 Chören zur Ehre Gottes zu musiciren«[106]
– diese handschriftliche Bemerkung Bachs in seiner persönlichen Bibel neben das sogenannte Moseslied, in dem Frauen
und Männer unter der Anführung von Mirjam und Moses ein
gewaltiges Loblied anstimmen, deutet auf den doppelten Charakter der Zweichörigkeit, der auch für die Passion zutreffen
mag: besondere Festlichkeit (»zur Ehre Gottes«) und Dialogsituation (Frauen–Männer).
Der Doppelchörigkeit, dem antiphonischen Sichanfeuern der
Volkschöre oder dem Dialog an diesen sechs Stellen gegenüber
wirken alle Choräle, die die beiden Chöre zur Vierstimmigkeit
vereinen, als Zusammenführen der sonstigen Gegensätze zur
Einheit. Aber auch manche Volkschöre überwinden die Spaltung
in zwei Gruppen, wenn sie in gemeinsamer Verblendung sich auf
gleiches Reden einigen. »Die Kunst, alles aus einem zu zeugen«,
werden wir immer wieder bei Bach beobachten; spüren, daß
scheinbare Dualität in der Einheit ihren Grund und ihr Ziel hat.

So vereint Bachs Musik stringent wie kaum eine andere festgefügte Architektur und melodisches Vorwärtsdrängen, Dauer und Wandlung. Seine Themen bergen Vielheit in sich, sind aber einheitlich; oder ihre Doppelungen sind Spiegelungen einer Idee (wie die beiden Grundmotive des Eingangschors).

Die **Drei** ist die Einheit, die die Gegensätze der Zwei auf höherer Ebene zu einer Synthese zu führen vermag. So ist Drei als »Drei«-Einigkeit in nahezu allen Religionen Synonym für die Gottheit. In Ägypten die Dreiheit von Osiris, seiner Schwestergattin Isis und ihrem gemeinsamen Sohn Horus; auch die Dreifaltigkeit des Sonnengottes Amun-Re und Ptah; im Hinduismus Brahma, der Schöpfer, Wischnu, der Erhalter, und Schiwa, der Zerstörer. Den »dreimal heiligen Gott« ruft Jesaja an. Als »der da ist, und der da war, und der da kommt« bezeichnet ihn der Seher der geheimen Offenbarung. Drei Tugenden: Glaube, Liebe, Hoffnung, führen nach Thomas von Aquin zu Gott. Die Volksweisheit gilt: »Aller Guten Dinge sind drei.«

Freilich gilt ebenso: »Auch der Teufel kann bis drei zählen.« Auch das Böse, auch Dunkelheit, Abstieg und Verborgenheit kennen die alles vereinende Vollkommenheit der Drei: Drei Versuchungen war Jesus auf dem Berg ausgesetzt – wie oft die Helden im Märchen. Drei Tage mußte Jonas im Fisch, Christus im Grab, Dante in der Unterwelt ausharren – wie der Mond den Augen der Menschen verborgen ist, um desto leuchtender nach dieser Fahrt in die Unterwelt wieder aufzuerstehen.

Die Dreiteilung einer Form erst ermöglicht die Geschlossenheit der Barform A-A-B, der Dakapoform A-B-A oder der damit verwandten Sonaten- bzw. Symphonieform mit Exposition – Durchführung – Reprise. Sie allein ermöglicht Axialsymmetrie und unterstützt das Gefühl von Raum in der Musik. Eine Musik, die gliederungslos dahinrauscht, vermag das nicht. Wir wissen, daß entwicklungsgeschichtlich Raum- und Zahlensinn gemeinsam ausgeprägt wurden und im Großhirn den gleichen Sitz haben. Mit dem »Raumgefühl« kommt Form in die Musik. Dem ziellos wuchernden Strömen des Melos in der Zeit wird die gliedernde Barriere von Periodik entgegengestellt.

Der unsere Musik so bestimmende Dreiklang galt den Alten
als »Trias harmonica perfecta« und wurde verstanden als »imago
et umbra magni mysterii divinae solum ad orandae Unitrinitatis«
(Ab- und Ebenbild des großen göttlichen Mysteriums zur Ver-
herrlichung der Dreieinigkeit); »Triunisonus« nennt ihn Andreas
Werckmeister. Ein Takt mit drei Schlägen galt als »tempus per-
fectum«, während einer mit zweien als »tempus imperfectum«
bezeichnet war[107]. Gewiß hat Bach in solchen Vorstellungen gedacht. Dies wird deutlich in Präludium und Fuge Es-Dur für Orgel, die eine Sammlung von Katechismuschorälen rahmen und
mit ihren je drei ineinander verwobenen und auseinander her-
vorgehenden Themen und die Fuge in ihrer Dreiteiligkeit gewiß
auf das Mysterium der Dreieinigkeit verweisen. Dies wird deutlich im Gloria der *h-Moll-Messe*, in dem die Engelworte »Gloria
in excelsis deo« (Ehre sei Gott in der Höhe) in einem Dreiertakt
vertont sind, die nachfolgenden Worte »et in terra pax« (und auf
Erden Friede) im Vierertakt.

Die **Vier** nämlich ist Synonym für Welt, für nicht mehr geeinte
Vielheit. Ausprägungen dieser Empfindung sind die vier Him-
melsrichtungen oder Jahreszeiten, mit denen man den ganzen
Raum und die ganze Zeit ausmaß; die vier Elemente Feuer, Wasser, Erde, Luft, aus denen sich die Vorsokratiker die ganze Welt
gebaut dachten; die vier Temperamente (Sanguiniker, Phlegma-
tiker, Choleriker, Melancholiker), denen jeweils eines dieser
Elemente zugeordnet war und mit denen man die Vielschichtigkeit der Seele andeuten wollte; oder die vier Evangelisten, die
ebenfalls mit den vier Elementen in Verbindung gebracht waren
und die die ganze »frohe Botschaft« überliefert hatten – ihnen
waren (nach einer Vision des Ezechiel) als Sinnbilder ein geflügelter Menschenkopf (Matthäus), ein geflügelter Löwe (Mar-
kus), ein geflügelter Stier (Lukas) beziehungsweise ein Adler
(Johannes) zugeordnet; die vier Kardinaltugenden (bei Platon:
Weisheit, Tapferkeit, Besonnenheit und Gerechtigkeit), derer es
zum Bestehen von Welt bedarf. Aus viermal vier Zellen entstand
vor Jahrmillionen der erste Mehrzeller. Die Voraussetzung höheren organischen Lebens, all dessen, was für uns Welt aus-

macht, war eine Mißbildung, die »versehentliche« vierfache Teilung einer Ursprungszelle[108]. Wie solche Vielheit doch als Erscheinung des Einen gedacht wurde, davon gibt der ägyptische Sphinx eine Vorstellung, ein Vierwesen, das der Vision des Ezechiel verwandt ist, denn es besteht aus dem Kopf des Menschen, dem Leib des Löwen, dem Schwanz des Stieres und den Flügeln des Adlers. Mit oder gar vor der Vier scheint unmittelbares Wahrnehmen aufzuhören. So deuteten die Gallier die römische Drei, »tres«, in das (französische) Viel, »très«, um; so zählen die Indianer des Amazonasgebiets bis heute »eins, zwei, viele«[109]. Andere Eingeborenenvölker in Afrika oder Amerika zählen, wie wohl überhaupt Menschen in ihrer frühen Entwicklungsgeschichte, bis zur Vier, die mit Vielheit identifiziert wird[110]. Wenn man Zahlen wie die Römer mit einfachen Strichen wiedergibt: I I I I, hört hier spontane Überschaubarkeit auf. Um bis zur Vier zu zählen, scheinen wir das menschliche Großhirn nicht zu benötigen, denn offenbar können auch Tiere bis hierher »zählen«.

Ein amüsantes Beispiel dafür erzählt Georges Ifrah in seiner *Universalgeschichte der Zahlen*. Er berichtet »von einem Schloßherrn, der einen Raben töten wollte, der sein Nest im Wachtturm des Schlosses gebaut hatte. Der Schloßherr hatte mehrmals versucht, den Vogel zu überraschen, aber jedesmal, wenn er sich näherte, floh der Rabe aus seinem Nest und ließ sich auf einem benachbarten Baume nieder, um zurückzukommen, sobald sein Verfolger den Turm wieder verlassen hatte. Der Schloßherr griff daraufhin zu einer List: Er ließ zwei seiner Begleiter in den Turm ein; nach wenigen Minuten zog sich der eine zurück, während der andere blieb. Der Rabe ließ sich aber nicht überlisten und wartete das Verschwinden des zweiten ab, bevor er an seinen alten Platz zurückkehrte. Das nächste Mal gingen drei Männer in den Turm, von denen sich zwei wieder entfernten; aber das listige Federvieh wartete mit noch größerer Geduld als sein verbliebener Kontrahent. Danach wiederholte man das Experiment mit vier Männern, aber ohne Erfolg. Es gelang schließlich mit fünf Personen, da der Rabe nicht mehr in der Lage war, vier von fünf Leuten zu unterscheiden.«[111]

Die Physik weiß heute von vier Grundkräften, die alle Wechselwirkungen zwischen Materie bestimmen (die starke Kraft, die die Atomkerne zusammenhält; die schwache Kraft, die den radioaktiven Zerfall regelt; die elektromagnetische Kraft; und die Schwerkraft). Wie die Musiker aus Einem Vielheit erwachsen lassen, so geht Physik heute davon aus, daß das Weltgeschehen ursprünglich mit einer Kraft begonnen hat, aus der sich erst im Lauf der Universumsgeschichte – wenn auch teils in den ersten Sekundenbruchteilen nach dem entscheidenden großen Punkt des Anfangs – die vier heute bekannten Grundkräfte aufgespalten haben.

Vierstimmigkeit, Vierertakt und Viertaktperiodik spiegeln in aller Musik Welt, normale Vielfalt der Welt. So schreitet der Evangelist die ganze Welt mit all ihren Tiefen und Höhen grundsätzlich im Vierertakt aus. So sind nahezu alle Volks- und Jüngerchöre im Vierertakt der Welt vertont (mit Ausnahme der tänzelnd-fröhlich vorgetragenen Jüngerfrage *Wo willst du, daß wir dir bereiten* und der derwischhaft hämisch vorgebrachten Frage der Hohenpriester und Ältesten *Was gehet uns das an?*). So sind alle den Arien vorgeschalteten Rezitativbetrachtungen im Vierertakt vertont, während sich in den Arien das Außergewöhnliche der Affekte auch oft in schwebenden Dreier-, in Sechser- beziehungsweise Zwölfertakten artikuliert (von den 15 Arien stehen sieben im Vierertakt, fünf im Dreiertakt, drei in dem beide Arten vereinigenden Sechser- bzw. Zwölfertakt). Die Welt menschlicher Stimmen ist grundsätzlich ausgeschritten mit den vier Stimmen Sopran – Alt – Tenor – Baß. In anderen Werken setzt Bach bedeutungsvoll Fünf- oder Sechsstimmigkeit ein, in der *Matthäuspassion* verzichtet er darauf. Auch jedes der beiden Orchester besteht aus vier Bläser- und vier Streicherstimmen.

Über die Grundbedeutung der ersten Zahlen für das menschliche Leben meditiert ein alter Mythos: Auf dem Marktplatz von Theben saß eine Sphinx, die jedem Vorübergehenden ein Rätsel aufgab. Es lautete so: »Auf Erden gibt es ein Ding, das zwei, vier und drei Füße hat. Von allen Wesen, die sich auf der Erde kriechend oder in der Luft oder im Meer bewegen, wechselt allein dies Wesen seine Natur, und wenn es sich auf die meisten

Füße gestützt fortbewegt, ist die Kraft seiner Glieder am geringsten.«[112] Wer das Rätsel nicht lösen konnte, wurde von der Sphinx
verschlungen. Ödipus fand die Lösung: Dies Wesen ist der
Mensch: als kleines Kind auf allen Vieren kriechend, als Mann
aufrecht auf seinen zwei Beinen und als Greis auf einen Stock
gestützt.

Eine moderne Deutung erklärt den Mythos so: Der Mensch
nimmt, wenn er jung ist, zunächst die Welt in ihrer unüberseh-
baren Vielfalt wahr. Vier *ist* die Zahl der Welt und ihrer Vielfalt.
Wenn der Mensch ins Alter der tätigen Auseinandersetzung tritt,
erfährt er, daß die Welt antagonistisch aufgebaut ist. Jeder Satz
hat seinen Widerspruch, jeder Standpunkt sein Gegenüber. Der
Mensch der Welt und des Berufs muß sich auseinandersetzen
und hindurchquälen durch ständige Gegensätze und Widersprüche, die ihn ent»zwei«en. Wenn er aber ins Alter der Weisheit
tritt, bemerkt er, daß die Welt in Wahrheit *nicht* dualistisch, gegensätzlich gebaut ist, sondern daß sie ihre Polaritäten in einem
zusammenführen kann, daß sie »dreieinig« ist. Die Menschen,
die das nicht lernen und erfahren, sind, wie von einem geheimnisvollen Wesen verschlungen, lebend schon tot in ihrer Recht-
haberei und Starrheit, mit der sie ständig gegen den Gegensatz
in sich ankämpfen müssen[113].

Die **Fünf** steht für alles das normale Maß der Welt Überschrei-
tende. In der Gotik waren die Alchimisten auf der Suche nach
der »Quintessenz« – einem fünften Element, das die die Totalität
der Welt verkörpernden vier Elemente auf einen geheimen Punkt
bringen sollte. Als »Essenz der Fünf« ist der Goldene Schnitt zu
betrachten: Läßt er sich doch aus dem Pentagramm ableiten, dessen Seiten sich fortlaufend in seiner Proportion teilen (siehe
Abb. 9, S. 87). Fünf galt den Alten auch als Zahl Jesu, als sei *er*
die Quintessenz. Er wurde als Mittelpunkt eines Quadrats oder
Kreuzes, als Zentrum der Welt gedacht; auch seine fünf Wunden
stehen für eine solche Bedeutung, sie werden gedeutet als Tod
der fünf Sinne, mit denen er die ganze Welt wahrnahm, oder auch
als Zeichen, daß er mit seinen fünf Fingern die Welt losgelassen
hat. Unzweifelhaft ist die Fünf körperlich noch unmittelbar er-

fahrbar: Die zweimal fünf Finger der menschlichen Hände, mit denen wohl das Zählen begann, haben gewiß zu unserem Dezimalsystem geführt. Als eigenartige »Quintessenz« erscheinen bei Bach bisweilen Fünftaktperioden, so auch im Eingangschor, der des öfteren fünf Takte lang seinen quälenden Orgelpunkt erklingen läßt.

Alle Zahlen ab der Fünf sind vorwiegend als Zusammensetzungen kleinerer Einheiten zu deuten, wenngleich auch sie noch in der Natur präformiert sind. So sind neben der Fünf die beiden Zahlen der Vollkommenheit, Sieben und Zwölf, die im wahrsten Sinn des Wortes tragenden Formelemente aller Wirbeltiere: Erstaunlicherweise alle, von der Giraffe über den Menschen bis zur Maus, haben sie fünf Lenden-, sieben Hals- und zwölf Brustwirbel.

Die **Sieben** als Summe, die **Zwölf** als Produkt der Gottes-Drei und der Welt-Vier wurden zum Synonym für Vollständigkeit beziehungsweise Vollkommenheit. Sie wurden als heilige Zahlen verehrt, als Sinnbilder göttlicher und universeller Totalität.

In sieben Schöpfungstagen entstand die ganze Welt; Noah harrte mit sieben Paaren einer jeden Tiergattung sieben Monate in der Arche aus, um sie zu retten; sieben Planeten repräsentierten das ganze Sonnensystem, sieben Erzengel die Vollkommenheit der Gottesumgebung, sieben Weltwunder die Vollkommenheit der Welt. All unsere Habe können wir uns nur als unsere »sieben Sachen« vorstellen. Aber obwohl man sich vollkommenes Glück anders nicht als im »siebten Himmel« vorstellen kann, so hat, wie die Drei mit ihren Versuchungen, die Sieben mit ihren sieben Todsünden Anteil am Negativen.

Von fast noch geheimnisvollerer Vollkommenheit ist die Zwölf. Ist sie doch nicht nur das Produkt von Drei und Vier, sondern auch Summe der bedeutungsvollen Fünf und Sieben. So verehrten die Griechen in zwölf olympischen Göttern die Vollkommenheit des Gottesreichs; zwölf Tierkreiszeichen repräsentieren die Gänze des Himmels; zwölf Mondumkreisungen ergeben (mit der Ungenauigkeit der Natur) ein Sonnenjahr, zweimal zwölf Stunden den Tag.

Im jüdisch-christlichen Bereich haben die beiden heiligen Zahlen zusätzlich Ausprägungen in schier unerschöpflicher Vielfalt erfahren, etwa in der Offenbarung des Johannes, dem Buch mit den sieben Siegeln (darin sieben Gemeinden, sieben Hörner der Bestien und sieben Schalen göttlichen Zorns); in den sieben Gaben des Heiligen Geistes, den sieben Bitten des Vaterunsers, den sieben weltlichen und geistlichen Tugenden, den sieben Künsten und Wissenschaften; in den zwölf Stämmen Israels, den zwölf Aposteln, den zwölfmal 12 000 Auserwählten der Offenbarung, deren himmlisches Jerusalem völlig von der Zwölf bestimmt ist.

Schönes Symbol für die Begegnung von Mensch und Gott: Als wäre Musik das Feld, auf dem sie sich treffen, enthält unsere Tonleiter sieben diatonische und zwölf chromatische Töne.

Die *Matthäuspassion* und ihr Eingangschor sind von der Sieben und stärker von der bedeutungsvollen Zwölf geprägt, deutlich als Summe beziehungsweise als Produkt von drei und vier. Als Summierung von drei und vier zu sieben Zeiteinheiten kann man die Ausdehnung der beiden Passionsteile betrachten. Der erste Teil dauert etwa dreiviertel Zeit des zweiten Teils (bei mir etwa 75 zu 99 Minuten)[114]. Dem entspricht in Annäherung auch die Zahl der Stücke (29:39, wenn man, wie es die *Neue Bach-Ausgabe* tut, jedem Bibeltext, jedem Accompagnato, jeder Arie, jedem Choral eine eigene Nummer gibt)[115].

Als Vereinigung von drei Klangkörpern (Singstimmen – Holzbläser – Streicher) zu je vier Stimmen lassen sich die zwölf Stimmen eines jeden Coro im Eingangschor betrachten, als wäre der ganze Kosmos der Musik in der Multiplikation der Zahl Gottes mit der Zahl der Welt ausgeschritten. Diesen zwölf Stimmen gesellt sich, mit roter Tinte bedeutungsvoll hervorgehoben, mit dem Cantus firmus eine 13., gleichsam überzählige hinzu (»da schlägt's dreizehn« würde das Sprichwort bei solcher Überraschung sagen). Eine ähnliche Grenzüberschreitung von der Vollkommenheit der Zwölf zur Überzähligkeit der Dreizehn findet sich übrigens in der *h-Moll-Messe*, wo den zwölf orchesterbegleiteten Variationen über dem Passus duriusculus auf den Text »crucifixus etiam pro nobis« eine dreizehnte, a cappella vorgetragene auf den Text »et sepultus est« angefügt ist.

Und – Zeugnis einer eigentümlichen Parallelität von Eingangs- und Schlußchor: im letzten Chor der Passion, **Wir setzen uns mit Tränen nieder**, ist diese Zwölf in der Senkrechten des Eingangschors zu einer Zwölf in der Waagrechten umgelegt. Jener Chor nämlich besteht aus einer mehrfachen Aneinanderreihung von je zwölf Takten.

Als Produkt aus drei und vier ist auch der $^{12}/_8$-Takt des Eingangschors zu verstehen. Man empfindet in ihm die Geradheit des »weltlichen« Vierertaktes und das Schwingen der in jedem punktierten Viertel enthaltenen »göttlichen« drei Achtel; Schreiten und Schweben der beiden Taktarten sind vereint. Dieser Takt ist seit je (so auch in Bachs **Weihnachtsoratorium**) der Takt der Pastorale, der Musik der Hirten auf dem Feld bei der Engelsverkündigung, des Zusammentreffens also von Mensch und Gott. Ähnliches geschieht in der Passion, in der sich Gott auch zu den Menschen neigt. Der Text des Eingangschors assoziiert ja das Bild des Hirten, wenn er vom **Lamm** redet.

Auch im späteren Verlauf der Passion spielt die Zwölf eine große Rolle. So unterbricht Bach im ersten Teil zwölfmal, im zweiten Teil zwölf plus dreimal den biblischen Bericht. So sind es zwölf Choräle, mit denen er ihn kommentiert.

Jede Verzehn- oder Verhundertfachung einer Zahl verstärkt deren Bedeutung. Eine solche Verzehnfachung liegt im Eingangschor vor, der aus genau 90 Takten besteht. Mit Sicherheit ist diese 90 als Bekräftigung der göttlichen drei mal drei zu verstehen. Das erweist sich exemplarisch in dem »Domine Deus«-Satz der **h-Moll-Messe**, der auch 90 Takte (und zusätzlich vier Takte Überleitung in den Folgechor) zählt. Er enthält nur die große trinitarische Anrede zur Bitte des nachfolgenden Satzes. Ebenso wird eine Zahl durch ihre Potenzierung bekräftigt. Man kann gewiß die 27 Arien und Choräle, mit denen Bach den Passionsbericht unterbricht, als solche dreimal potenzierte Drei verstehen. Übrigens galt die Zahl 27 – wegen der Anzahl der 27 in ihm enthaltenen Bücher – auch als Synonym für das **Neue Testament**. Einer höheren, komplexeren und weit erstaunlicheren Po-

tenzierung der Drei begegnen wir am Ende der Passion. Ich
komme darauf zurück. Und: kann es sein, daß sogar die insgesamt 2 800 Takte der *Matthäuspassion* eine Vervier- und Ver-
vielfachung der Sieben sind: der Begegnung zwischen der Vier
des Menschen und der Drei Gottes?

Der Hörer mag fragen, ob es statthaft ist, so zu zählen, etwa
der durch bestimmte Instrumentierung vorgegebenen Zahl der
Notensysteme oder einer Taktart solche Bedeutung beizumessen.
Auch ich habe immer wieder Zweifel. Aber die positiven Belege
sind doch zu eindeutig, als daß grundsätzliche Zweifel gerechtfertigt wären. So besteht das Sanctus der *h-Moll-Messe* wie eine
Quintessenz aus fünf dreistimmigen Gruppen: Trompeten,
Oboen, Streicher, Ober- und Unterchor. Offensichtlich nur um
die für das Sanctus bedeutsame Drei in allen Gruppen zu erreichen, hat Bach ausschließlich in diesem Satz eine dritte Oboe
eingesetzt und den Sängerchor von den in der Messe üblichen
fünf auf sechs Stimmen erweitert. Oder: Am Ende des Credo-
Satzes »Patrem omnipotentem« in der *h-Moll-Messe* ist, offensichtlich von Bachs eigener Hand, die Zahl 84 vermerkt. Dies
ist bedeutsam, denn Bach hat offenbar nachzählend kontrolliert,
was er wohl hatte bezwecken wollen. Diesem Satz über den ersten Glaubensartikel wird seine Taktzahl zum Symbol. Die
Zahl 84 als Produkt aus Zwölf und Sieben ist Signum des »Credo
patrem omnipotentem, factorem coeli et terrae, visibilium om-
nium et invisibilium« (Ich glaube an den allmächtigen Vater,
Schöpfer Himmels und der Erde, aller sichtbaren und unsichtba-
ren Dinge); die Zahl steht für die Vollendung des Kosmos durch
den Schöpfer, von der der Text spricht. Die Liste solcher Auf-
fälligkeiten ließe sich verlängern.

Unserem nüchternen Denken ist der Umgang mit der Symbolik von Zahlen fremd – wenngleich er unter der Oberfläche unseres Denkens noch präsent ist. Antiken Kulturen, der Bibel (insbesondere dem Autor der *Apokalypse*) und dem Mittelalter waren
Zahlenmystik und Zahlenspekulation vertraut. Mit Sicherheit
auch Bach. Aber auch für den Umgang mit der Zahl gilt, was
über musikalische Figuren oder die Proportion des Goldenen
Schnitts gesagt war: Nicht erst bewußte Anwendung verleiht ihr

Gültigkeit. »Musica est exercitium arithmeticae occultum nescientis se numerare animi« (Die Musik ist die geheimnisvolle arithmetische Übung des Geistes, der nicht weiß, daß er zählt), sagt Gottfried Wilhelm Leibniz[116].

Bisher sprach ich von der Zahl in ihrer Eigenschaft, Dinge zu zählen und zu gliedern. Sie scheint darin zum »Symbol« werden zu können, als abgebrochener Teil eines Ganzen uns Erscheinungen ahnen zu lassen, die zwar in ihrer und unserer Natur liegen, doch in ihrer Bedeutung über das rein Summierende hinausgehen. Manchmal werden Zahlen zu Zeichen, zu Hinweisen auf Textaussagen oder zu Querverweisen auf andere Texte (meist Psalmen). So stellen elf Jünger die Frage nach dem Verräter: *Herr, bin ich's* – Judas schweigt und fragt später allein. So sind es (im Bibeltext vorgegebene) zehn Chöre, die zum Zeichen ihrer Verhaftung an das Gesetz seine »eifernden Anhänger«, die »Schriftgelehrten und Ältesten«, singen, oder 22 Aussprüche Jesu im Passionsevangelium des Matthäus, die auf den Psalm 22 verweisen[117].

Manchmal werden Zahlen zu Verschlüsselungen für Buchstabe und Sprache – nicht erst im Computer, der alle Buchstaben nur mit Hilfe der beiden Ziffern 0 und 1 »chiffriert« (was nichts anderes heißt als »beziffert«). Die Kabbala – eine jüdische Geheimlehre, die selbst ihren Ursprung auf Abraham zurückführt, tatsächlich aber wohl im frühen Mittelalter entstanden ist – numeriert die Buchstaben des jüdischen Alphabets von 1 bis 10 und anschließend in Zehnerzahlen (20, 30, 40 usw.). Auf geheimnisvolle Weise sieht sie Zusammenhänge zwischen Wörtern mit der gleichen Zahlensumme. Die Verschlüsselung der Kabbala gilt als Vorbild für ein offenbar im Barock verbreitetes Zahlenalphabet, das jeden Buchstaben des deutschen Alphabets durchnumerierte, so daß 1 für a, 2 für b, 3 für c und so weiter steht (i und j gelten als ein Buchstabe). Wie weit solche Zahlenverschlüsselung wirklich allgemeines Geistesgut des Barocks war, ist ebensowenig erforscht wie die bewußte Anwendung der oben geschilderten Zahlensymbolik[118]. Immerhin sind sie in Bachs nächster Umgebung belegt, nämlich bei seinem Amtsvorgänger Johann Kuhnau und seinem Textdichter Picander[119]. Andreas Werckmeister widmet ihnen in seinem *Discourse* ein ganzes Kapitel:»Von der Zahlen geheimen Deutung«[120]. Bei Bach spielt offenbar auch die Zahlenverschlüsselung eine große Rolle, was allerdings, ebenso wie die Tonartencharakteristik, nur phänomenologisch untersucht und bestätigt gefunden wurde. Direkte Hinweise aus Bachs Hand fehlen, wenn man vom oben zitierten Zahleneintrag in der *h-Moll-Messe* absieht[121].

Sein eigener Name B-a-c-h, so chiffriert, ergibt die Zahl 14 (als Summe der Ziffern 2 + 1 + 3 + 8) oder, seltener vorkommend, die Zahl 48 (als Produkt der Ziffern 2 x 1 x 3 x 8); sein Signum J. S. B-a-c-h die Zahl 41. Allen drei Zahlen begegnen wir, wie einer persönlichen Unterschrift, in seinem Werk, der Zahl 14 sogar häufig, auch in der *Matthäuspassion* an bedeutungsvoller Stelle. Aber auch als versteckter Hinweis auf Bibelstellen oder Verschlüsselungen von Namen oder Sentenzen scheint Bach das Zahlenalphabet häufig verwendet zu haben. Selten wird sich schlüssig ausmachen lassen, ob eine Zahl »nur« architektonische Bedeutung oder auch hinweisende Funktion hat.

Die Suche nach Zahlenhinweisen bei Bach ist diskreditiert, weil sie allzuoft in unverantwortlicher Leichtsinnigkeit, allzu spekulativ und wenig fundiert betrieben wurde. So sind insbesondere niedrige Zahlen zwangsläufig so präsent, daß man sie gewiß nicht immer als Verschlüsselung auslegen darf. Die 14 Noten, auf die Bach bisweilen die originär 13notige Liedmelodie des Chorals *O Haupt voll Blut und Wunden* in der Passion erweitert, die Zehn- und Elftaktigkeit der Accompagnatos, die 48 Takte, die den Schlußchor bestimmen, sie alle sind zu zufällig oder architektonisch sinnig, als daß man in ihnen (neben der architektonischen und damit eventuell zahlensymbolischen Bedeutung) eine Verschlüsselung nach Art des Zahlenalphabets unterstellen darf. Vollends unseriös freilich wird die Spekulation, wenn sogar die Zahl der Sätze in der alten Bach-Gesamtausgabe zu Deutungen herhalten muß, denn sie stammt, wie gesagt, nicht von Bachs Hand und ist höchst zufällig gewählt[122].

Die Tatsache, die uns zudem beunruhigt, weil sie einer sicheren Deutung oft im Wege steht, die Tatsache nämlich, daß höhere

Zahlen meist mehrfach deutbar sind, scheint den beweglichen
Geist der Bach-Zeit gerade gereizt zu haben. Davon zeugen die
auch von Bach zahlreich überlieferten Rätselkanons und die so
verschlüsselten Widmungen, die oft mehrere mögliche Lösungen oder Deutungen zulassen. So bietet eine neue Ausgabe des
Musikalischen Opfers für die von Bach unaufgelöst notierten
Kanons nicht je eine, sondern eine schwindelerregende Fülle von
Lösungsmöglichkeiten an[123]. So ist beispielsweise die Zahl 48
sowohl Chiffre für B-a-c-h (als Produkt von 2 x 1 x 3 x 8) als
auch der Inschriftbuchstaben auf dem Kreuz J. N. R. J. (als
Summe von 9 + 13 + 17 + 9). So steht 29 als Summe der Zahlen
18 + 4 + 7 für die Buchstabenfolge SDG (Kürzel für Soli Deo
Gloria), mit der Bach seine Partituren abzuschließen pflegte,
gleichzeitig aber als Summe der Zahlen 9 + 18 + 2 für das Mo-
nogramm J. S. B. Vielleicht ja hat Bach die geheimnisvollen
Unterstellungen der Kabbala gekannt. Bei den oben genannten
Überschneidungen ergäbe die doppelte Bedeutung tatsächlich
Sinn, denn wer wollte die innige Beziehung zwischen ihm und
seinem »Soli Deo Gloria« oder zwischen ihm und der Kreuz-
inschrift leugnen.

Das Gebiet ist auf seriöse Weise noch nicht erforscht worden.
Woher Bach möglicherweise sein »Geheimwissen« bezogen hat,
entzieht sich unserer Kenntnis. Daß er es angewandt hat, scheint
mir dennoch sicher und die neuerdings grundsätzlich dazu vorgebrachten Zweifel schlecht begründet[124]. Sein später, offenbar
absichtsvoll verzögerter Eintritt in die Leipziger »Correspondi-
rende Societät der musikalischen Wissenschaften« als 14. Mit-
glied, bei dem er ein Porträt von sich mit 14 ins Auge fallenden
silbernen Zierknöpfen ablieferte, auf dem er einen unaufgelösten, wiederum Zahlenverschlüsselungen bergenden Rätselkanon in der Hand hält, sind Hinweis und Beleg genug[125].

Mit mannigfachen Entdeckungen hat man in den letzten Jahren eine unglaubliche Fülle von verschlüsselten Hinweisen etwa
auf Bibelstellen in Bachs Werk ausmachen wollen. Ob freilich
alle solche zahlentrunkenen Spekulationen immer ins Schwarze
getroffen haben, bezweifle ich. Insbesondere kann ich nicht
zahlreichen Deutungen niedriger Zahlen folgen – etwa wenn

bei jeder Zehn oder Elf spekuliert wird, welche Jünger gerade schweigen oder nicht anwesend sind[126]. Zu nah liegt beispielsweise bei Chorälen oder kurzen Accompagnati Zehn- oder Elftaktigkeit, als daß sie jedesmal Hinweischarakter haben könnte. Glaubhafter wird für mich die Deutung bedeutungsvoller sehr hoher Zahlen, deren Vorkommen sich weniger leicht als Zufall erklären läßt. So will ich vom verwunderlichen Vorkommen einiger solcher Zahlen zumindest berichten. Die meisten versteckten Zahlenhinweise freilich finde ich nicht besonders aufregend. Denn die Zahl dient hier nur als »Zeichen«, das auf etwas meist ohnehin Bekanntes verweist. Solche Zeichen sind nicht annähernd so tiefgreifend und aufregend wie Zahlen»symbole«, die ihre Bedeutung dem Werk und seiner Architektur selbst aufprägen.

Mich fasziniert an den Zahlenverschlüsselungen eher folgender Gedanke: Diese ganzen versteckten Zahlenspiele haben ja so gut wie keine Wirkung. Denn der Hörer zählt nicht. Wie der gotische Bildhauer handelte, der seine kostbaren Arbeiten oft in schwindelerregender, Details nicht mehr erkennen lassender Höhe an den Domen anbrachte (und erst Restaurierungsarbeiten unseres Jahrhunderts brachten bisweilen die verborgene Pracht zum genauen Vorschein), so scheint Bach seinem Werk eine geheime Sondergabe beigefügt zu haben. Solche nicht für den Hörer bestimmten Verschlüsselungen sind ein sicherer Hinweis darauf, daß Bachs Musik nicht nach Wirkung schielt. Sie hat ihren Wert bereits, bevor ihr jemand zugehört hat. Sie ist Ausdruck, Zeugnis dessen, was Bach gedacht und empfunden hat.

Den kleinen, aber bedeutsamen Unterschied in der Zielrichtung des Schaffens – hier das ungezielte Aussprechen dessen, was mich bewegt, dort das Kalkulieren eines Effekts – kennen wir aus dem Nachdenken über gute Werke. Es liegt wohl ein Fluch auf den guten Werken, die um eines Zweckes willen getan werden, und sei dieser so achtbar wie das Erlangen der ewigen Seligkeit. Der Hörer scheint eine große Sensibilität dafür zu haben, ob er eingefangen, geworben werden soll oder ob jemand einfach zweckfrei das ausspricht, was ihn bewegt. Ich denke, die Überzeugungslosigkeit heutiger politischer oder kirchlicher

Sprache rührt vielfach daher, daß man ihr die Absicht anmerkt;
daß sie, anders als Bachs Musik, kein Zeugnis ablegt.

*

Bedeutung von Motiven, ihre leitmotivische Verklammerung
von Entferntem; Tonarten und ihre Einfärbung der Geschehnisse
in Grundempfindlichkeiten; geheimnisvoll der Natur verwandte
Proportionen; »abgebrochene« Bedeutung von Zahlen und Chiffrierung von Hinweisen mit Zahlen – für nahezu all das liegt kein
Beweis von Bach vor, etwa in Form einer überlieferten Äußerung. Alle Erscheinungen fallen aber zu sehr ins Auge, als daß
sie blinder, unbeabsichtigter Zufall sein könnten. Die nachweis-
baren Erscheinungen wie Tonarten oder Motivverwandtschaft
sind in ihrer Bedeutung ambivalent. Die nicht beweisbaren Phä-
nomene, wie bewußter Einsatz von natürlichen Proportionen
oder Zahlenverschlüsselung, sind vielfach deutbar. So wird er
für uns immer der »ferne Bach« bleiben, wie es Wolfgang Hildesheimer[127], »klar, doch unerklärbar«, wie es Carl Friedrich Zelter formulierte[128].

»... des Menschen Sohn wird überantwortet werden«

Teil I, Szene 1 (NBA 2–3, BWV 2–3)

EVANGELIUM
Da Jesus diese Rede vollendet hatte, sprach er zu seinen Jün-
gern: Ihr wisset, daß nach zweien Tagen Ostern wird, und des
Menschen Sohn wird überantwortet werden, daß er gekreuziget
werde.

CHORAL
Herzliebster Jesu, was hast du verbrochen,
daß man ein solch scharf Urteil hat gesprochen?
Was ist die Schuld, in was für Missetaten
bist du geraten?

Die erste Passionsszene ist kurz. Sie umfaßt nur acht Takte Evangelium – die vom Evangelisten eingeleiteten Worte Jesu, mit denen dieser das alsbaldige Geschehen voraussagt; dazu einen
Choral – die gleichsam kopfschüttelnde Antwort der Hörer auf
solche Prophezeiung. Die kurze Szene wirkt wie eine Eröffnung
der großen und furchtbaren Geschichte, die den Hörer erwartet.
Noch geschieht nichts, aber alles wird vorausgesehen.

Der Bericht des Evangelisten, des »testo«, des Zeugen, ist
traditionell dem Tenor übergeben. Seine erregt hohe Lage, seine
stimmliche Wendigkeit eignen sich am ehesten, Höhen und Tiefen des Dramas erregt und anteilnehmend wiederzugeben. Eines
der großen Wunder in der *Matthäuspassion* sind seine Secco-
rezitative (Bach selbst überschreibt sie mit »Evangelista«, im
Gegensatz zu dem »Recitativo« vor vielen Arien). Man vergleiche sie nur mit ähnlichen erzählenden Rezitativen bei Georg
Philipp Telemann oder Georg Friedrich Händel, und man wird
gewahr, mit welcher Spannung, Anteilnahme und Ausdrucks-
stärke Bach berichtet. (Im Lauf der letzten Jahrzehnte – Schall-

plattenaufnahmen etwa mit Karl Erb, Ernst Haefliger und Peter
Schreier belegen es – hat sich die Interpretation von übermäßi-
gem Ausdruck zu einem mehr erzählenden Ton gewendet. Immer
aber wird man in einer guten Wiedergabe beides finden: das Espressivo und das Parlando.)

Der Evangelist wird »secco«, trocken, nur von den knappen
unterstützenden Akkorden der Continuoinstrumente begleitet. In
der autographen Partitur sind die begleitenden Noten noch (wie
in der älteren *Johannespassion*) in langen, ständig grundieren-
den Notenwerten notiert, die ebenfalls autographen Stimmen ändern die Begleitung in knappe Viertelnoten[129].

Der Bericht des Evangeliums beginnt mit der Feststellung
eines Endes: *Da Jesus diese Rede vollendet hatte.* Wir werden
also mitten in eine Geschichte hineingeworfen; vorausgegangen
sind im *Matthäusevangelium* Reden Jesu, in denen er sprach-
gewaltig und allegoriereich das Ende der Welt beschwört. Diese
Prophezeiungen leiten auch das Ende seines Lebensweges ein.
In leuchtendem G-Dur, einer Tonart, die wir im Eingangschor
schon als spannungsvollen Gegenpol, als aufhellende Paralleltonart zum lastenden e-Moll kennengelernt hatten und die nun
gleichsam zur Grundtonart der Jesus-Worte wird, beginnt der
Evangelist in einer ruhig schwingenden Kantilene, wie wir sie
in späterer Hektik selten wieder hören.

Die Worte Jesu sind (wie auch in allen anderen Bach-Werken)
dem Baß anvertraut. Die Stimme der Tiefe, die »basis« aller Musik im Generalbaßzeitalter, eignet sich am besten, vom Fundament allen Lebens zu sprechen. Nicht nur von dem historischen
Jesus, sondern auch von Christus in mir, von dem, was ihm nach-
folgen, was glauben, was vertrauen will.

Den Ton der Würde, den der Evangelist angeschlagen hatte,
übernimmt Jesus. Man meint von seinen ersten wenigen Worten
an eine Aura zu spüren, die ihn abhebt, entfernt und einsam
macht. Diese übermenschliche Würde erreicht Bach, indem er –
mit einer bedeutungsvollen Ausnahme – alle Jesus-Worte, im Gegensatz zu den Worten des Evangelisten und aller anderen Beteiligten, mit den Streichern des ersten Orchesters begleitet.
Meist, so auch hier, mit langen Noten, die im Gegensatz zu den

kurzen Akkorden, mit denen der Evangelist abgestützt ist, einen Glorienschein um diese Worte legen. Selten sind die Streicher mit ausdrucksvollen kürzeren Noten am Affekt des Gesagten beteiligt. Solche Streicherbegleitung der Christus-Worte – ein Stilmittel der venezianischen Oper, der Bach viele Anregungen verdankt – findet sich schon in den Passionen von Heinrich Schütz und Georg Philipp Telemann. In wenigen Takten moduliert die Musik unter den Worten Jesu nach h-Moll, in jene Tonart der Erregung und des Pathos, die im Eingangschor präformiert war. Dabei wird *Ostern* durch zwei Spitzentöne, *überantwortet* durch einen kleinen, wie unwilligen rhythmischen Schlenker und *gekreuziget* durch spannungsvolle Intervallschritte und eine ausdrucksvolle Kantilene hervorgehoben, an der sich mit wenigen Noten auch die zweiten Violinen beteiligen und die zudem ein Stück »Augenmusik« enthält: setzt sie doch ein Kreuz genau vor die Note, mit der die entsprechende Silbe des Wortes vertont ist. Unter dem Wort *gekreuziget* schreiten die Continuostimmen chromatisch aufwärts, als solle mit diesem »etwas harten Gang« auch das Erlösende des Kreuzes angedeutet werden. Angedeutet – nicht vollendet, denn der Passus durchschreitet nicht voll die übliche Quart.

Immer wieder hören wir staunend den Bachschen Rezitativen zu, ihrer Charakterisierungskunst, ihrem gewandten und lebendigen Erzählton, ihrer affektgeladenen Anteilnahme. In der *Matthäuspassion* sind allerdings diese Vorzüge zu einer Vollkommenheit gereift, die auch in Bachs Werk nicht selbstverständlich ist und etwa die der Rezitative in der *Johannespassion* weit übertrifft. Sicher geht es vielen Hörern so, daß sie, Bachs Musik im Ohr, die Worte der Bibel nicht mehr lesen können, ohne innerlich Bachs Vertonung zu hören. Die Kraft und Treffsicherheit im Ausdruck, die Knappheit und Einprägsamkeit in der musikalischen Erfindung teilen sich unmittelbar mit, aber das Wunder dieser Kongruenz von Wort und Ton läßt sich kaum beschreiben oder gar analysieren! Noch mehr als sonst findet Bach in den Rezitativen eine ganz eigene Sprache, einen eigenen Personalstil. Vielleicht nicht bei den ersten Takten jeder Bachschen Musik, aber gewiß nach den ersten Tönen eines

Bachschen Rezitativs ist dem Hörer offenbar: Es gibt nur den einen Johann Sebastian Bach. Ähnliches empfindet man bei Bachs Choralvertonungen. Ihr schlichter Satz, der jedoch die drei Unterstimmen oft in höchst expressiver Weise führt und an hervorgehobenen Stellen auch die Liedmelodie in durchgehende Achtel überführt, ist in der ganzen Musikgeschichte einmalig. Nur Max Reger hat in seinen Choralkantaten oder seinen großen Orgelbearbeitungen versucht, den besonderen Stil des Bach-Chorals aufzunehmen, sich aber gerade durch chromatische Überladung von der Prägnanz und Stringenz Bachscher Vertonung wieder entfernt.

Insgesamt fügt Bach zwölfmal einen solchen schlichten vierstimmigen Choralsatz in das Evangelium ein. Die eingefügten Choräle mit ihren insgesamt 13 Versen (einmal klingen zwei Verse nacheinander) lassen allerdings nur sechs Liedmelodien erklingen und verklammern dadurch das Geschehen. Ein weiterer Choralvers erklingt wie ein überhöhender Cantus firmus im Eingangschor; einer innerhalb eines Rezitativs; und ein Choral ist in einem großen Chorsatz bearbeitet[130]. Von den insgesamt vorkommenden 16 Versen sind acht dem Werk Paul Gerhards entnommen, drei dem Johann Heermanns. Die subjektive »Ich«-Sprache Gerhards scheint Bach also besonders angezogen zu haben (siehe Anhang B, S. 345).

Hier, im ersten Choralsatz der Passion, sind die vier Verszeilen des Liedes in elf Takten durchkomponiert und behalten die klagende Tonart h-Moll bei. Erregt fragt der Hörer ob der unglaublichen Vorhersage: *Herzliebster Jesu, was hast du verbrochen*. Eine starke Affektualisierung des Textes erreicht Bach durch melodische Figuren und durch die Harmonisierungen seiner Choralsätze. Später folgen in der Passion zwei Sätze desselben Liedes auf andere Verse (*Was ist die Ursach' aller solcher Plagen?* im Tenorrezitativ NBA 19 und *Wie wunderbarlich ist doch diese Strafe!* NBA 46). Sie ermöglichen einen Vergleich, der die Textnähe Bachscher Sätze verdeutlicht. So wird in diesem Vers, abweichend von den anderen, das Wort *verbrochen* mit einer Dissonanz, das Wort *Missetaten* mit einem Tritonus unterstrichen – dem »diabolus in musica«, wie ihn der Bach-Zeit-

genosse Johann Joseph Fux nannte, den Bach nachweislich hoch-
schätzte und dessen Lehrbuch *Gradus ad parnassum* sich in seinem Besitz befand[131]. Mehrere Abwärtswendungen im Chorbaß
vollziehen die Erniedrigung Jesu nach, so auf die Worte *hat gesprochen* oder – weit umfassender, nämlich den Raum einer ganzen Oktave ausfüllend – auf die Worte *was für Missetaten*.
Bei dieser letzten langen Abwärtsskala hat Bach je zwei Achtel mit einem Bindebogen versehen. Dies fällt auf, denn meist
sind die Achtel in Chorälen nicht gebunden. Mit letzter Sicherheit läßt sich Bachs Absicht nicht erkennen, denn seine Bogen-
setzung ist oft uneinheitlich, scheinbar inkonsequent und zu-
meist auch noch ungenau. Die relativ wenigen Bögen in Bachs
Chorälen sind meist Ligaturbögen, zeigen also an, daß eine Textsilbe auf mehrere Noten zu verteilen ist. Die Instrumentalstimmen übernehmen diese Ligaturbögen fast immer, bisweilen bin-
den sie sogar mehr Noten als die Singstimmen – beides kann
immerhin als Hinweis darauf genommen werden, daß Bach sich
einen sehr gebundenen, einen Legatocharakter der Choräle
wünschte. Trotz mancher offensichtlichen Ungenauigkeiten sollte man sorgsam prüfen, ob und wie man in das autograph Überlieferte eingreifen will. Warum sollte man in den Chorälen den
Unterschied nicht stehenlassen zwischen gebundenen Achteln,
sie dann fast wie eine Seufzerfigur phrasieren, und nicht gebundenen, aber legato zu spielenden Achteln. Ich lasse jedenfalls
(einem Rat Thomas Brandis' folgend) die Achtel in Chorälen
tatsächlich, wie es der Notenbefund nahelegt, von den Streichern
ungebunden, détaché spielen. Ein enger Bogenwechsel läßt, da
er keinerlei Phrasierung ergibt, eher ein dichteres Legato entstehen als je zwei aneinandergebundene Achtel.

Anton von Webern äußerte einmal, er erwarte von zeitgenös-
sischer Musik, daß sie den»Bruch der abendländischen Musik-
entwicklung überbrücke, den von Objektivität und Subjekt...«[132].
Bachs Musik ist danach»zeitgenössisch« wie kaum eine andere.
Denn ihre Subjektivität und gleichzeitige Objektivität sind über
alle Maßen ausgeprägt. Kaum anderswo wird das so deutlich wie
in den Chorälen der Passion. Die subjektive»Ich-Sprache«, die
expressive Führung der Unterstimmen, die gewagte, ausdrucks-

volle Harmonik, wetteifern mit der strengen Gebundenheit an den Cantus firmus und mit der Knappheit der Form. Alle Choralsätze (mit Ausnahme des einen, der in ein Rezitativ eingebaut ist) vereinen die beiden Chöre und Orchester in gemeinsamem Musizieren. Antiphonie, Gegensätzlichkeit, Dialog, die so oft die Zweichörigkeit der Passion bestimmen, sind vergessen: Es ist, als würden alle Hörer eins in ihrer doch so subjektiven Empfindung. In den Chorälen der Passion ist der Gegensatz subjektiv/objektiv erhalten, aber »aufgehoben« auf eine höhere Ebene.

Bei der Spannweite der Gegensätze ist es nicht verwunderlich, daß in der Interpretation der Choräle größere Gegensätze zu beobachten sind als anderswo: von der wortdeutenden, affektgeladenen Expressivität bis zur nüchternen Un- oder Überpersönlichkeit eines Gemeindegesangs. Wenn man die Differenziertheit der Bach-Choräle ernst nimmt, gehört ihre Interpretation zu den schwierigsten musikalischen Aufgaben der Passion. Ich glaube, es lohnt hier eine sorgfältige Arbeit, die eine korrekte gemeinsame Aussprache (auch der Vokale!), lebendige Deklamation und affektgenaue Interpretation zum Ziel hat. Die schwierige Gratwanderung muß gelingen, die auch der Evangelist zu bewältigen hat: jeden Takt so subjektiv betroffen wie möglich und zugleich ohne jede Übertreibung und Künstelei so gültig, so objektiv wie möglich zu musizieren.

»... ein Weib«

Teil I, Szene 2 (NBA 4–6, BWV 4–10)

EVANGELIUM
Da versammleten sich die Hohenpriester und Schriftgelehrten
und die Ältesten im Volk in den Palast des Hohenpriesters, der
da hieß Kaiphas, und hielten Rat, wie sie Jesum mit Listen
griffen und töteten. Sie sprachen aber: Ja nicht auf das Fest,
auf daß nicht ein Aufruhr werde im Volk! Da nun Jesus
war zu Bethanien, im Hause Simonis, des Aussätzigen, trat zu
ihm ein Weib, die hatte ein Glas mit köstlichem Wasser und goß
es auf sein Haupt, da er zu Tische saß. Da das seine Jünger
sahen, wurden sie unwillig und sprachen: Wozu dienet dieser
Unrat? Dieses Wasser hätte mögen teuer verkauft und den
Armen gegeben werden. Da das Jesus merkete, sprach er zu
ihnen: Was bekümmert ihr das Weib? Sie hat ein gut Werk an
mir getan. Ihr habet allezeit Armen bei euch, mich aber habt ihr
nicht allezeit. Daß sie dies Wasser hat auf meinen Leib gegossen,
hat sie getan, daß man mich begraben wird. Wahrlich, ich
sage euch: Wo dies Evangelium geprediget wird in der ganzen
Welt, da wird man auch sagen zu ihrem Gedächtnis, was sie
getan hat.

REZITATIV (Alt I)
Du lieber Heiland du,
wenn deine Jünger töricht streiten,
daß dieses fromme Weib
mit Salben deinen Leib
zum Grabe will bereiten,
so lasse mir inzwischen zu,
von meiner Augen Tränenflüssen
ein Wasser auf dein Haupt zu gießen!

ARIE (Alt I)
Buß und Reu
knirscht das Sündenherz entzwei,
daß die Tropfen meiner Zähren
angenehme Spezerei,
treuer Jesu, dir gebären.

Die zweite Szene der *Matthäuspassion* ist erheblich länger als
die erste: Der Evangeliumsabschnitt selbst ist länger, und die
abschließende Betrachtung wird nicht in einem Lied, sondern in
einem Rezitativ und einer Arie angestellt.

Welch ein Evangelium! Wie kraß sind die Gegensätze der Tatsachen, die es schildert, wie widerstreitend die Empfindungen,
die es auslöst! Schwang der erste Evangelistenbericht noch ruhig
und würdig von Grundakkord zu Grundakkord, so setzt der Evangelist hier – wie oft im weiteren Verlauf der Passion – erregt mit
einem spannungsvollen Sextakkord der Dominante ein. Die ersten kurzen Takte modulieren von D- nach C-Dur, einer Tonart,
die Johann Mattheson als »ziemlich rüde und frech« bezeichnet.
Für den anschließenden Chor der Hohenpriester und Schriftgelehrten paßt diese Charakterisierung trefflich.

Fast alle Turbachöre der *Matthäuspassion* zeichnen sich
durch plastische Charakterisierungskunst und äußerste Knappheit aus. Sie erscheinen dadurch härter als die ausladenderen
Chöre der *Johannespassion*. Das *Ja nicht auf das Fest* klingt –
insbesondere durch eine penetrante Sequenz der Continuostimmen (Beispiel 12a) – rechthaberisch; durch eine längere
Note erhält das Wort *Fest* eine wichtigtuerische Betonung (Beispiel 12b); der *Aufruhr* entsteht in der Musik durch eine Kette
erregter Sechzehntelnoten (Beispiel 12c), die im vorletzten Takt
sogar in nahezu allen Stimmen gleichzeitig auftritt. Beide Cori
sind an der Verschwörung der Hohenpriester und Schriftgelehrten beteiligt wie auch in der Folge meist dann, wenn der Text
von einer größeren Anzahl Redender ausgeht. Die Doppelchörigkeit erlaubt eine antiphonische Charakterisierung der Szene, die ebenfalls später wiederkehrt. Beide Chöre nämlich fallen
sich (hier: im Abstand eines halben Taktes) gegenseitig ins Wort,

Beispiel 12

der zweite Chor übernimmt, angestachelt vom ersten, dessen Noten immer erregter eine Quint höher. Erst in den letzten eineinhalb Takten können die beiden Chöre sich auf halbwegs gemeinsames Reden einigen. Ebenso charakteristisch und später
häufig wiederkehrend: Oberstimmen (hier Flöten und erste Violinen beider Orchester) meckern in den ersten Takten geschwät-
zig in hoher Lage und kichernden Sechzehnteln über dem Chor
(Beispiel 12d); in den letzten drei Takten verstärken sie oktavierend in grell hoher Lage die Alt- und Tenorstimme[133].
    Szenenwechsel ins Haus des Simon in Bethanien. Dort spielt
die anrührende Begebenheit, wie Maria aus Magdala ein *Glas
mit köstlichem Wasser* – man mutmaßt ein Parfüm im Gegenwert
des Jahreseinkommens eines Arbeiters[134]! – über Jesu Haupt

gießt. Man versteht den Unwillen der Jünger, die, als sie das (mit einem giftigen Tritonussprung) *sahen*, mit einem heftigen *Wozu dienet dieser Unrat?* reagieren. Das mehrfach mit einem aggressiven Quartsprung wiederholte erregte *Wozu* (Beispiel 13a) wird von einer trotzig aufbegehrenden Oberstimme (wieder in den Flöten und ersten Violinen), mit aggressivem Anapästrhythmus und Bocksprüngen in Sexten aufwärts unterstützt (Beispiel 13b).

Beispiel 13

Der Einwand, *dieses Wasser hätte mögen teuer verkauft und den Armen gegeben werden*, wird von der Musik mit vielen repetierenden Noten als schulmeisterlich, mit einem Sextsprung aufwärts im Tenor und Baß und einer schmeichlerischen Kantilene im Alt auf das Wort *Armen* als heuchlerisch-pathetisch, dazu in einem kleinen Fugato der vier Gesangsstimmen als gedankenloses Nachplappern entlarvt. An dem kleinen Fugato beteiligen sich mit einem pathetisch den Quartauftakt zur Sexte dehnenden fünften Einsatz »überflüssigerweise« auch die Flöten, bevor sie in den letzten Takten wieder in ihre trotzige Gebärde verfallen. Welch raffinierte Charakterisierungskunst bringt Bach für so

kurze Szenen auf, schärft die Ohren des Hörers für Zwischen-
und Untertöne im Text!

Denn die barsche Antwort Jesu *Ihr habet allezeit Armen bei
euch* klingt ja auch in unseren sozial geschärften Ohren zunächst
befremdend. Zwar nimmt er an den *Armen* mit einem verminderten Septsprung Anteil, sein *mich aber* jedoch versieht er nicht
weniger ausdrucksstark mit einem leidenden Tritonus. Auf die
prophezeienden Jesus-Worte *daß man mich begraben wird* lösen
sich die Streicherstimmen von ihren ruhigen langen Noten und
nehmen zum erstenmal Anteil in ausdrucksstarken, wie liebevoll
mitleidig sich herabsenkenden Achteln, die aus dem spannungsvollen neapolitanischen Sextakkord hervorgehen (Beispiel 14a).
Das *Wahrlich, ich sage euch* unterstreichen sie mit einer aus-

Beispiel 14

holenden Dreiklangsgeste, wie sie später (etwa im Abendmahl)
geradezu charakteristisch für Prophezeiungen Jesu wird (Beispiel 14b).

An dieser Stelle unterbricht Bach den Bericht mit einer Arie
und vorgeschaltetem Rezitativ. Oft ist vermutet worden, Bach
habe auch an deren (von Picander verfaßten) Texten mitgearbei-
tet. Für die Stellen des Einschubs scheint mir das – wegen der
nur von Bach zu überblickenden Architektur des Werkes – gewiß;
für den Scopus der Texte – wegen der wohl auch nur von Bach
zu übersehenden Aussage – wahrscheinlich; für die, gemessen
an anderen Picander-»Dichtungen«, erstaunlich souveräne, bil-
derreich ausgearbeitete Sprache nicht unmöglich. Zumindest

scheint Bach seinem Textdichter mit dem Hinweis auf Vorbilder geholfen zu haben. Insgesamt unterbricht Bach – außer mit den zwölf Chorälen – die Passionsschilderung mit 15 Arien. Zehn von ihnen ist, wie hier, jeweils ein kurzes betrachtendes Rezitativ vorgeschaltet. Deren formale Geschlossenheit, motivische und instrumentale Einheitlichkeit sowie ihre stringente Textcharakteristik machen sie zu kleinen Wunderwerken, die sich in Bachs Schaffen nirgends so ausgeprägt und häufig finden wie in der *Matthäuspassion*. Ihr tonaler Aufbau ist fast nie in sich geschlossen, sondern offen: Sie modulieren und enden meistens in anderer Tonart, als sie begonnen haben. Allesamt aber werden sie mit den gleichen Sängern und Instrumenten besetzt wie auch die nachfolgenden Arien.

Hier, im zehntaktigen Rezitativ *Du lieber Heiland du*, lassen zwei Flöten ständig in weichen Terz- oder Sextparallelen ein win-

Beispiel 15a

ziges Motiv von vier Noten hören, dem man seine Nähe zu den *Tränenflüssen* anmerkt (Beispiel 15a). Verstärkt drängt sich diese Assoziation auf, wenn bei *ein Wasser auf dein Haupt zu gießen!* die Töne der Sängerin die lange Leiter einer None hinabfließen (Beispiel 15b). Man hat »in den gebundenen Noten das Fließen der Tränen, mit dem gestoßenen Sechzehntel einen herunterfallenden Tropfen«[135] hören wollen. Vielleicht sind derlei

Beispiel 15b

Vergleiche zu bildhaft direkt, aber sie zielen gewiß in die zutreffende Richtung einer Synästhesie: dem ständigen Wechsel von Spannung und Entspannung.

Das Rezitativ beginnt in h-Moll, jener Tonart, die wir als dramatisch-klagend beschrieben hatten, und endet eine Quint höher, »zerknirschter« noch, möchte man sagen, in dem fis-Moll der folgenden Arie. Der in heftiger Anteilnahme sich äußernde Text von Rezitativ und Arie ist dem Alt des Coro primo zugeordnet. Ähnliche Texte in der Passion oder in anderen Bach-Werken, die der gleichen Stimme anvertraut und ebenfalls in h-Moll oder nah verwandten Tonarten stehen, charakterisieren diese jugendliche, dabei warm-dunkle, mütterliche, fraulich-liebevolle Solostimme. In ihr fließen mehrere historische Frauenbilder ineinander. Das vorausgegangene Evangelium erzählt von der Frau, die in Bethanien Jesus mit teurem Parfüm beglückte. Der Text der Arie, der die Tränen eine *angenehme Spezerei* nennt, spielt auf die Sünderin an, die Jesu Füße mit ihren Tränen netzt. Noch andere Frauengestalten scheinen in Bachs Charakteristik einzufließen[136]: die Schwester des Lazarus, die Jesus »lieb hatte«, die Magdalena zu Füßen des Kreuzes und natürlich Maria, die Mutter, wie die Texte der Altarien im *Weihnachtsoratorium* »Schlafe nur, mein Liebster« und »Schließe, mein Herze, dies selige Wunder fest in deinem Glauben ein« belegen. Sie alle fließen für uns in der *Schönsten unter den Weibern* zusammen (ihr Bild, dem Hohelied Salomos entnommen, bestimmt die Altarie *Ach, nun ist mein Jesus hin!*, NBA 30).

So ist die Altstimme Bachs eine wunderbare Zusammenführung unterschiedlicher Aspekte. Man sieht eine junge Frau vor sich, wie Michelangelo sie in Stein geformt oder Raffael sie gemalt hat, die Reinheit und erotische Anziehung, ruhig-distanzierte Überlegenheit und mitleidsvoll klagende Anteilnahme, jugendlich extrovertierte Frische und mystische Innenwendung in sich vereint. Einem Verrat an dieser Gestalt käme es gleich, wollte man sie, die von Bach so eindeutig ausgewiesen ist, in Berücksichtigung der historischen Musizierpraxis mit einer Knaben- oder falsettierenden Männerstimme besetzen.

Nahezu alle Arien der *Matthäuspassion* sind Dakapoarien, das heißt ihr Anfangsteil (A) wird am Schluß der Arie wiederholt und rahmt so einen Mittelteil (B) ein, der meist einen anderen Text vertont und dann auch andere musikalische Motivik hat (in dem Textdruck vor den einzelnen Kapiteln dieses Buches ist der Mittelteil durch Einrückung kenntlich gemacht). Stimmen also fast alle Arien in der Grundstruktur ihrer Dreiteiligkeit überein, so unterscheiden sie sich doch in ihrer Instrumentation, in der Fülle ihrer unterschiedlichsten musikalischen Einfälle und in einer ungewöhnlichen Formenvielfalt, die das Grundmuster des Dakapos immer neu variiert. Nur in dieser ersten Arie und vier weiteren (der zweiten, dritten, fünften und zwölften der Passion) kann Bach in seinen Notenhandschriften von dem platzsparenden Wörtchen »da capo« am Ende des Mittelteils Gebrauch machen, das die wortgenaue Wiederholung des Anfangsteils fordert. In allen anderen Arien ist der Anfangsteil bei seiner Dakapowiederholung abgeändert, oft verkürzt, so daß er gesondert ausgeschrieben werden mußte.

Solche freien Dakapos nehmen im Verlauf der Passion zu, ja schließlich ist die Dakapoform bei einigen Arien fast aufgelöst, um dann allerdings im Schlußchor – denn diese symmetrische dreiteilige Form ist nicht auf die Soloarie beschränkt – nochmals ihre schönste Bekräftigung zu erfahren. Ob sich mit freieren Formen dramaturgische, möglicherweise textbezogene Gesichtspunkte verbinden lassen, ist nicht zu entscheiden. Wohl nicht immer. Stets aber hat der Hörer durch die Wiederholung von Text und Musik im dritten Teil der Arie, zumindest beim Wiedererklingen des instrumentalen Vorspiels, das Gefühl, Bekanntes wiederzuerkennen, sich in einer symmetrischen Architektur zu befinden, die ihm das Gefühl von Geborgenheit und Beschützung vermittelt, wenn die Musik auch noch so dramatisch vorwärtsdrängt oder ausdrucksvoll schweifend sich ergießt.

Eignete sich für die Beschreibung des in seiner Form dynamischen, Symmetrie nur andeutenden Eingangschors der Gang durch das abwechslungsreiche, immer neue Ausblicke gewährende Langschiff einer Kathedrale, so kann man sich die Archi-

Abb. *10* Die Fassade der Kathedrale von Chartres.

tektur der Arien vorstellen wie die Gliederung einer Kirchen-fassade, die – etwa bei romanischen Basiliken oder gotischen Kathedralen – die symmetrische, das Mittelschiff durch zwei oder vier gleiche Seitenschiffe einrahmende Architektur erken-nen läßt. Von der strengen Dakapoform geht immer ein großes Maß an Statik und Festgefügtheit aus; am deutlichsten, wenn das Dakapo nicht oder nur wenig verändert ist. Dies, wie gesagt, ist in der Arie **Buß und Reu** der Fall.

Die Arie ist ein Muster dafür, daß Bach seine Formen oft aus gleichen Maßen, ja aus einer Handvoll gleicher Bauteile konstruiert. Man hat geradezu den Eindruck, daß er seine Formelemente spielerisch wie Baukastensteine nach- oder ineinander setzt. Ähnlich wie bei gotischen Kirchen, die ihre kühne Konstruktion aus immer einem Grundmaß türmen und dabei so organisch gewachsen wirken, überwiegt aber nicht der Eindruck von Leblosem, Totem. Gerade weil die Teile so unorthodox aneinandergereiht sind, zudem weil oft ein Teil aus dem anderen hervor- oder in ihn hineinwächst, entsteht ebenso stark der Eindruck von Natur wie der von Konstruktion. Ich denke, diese eigentümliche Vereinigung, die Kunst, tote Formen wie blühende und wachsende Pflanzen erscheinen zu lassen, ist geradezu eines der hervorstechendsten und bewundernswürdigsten Merkmale Bachscher Musik. So mathematisch konstruiert sie sein mag, immer erweckt seine Musik den Eindruck von prallem Leben, das sich jeder Starrheit widersetzt, denn »dem Leben schauderte vor der genauen Richtigkeit, es empfand sie als tödlich, als das Geheimnis des Todes selbst« (Thomas Mann[137]).

Die Arie steht im $^3/_8$-Takt. Das Formmaß aber, das ihr zugrunde liegt, ist eine Periode von immer vier beziehungsweise acht Takten. Das schwingend Tänzerische des ungeraden Taktes und das abgezirkelt Statische der geraden Taktperioden gehen so eine interessante Verbindung ein. Die immer wieder gleichen Taktperioden werden unterschiedlich aneinandergereiht; im Anfangsteil A zu einer in sich wieder geschlossenen, symmetrischen Form von 12–8–8–12–8–8–12 Takten. Die zwölf Takte des Orchestervorspiels wiederholen sich am Schluß des Teils A wörtlich; dadurch natürlich auch am Ende der ganzen Arie, was eine besonders feste Rahmung ergibt, eine starke Symmetrie bewußt werden läßt. In späteren Arien wiederholt Bach das instrumentale Vorspiel, das Ritornell, oft nicht schon am Ende des Anfangsteils A, dann setzt er es im Dakapo auch nicht wörtlich an den Beginn, sondern verschiebt es an das Ende des wiederholten A-Teils und damit an das Ende der ganzen Arie. Die spiegelsymmetrische Einrahmung durch das Ritornell soll also auf jeden Fall erhalten bleiben.

Das viertaktige Grundthema des Ritornells (Beispiel 16a) weist in seinem ersten Takt Verwandtschaft zum Motiv des vorausgegangenen Rezitativs auf: Immer folgt auf einige gebundene Sechzehntelnoten ein Sprung nach oben mit einer abgestoßenen Note. In der drei Takte lang anhaltenden charakteristischen Phrasierung von zwei (oder vier) gebundenen und einer gestoßenen Note entsteht der Eindruck, es würde etwas (das *Sündenherz?*) zusammengedrückt und immer wieder losgelassen, oder es würde jemand, der sich zerknirscht abwärts beugt, immer wieder hochgerissen. Ab Takt 5 erklingt ein Motiv, das wie eine wu-

Beispiel 16a–b

chernde Erweiterung des ersten Taktes anmutet. Dessen Sextsprung wird nämlich auf eine Septime gedehnt, synkopisch übergebunden und sequenzierend auf insgesamt acht Takte ausgeweitet (Beispiel 16b). Durch die Synkopierung und deren Auflösung entstehen seufzende Sekundschritte, die sich im Passus duriusculus chromatisch von der Oberquart h auf den Grundton fis herabquälen. Bei dieser Erweiterung des Grundmotivs scheint der Hörer Zeuge zu werden, wie das *Knirschen* der Reue intensiver wird und in Seufzen übergeht.

Im Verlauf des Anfangsteils A reiht Bach nun überwiegend die beiden Motive oder doch zumindest ihre Köpfe aneinander. Die Sängerin verwendet dabei die instrumentale Thematik fast gar nicht oder nur in Andeutungen. So enthalten die ersten acht Gesangstakte überwiegend Anklänge an die Chromatik der instrumentalen Motivik. Die Beteuerung *Buß und Reu knirscht das Sündenherz entzwei* windet sich chromatisch eine Oktave

Beispiel 16c

Alt

Buß   und   Reu,   Buß ——— und   Reu   knir- scht das   Sün- den   herz - ent - - - zwei;

hinab (Beispiel 16c). Der »harte Gang« dieses Passus duriusculus wird gebildet durch ein Aneinanderreihen von halbkreisförmig um einen Ton sich windenden,»umzingelnden« Motiven – »circulatio« oder genauer »circulo mezzo« genannt in der Figurenlehre[138] – und Seufzersekunden. Wo auch könnte das Sich-in-Fesseln-Winden und das Seufzen der beiden Figuren, wo aber auch könnte die qualvolle Enge des chromatischen Gangs mit seiner Verheißung auf Bekrönung angebrachter sein als hier.

In den folgenden Takten wechseln in den Instrumenten die beiden Motive des Vorspiels ab oder werden fortgesponnen, die Sängerin reißt ihr enges Motiv in großen Intervallen wie in einem Aufschrei auseinander (Takt 29), übernimmt einmal das Grundmotiv (Takt 33), wobei ihr nicht die Aufwärtssexte im ersten Takt, wohl aber die Abwärtssprünge im zweiten und dritten Takt erlassen werden, neigt sich in Quintgängen abwärts (Takt 41), um schließlich das Seufzen des von den Flöten vollständig vorgetragenen Motivs b in Sexten mitzuvollziehen, bevor die Wiederholung des Ritornells den A-Teil abschließt. Alle Teile, auch wenn ihre Motivik neu erscheint, sind in Wahrheit thematisch miteinander verwoben. Sie variieren immer bereits Erklungenes, so daß der Eindruck von Keimen und Wachsen entsteht.

Der Mittelteil der Arie findet für den neuen Text neue musikalische Thematik. Die zwei Flöten ziselieren die *Tropfen* der *Zähren* in abwärts fallenden Dreiklängen mit stakkato tropfenden Sechzehnteln (Beispiel 17a). Die *angenehme Spezerei* fließt in langen Tonketten der Flöten aus dem (auch kurz zitierten) Themenkopf a herab, wobei in die strenge Viertaktigkeit gleichsam ein Fermatentakt (Takt 77) eingeschoben wird: Die Sängerin verharrt währenddessen auf einer langen Note (Beispiele 17b und c). Einmal, auf eine ähnliche »Fermate« der Sängerin, auf einem liebevoll vier Takte lang festgehaltenen *Jesu*, erklingt in den Flöten das Motiv a aus dem Anfangsteil der Arie. So – und das tut er häufig – verzahnt Bach beide Arienteile, die in textlicher und musikalischer Thematik sonst nichts gemein haben.

Bei jedem Einsatz der Sängerin ist in allen Instrumentalstimmen ein Piano verzeichnet, das mit einem Forte sofort wieder aufgehoben wird, sobald die Sängerin pausiert. Eine solche

Beispiel 17

Pianovorschrift taucht bei Bach oft in den Instrumenten beim Einsatz der Gesangsstimme auf. Wir müssen annehmen, daß seine Sänger, im Gegensatz zu den heutigen aus dem Chor besetzt, normalerweise Mühe hatten, sich gegen die Instrumente durchzusetzen, und seien es nur zwei Flöten. Mit Sicherheit sind solche fast stereotyp wiederkehrenden Vorschriften keine absoluten Gebote, sondern relativ zu verstehen und können heute wohl meist übergangen oder als Hinweis für die Instrumentalisten verstanden werden, der Sängerin zuzuhören.

Wir können davon ausgehen, daß Dynamik ohnehin in den kleinen Ensembles der Bach-Zeit nicht die Rolle spielte wie in heutigen meist größeren, zudem waren die dynamischen Möglichkeiten der einzelnen Instrumente zur Bach-Zeit eher beengter als die heutiger Neukonstruktionen. Sicher dürfen wir annehmen, daß viele von uns erwartete Vorschriften deswegen nicht gesetzt wurden, weil sie sich aus dem Kontext, aus dem Instrumentarium (piano spielende Trompeten etwa gibt es bei Bach nicht) oder aus der inneren Struktur der Musik von selbst er-

gaben. Dynamische Bezeichnungen, die auch in unserem Sinn,
absolut geltend, Aussagekraft haben, finden sich selten in Bachs
Werk, dann aber sind sie natürlich von besonderem Interesse.
Wir begegnen später solchen Stellen.

Der Text der Arie *Buß und Reu knirscht das Sündenherz
entzwei* irritiert zunächst angesichts eher kleiner, allzumensch-
licher Fehler. Er erscheint dem heutigen Hörer wohl unangemes-
sen, da er sich unter Buße nur Bestrafung und nicht Befreiung
vorstellen kann. Man muß sich freilich vor Augen halten, daß
Bach unter Buße Umkehr versteht: Chance zum Neubeginn. Dies
verdeutlichen zahlreiche seiner Vertonungen, in denen die Musik
mit einer »Umkehrung« ihrer Themen dies Verständnis von Buße
illustriert. (So, unmittelbar verständlich, in einer Orgelbearbei-
tung des Bußlieds *Aus tiefer Not schrei ich zu dir*; so auch im
Hirtenchor des *Weihnachtsoratoriums* »Lasset uns nun gehen
gen Bethlehem« – denn der Gang zur Krippe ist nicht anders
denkbar als auf dem Weg der Umkehr; so schließlich in seinem
sein Leben abschließenden Orgelchoral *Vor deinen Thron tret
ich hiemit* – denn auch dieser Gang ist anders nicht vorstellbar
als in völliger Umkehr von allem Vertrauten[139]). Es ist, als wären
zu Beginn der Passion in dieser Szene exemplarisch zwei
menschliche Verhaltensweisen einander gegenübergestellt: die
klug das Volksempfinden kalkulierende, politisch berechnende,
zielstrebig auf einen Zweck ausgerichtete, letztlich aber men-
schenverachtende Vernunft der Hohenpriester und die zweck-
freie, absichtslose, liebevoll-gütige Zuwendung zum leidenden
Menschen, die sogar das Schlechte der Welt, die Armut, vergißt,
bei Maria. Gleich zu Beginn der *Matthäuspassion* wird der Hörer
aufgefordert, umzudenken, von eingefahrenen Verhaltensweisen
berechnender Schläue umzukehren zu absichtsloser, befreiender
Liebe. Hat sich bewahrheitet, was Jesus prophezeite, daß man
immer *auch sagen* wird *zu ihrem Gedächtnis* und Marias Handeln zum Vorbild wenigstens der Menschen wurde, die sich auf
ihn berufen?

»Judas«

Teil I, Szene 3 (NBA 7–8, BWV 11–12)

EVANGELIUM
Da ging hin der Zwölfen einer mit Namen Judas Ischarioth zu
den Hohenpriestern und sprach: Was wollt ihr mir geben? Ich
will ihn euch verraten. Und sie boten ihm dreißig Silberlinge.
Und von dem an suchte er Gelegenheit, daß er ihn verriete.

ARIE (Sopran II)
Blute nur, du liebes Herz!
Ach! ein Kind, das du erzogen,
das an deiner Brust gesogen,
droht den Pfleger zu ermorden,
denn es ist zur Schlange worden.

Aufgeregt erzählt Bach vom geplanten Verrat Judas'. In den neun
Takten des Rezitativs häufen sich Spannung und Dramatik. Wieder springt der Evangelist mit dem durch Lage und Tonstufe erregt wirkenden Sextakkord der Dominante in den Bericht hinein,
dazu mit hektischen Sechzehnteln in hoher Lage. Schneller Far-
benwechsel (Modulation von A-Dur über D-Dur/fis-Moll nach
D-Dur), affektgeladene, überraschend eingeführte Dissonanzen
und verquer ausholende Melodiesprünge (so auf die Wörter *ver-*
raten und *Silberlinge*) stürmen auf den Hörer ein. Mit dem Wörtchen *Und (von dem an suchte er Gelegenheit)* erreicht der kurze
Bericht seinen aufgeregten Spitzenton a, als wolle der Evangelist
mit dem verknüpfenden Beiwort das Unheimliche, Unveränder-
bare, Endgültige des nun besiegelten grausamen Fortgangs unterstreichen.

Judas ist gewiß einer der rätselhaftesten Menschen der ganzen
Bibel. Man fragt sich: Was hat er denn den Hohenpriestern verraten? Den Aufenthaltsort des öffentlich lehrenden und gerade

mit Pomp in Jerusalem eingezogenen Jesus? Den Messias-
anspruch seines Meisters? Beides ist kaum vorstellbar, und so
wird der Gegenstand seines »Verrats« immer im Dunkel der Geschichte bleiben. Wir müssen wohl von einem tiefen Loyalitäts-
bruch ausgehen, wie wir ja auch von einem Menschen, der uns
hintergangen hat, sagen: Er hat uns »verraten«[140].
Aber warum hat Judas Jesus verraten? Wohl kaum der 30 Silberlinge wegen! Er, der die Kasse der Jünger verwaltete[141], hätte
sich viel einfacher unrechtmäßig Geld verschaffen können, und
ein »simpler Geizhals verhält sich nach der Tat nicht so, wie
Judas es der Darstellung des Matthäus-Evangeliums zufolge tut:
daß er das Geld den Hohen Priestern vor die Füße schleudert
und sich aus Verzweiflung erhängt« (Eugen Drewermann[142]). Es
steht zu vermuten, daß die Evangelisten, die mit dem ständigen
Verweis auf Prophezeiungen die Rechtmäßigkeit des Messias-
anspruchs Jesu belegen wollten, hier die historische Wahrheit
zugunsten eines Zitats aus dem *Alten Testament* verfälscht haben[143]. Wir wissen auch, daß »Silberlinge« zur Zeit Jesu keine
gültige Währung mehr in Judäa waren. Aber warum ist Judas
dann zum Verräter geworden?

Walter Jens[144] schildert in seinem Buch *Der Fall Judas* den
»Verräter« als den Jesus über alles, über das eigene Verderben
hinweg liebenden Vollstrecker göttlichen Willens, denn schließlich war er ja unabdingbar notwendig zur Erfüllung des Heils-
plans. »Verrat sagt ihr? Ich nenne es Gehorsam...« Luise Rinser[145] stellt in ihrem Roman *Mirjam* die einleuchtende These auf,
Judas habe den Anspruch Jesu, der Erlöser zu sein, politisch verstanden und ihn zu revolutionärem Handeln zwingen wollen.
Drewermann[146] glaubt, daß Judas, der begeisterte Anhänger Jesu,
den »prinzipiellen Gegensatz zwischen Jesus und dem Gesetz«
nicht ausgehalten habe und »mit seinem Verrat eine Entscheidung darüber herbeiführen wollte, auf welcher Seite die Wahrheit stehe: ob bei der alten oder der neuen Lehre«. Die weitge-
hendste, aber vielleicht schlüssigste Deutung des Verrats wagt
Wolfgang Teichert[147] in seinem Buch *Jeder ist Judas.* Er schildert
Verrat als die unausweichliche Kehrseite von Vertrauen. Nämlich – mit Worten Thomas Manns –, »daß der Widerspruch einer

Lebewelt, die gerecht sein sollte, in Gottes Größe selber lag, daß er, der lebendige Gott, nicht gut oder nur unter anderem gut, außerdem aber auch böse war, daß seine Lebendigkeit das Böse mit umschloß... Er war nicht das Gute, sondern das Ganze.«[148] Teichert weist darauf hin, daß die im griechischen Urtext enthaltene Vokabel für »verraten«: παραδιδόναι (paradidonai), sich ebenso korrekt mit »überliefern« oder »übergeben« übersetzen läßt und in diesem Sinn, wertfrei und sogar positiv, auch oft im *Neuen Testament* verwendet wird. »Tradere« heißt das Wort in der Vulgata, der lateinischen Übersetzung der Bibel, und kein Mensch würde wohl unsere hochgehaltene »Tradition« mit solch negativen Gefühlen der Abwehr belegen, wie er sie Judas gegenüber hegt.

Und doch ist Überlieferung wohl immer mit »Verrat« verbunden. Mit Verrat am Überlieferten oder mit Verrat an den Menschen und ihrem Empfinden, denen überliefert werden soll. Wie viele Grundsätze starrer Dogmatik mußte Mission »verraten«, wieviel heidnische Gedanken und Gebräuche »taufen«, um erst einen Raum von Vertrauen zu schaffen, in dem sie fremden Kulturen Christentum »überliefern« konnte! Wieviel Historie muß jeder reproduzierende Künstler »verraten«, um die Ideen eines Werkes angemessen an seine Zeit »überliefern« zu können – ein Streit, der im Regietheater ebenso heftig ausgetragen wird wie in der Bach-Interpretation. Wie schwer ist es offenbar für Regisseure oder Interpreten, Geschichte lebendig an Gegenwart auszuliefern, ohne sie zu verfälschen, sie auf ihre eigenen Empfindungen zurechtzustutzen, sie mit eigenen Gedanken zu verdunkeln oder gar zuzudecken.

Und dennoch muß offenbar eine Geschichte durch den Schmelztiegel eigener Erfahrung und eigenen Erlebens gehen, bevor sie glaubwürdig »übergeben« werden kann. Das läßt uns ältere (etwa auf Schallplatte überlieferte) Interpretationen oft so fremd erscheinen: Sie sind aus anderem Erleben gestaltet als dem unseren. Aber wie langweilig wirken zeitlos referierte Texte oder buchstabierte Musik. So erscheint mir der bisweilen erhobene Wunsch, Bachs Musik so zu musizieren, wie sie historisch erklang (mit Instrumenten, mit Sänger- und Orchesterbesetzung wie im Leipzig Bachs, ja möglichst im gleichen Kontext, etwa des damaligen Karfreitags-Gottesdienstes), als anachronistischer »Verrat« an unserer Gegenwart, unserem Empfinden und unseren Gedanken. In seiner Schrift *Bach gegen seine Liebhaber verteidigt* sagt Theodor W. Adorno: »Das Lieblingsargument der Puristen, all dies [die Totalität all der Charaktere und Zusammenhänge] solle man dem Werk an sich überlassen, das man nur mit Selbstverleugnung auszusagen brauche, damit es rede, während die eigentlich interpretative Darstellung herausschreie, was sich ohne Zutun schlicht, doch um so eindringlicher kundgebe und was nur verzerrt werde, wenn man es hervorhebe – dies Argument ist ohne Kraft... Der Versuch, dem objektiven Gehalt Bachs zu seinem Recht zu verhelfen, indem man die subjektive Anstrengung bloß daran wendet, das Subjekt auszumerzen, überschlägt sich. Objektivität bleibt nicht als Rest nach Subtraktion des Subjekts zurück. Nie und an keiner Stelle ist der musikalische Notentext mit dem Werk identisch; stets vielmehr gefordert, in der Treue zum Text zugleich zu ergreifen, was er in sich verbirgt. Bar solcher Dialektik wird die Treue zum Verrat: die Interpretation, die sich um den musikalischen Sinn nicht kümmert, weil er aus sich heraus sich offenbare, anstatt ihn selber als je sich erst konstituierenden zu erkennen, verfehlt ihn.«[149]

Unstrittig zwar, daß das in den letzten Jahrzehnten (auch im Zusammenhang mit den Forschungen für die *Neue Bach-Ausgabe*) immens erweiterte Wissen um Entstehungsbedingungen (allein durch Tinten- und Papierforschung, Handschriftenvergleich und Aufhellung des Umfelds!) unser Bach-Bild präziser und klarer hat werden lassen. Aber es bleibt »unser« Bach, dem spätere Generationen aus ihrem Erlebens- und Gedankengut andere Gesichtspunkte hinzufügen werden. Wer dies nicht zugibt, leugnet den immer vorhandenen Anteil seiner eigenen Subjektivität. Fundamentalisten jedenfalls, die in Theologie oder Kunst sich an Buchstabentreue klammern, sind keine besonders treuen Hüter ihrer Sache, sondern haben nur Angst, sie dem Leben auszusetzen und Veränderung an ihr zuzulassen. Sie haben Angst vor dem Verlust von Geborgenheit und Macht, die sie so mit erheblichem, überheblichem Machtanspruch zu verteidigen versuchen. Wolfgang Teichert sieht und schildert Judas in einem Normenkonflikt, dem auch und gerade heute der Mensch im Alltag ausgesetzt ist, etwa wenn er sich fragt, ob er seinem Partner in einer gestorbenen Liebe oder sich selbst, seinen eigenen Empfindungen und seinem Lebensentwurf treu bleiben soll.

Gleichviel, an allen Thesen besticht die gewiß richtige Vermutung, daß Judas – wie oft schwache Menschen, die die Andersartigkeit ihrer Mitmenschen nicht ertragen – gemeint hat, besser als Jesus zu wissen, was dessen eigentliche Aufgabe sei. Er wollte *seine* Ansichten und seine Lösungen Jesus überstülpen.

Und hier mag der Bericht von den 30 Silberlingen doch noch zu seiner Bedeutung kommen: In der Traumdeutung steht Geld auch als Symbol für verfügbare seelische Energie, mit der man sich etwas verschaffen, etwas »kaufen« kann, für Lebenskraft und Begabungsreichtum, wie ja das Münzwort »Talent« andeutet. Solche Lebenskraft hat Judas wohl gefehlt, und sie sich zu verschaffen könnte sein Anliegen gewesen sein. In mittelalterlichen Texten wird Judas oft mit Ödipus gleichgesetzt[150]. Auch er ein großer, aber unwillentlich Schuldiger. Indem die Legende Judas das Waisenschicksal des Ödipus erleiden läßt, liefert sie gleichzeitig eine Erklärung für seine Tat: Verlassene, Menschen, denen kein Vertrauen geschenkt wird, die sich in der prägenden Lebensphase ihrer Kindheit nicht »angenommen« fühlen durften, scheinen in Lebenskrisen dazu zu neigen, ihr Heil in totaler Abkehr vom bisher Verehrten, oft auch in Zuflucht zu Gesetz und Buchstabentreue zu suchen. Wie auch immer: von Judas zu reden ohne Anteilnahme, ohne also den eigenen »Anteil« zuzugeben und zu ihm zu stehen, bleibt banales und vor allem hochnäsiges Gerede.

Die auf das Evangelium folgende Arie *Blute nur, du liebes Herz!* beklagt, ohne sich mit einer Rezitativbetrachtung aufzuhalten, das Geschehen dramatisch in erregtem h-Moll. Das Orchester II begleitet mit Streichern und zwei Flöten die Sopranstimme. Damit ergibt sich eine Parallele zur ersten Arie, die mit zwei Flöten im ersten Orchester besetzt war. Die beiden Flöten spielen unisono mit den beiden Violinen. Nur immer dann, wenn

die Solistin singt, springt die erste Flöte aus dem Verbund der
Instrumente zur Stimme der Sopranistin: Will sie die Sängerin
stützen (wir haben keinerlei Ahnung, ob das in der Bachschen
Aufführungspraxis möglicherweise nötig war), oder will sie die
Gesangsstimme aufhellen, sie mit einem helleren Register be-
gleiten? (In der Arie des *Weihnachtsoratoriums* »Schlafe mein
Liebster, genieße der Ruh« verfährt Bach ebenso.)

Das Orchestervorspiel der Arie enthält mit seinen acht Takten
bereits nahezu das ganze thematische Material und damit alle
Affekte, mit denen die Arie Judas' Plan beklagt. Es sind vornehmlich vier kurze Motive, die dann den weiteren Ablauf be-

Beispiel 18

stimmen. Zunächst die Folge vierer den Grundton umschlingender Noten, die wir wörtlich im Eingangschor kennengelernt und als »circumflex« vorgestellt hatten (Beispiel 18a). In beiden Fällen wird auch die gleiche harmonische Spannung dadurch hergestellt, daß der Grundton des Motivs in tieferen Instrumenten hartnäckig repetierend beibehalten wird und so die Dissonanz des zweiten und dritten Tons besonders kraß hörbar werden läßt. Aber wie anders wirken hier die vier Noten trotz völlig gleicher Intervalle und Harmonien! Sie beginnen volltaktig, so daß die Betonung auf der ersten Note liegt (im Eingangschor auftaktig mit Betonung auf der zweiten Note); auch die Bindung – in beiden Fällen von der betonten zur nachfolgenden Note – erhält dadurch andere Bedeutung. Die Synkopierung der zweiten Note erweckt die Assoziation von ängstlich-heftigem Anstoßen an die Wände des engen Tongefängnisses. Das klagende Seufzen der früheren Version ist einem noch beklemmenderen Gefühl von Beengung und Angst gewichen.

Als zweites Motiv folgt das ebenfalls im Eingangschor ausführlich beschriebene seufzende Sekundmotiv (Beispiel 18b). Es beherrscht diese Arie ähnlich wie später den Chor *O Mensch, bewein dein Sünde groß*, auffallenderweise aber hier wie dort überwiegend im Orchester, als könne die Klage den Instrumenten besser anvertraut werden als dem menschlichen Mund.

An dritter Stelle erklingen in den Baßstimmen aneinandergereihte Quartgänge (im Beispiel 18c). Sie sind zu gewaltigen Abstiegen viermal aneinandergehängt und wirken damit wie eine Konterkarierung der im Eingangschor ebenfalls aneinandergekoppelten, hoffnungsfroh sich nach oben richtenden Quarten. Über diesem Baßgang schlingt sich in den Oberstimmen eine Gegenstimme mit – als würden sie immer zudrücken und wieder loslassen – synkopierten Sekunden, die von quälenden Tritonussprüngen unterbrochen werden. Die Stimme modifiziert das erste Motiv der Arie: Sie beharrt insistierend auf seiner Synkope und weitet sein Terzintervall auf den Tritonus, den »diabolus in musica« (Beispiel 18d). Alle diese Motive sind im Eingangschor präformiert. In dieser Arie entfalten sie sich zu neuer, eigener Bedeutung.

Die Arie häuft nicht nur schier überbordend Affekte aufeinander, sie ist zudem ein Muster Bachscher Formstrenge. Schon die Taktzahlen ihrer Perioden: 8–12–8–|–8–9–|–8–12–8 lassen ahnen, daß wir eine kristalline Gestalt von ungewöhnlicher Klarheit und Übersichtlichkeit vor uns haben.

Betrachten wir zunächst den Anfangsteil A. Dem geschilderten achttaktigen Instrumentalvorspiel korrespondiert ein notengetreues Nachspiel. Diese acht Instrumentaltakte bilden aber auch den Grundstock für den dazwischenliegenden Vokalteil, wobei die vorgestellten Motive a und c mit den Worten *Blute nur, du liebes Herz* textiert werden und dabei den Text gleichsam in Einzelaffekte zerlegen. Auf das Wort *liebes* ist dem Abwärtsquartgang ein liebevoll verzierendes Sechzehntel als Wechselnote eingefügt. Vier Takte (15–18) sind gegenüber dem Instrumentalvorspiel in den Vokalteil eingeschoben. Chromatisch sequenzierend quält sich in ihnen der Sopran in einer Umbildung des ersten Motivs nach oben (Beispiel 19a). Dabei phrasiert die begleitende Flöte – teilweise unabhängig von den Ligaturen der

Beispiel 19

Sängerin! – auffällig: Synkopisch bindet und stößt sie je zwei Noten (Beispiel 19b). Wir begegnen dieser charakteristischen Phrasierung im Mittelteil der Arie wieder, dort können wir sie

durch das Bild der **Schlange** im Text besser verstehen. Man vermutet, die vier Takte könnten als eingeschobenes Zentrum besondere Bedeutung haben. Tatsächlich: fast unhörbar und so versteckt, daß wir seine an dieser Stelle unvermutete Existenz kaum wahrnehmen, erklingt im Orchesterbaß der Passus duriusculus (Beispiel 19c), die Chiffre »Christus wird die Kreuztragenden krönen«. Ist also auch die Gestalt des Judas in die Erlösung einbezogen, der Mensch nicht einmal dort, wo er wie Judas zum Verräter wird, unabänderlich verdammt? (Im Gegensatz zum Evangelium geht in John Neumeiers Choreographie Jesus auf Judas zu und küßt ihn.) Der Mittelteil der Arie reagiert auf den neuen Text mit neuen musikalischen Einfällen. Der Satz wird zweistimmig, die Gesangsstimme klagt in ausdrucksvoller Wendung *Ach! ein Kind, das du erzogen*, dessen Motivkopf Verwandtschaft zum Hauptmotiv a (Beispiel 18a, S. 138) des Arienanfangs hat. Sie fällt in erschrockene Synkopen bei dem Gedanken *droht den Pfleger zu ermorden*. Die Continuostimme kontrapunktiert diese Klage und zieht mit ihrer heftigen Deklamation die Aufmerksamkeit des Hörers auf sich. Öfter phrasiert sie so auffallend synkopisch wie eben die Flöte im Zentrum des Anfangsteils. Es entsteht ein seltsam sich windendes Motiv, das durch den Wechsel von zwei Stakkatonoten und zwei aneinandergebundenen Noten die Seufzer hervorzuheben scheint, die denn auch am Ende einfach nur noch ohne Unterbrechung schmerzlich aufeinander folgen. Viel-

Beispiel 20

leicht ahmt die Phrasierung die eigenartig schiebende und sich selbst nachziehende Kriechbewegung der **Schlange** nach, von der im Text die Rede ist (Beispiel 20).

Wie in der vorausgegangenen Arie und wie oft schiebt Bach Motive des Anfangsteils – hier dreimal die Seufzermotive – in den Mittelteil ein und verknüpft so die beiden Arienteile. Durch diese wie Fermatentakte in die Gesangstakte eingesprengten

Einschübe ergibt sich die ungerade Taktzahl 17. Ohne die ein-
geschobenen drei Takte wäre der Mittelteil mit seinen 14 Takten
genau halb so lang wie der Anfangsteil mit seinen 28 Takten.
Mit den Einschüben aber entsteht wieder die geheimnisvolle
»göttliche Teilung«: Die Außenteile stehen zum Mittelteil genau
im Maß des Goldenen Schnitts und damit alle Teile der Arie
zueinander, nämlich: Mittelteil B (17 Takte) zu Anfangsteil A
(28 Takte) wie A (28 Takte) zu A+B (45 Takte), wie A+B
(45 Takte) zu A+B+A' (74 Takte).
Die Arie wirkt in ihrem symmetrischen Aufbau wie logisch
konstruiert. In ihrer Motivverwandtschaft aber wie »aus einem«
gewachsen; und ihrer Formeinschübe wegen natürlich, als sei
die strenge Form eines Kristalls durch eingewachsene Pflanzen
gesprengt. Konstruktion und Organik durchdringen einander.

»Ich bin's«

Teil I, Szene 4 (NBA 9–10, BWV 13–16)

EVANGELIUM
Aber am ersten Tage der süßen Brot traten die Jünger zu Jesu
und sprachen zu ihm: Wo willst du, daß wir dir bereiten, das
Osterlamm zu essen? Er sprach: Gehet hin in die Stadt zu einem
und sprecht zu ihm: Der Meister läßt dir sagen: Meine Zeit ist
hier, ich will bei dir die Ostern halten mit meinen Jüngern. Und
die Jünger täten, wie ihnen Jesus befohlen hatte, und bereiteten
das Osterlamm. Und am Abend satzte er sich zu Tische mit den
Zwölfen. Und da sie aßen, sprach er: Wahrlich, ich sage euch:
Einer unter euch wird mich verraten. Und sie wurden sehr be-
trübt und huben an, ein jeglicher unter ihnen, und sagten zu
ihm: Herr, bin ich's?

CHORAL
Ich bin's, ich sollte büßen,
an Händen und an Füßen
gebunden in der Höll'.
Die Geißeln und die Banden,
und was du ausgestanden,
das hat verdienet meine Seel'.

Aber, setzt der Evangelist überraschend nach dem erregten, klagenden h-Moll der vorausgegangenen Arie freundlich und hell
in G-Dur ein. *Aber am ersten Tage der süßen Brot traten die*
Jünger zu Jesu. Es wird eine lichte, festliche Stimmung eröffnet,
die wir aus den beiden Orchesterzwischenspielen des Eingangschors und aus dem ersten Evangeliumsabschnitt kennen; wie hier
hatte auch dort der Evangelist auf einem Akkord in der ruhigen
Grundstellung eingesetzt und mit seinem Bericht in einem ruhigen Bogen geschwungen. Die liebenswürdige Grundstimmung

hält zwei das Abendmahl abhandelnde Szenen lang an. Sie wird allerdings einmal unterbrochen und die Musik in bisher unerreichte Tonartentiefen und dunkle Stimmungen geführt. *Wo willst du, daß wir dir bereiten, das Osterlamm zu essen?*, fragen die Jünger in zärtlichen Kantilenen, die von liebevollen Melodiebögen der Holzbläser noch überhöht werden; ruhig, fast tänzerisch wiegend im ungewöhnlichen Dreiertakt, der nur noch in einem anderen Volkschor wiederkehrt. Zutraulich beginnen sie mit drei beharrlichen Vierteln *Wo* zu insistieren – eine behutsame Steigerung kommt in der Musik durch Höherführung der Sopran- und Tieferführung der Baßstimmen zustande –, um alsbald drängender mit Achteln fortzufahren. Die Verehrung und Liebe, die die Jünger für ihren Meister empfinden, und die Geschlossenheit einer intakten Gruppe von Freunden sind treffend geschildert. Um so härter der Gegensatz zu dem, was alsbald, tief durch die Tonarten stürzend, folgen wird.

Alle drei Jüngerchöre sind allein dem Coro primo überantwortet. Im Gegensatz zu der Doppelchörigkeit der meisten Volkschöre spricht hier nur eine kleine Gruppe Menschen.

Die folgenden Worte Jesu nehmen das freundliche G-Dur auf. Später lernen wir einen ganz anderen Jesus kennen. Hier ist er der *Meister*, der mit seinen Freunden gemeinsam ein Festmahl halten will. Drei Takte lang verharrt seine Rede in einem einzigen würdevollen, festlichen D-Dur-Akkord, bevor sie sich in das traurige, dem G-Dur parallele e-Moll wendet. *Die Jünger täten, wie ihnen Jesus befohlen hatte*, und begeben sich dabei herab auf den Boden der Tatsachen, in das nüchtern-neutrale C-Dur. Alsbald aber, mit dem *Abend* – als ob die Tageszeit wirklich Synonym wäre für Dunkles und Unvorstellbares –, verdunkeln sich die Tonarten weiter, um auf Jesu traurige Prophezeiung *Wahrlich, ich sage euch: Einer unter euch wird mich verraten* tief hinabzusteigen nach Es-Dur/c-Moll. Unter den Worten Jesu aber leuchtet im Orchesterbaß der chromatische Passus auf, nach oben gerichtet, als wolle er von der Erlösung, von dem »corona-bit« reden. Mit einem weiteren Abwärtsruck setzt der Evangelist nach den Jesus-Worten mit einem dunklen b-Moll-Akkord ein: *Und sie wurden sehr betrübt.* Die Betrübnis der Jünger führt ins düster-leidenschaftliche f-Moll, entsetzt fragen sie: *Herr, bin ich's?* In erregt gesteigertem Tempo (»allegro« schreibt Bach vor), in hektisch aufeinanderfolgenden Einsätzen fallen sie bestürzt einander ins Wort; ängstlich und aufgeregt versuchen die ersten vier, sich in Dissonanzen (Septimen) gegenseitig zu übertrumpfen. Elf Jünger stellen die bange Frage in elf Einsätzen. Der zwölfte stellt seine Frage einzeln später – weiß er wirklich, daß er eigentlich nicht zu fragen braucht? Heuchelt er? Jeder von uns meint zu wissen, wer der wahre Verräter ist. Bei Bach aber antwortet überraschend, schockierend direkt der Hörer in einem Choral: **Ich** *bin's.* Wir erwarten für das dramatische Eingeständnis eine hohe Kreuztonart, statt dessen singt der Chor in dunkelrot-mystischem As-Dur. Selten steigt Bach so tief in die Durtonarten hinab. Selten steigt der Hörer so tief in das eigene Ich herab wie mit der Erkenntnis »Ich bin's«. Offener, erschreckender kann man vom Judas-Geschehen nicht sprechen als mit diesem Bekenntnis, aber – ich komme darauf zurück – eben auch nicht tiefer, zu Herzen gehender als in dem verinnerlichten As-Dur. *Das gehet meiner Seele nah* meint die Tonart, in der wir noch viel Überraschenderes hören werden. Wenn das Lied mit seiner verblüffenden Aussage und in der ungewöhnlichen Tonart erklingt, »so hallt das Innerste in diesem Augenblick der Matthäuspassion wieder«, schreibt Ernst Bloch[151].

Je tiefer die Tonarten vom neutralen, gleichsam weißen C-Dur im Quintenzirkel absteigen, als desto dunkler empfinden wir sie. Mehr als schon in dem verhangenen e-Moll des Eingangschors hat man in den Tonarten Es-Dur und (bei Bach höchst selten!) As-Dur das Gefühl, Augen und Ohren vor allem Äußeren verschließen zu sollen, um im »mystisch« glühenden, warmen Rot eines Innen zu versinken. Die Assoziation der Blutfarbe ist stimmig, die offene Verletzung des erschütterten *Ich bin's* ebenso meint wie tiefe Innerlichkeit von *meiner Seel*. Man wünscht sich eigentlich – Coincidentia oppositorum – ein leises Forte, das sowohl der dunklen Tonart mit ihrem innerlichen Erstaunen wie dem Entsetzen der Antwort gerecht wird.

In gewohnter Expressivität singen die drei Unterstimmen: *an Händen und an Füßen* wird im Baß, *die Geißeln und die Banden*

Beispiel 21

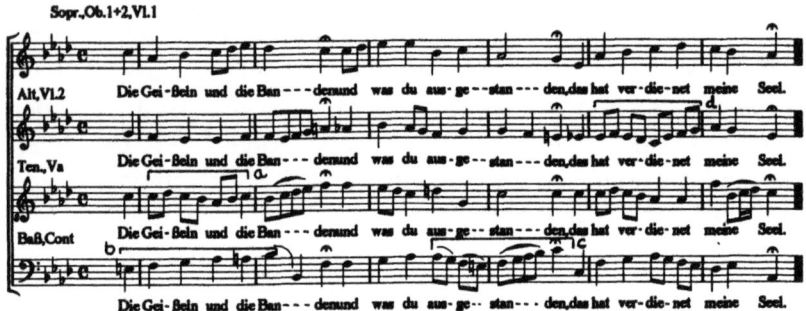

werden im Tenor von einer circulatioähnlichen Figur der Fesselung unterstrichen (Beispiel 21a); zugleich leuchtet unter den
Geißeln – ähnlich wie in der eben verklungenen Judas-Arie und
wie in den vorausgegangenen Jesus-Worten – in der Baßstimme
ein hoffnungsvoll nach oben gerichteter Passus duriusculus auf:
Diese Geißeln schaffen die Voraussetzung zur verborgenen Bekrönung aller kreuztragenden Menschen (Beispiel 21b). *Was du
ausgestanden* führt der Baß durch einen Tonleiterweg von Achteln erst ab-, dann aufwärts, der überraschend in einen hoff-
nungsfrohen C-Dur-Akkord (als Dominante von f-Moll) mündet
(Beispiel 21c). Ergreifend zuletzt eine zärtliche Kantilene des
Alts auf *das hat verdienet meine Seel'* (Beispiel 21d).

Man hat oft behauptet, die Arien der *Matthäuspassion* seien
gleichsam eine individuelle, subjektive Antwort des Hörers auf
das Geschehen, in seltsamer Vergewaltigung hat man sie sogar
den historischen Personen direkt in den Mund gelegt. Die Choräle hingegen wurden als Antwort einer »objektiven Gemeinde«
gedeutet. Ich kann, wie gesagt, diese Beobachtung nicht nachvollziehen, gerade hier nicht angesichts der »Ich«-Sprache Paul
Gerhards. Auch scheint mir die Behauptung nicht schlüssig, an
besonders wichtigen Textstellen unterbräche Bach immer mit
einer Arie, an weniger gewichtigen »nur« mit einem Lied. Die
Choräle sind in Picanders Druck nicht enthalten. Die oft ge-
rühmte Auswahl der Lieder und ihre Stellung im Passionsverlauf
sind daher mit Sicherheit Bach allein zuzuschreiben. Ihre Bedeutung und ihr Gewicht sind gewiß nicht geringer als die der

Arien. Denn was könnte aufschlußreicher für die ganze Rezeption der Passion sein als die in diesem Lied vollzogene Feststellung *Ich bin's?* Das erschreckende Bekenntnis des Hörers führt mich zurück zu der bereits angedeuteten Frage der Personenbesetzung in der *Matthäuspassion.* Anteilnehmen am Geschehen der Passion heißt, keine Person der Handlung aus seinem eigenen Erleben auszugrenzen; vielmehr zu erkennen, anzuerkennen, daß Grundzüge ihres Wesens auch in jeder anderen Persönlichkeit, auch in mir, neu und anders zusammengesetzt, enthalten sind. Das Geheimnis von lebendiger Persönlichkeit ist ja geradezu, daß sie eine Vereinigung von widersprüchlichen Eigenschaften ist. Immer trägt sie auch das Gegenteil ihrer augenfälligen Eigenschaften in sich. Dies zu leugnen hieße, eigene Schwächen und Schuld, auch unseren Wunsch nach Sicherheit und Stärke, auf andere Personen zu »projizieren«. Das hält nur davon ab, die Verantwortung für unsere Probleme und Fähigkeiten selbst zu übernehmen. Ebendies zu vermeiden, die existentielle Verquickung des Hörers mit den historischen Personen vielmehr zu befördern, scheint Bachs Absicht bei seinem zunächst verwirrenden Spiel mit »herumstehenden« Sängern zu sein. Es erschwert dem Hörer, die Ausführenden auf eine Rolle festzulegen.

Über Bachs diesbezügliche Intentionen sind wir durch das überlieferte Notenmaterial genauestens unterrichtet. Wie berichtet, ist neben der autographen Partitur das gesamte Aufführungsmaterial der *Matthäuspassion* in 40 Stimmheften überliefert. Aus ihm ergibt sich eindeutig, daß den Gesangssolisten, anders als sonst bei Bach manchmal[152], keine Personenrollen zugewiesen waren.

Anders nämlich auch als in unserer offenbar von Felix Mendelssohn Bartholdy eingeführten und seitdem unreflektiert weitergegebenen Aufführungstradition gibt es bei Bach keine Sänger, die nur eine Person, etwa Christus, darstellen. Bach besetzt in jedem Coro vier Solisten. Dazu zusätzlich drei Sänger für die Nebenrollen. Eine Sopranistin singt die Frau des Pilatus und beide (!) Mägde, deren Einwürfe so schnell nacheinander folgen, daß der Hörer gewiß ihren Stimmklang im Ohr hat und als gleich wiedererkennt; ein Baß singt Judas und den ersten Hohenpriester; ein anderer Baß singt Petrus, Kaiphas, den zweiten Hohenpriester und Pilatus. Diese drei Stimmen mit den Partien der Soliloquenten sind übrigens autograph.

Über die für uns merkwürdige, von Bach aber offensichtlich gewollte Zusammenführung solch gegensätzlicher Personen wie etwa Judas und ein Hoherpriester oder wie Pilatus und Hoherpriester in der Stimme *eines* Sängers kann also kein Zweifel bestehen[153]. Der Bassist des ersten Chores singt nicht nur die Partie des Christus, sondern darüber hinaus zwei Arien und drei Rezitative, deren Texte unmöglich Jesus in den Mund gelegt werden können, etwa *Komm, süßes Kreuz, so will ich sagen, mein Jesus gib es immer her!* oder *Mache dich, mein Herze, rein, ich will Jesum selbst begraben*. Der Tenor des ersten Chors singt nicht nur den Evangelisten, sondern auch zwei Rezitative und eine Arie. Die vier Solisten des Coro primo haben zwar durchweg größere Partien, eine Zuteilung nach Personen ist aber offensichtlich bewußt vermieden. Bach nahm offenbar den, der »gerade so herumstand«, wenn er nur zur Charakterisierung der Aussage geeignet war, so den erregt hohen Tenor als Erzähler, aber auch als leidenschaftlichen Rufer des *O Schmerz, hier zittert das gequälte Herz*; einen sonoren Bariton zur Darstellung der Christus-Würde ebenso wie zur fundamentalen Aufforderung *Mache dich, mein Herze, rein*; eine glockenreine Sopranstimme zum verliebten *Ich will dir mein Herze schenken* wie zur Charakterisierung des aufopfernd liebevollen *Aus Liebe will mein Heiland sterben*; schließlich eine fraulich, ja mütterlich warme Altstimme für alle Anteilnahme des *Das gehet meiner Seele nah*.

Der berühmte Pater Brown des Kriminalautors Gilbert Keith Chesterton war so unglaublich erfolgreich in der Aufklärung von Verbrechen, daß seine Romanmitmenschen sich über alle Maßen wunderten und ihn immer nach seinem Erfolgsgeheimnis fragten. Die erstaunliche Antwort des Paters lautet: »Ich selbst habe sie alle ermordet, und so wußte ich natürlich, wie der Mord vor sich gegangen war.« Immer war er, der Pater, der »wahre«, wenn auch nicht der wirkliche Mörder. Nein, er hatte sich nicht in den

Mörder, sondern in *sich* hineinversetzt und überlegt, warum und wie er handeln würde. »Mein lieber Freund, es gibt keine ›guten‹ und keine ›schlechten‹ sozialen Typen oder Berufe. Jeder Mensch kann ein Mörder sein... und jeder Mensch, sogar derselbe Mensch, kann auch ein Heiliger sein.«[154] Und der Hollywood-Star Anthony Perkins antwortet auf die Interviewfrage, wie er es schafft, »so komplizierte, von diversen Neurosen geplagte Charaktere... zu spielen«, so: »Ich hole sie aus mir selbst. Alles, was sie haben, ist auch in mir. Und nicht nur in mir, auch in Ihnen, in jedem von uns. Wir sind alle die gleichen menschlichen Wesen, wir haben alle diese verbotenen Gefühle. Es ist nur eine Frage, wie wir mit ihnen umgehen. Ich lasse sie, wenn ich Rollen wie diese spiele, einfach heraus.«[155]

Romain Rolland hat in einem Aufsatz über die *Matthäuspassion* es als »Ironie« empfunden: »... die gleichen Chöre singen bald ›Herzliebster Jesu‹ und ›Mein Hirte, nimm mich an‹, bald schelten sie die Peiniger Christi: ›Laßt ihn! Haltet! Bindet nicht!‹ und im nächsten Augenblick rufen sie: ›Laß ihn kreuzigen!‹ oder beschimpfen den Heiland. Die gleiche Baßstimme singt Petrus und Judas Ischariot, der gleiche Alt, der den Gefühlen der betrübten, Christum liebenden Seele Ausdruck verleiht, spricht auch die Worte des einen der falschen Zeugen, die das Todesurteil des Sohnes Gottes herbeiführen. Und so wird es vermutlich bleiben bis ans Ende aller Zeiten.«[156]

Ja, so wird es bleiben, denn Menschen sind nun einmal alles, gut und böse zugleich. Der Versuch, dem Bösen und der Angst zu entrinnen, führt, je verzweifelter er ist, um so tiefer in das hinein, dem er entgehen will. »Der verteufelte Gegensatz findet immer den Dienstboteneingang, durch den er unerkannt einzieht« (Peter Schellenbaum[157]). Und vielleicht sind es tatsächlich die uns verwerflich erscheinenden Eigenschaften, die das Leben vorwärtsbringen. »Das Geschehen der Welt ist groß, und da wir nicht wünschen können, es möchte lieber friedlich unterbleiben, dürfen wir auch die Leidenschaften nicht verwünschen, die es bewerkstelligen; denn ohne Schuld und Leidenschaft ginge nichts voran« (Thomas Mann[158]). Oder – so läßt Goethe Gott sprechen –:

»Des Menschen Tätigkeit kann allzu leicht erschlaffen,
er liebt sich bald die unbedingte Ruh;
drum geb ich gern ihm den Gesellen zu,
der reizt und wirkt und muß als Teufel schaffen.«[159]

Nur in dem anteilnehmenden Wissen, daß grundsätzlich alle ab-
gewehrten Charaktereigenschaften Bestandteil der sich wehren-
den Person sind, kann Heilung gelingen – in psychotherapeuti-
scher Bemühung um andere oder im eigenen Leben. Das
Erschrecken über die Erkenntnis des »Ich bin's« kann der Freude
über die Fülle unserer Möglichkeiten, über den Reichtum unserer
Person weichen. »Welch ein Gefühl von Morgenfrische, wenn
Ihr Leben zu einem großen, reichen Akkord anschwillt, weil ein
Instrument mitspielt, das Sie bisher in der Rumpelkammer Ihres
schlechten Gewissens verstauben ließen«, schreibt Peter Schellenbaum in seinem Ratschlag, *Abschied von der Selbstzerstörung* zu nehmen[160].

Ich denke, wir sollten Bachs *Ich bin's* ernst nehmen und in
allen Menschen der Passion mehr entdecken als Menschen der
Historie, nämlich Spiegelbilder unserer eigenen verworrenen
Existenz. Die originale Bachsche Besetzung kann uns vor unbewußten und falschen Projektionen bewahren beziehungsweise
uns allzu menschliche Projektionen bewußt machen, die uns immer wieder unterlaufen und unsere Beziehungen zu Mitmenschen stören. Was hat der arme »Teufel« Judas nicht alles an
Schlechtigkeiten übernehmen müssen, die wir auf ihn geworfen
haben, als sei er ein abscheulicher Untermensch, mit dem wir
nichts zu tun haben. In Wahrheit gilt: *Ich bin's*. Wenn wir ak-
zeptiert haben, sogar Judas zu sein, in den gleichen, wohl un-
lösbaren Loyalitätskonflikten zu stecken wie er, so wird uns die
Erkenntnis nicht schwerfallen, auch Petrus, auch Pilatus, auch
das aufgebrachte Volk zu repräsentieren. Bachs Umgang mit den
Personen verdeutlicht die Ambivalenz all unserer Gedanken,
Empfindungen und Taten, den »Gegensatz-Charakter menschlichen Daseins« (Wolfgang Teichert[161]), in dem immer alle Seiten, die guten wie die bösen, die handelnden wie die erleidenden,
enthalten sind.

»Ich will mich in dir versenken«

Teil I, Szene 5 (NBA 11–13, BWV 17–19)

EVANGELIUM
Er antwortete und sprach: Der mit der Hand mit mir in die
Schüssel tauchet, der wird mich verraten. Des Menschen Sohn
gehet zwar dahin, wie von ihm geschrieben stehet; doch wehe
dem Menschen, durch welchen des Menschen Sohn verraten
wird! Es wäre ihm besser, daß derselbige Mensch noch nie ge-
boren wäre. Da antwortete Judas, der ihn verriet, und sprach:
Bin ich's, Rabbi? Er sprach zu ihm: Du sagest's. Da sie aber
aßen, nahm Jesus das Brot, dankete und brach's und gab's sei-
nen Jüngern und sprach: Nehmet, esset, das ist mein Leib. Und
er nahm den Kelch und dankete, gab ihnen den und sprach:
Trinket alle daraus, das ist mein Blut des neuen Testaments,
welches vergossen wird für viele zur Vergebung der Sünden. Ich
sage euch: Ich werde von nun an nicht mehr von diesem Ge-
wächs des Weinstocks trinken bis an den Tag, da ich's neu trin-
ken werde mit euch in meines Vaters Reich.

REZITATIV (Sopran I)
Wiewohl mein Herz in Tränen schwimmt,
daß Jesus von mir Abschied nimmt,
so macht mich doch sein Testament erfreut:
Sein Fleisch und Blut, o Kostbarkeit,
vermacht er mir in seine Hände.
Wie er es auf der Welt mit denen Seinen
nicht böse können meinen,
so liebt er sie bis an das Ende.

ARIE (Sopran I)
Ich will dir mein Herze schenken,
senke dich, mein Heil, hinein!

Ich will mich in dir versenken;
ist dir gleich die Welt zu klein,
ei, so sollst du mir allein
mehr als Welt und Himmel sein.

In dramatischer Rede beschreibt Jesus seinen Verräter, mit lebhafter Bewegung in den Bratschen und das *verraten* wie das *wehe* mit einem Tritonus, dem »diabolus in musica«, unterstreichend. Auf die Prophezeiung *Des Menschen Sohn gehet zwar dahin* dunkelt er kurz in noch größere Tonartentraurigkeit (b-Moll) ab; dann tauchen Jesu Worte langsam aus der Tiefe der Tonarten wieder empor. Auf Judas' Frage *Bin ich's, Rabbi?* antwortet er in g-Moll mit dem inhaltsschweren *Du sagest's*. Bachsche Musik sieht tief: Auf die schicksalsschweren Worte, die Judas' Verdammung zu besiegeln scheinen, bewegen sich die Streicher in feierlicher Eindringlichkeit herab, wie wir es ähnlich bereits bei den Jesus-Worten *daß man mich begraben wird* vernommen hatten. Es ist, als wollten sie eine segnende Gebärde Jesu nachzeichnen (Beispiele 14a, S. 123, und 22). Die Besonderheit dieser Anteilnahme entdeckt sich uns an einer späteren

Beispiel 22

Stelle: Auch Pilatus gegenüber nämlich antwortet Jesus einmal mit demselben *Du sagest's* (NBA 43; Takt 20–21). Dort aber sind es nur drei nüchtern-knappe Streicherakkorde, die die Jesus-Worte umgeben. Hat Bach den Verräter Jesu, den wohl verzweifelten, bis zum Selbstmord haltlosen Judas liebevoller behandelt als dessen Richter, den opportunistischen Landpfleger Pilatus? Schon in der Arie *Blute nur, du liebes Herz* (NBA 8)

hatten wir den Eindruck gewonnen, Judas sei von Jesus nicht abgrundtief verdammt.

Die Worte, mit denen Jesus das Abendmahl einsetzt, steigen in der Farbskala der Tonarten wieder auf zu helleren Regionen. Beginnt die Musik zu *Nehmet, esset, das ist mein Leib* noch in pastoralem F-Dur, so ist alsbald über den C-Dur-Einsatz bei *Trinket alle daraus* das leuchtende G-Dur erreicht, in dem die Vision erklingt: *Ich werde von nun an nicht mehr von diesem Gewächs des Weinstocks trinken bis an den Tag, da ich's neu trinken werde mit euch in meines Vaters Reich.* Einzig in dieser Abendmahlsszene nähert sich die Vertonung der Worte Jesu der halbgeschlossenen Form eines Ariosos. Die Tonartenfolge ist offen wie im Rezitativ, die Thematik aber ist einheitlich und charakteristisch geprägt wie in einer Arie. In wiegendem, fast heiterem $^6/_4$-Takt begleiten die Streicher. Auch dieser Takt ist in den Vertonungen der Jesus-Reden einzig. Bei *das ist mein Blut* und ausgeweitet bei der Ankündigung *Ich werde von nun an* unterstreichen nach oben gerichtete Dreiklangsgebärden die hoheitsvollen Worte. Sie erinnern an ähnliche Dreiklangsbildungen auf frühere Prophezeiungen Jesu[162]. *Alle*, an die sich Jesus wendet, werden in einer auffallenden, aus sieben Tönen bestehenden Ligatur umfaßt (Beispiel 23a). Diese Tonfolge führen die ersten Violinen fort und lassen damit ein Motiv entstehen, das sich in der folgenden Arie als Antwort auf das *Trinket alle daraus* entschleiert (Beispiel 23b).

Beispiel 23

In der Bach-Literatur sind die wenigen Takte dieser Abend-
mahls-Einsetzung so häufig wie keine anderen auf Zahlenverschlüsselung hin untersucht worden. Naheliegend; darf man
doch, wenn überhaupt, am ehesten bei diesen Worten des Mysteriums vermuten, sie könnten Bach zu geheimnisvoller Chiffrierung gereizt haben. Die schwindelerregenden, freilich oft
auch zweifelhaften Ergebnisse finden sich in nahezu allen Büchern, die das Werk besprechen. So soll die Zahl der insgesamt
116 Baßtöne auf den Psalm dieser Zählung verweisen, in dem
vom »Kelch des Heils« gesprochen wird; die 43 Baßtöne zwischen *Ich werde von nun an* und *bis an den Tag* auf die 43 Tage
zwischen Gründonnerstag und Himmelfahrt, wie auf das Wort
»Credo« (dem im Zahlenalphabet die gleiche Zahl entspricht);
die insgesamt 365 Töne des begleitenden Streichorchesters
schließlich auf die Anzahl der Tage im Jahr unter Bezug auf Jesu
Wort »Siehe, ich bin bei euch alle Tage bis an der Welt Ende«[163].
    Erneut zeigt sich, daß solche Untersuchungen oft zu mehreren
unterschiedlichen Lösungen führen. Solche Widersprüchlichkeit
muß, wie schon gesagt, nicht unbedingt verdächtig erscheinen.
Sie entspräche den Intentionen der Kabbala und reizte gewiß den
nach Rätseln und Geheimnissen suchenden Barockgeist. Aber
noch einmal: Solche Verschlüsselungen würden nur belegen, daß
Bach sein Werk in liebevoller Ausarbeitung mit zahlreichen Son-
dergaben ausgestattet hat (woran ich ohnedies nicht zweifle);
oder sie demonstrieren, wie alle Dinge in der Welt der Zahlen
auf eine zwar geheimnisvolle, aber im Wesen der Zahlen be-
gründete Weise zusammenhängen.
    Die folgende Sopranarie wird eingeleitet von dem Rezitativ
Wiewohl mein Herz in Tränen schwimmt, das abermals den
Rang dieser kurzen Accompagnati belegt. Zwei Oboi d'amori –
tiefergestimmte Oboen, denen ihr zärtlich-weicher Klang zu ihrem Namen verholfen hat – begleiten wieder in schmeichelnden
Terz- bzw. Sextparallelen, dazu in wogenden Sechzehnteltriolen,
für die wohl das »Schwimmen« der Tränen gedanklich Pate gestanden hat. Jedenfalls kennen wir eine ähnliche wellenförmige
Figur aus einer Kantate[164], in der der Text diese Assoziation nahelegt. Der Continuobaß begleitet in gleichmäßigen Achteln,

manchmal in traurig abwärts gerichteter Chromatik, oft lange einen Ton festhaltend. Aber wie anders als im Eingangschor wirkt hier dieses Verharren, als wolle er zärtlich festhalten, was ihm zu entgleiten droht. Die Worte *Jesu* und *liebt er* unterstreicht der Sopran mit einer zärtlichen Ligatur.

In nahezu allen Accompagnati der *Matthäuspassion* wechselt Bach die Tonart. Sein eigener Satz – Bach schrieb ihn als Widmung unter einen Rätselkanon – »In finis videbitur cuius toni« (Am Schluß wird erkannt, wes Tonart das Stück) gilt hier nicht: Die Tonika e-Moll, der Grundakkord des Stückes, steht weder am Anfang (das Rezitativ setzt mit dem Dominantakkord H-Dur ein), noch wird sie am Ende erreicht (das Stück endet im weiß-unschuldigen C-Dur). Sie erklingt vielmehr zu Beginn des neunten Taktes, wo sich genau die Nahtstelle des Goldenen Schnitts befindet (8:5 Takte). So wirkt das kleine Rezitativ, als sei es um die Achse der »göttlichen Teilung« aufgeklappt, als würden Anfang und Ende dem·festen Grund der Tonika entschweben.

Die Arie *Ich will dir mein Herze schenken* ist die heiterste der ganzen Passion, die einzige heitere, muß man wohl sagen. Die beiden Oboi d'amori übernehmen den schwebenden Sechsertakt (hier $^6/_8$, also bewegter) und das G-Dur der Einsetzungsworte. Die Arie ist in überaus klaren Proportionen gebaut. Die Sechs des Taktschlags bestimmt auch die Periodik der Formteile: Sechs Takte Vorspiel – 18 Takte Gesangsteil – sechs Takte Nachspiel ergeben die 30 Takte des Anfangsteils A, sieben Takte Gesangsteil – vier Takte Instrumentalzwischenspiel – sieben Takte Gesangsteil die 18 Takte des Mittelteils B: 6–18–6 | 7–4–7 | 6–18–6. Auch hier prägt mehrfach der Goldene Schnitt die Formung. Eine jede Zahl der Fibonacci-Folge 4:7:11:18:30(genau 29,7):48 ist als Formmaß anzutreffen.

Der Kopf des Arienmotivs ist der Streicherbegleitung der Einsetzungsworte entnommen (Beispiele 23b, S. 153, und 24a). Die zweite Oboe folgt in schneller Imitation den heiteren Girlanden der ersten, wieder oft in Terz- oder Sextparallelen schmeichelnd. Später greift auch der Continuobaß das Motiv auf, als wollten alle Instrumente einander darin übertreffen, die Gebärde nachzuvollziehen und so dem Anliegen Nachdruck zu verleihen: *Ich will dir mein Herze schenken*. Die Sängerin vereinfacht die Koloratur der Instrumente zu einer schlichten Aufwärtswendung, die wirkt, als wolle sie ihr Herz dem Geliebten emporreichen (Beispiel 24a). Zahlreiche nach oben gewandte Sechzehntel-Tonleitern der Continuobässe unterstreichen diese Geste. Das

Beispiel 24

Grundmotiv wird in den Instrumenten (ab Takt 3) mit einem Abstieg durch sieben Töne fortgesetzt, dessen einzelne Schritte von nach oben ausschlagenden Seufzersekunden unterbrochen sind. Diese Fortspinnung wird später von der Sängerin mit den Worten textiert: *senke dich, mein Heil, hinein!* (Beispiel 24b). Wieder vereinfacht sie dabei die instrumentale Motivik: Die Seufzersekunden bleiben, wie schon in der Arie *Blute nur*, den Instrumenten allein vorbehalten: An ihrer Statt tritt im Gesang einfach eine Pause ein.

An der Ableitung der Gesangs- aus der Instrumentalstimme in dieser Arie läßt sich exemplarisch die Einheitlichkeit von Bachs Vokal- und Instrumentalstil studieren. Oft nötigt Bach die Sänger zu virtuosen Koloraturen, die eigentlich instrumental erfunden scheinen; oft setzt er die Instrumente zu einem in langen gesanglichen Noten einherströmenden Vokalstil ein. Was wir aus späterer Musik überwiegend getrennt kennen, ist bei Bach noch vereint; unterschiedlich nur eingesetzt, um verschiedene Empfindungen zu charakterisieren: hier gewiß eine verspielte, fröhlich-verliebte Stimmung. Daß Bach dabei die instrumental erfundene Melodik der Singstimme (erleichternd?) angleicht, ist eher die Ausnahme, daß er ihr das Seufzermotiv erspart, scheint in der ganzen Passion konsequent durchgehaltene Absicht zu sein.

Wieder arbeitet der Mittelteil der Arie mit anderen musikalischen Motiven als der Anfangsteil, wenngleich auch hier die neuen Einfälle aus deren Motivik (genau: deren Ende) gebildet scheinen. Mit der anpackenden Fröhlichkeit des anapästischen Rhythmus ist das *Ich will (mich in dir versenken)* in Töne gesetzt. Lange Abwärtsskalen der Oboen unterstreichen die Versenkung in das *so sollst du mir allein mehr als Welt und Himmel sein.* Wieder sind beide Arienteile dadurch miteinander verkettet, daß das Motiv des Anfangsteils wörtlich im instrumentalen Zwischenspiel des Mittelteils zitiert wird – sinnigerweise jedoch nur sein zweiter Teil, der vom *senke dich, mein Heil, hinein* handelte.

Die Arie ist eine von zweien in der Passion, die in strahlendem G-Dur erklingt, der Paralleltonart zur Grundtonart e-Moll. Zwar erklang die Tonart bereits im Eingangschor (in den Orchesterzwischenspielen), zwar bildet sie die Grundfarbe der Jesus-Reden und verleiht ihnen jugendliche Strahlkraft, zwar kehrt sie zum Schluß der Passion mit den Worten *Höchst vergnügt* bedeutsam wieder, aber hier erfährt sie zum erstenmal Ausbreitung über eine ganze Arie hinweg. Später hören wir noch eine andere Arie in G-Dur (NBA 42), dort hilft uns die Rückerinnerung an diese verliebte Arie, Judas' Verrat ganz unerwartet neu und verständnisvoll zu hören.

Senke dich, mein Heil, hinein und *Ich will mich in dir versenken* – zum erstenmal vollzieht der Text unserer Arie eine Wendung nach innen, zum einzigen Mal in solch strahlend verliebter Tonart. Die wechselseitigen Wünsche der Versenkung, des Begehrens, im anderen aufzugehen, sind Ausdruck von Liebe. Später hören wir mehr und Tieferes von solcher Liebe. Die große Liebesarie der Passion: *Aus Liebe will mein Heiland sterben* (NBA 49), ist auch der jugendlich frischen, hohen Sopranstimme übergeben, die wir aus Kantaten als »gläubige Seele« kennen. Die Tonarten aber wechseln später bei solchen Texten innerer Wandlung und mystischer Vereinigung zu dunkleren Farben.

»Nimm mich an!«

Teil I, Szene 6 (NBA 14–15, BWV 20–21)

EVANGELIUM
Und da sie den Lobgesang gesprochen hatten, gingen sie hinaus
an den Ölberg. Da sprach Jesus zu ihnen: In dieser Nacht werdet
ihr euch alle ärgern an mir. Denn es stehet geschrieben: Ich
werde den Hirten schlagen, und die Schafe der Herde werden
sich zerstreuen. Wenn ich aber auferstehe, will ich vor euch hin-
gehen in Galiläam.

CHORAL
Erkenne mich, mein Hüter,
mein Hirte, nimm mich an!
Von dir, Quell aller Güter,
ist mir viel Gut's getan.
Dein Mund hat mich gelabet
mit Milch und süßer Kost,
dein Geist hat mich begabet
mit mancher Himmelslust.

Nach den beiden – von den dunklen Einschüben abgesehen –
ganz in fröhliches G-Dur getauchten Abendmahls-Szenen setzt
der Evangelist mit den Worten *Und da sie den Lobgesang ge-*
sprochen hatten, gingen sie hinaus an den Ölberg in erregtem
h-Moll ein, als sähe er die Dramatik der späteren Ereignisse voraus. Er übernimmt dabei eine in der Begleitung des Evangelisten
einmalige Aufwärtsfigur des Continuos, so daß die außergewöhnliche Skala von 13 Tönen (die Sexte über der Oktave) zustande kommt (Beispiel 25). Diese Sechzehntel wären mit dem
gingen sie hinaus der Jünger wohl zu wörtlich erklärt – ein Trip-
peln müßte es ja gewesen sein. Es genügt uns, die Synästhesie
festzustellen: Bewegung nach oben, das Auf-den-Berg-Steigen

Beispiel 25

der Musik als Symbol auch für einen Lebensgrundsatz, hören
wir seit der gewaltigen Aufwärtswendung der Bässe im Eingangschor immer wieder in der *Matthäuspassion*. In den nur vier
Takten des Evangelisten moduliert Bach in das kreuzreiche,
hochdramatische E-Dur, in dem Jesus ankündigt, daß sich alle
an ihm ärgern werden. Ein ganz anderer Jesus, als wir ihn bisher
kennengelernt haben: Sein *In dieser Nacht werdet ihr euch alle
ärgern an mir* wird von aufseufzenden Sekunden in den Violinen
und Bratschen unterstrichen (Beispiel 26a); seine hochfahrenden Worte *Ich werde den Hirten schlagen, und die Schafe der
Herde werden sich zerstreuen* werden von dramatisch zuschlagenden und auseinanderfahrenden Stakkatonoten begleitet,
die in der Verwirrung des dissonanten Septakkords landen (Beispiel 26b) – Bachs eigenhändige Vorschrift in der Partitur lautet
»vivace«; das visionäre *Wenn ich aber auferstehe* läßt die Blicke
der Violinen hoheitsvoll nach oben wenden (Beispiel 26c) –
»moderato« überschreibt Bach, um schließlich in getupften Stak-
katoachteln schwebend unwirklich zu begleiten: *will ich vor
euch hingehen* (Beispiel 26d).

Wir befinden uns immer noch im erregten, verzweiflungs-
vollen Pathos von E-Dur, in dem nun auch der anschließende
Choral (der fünfte Vers des Liedes »O Haupt voll Blut und
Wunden«) erklingt: *Erkenne mich, mein Hüter, mein Hirte,
nimm mich an! Von dir, Quell aller Güter, ist mir viel Gut's
getan.*

Wahrhaftig, das Lied ist die »verzweiflungsvolle« Bitte eines
Menschen, der nicht mit sich eins, »dessen Leib und Seele fatal
getrennt« sind (Johann Mattheson). In John Neumeiers Ballett
rennen die Jünger über die ganze Bühne herbei, rempeln Jesus
fast an in ihrer Gier nach Anerkennung und begeben sich unter
seinen weit ausgestreckten, alle umfangenden Arm.

Beispiel 26

Zwei schüchtern aufseufzende Sekunden des Alts unterstreichen die Bitte *Erkenne mich*. Erkannt, anerkannt, angenommen zu werden ist gewiß eine der tiefsten menschlichen Sehn-

süchte. Das viel beachtete und verehrte Wunderkind Mozart lief, so wird berichtet, nach seinem Vorspielen auf die Damen der Gesellschaft zu, die ihn so hätschelten, und fragte:»Hast du mich auch lieb? Hast du mich auch sehr, sehr lieb?«[165] Ist diese Frage, unausgesprochen, nicht die, die einen jeden Menschen am meisten beschäftigt? Nur einen jeden Menschen? Während ich schreibe, streicht eine Katze um meine Beine und stößt mich heftig mit dem Kopf an:»Hast du mich auch lieb, sehr, sehr lieb?« scheint sie zu fragen.

Mich hat es immer bewegt, daß in diesem Lied, an der Stelle, an der Jesus zum erstenmal von sich als Sieger spricht, die Vokabel auftaucht, die heute zum Schlüsselwort in der Psychotherapie geworden ist: Wir sollen – heißt es da – lernen, uns und unseren Mitmenschen»anzunehmen«. Immer wird mit diesem Annehmen auch ein Erkennen, ein Anerkennen des eigenen Ich oder des anderen zugelassen. Der Mensch, der sich von Gott erkannt und angenommen fühlt, der Mensch, der sich von einem geliebten Menschen, von einem Therapeuten angenommen fühlt, ist zu sich selbst befreit. Ihm allein wird ermöglicht, so zu sein, wie er eigentlich ist, und die Maske abzustreifen, die er glaubt tragen zu müssen, um nicht in seinen dunklen Seiten erkannt zu werden. Der Tenor unterstreicht es in einer schweifenden Kantilene: Dieser Mensch kann sich **gelabet mit Milch und süßer Kost** fühlen.

Es wird berichtet, Felix Mendelssohn Bartholdy habe sich dies Lied an seinem Grab gewünscht[166]. Wenn der Apostel schreibt:»Wir sehen jetzt durch einen Spiegel in einem dunkeln Wort; dann aber von Angesicht zu Angesicht. Jetzt erkenne ich stückweise; dann aber werde ich erkennen, gleichwie ich erkannt bin«[167] – wie sollte dann für einen Musiker, wenn er»erkannt« ist, nicht die Hoffnung gelten, die in einem Nachruf auf Leonard Bernstein zu lesen war:»Jetzt hört er!«[168]

»Verachte mich doch nicht!«

Teil I, Szene 7 (NBA 16–17, BWV 22–23)

EVANGELIUM
Petrus aber antwortete und sprach zu ihm: Wenn sie auch alle
sich an dir ärgerten, so will ich doch mich nimmermehr ärgern.
Jesus sprach zu ihm: Wahrlich, ich sage dir: In dieser Nacht,
ehe der Hahn krähet, wirst du mich dreimal verleugnen. Petrus
sprach zu ihm: Und wenn ich mit dir sterben müßte, so will ich
dich nicht verleugnen. Desgleichen sagten auch alle Jünger.

CHORAL
Ich will hier bei dir stehen:
Verachte mich doch nicht!
Von dir will ich nicht gehen,
wenn dir dein Herze bricht.
Wenn dein Herz wird erblassen
im letzten Todesstoß,
alsdenn will ich dich fassen
in meinen Arm und Schoß.

Es folgt die zentrale Szene des ersten Passionsteils. Ungemein
affektgenau charakterisiert Bach die verschiedenen Personen,
auch schon jeweils in den einleitenden Worten des Evangelisten:
Petrus' starrköpfiges Auftrumpfen *Wenn sie auch alle sich an*
dir ärgerten mit penetranten Notenwiederholungen; die ruhige
Rede Jesu *Wahrlich, ich sage dir* mit schwingenden Dreiklangsbrechungen, die auf *ehe der Hahn krähet* in einer lautmaleri-
schen verminderten Septakkordbrechung münden (sie kehrt
später bei der Erfüllung der Prophezeiung wieder); Petrus' abermalige Beteuerung *Und wenn ich mit dir sterben müßte, so will*
ich dich nicht verleugnen in weitschweifig ausholenden Intervallen.

Danach wiederholt Bach das gleiche Lied wie vor dem Evangelium, notengetreu, nun aber einen Halbton tiefer und mit anderem Text. Dieser zweite Liedvers ist übrigens in der Frühfassung noch nicht enthalten. Dort stießen die beiden Evangelistenberichte aufeinander, was hinsichtlich der Tonart und des Taktes unbeholfen wirkt. Wir besitzen die Frühfassung ja nur in einer Abschrift: Hat in der Vorlage dazu auch schon ein – möglicherweise anderer – Satz gestanden? In dem uns überlieferten Autograph der Partitur ist der zweite Vers nicht in Noten ausgeschrieben, sondern nur mit einem Vermerk in roter Tinte »Vers. 2. Ich will hier bey dir stehen etc. seqt. ex Clave Dis« gefordert. Hat Bach den Vers erst nachträglich eingefügt, möglicherweise, um mit dieser Liedwiederholung zwei parallele Außenglieder zu schaffen und damit eine Axialsymmetrie um die Petrus-Worte herum? So, eine zentrale Arie mit gleichen Chorsätzen einrahmend, verfährt er im zweiten Teil der *Matthäuspassion*. (Es gibt in der *h-Moll-Messe* eine Parallele solch nachträglicher Zentrierung: Dort hat Bach dem ursprünglich achtsätzigen Credo später den Chorsatz »et incarnatus est« eingefügt – sicher, um den folgenden Text »crucifixus etiam pro nobis« in die Mitte der nun neunsätzigen Vertonung zu rücken. Die geheimnisvolle Aussage von der Inkarnation Gottes war ursprünglich dem vorausgegangenen Duett zugeteilt.) Die zentrale Stellung unserer Szene ergibt sich aber auch, weil hier die Hälfte aller Takte im ersten Passionsteil erklungen ist, was in Annäherung auch der halben Gesamtzeit beim Erklingen dieses Passionsteils entspricht. (Von insgesamt 1322 Takten erklingt der 661. im 14. Takt des Chorals auf das Wort *fassen.*)

Nach allem, was wir über die Bedeutung der Mitte in Bachs Kompositionen wissen, dürfen wir annehmen, daß Bach dieser Szene besonderes Gewicht beimißt. Ergibt sich diese Mittelachse doch auch nur in Bachs Vertonung: In der Mitte des vertonten Textes stünde die Abendmahlseinsetzung. Warum rückt Bach das Petrus-Versprechen ins Zentrum des ersten Passionsteils und verdrängt damit die doch so wichtige Abendmahls-Szene von diesem Ort?

Wenn in der Passion dieser Liedvers erklingt, haben sich in der Musik ungeheure Dinge ereignet. Wir alle wissen, daß Petrus sein Versprechen nicht einhalten wird. Die Musik weiß das auch. In wenigen Takten, besonders abrupt in den beiden Takten des zweiten Petrus-Versprechens, fällt die Musik von dem hohen, dramatischen E-Dur durch viele Quinten ab, um dann in dem rot-dunklen Es-Dur zu bitten: »Ich will hier bei dir stehen, verachte mich doch nicht.« Das ist nicht das Bekenntnis eines Starken und Stolzen, der sich auf sich selbst verläßt. Das ist die Bitte eines Menschen, der um sein Scheitern weiß.

Die Tonart Es-Dur, die bei Bach eine bedeutungsvolle Rolle spielt, erklingt hier zum erstenmal in der *Matthäuspassion*. Sie mag von fraulicher Zuwendung, mütterlichem Wunsch zum Beschützen spüren lassen – von der auftrumpfenden Sicherheit Petrus' hat sie nichts. Bach vertont in ihr Texte der Sehnsucht, der Todesmystik. Es ist, als wende sich jedesmal der Hörer in sein Inneres, in seines »Herzens Grunde«, und folge der Aufforderung »Schmücke dich, o liebe Seele« (so in gleicher Tonart in der *Johannespassion* bzw. in einem Orgelchoral), wenn diese Tonart erklingt. Solche Wendung nach innen vollzog der Hörer zum erstenmal in dem Choral *Ich bin's*, dort in das erstaunliche, noch um eine Quinte tiefere As-Dur. Am Ende der Passion bestimmen tiefe B-Tonarten das Geschehen; Es-Dur gipfelt in einer Altarie, die davon spricht, daß wir in Jesu Armen geborgen sind (NBA 60). Hier eröffnet die Modulation in die dunklen B-Tonarten zwei Szenen, die in der Verlassenheit von Gethsemane spielen.

Johann Mattheson schildert Es-Dur so: »Es dur.nach unserer Rechnung der zwölfte Tohn / hat viel pathetisches an sich; will mit nichts als ernsthafften und dabey plaintiven Sachen gerne zu thun haben / ist auch aller Uppigkeit spinnefeind.«[169] Diese Beschreibung bleibt weit unter der Gedankentiefe, die Bach damit verbindet. Eher möchte man den Worten des nachgeborenen Christian Friedrich Daniel Schubart beistimmen, der folgendes schreibt: »Es-Dur, der Ton der Liebe, der Andacht, des traulichen Gesprächs mit Gott; durch seine drey B, die heilige Trias ausdrückend«[170].

Bachs Interpretation dieser Szene, allein der tiefsinnige Tonartenwechsel, läßt dies Zentrum zu einer bedeutenden Schlüsselszene der ganzen Passion werden. Auch hier muß der Hörer bekennen:»Ich bin's«. Wir alle legen immer wieder Petrus' Versprechen ab. Oft ebenso hochtönend, hoffend wie er: am Beginn einer Freundschaft, am verheißungsvollen Anfang einer aufblühenden Liebe. Öfter noch still, einfach durch unser Dasein: Menschen gegenüber, die uns anvertraut sind, die an uns glauben, die auf uns hoffen – und die wir enttäuschen. So gewaltig der Fall durch sieben Quinten abwärts ist, so groß ist für uns der Schritt zwischen Wollen und Vollbringen. So gering der damit überwundene Abstand von nur einem Halbton abwärts ist, so klein ist der verhängnisvolle Schritt zur Schuld. Und wie unscheinbar raffiniert die Tonartenmodulation eingeführt ist, die dem Hörer nicht etwa durch eine dramatische Rückung bewußt gemacht wird, so nebensächlich, so gar nicht wahrnehmbar, beginnt unsere Schuld. *Das* scheint die Wurzel nahezu allen Übels zu sein: Wir meinen zu gern, Petrus, ein Fels, zu sein. Wir sind wie er »stolz, heftig, aufgeblasen, geschwollen« – das alles ist in dem germanischen Wort »baus« enthalten. Daraus aber wurde unser – »bös«.

Exemplarisch schildert Henrik Ibsen solche Selbsttäuschung in seinem Drama *Peer Gynt*. Peer schwindelt bereits als kleiner Junge, er lügt sich und anderen dann ein ganzes Leben lang vor, der Größte, Erfolgreichste, ja der »Kaiser« zu sein, und muß doch am Ende schmerzlich erfahren, daß sein Leben ein Trug war, ohne Zentrum und ohne Kern wie eine Zwiebel.

»Nein, so eine Vielzahl! Schicht liegt auf Schicht.
Kommt denn nicht *einmal* ein Kern ans Licht?
Und ob er das tut! Bis ins innerste Innre
Nichts als Schichten – immer dünnre und dünnre.«[171]

Dies ist die schmerzliche Erfahrung, die jeder irgendwann machen muß: Wie Schalen einer Zwiebel blättern eines Tages all unsere Bemühungen ab, unseren Wert durch Leistung oder Besitz zu definieren. Als Trug erweist sich der Wunsch, der Größte zu sein, als Fremdbestimmung, die uns verleitet, ständig Versprechungen abzugeben, die wir nicht halten können. Erst die Wirklichkeit, die jeden wie Petrus eines Tages einholt, läßt in uns die bittere, aber befreiende Erkenntnis dämmern, daß wir nicht ein »Petrus«, ein Fels sind und daß wir besser uns und anderen unsere Schwäche, unsere Angst, nicht groß zu sein, eingestehen.

»Da ist kein Trost«

Teil I, Szene 8 (NBA 18–20, BWV 24–26)

EVANGELIUM
Da kam Jesus mit ihnen zu einem Hofe, der hieß Gethsemane,
und sprach zu seinen Jüngern: Setzet euch hie, bis daß ich dort-
hin gehe und bete. Und nahm zu sich Petrum und die zween
Jünger Zebedäi und fing an zu trauern und zu zagen. Da sprach
Jesus zu ihnen: Meine Seele ist betrübt bis an den Tod; bleibet
hier und wachet mit mir.

REZITATIV (Tenor I) und CHORAL (Coro II)
O Schmerz! hier zittert das gequälte Herz;
wie sinkt es hin, wie bleicht sein Angesicht!
 Was ist die Ursach' aller solcher Plagen?
Der Richter führt ihn vor Gericht.
Da ist kein Trost, kein Helfer nicht.
 Ach! meine Sünden haben dich geschlagen;
Er leidet alle Höllenqualen.
Er soll für fremden Raub bezahlen.
 ich, ach Herr Jesu, habe dies verschuldet,
 was du erduldet.
Ach, könnte meine Liebe dir,
mein Heil, dein Zittern und dein Zagen
vermindern oder helfen tragen,
wie gerne blieb' ich hier!

ARIE (Tenor I) und CHOR (Coro II)
Ich will bei meinem Jesum wachen.
 So schlafen unsre Sünden ein,
Meinen Tod
büßet seine Seelennot;
sein Trauren

machet mich voll Freuden.
drum muß uns sein verdienstlich Leiden
recht bitter und doch süße sein.

Wir sind in Gethsemane; am Ort der Verzweiflung, der Angst,
der Trostlosigkeit und Einsamkeit. Zwei Szenen lang verharrt
die Musik in dunklen B-Tonarten. In ruhig schwingender Dreiklangsmelodik beginnt das Evangelium mit einer kurzen, nur schwachen Aufhellung um eine
Quinte nach B-Dur, um bei *und bete* sogleich wieder in das Innen
des warm-roten Es-Dur zurückzuführen. Aus den lang gehaltenen Akkorden, die sonst gleichsam nur eine Folie für den Sänger
abgeben, einen Glorienschein um die Worte Jesu legen, lösen
sich die Streicher zu einer kurzen, aber ausdrucksvollen Gebärde: Voller Ernst begleiten sie mit wenigen ausdrucksvollen
Achteln das auf einer halben Note innehaltende Gebet (Beispiel 27). Der Evangelist wendet sich mit seinem *trauern und*

Beispiel 27

zagen über den leidenden neapolitanischen Sextakkord ins dü-
ster-pathetische f-Moll.

Die folgenden Worte Jesu, die – vom letzten Ruf der Verlassenheit am Kreuz abgesehen – verzagtesten, erschütterndsten
der ganzen Passion: *Meine Seele ist betrübt bis an den Tod*, begleiten alle Streicher mit repetierenden Achtelnoten. Es ist, als
höre man plötzlich das heftige, laute Herzschlagen eines von
Angst Besessenen (Beispiel 28). Überraschend schließt das Pochen der repetierenden Noten, das in dem schicksalhaften c-Moll

Beispiel 28

begonnen hatte, in As-Dur: Die Tonart färbt sich damit noch um eine Quinte dunkler, mit dem Dur aber zugleich leuchtender auf die Gefühlsebene des Chorals *Ich bin's*, in der wir sie zum erstenmal vernommen hatten. Die Erinnerung an das erschreckende Bekenntnis dieses Chorals unterstreicht die gottverlassene Menschlichkeit Jesu in Gethsemane. Zugleich aber spüren wir – wie in dem Choral – ein wunderbares Glühen, dessen Geheimnis sich erst später entschlüsselt.

Das Pochen des Herzens wandelt sich zu einem Herzflattern. Man meint den begleitenden Schweißausbruch zu fühlen, wenn im folgenden Tenorrezitativ *O Schmerz! hier zittert das gequälte Herz* in den Continuoinstrumenten wirklich ein Zittern wieder in repetierenden, nun aber heftigeren, hastigeren Sechzehntelnoten anhebt (Beispiel 29a). Zwei Blockflöten und zwei Oboi da caccia (Oboen, die, noch tiefer als die Oboe d'amore gestimmt, einen eigenartig dunklen Klang haben; heute werden sie meist durch Nachfolgeinstrumente, die Englischhörner, ersetzt) vereinigen sich zu einem seltsamen, fahlen Klang.

Heutige Oboisten sind neben der Oboe meist entweder auf Oboe d'amore oder Oboe da caccia spezialisiert. Da von den beiden Spielern des ersten Orchesters alle drei Instrumente verlangt werden, ergeben sich für uns heute Schwierigkeiten[172]. Aber es war zur Bach-Zeit üblich, daß Musiker mehrere Instrumente spielten. Die Vielseitigkeit der von Bach in Leipzig beschäftigten Stadtpfeifer ist durch ein Zeugnis Bachs belegt, in

Beispiel 29

dem er einem Musiker bestätigte, »daß er auf jedem Instrumente, so von denen StadtPfeiffern pfleget gebrauchet zu werden, als Violine, Hautbois, Flute Travers, Trompette, Waldhorn
und übrigen BlassInstrumenten, sich mit Beyfall aller Anwesenden gantz wohl habe hören laßen«[173]. So ist die kurze Partie der
beiden Blockflöten, die in der ganzen Passion nicht wieder
besetzt sind, in die Stimmen der hier pausierenden Violinen
aufgenommen; offensichtlich wurden sie also von den Geigern
und nicht von den Flötisten geblasen. Die Partie der Blockflöten
ist übrigens in allen vier überlieferten Violinstimmen enthalten.
Bedeutet dies, daß die Abschreiber der Stimmdubletten sich
irrten, oder hat Bach tatsächlich – ungewohnt und unerwartet

– Holzbläser, an dieser Stelle die Blockflöten, chorisch eingesetzt?

Die Bläser spielen fast immer in weichen Terz- oder Sextparallelen. Ihre Motivik beschränkt sich auf drei in den Stimmen
meist komplementär erklingende Achtel, die oft von der seufzenden Sekunde geprägt sind. Man kann studieren, wie genau
Bach seine Noten manchmal bezeichnet hat: Nur wenn diese
Seufzersekunden erklingen, sind zwei Achtel zusammen-
gebunden und eines einzeln, oft mit schmerzlich vermindertem
Intervall, auftaktig davorgestellt (Beispiel 29b), sonst sind alle
drei Achtel unter einem Legatobogen zusammengefaßt (Beispiel 29c). Am Schluß des Rezitativs, beim dreifach wiederholten beschwörenden *wie gerne*, fallen Instrumente und Sänger
in einen übermütigen Rhythmus. Und nach dem *blieb ich hier*
bleibt tatsächlich im Schlußakkord der Baßton nachdenklich

Beispiel 30

etwas länger liegen als der des Sängers und der Bläser (Beispiel 30).

Einmal erscheint die in den Bläsern so präsente Seufzerfigur
auch im Tenor. Vielleicht ist sein unbestimmtes *Ach* in Wahrheit
das Genaueste, mit dem die Qual dieser Figur in Sprache übersetzt werden kann.

Oft scheint in Dingen des Gefühls die Musik schon mit einer
winzigen Figur treffender sein zu können als Sprache mit vielen

Sätzen. Felix Mendelssohn Bartholdy antwortete, als er nach der
»Bedeutung« der *Lieder ohne Worte* gefragt wurde: »Die Leute
beklagen sich gewöhnlich, die Musik sei so vieldeutig; es sei so
zweifelhaft, was sie sich dabei zu denken hätten, und die Worte
verstände doch jeder. Mir geht es aber gerade umgekehrt. Und
nicht bloß mit ganzen Reden, auch mit einzelnen Worten; auch
die scheinen mir so vieldeutig, so unbestimmt, so mißverständ-
lich im Vergleich zu einer rechten Musik, die einem die Seele
erfüllt mit tausend besseren Dingen als Worten. Das, was mir
eine Musik ausspricht, die ich liebe, sind mir nicht zu unbestimmte Gedanken, um sie in Worte zu fassen, sondern zu bestimmte.«[174]

Kann nicht Musik tatsächlich Empfindungen klarer, eindeu-
tiger wiedergeben als Worte, da doch ihr Strömen und ihre komplexe Vielschichtigkeit unserem Erleben oft näher sind als die
definierend ausschließende und doch so vieldeutige Starrheit der
Begriffe? Soviel Musik mit Sprache Verwandtschaft hat, ist sie
nicht auch eine eigene Sprache, ein selbständiges Kommunika-
tions-, vor allem aber Ausdrucksmittel der Menschen? Eine Sprache, die dort allein passend ist, wo Dinge noch keinen Namen
haben (können), weil sie – wie die Bewegungen der Gefühle, die
»E-motionen« – offen und im Fluß und nicht fixierbar sind? Eine
Sprache, die archetypisch und daher nahezu weltweit verständlich, dabei aber höchst differenziert und subtil ist? Eine Sprache,
der wir im Unterbewußten und damit williger folgen als der Sprache der Worte, der wir immer auch Mißtrauen entgegenbringen?
Alle nonverbalen Sprachen – auch etwa die, gemessen an der
Komplexität der Musik, schlichten der Gerüche oder Gebärden
– sind Signale, die uns unmittelbar erreichen und denen wir uns
mit dem Verstand gar nicht entziehen können. Wissen kann Gefühle nie ersetzen; die Bewegungen der Seele aber sind zum Leben unabdingbar. Und so, lebenswichtig, gilt: »Der Ton spricht
zugleich aus, was im Menschen selber noch stumm ist« (Ernst
Bloch[175]).

Es ist der Tenor des Coro primo, der die bewegenden Worte
dieses Rezitativs und der folgenden Arie singt. Wie erschütternd,
sie aus demselben Mund zu vernehmen, der uns gerade vom

dunklen Gang in den Garten Gethsemane berichtet hat (und nicht, wie oft in heutigen Aufführungen, von einem zweiten »Arien«-Tenor). Dem Sänger aus dem Coro primo ist ein Chor aus dem Coro secondo an die Seite gestellt mit dem Choral *Was ist die Ursach' aller solcher Plagen?*, der, zeilenweise vorgetragen, in das Rezitativ eingeschoben ist (nur die dritte und vierte Zeile des Liedes sind zusammengezogen, da der Text es nahelegt).

Immer, wenn in der *Matthäuspassion* Gesangssolisten und Chor zusammenwirken (insgesamt fünfmal), sind die Solisten dem Coro primo zugeordnet und der Chor dem Coro secondo. Der dadurch entstehende Dialog und die Stereophonie liegen offenbar in Bachs Absicht, wenngleich er, wie schon gesagt, die von Picander vorgeschlagene Rollenzuweisung an die »Tochter Zion« und die »Gläubigen« nicht nachvollzieht. Singt hier der Tenor erregt und in meist hoher Lage, so der Chor in erschrocken beklommenem Flüstern, in sich gehend in einem »piano sempre« und in tiefer Lage, die zweimal nur durch sich aufbäumende Soprane unterbrochen wird auf die Worte *dich geschlagen* und *du erduldet*. Die völlig ungewöhnliche Pianovorschrift beim Choral ist gewiß absolut zu nehmen, während man der »piano«- bzw. »pianissimo«-Anweisung vor den Instrumenten, die den Tenor begleiten, wieder nur eine relative Funktion zubilligen mag. Auch hier offenbart ein Vergleich mit den anderen beiden Sätzen desselben Liedes in der Passion (NBA 3 und 46), wie außerordentlich genau Linienführung und Harmonisierung des Chorals dem Wortaffekt folgen. Gewaltige Abwärtsfiguren reden von der *Ursach' aller solcher Plagen,* belegen den Abstieg des *habe dies verschuldet* und *du erduldet*; eine Fesseln anlegende Circulatio-Figur aus aneinandergereihten Seufzersekunden findet sich im Chorbaß auf *meine Sünden haben dich geschlagen.* Das *ich, ach Herr Jesu* drängelt sich vorschnell keck im Continuo vor; *was du erduldet* läßt uns eine Dissonanz mitempfinden. Das 30taktige Rezitativ beginnt in f-Moll (einer Tonart, die bei Bach immer mit großem Pathos verbunden ist, man vergleiche die f-Moll-Stücke im *Wohltemperierten Klavier!*) und endet mit seinem *wie gerne blieb' ich hier!* auf einem strahlenden, ver-

heißungsvollen G-Dur-Akkord. Dieser wird freilich sofort zur
Dominante des folgenden c-Moll umgedeutet.

Das Thema der folgenden Arie bekräftigt die Erfahrung Mendelssohns, daß die Gedanken der Musik bestimmter seien als die
der Sprache. Auf dichtem Raum, wie Sprache es kaum vermag,
spricht ein in sich geschlossenes Thema von unterschiedlichsten
Dingen. Eine Aneinanderreihung verschiedenster Elemente im
Thema macht das möglich. Es beginnt in der Oboe mit einer
Quartfanfare aufwärts (Beispiel 31a), der später im Orchesterbaß häufige Quartgänge korrespondieren. Wir alle kennen das

Beispiel 31

Quartintervall von den Martinshörnern der Feuerwehr. Wir empfinden es als agil und zielstrebig: *Ich will* singt alsbald der Tenor
darauf. Es folgen vier Sechzehntel-Wechselnoten (Beispiel 31b),
als wolle sich der Spieler nach solchem Sprung das Fell schütteln,
bevor er abernials zu einem Sprung, diesmal einer Quinte, an-
setzt (Beispiel 31c). Eine lange Note schließt sich an, mit der
später der Sänger liebevoll das Wort *Jesu* festhält (Beispiel 31d).
Unter ihr klettern die Continuostimmen vom Grundton aus in
Sekundschritten in die Höhe (Beispiel 31e), um, oben angelangt,
mit zweimal zwei Seufzersekunden in Terzparallelen zur Oboe
einen Halbkreis zu bilden, auf dessen wellenförmig beruhigende
Bewegung der Chor später *so schlafen* singt (Beispiel 31f).
Zweimal wird im vierten Takt die Oboenstimme in Sechzehntelnoten nach oben gerissen – sie hat es offenbar nötig, denn zwischendurch fällt sie müde nach unten (Beispiel 31g). Schließlich

wiederholt sich mehrmals eine abwärts nickende seufzende Sekunde: Man sieht förmlich, wie der Kopf des so vollmundig
Wachsamkeit Versprechenden, in Wahrheit aber gegen den
Schlaf Kämpfenden nach unten kippt und immer wieder mit –
allerdings sogleich erschlaffenden – Sechzehnteln sich zum Wachen aufrafft (Beispiel 31h). Zuletzt erinnert eine wechselweise
Phrasierung von je zwei staccato gespielten und zwei gebunden
seufzenden Achteln an das in der Arie *Blute nur* beschriebene
Motiv der Schlange (Beispiel 31i). Der Sänger übernimmt die
instrumentale Thematik meist wörtlich, vermeidet aber wieder,
wie in der Passion immer, die Seufzermotivik, die er an den ent-

Beispiel 32

sprechenden Stellen einfach der Oboe überläßt und die entstehende Lücke mit einer langen Note füllt (Beispiel 32).

Ähnlich wie im vorausgegangenen Rezitativ unterbricht der
Coro secondo. Immer wieder wiederholt er refrainartig *So schlafen unsre Sünden ein.* Die Chorstimmen sind so kunstvoll im
mehrfachen Kontrapunkt gesetzt, daß sie bei den späteren Chor-
einsätzen ständig gegenseitig vertauscht werden können. Es ist,
als würde unter der Dämmerung des Schlafes die bewußte Identität aufgegeben und die Stimmen wie im Traum zwischen verschiedenen Personen changieren. Einmal nur greift der Chorsopran auf das Wort *bitter* die Seufzerfigur auf.

In Takt 31 beginnt der Mittelteil der Arie mit dem Text des
Tenors: *Meinen Tod büßet seine Seelennot; sein Trauren machet mich voll Freuden.* Die Motivik des Anfangsteils wird beibehalten, nun aber in das dem c-Moll parallele Es-Dur, in die
Mystik des geheimnisvollen, großen Todes geführt. Lange Noten
bezeugen die Dauer von *Tod* und *Seelen Not*, lebhafte Sechzehn-

telbewegung und Aufwärtssprünge die **Freuden**. Der Chor antwortet in einem zwölftaktigen Einwurf **drum muß uns sein verdienstlich Leiden recht bitter und doch süße sein.** Das in Takt 59 einsetzende Dakapo drängt in perspektivischer Verkürzung Text und Musik des Anfangsteils auf je zwei Einsätze des Tenors und des antwortenden Chors zusammen (der zweite Choreinsatz ist wieder zwölf Takte lang). Das Ritornell wird am Ende der Arie wiederholt. Die ziemlich genau in Dreiteilung proportionierte Arie (30:28:33 Takte – 30+28:36 ist das Maß des Goldenen Schnitts) wird so unter einem großen Bogen zusammengefaßt. Das »andante«, das Bach vorschreibt, betont den Impetus des Schreitens, das für den Coro secondo vorgeschriebene »piano sempre« die Stille des Schlafes.

Die im Chor insgesamt zehnmal wiederholte Aussage **So schlafen** ist als Aussage der »anderen Jünger« gedeutet worden[176], wobei unterstellt wird, daß Petrus singt und Judas nicht anwesend ist. Auch hier – von der unhaltbaren Unterstellung abgesehen, die Arien seien einer historischen Person in den Mund zu legen – scheint mir die Zahl als Hinweiszeichen kaum zuzutreffen, hingegen als Symbol der Verzehnfachung, das Verallgemeinerung meint, durchaus plausibel.

»Nicht wie ich will«

Teil I, Szene 9 (NBA 21–23, BWV 27–29)

EVANGELIUM
**Und ging hin ein wenig, fiel nieder auf sein Angesicht und betete
und sprach: Mein Vater, ist's möglich, so gehe dieser Kelch von
mir, doch nicht wie ich will, sondern wie du willst.**

REZITATIV (Baß II)
**Der Heiland fällt vor seinem Vater nieder;
dadurch erhebt er mich und alle
von unserm Falle
hinauf zu Gottes Gnade wieder.
Er ist bereit, den Kelch,
des Todes Bitterkeit zu trinken,
in welchen Sünden dieser Welt
gegossen sind und häßlich stinken,
weil es dem lieben Gott gefällt.**

ARIE (Baß II)
**Gerne will ich mich bequemen,
Kreuz und Becher anzunehmen,
trink' ich doch dem Heiland nach.
Denn sein Mund,
der mit Milch und Honig fließet,
hat den Grund
und des Leidens herbe Schmach
durch den ersten Trunk versüßet.**

Die Herzklopfen verursachende Angst, die hörbar Jesu Worte im
Garten Gethsemane bestimmt hatte, weicht bei seinen ersten
Gebetsworten einer ruhigeren Redeweise. Aber Bitterkeit be-
herrscht seine Worte: In zwei Takten erscheint nicht weniger als

viermal der »diabolus in musica«, der Tritonus. Je zwei davon, jeweils in den ersten Violinen und in der Gesangsstimme, ergeben die Töne des so oft in der *Matthäuspassion* eingesetzten verminderten Septakkords.

Das folgende Baßrezitativ nimmt bildhaft das Geschehen auf: In ständigen Akkordbrechungen (oft von verminderten Septakkorden) *fallen* die Streicher *nieder*. Einmal ist die Bewegung umgekehrt zu einer längeren aufwärts gewandten Dreiklangsbrechung, mit der in die Musik übersetzt ist: *hinauf zu Gottes Gnade wieder*. Die Streicher sind nur selten von kurzen Continuonoten abgestützt. Dem ganzen Rezitativ wird so das sichere Fundament entzogen, es wirkt unsicher und haltlos. Später begegnet uns solche Baßlosigkeit in extremerer Weise. Wieder unterstreichen Dissonanzen einzelne Wörter, so des Todes *Bitterkeit* und die *Sünden*, die da *stinken*.

In der anschließenden Dakapoarie *Gerne will ich mich bequemen* ist der Anfangsteil gegenüber dem Mittelteil deutlich überproportioniert. Verglichen mit allen anderen Arien der Passion entsteht so ein besonders schmaler Mittelteil. Läge der Goldene Schnitt zugrunde, so dürfte der Anfangsteil statt seiner 72 nur 48 Takte dem 30taktigen Mittelteil voranstellen. Im Grunde dehnen 24 Takte des Ritornells und eines ersten Gesangsabschnitts den A-Teil der Arie über das übliche Maß hinaus, denn mit einem Zwischenspiel in Takt 25 begänne eine Arie, deren nun folgende (bisher Erklungenes verdoppelnde) 48 Takte genau einem Anfangsteil im Goldenen Schnitt entsprächen (A':B = 48:30).

Das Übergewicht des A-Teils erklärt sich gewiß aus dem unbequemen, sperrigen Motiv, mit dem der Sänger *gerne* sich *bequemen will*. Immer wieder richtet es sich, auf dem angespannten Quintton beginnend, mit einer kleinen Sext auf (»hält alles Wünschen und herzliches Sehnen in sich«, beschreibt Johann Mattheson diese in der barocken Musikliteratur als Exclamatio« häufig geschilderte Intervallfigur[177]), um sofort wieder auf den Ausgangston und von dort auf den Grundton zurückzufallen (Beispiel 33a). Nach dem viertaktigen Motivkopf folgen acht weitere Takte, in denen das Thema sich zunächst im Circumflex-

Beispiel 33

Motiv windet (Beispiel 33b), zweimal sich dann angestrengt auf-
richtet in Sprüngen einer verminderten Septime und einer Quart
(Beispiel 33c), um schließlich mit einer Abwärtsbewegung von
Achteln den Tritonus auszuschreiten (Beispiel 33d), bevor es
kadenziert; eine Notenfolge, die vom Sänger später auf den sich
windenden Circumflex mit *Kreuz und Becher* textiert und dabei
in den parallel gehenden Violinen, die immer eine von drei Noten
weglassen, deutlich als Seufzersekunden entlarvt wird (Beispiel 33e). Dabei entsteht übrigens wieder Augenmusik: In der
Notenschrift der begleitenden Violinen erscheint auf das Wort
Kreuz eine mit einem Kreuz erhöhte Note. Der verminderte
Septsprung läßt die Anstrengung des *anzunehmen* nachempfin-
den, die Abwärtsbewegung durch den Tritonus unterstreicht die
»Unbequemlichkeit« der Nachfolge.

Auch den Text ordnet Bach chiastisch, indem er seine drei
Zeilen ab Takt 48 rückläufig erklingen läßt[178]:

Gerne will ich mich bequemen,
Kreuz und Becher anzunehmen,
trink' ich doch dem Heiland nach –
trink' ich doch dem Heiland nach,
Kreuz und Becher anzunehmen,
gerne will ich mich bequemen.

Zum Zeichen der Nachfolge folgen ab dem Takt, in dem die rückläufige Bewegung des Textes beginnt, die Violinen in gleichen Intervallen dem Sänger nach[179]. Ein um die ersten vier Takte verkürztes Ritornell beschließt den A-Teil. Mit seinem Einsatz auf dem Circumflex in Takt 65 wird die Verwandtschaft dieser Figur zu den Noten b-a-c-h offenbar: Hier ergeben die vier Noten rückwärts gelesen tatsächlich wörtlich das Bachsche Signum. Der ³/₈-Takt fordert ein lebhaftes, schweißtreibend drängendes Tempo. In stets tiefer Lage singt ein tief Gebeugter. Man meint die vergebliche Anstrengung zu spüren, die Mühe zu hören, mit der die Musik sich immer wieder aufrafft. *Denn sein Mund, der mit Milch und Honig fließet, hat den Grund und des Leidens herbe Schmach durch den ersten Trunk versüßet*, vertont Bach in dem kurzen Mittelteil der Arie. Zweimal *fließen* darin die Streicher durch eine ganze Oktave herab. Einmal lassen sie den Kopf des Hauptthemas erklingen, zweimal nur dessen Anfang, die sich aufbäumende Sexte. Wieder sind beide Arienteile so zu formaler Einheit zusammengeschweißt.

Auch diese Arie übernimmt unverändert den Anfangsteil A als Dakapo. Da er aber von dem verkürzten Ritornell beendet wird, entsteht nicht die vollkommene Spiegelsymmetrie der ersten Arien, sondern eine abgebrochene, nicht ganz vollkommene Proportion. Das »non finito« des nie ans Ende gelangenden Sich-*Bequemens* hat seinen adäquaten Ausdruck gefunden.

»Sein Will', der ist der beste«

Teil I, Szene 10 (NBA 24–25, BWV 30–31)

EVANGELIUM
Und er kam zu seinen Jüngern und fand sie schlafend und
sprach zu ihnen: Könnet ihr denn nicht eine Stunde mit mir
wachen? Wachet und betet, daß ihr nicht in Anfechtung fallet!
Der Geist ist willig, aber das Fleisch ist schwach. Zum andern-
mal ging er hin, betete und sprach: Mein Vater, ist's nicht mög-
lich, daß dieser Kelch von mir gehe, ich trinke ihn denn, so
geschehe dein Wille.

CHORAL
Was mein Gott will, das g'scheh allzeit,
sein Will', der ist der beste;
zu helfen den' er ist bereit,
die an ihn gläuben feste;
er hilft aus Not,
der fromme Gott,
und züchtiget mit Maßen.
Wer Gott vertraut,
fest auf ihn baut,
den will er nicht verlassen.

Noch sind wir in den dunklen B-Tonarten der Gethsemane-Ver-
zweiflung. Der Evangeliumsbericht setzt in pastoralem F-Dur
ein. Erregt, mit einem chromatischen Ruck von F- nach einem
dominantischen D-Dur, fragt Jesus seine Jünger, ob sie nicht mit
ihm *wachen* könnten. Mit einer ähnlichen Rückung unterstreicht
die Musik, daß der Geist zwar willig, das Fleisch aber schwach
ist. Mit anfänglich gleichen Worten und Noten wie beim erstenmal (im Rezitativ NBA 21), aber erregter, mit sich über-
stürzenden Sechzehnteln und um einen Halbton erhöht betet

Jesus *zum andernmal*. Hier, in tiefster Verlassenheit und Verzweiflung, offenbart sich Jesus als »Gottessohn«, als Sohn nämlich, der seinem Vater das größte denkbare Vertrauen schenkt,
das fundamentale Vertrauen des: »So geschehe dein Wille«. Die
Musik moduliert in das erregte h-Moll.

In dieser Tonart der Klage nimmt der Choral *Was mein Gott
will, das g'scheh allzeit* die Worte Jesu auf *so geschehe dein
Wille*. In seinen ersten Takten wirkt er wie ein gläubiges Auf-
blicken: In vier kanonisch einsetzenden Gängen schwingen sich
die Unterstimmen durch eine Quinte nach oben. Bei den Worten
er hilft aus Not wendet sich die Baßstimme die gleiche Quint-
skala abwärts, als wolle sie sich helfend herabneigen, in der *Not*
ist sie durch einen chromatischen Halbtonschritt beengt. Auf die
Worte *züchtiget* seufzt der Tenor in angebundenen Sekunden,
um sich *mit Maßen* in einer schweifenden Ligatur zu verströmen.
Das Lied ermuntert, auf Gott zu vertrauen wie Jesus. So erklingt
auf die hoffnungsvollen Worte *den will er nicht verlassen* im
Baß ein abwärts gerichteter Passus duriusculus – der »harte
Gang« mit der Hoffnung auf die Bekrönung.

»Sind Blitze, sind Donner in Wolken verschwunden?«

Teil I, Szene 11 (NBA 26–27, BWV 32–33)

EVANGELIUM
Und er kam und fand sie aber schlafend, und ihre Augen waren
voll Schlafs. Und er ließ sie und ging abermal hin und betete
zum dritten Mal und redete dieselbigen Worte. Da kam er zu
seinen Jüngern und sprach zu ihnen: Ach, wollt ihr nun schla-
fen und ruhen? Siehe, die Stunde ist hie, daß des Menschen
Sohn in der Sünder Hände überantwortet wird. Stehet auf, lasset
uns gehen; siehe, er ist da, der mich verrät. Und als er noch
redete, siehe, da kam Judas, der Zwölfen einer, und mit ihm eine
große Schar mit Schwertern und mit Stangen von den Hohen-
priestern und Ältesten des Volks. Und der Verräter hatte ihnen
ein Zeichen gegeben und gesagt: Welchen ich küssen werde, der
ist's, den greifet! Und alsbald trat er zu Jesum und sprach: Ge-
grüßet seist du, Rabbi! und küssete ihn. Jesus aber sprach zu
ihm: Mein Freund, warum bist du kommen? Da traten sie hinzu
und legten die Hände an Jesum und griffen ihn.

DUETT (Sopran I – Alt I) und CHOR (Coro II)
So ist mein Jesus nun gefangen.
> *Laßt ihn, haltet, bindet nicht!*
Mond und Licht ist vor Schmerzen untergangen,
weil mein Jesus ist gefangen.
> *Laßt ihn, haltet, bindet nicht!*
Sie führen ihn, er ist gebunden.
> *Sind Blitze, sind Donner in Wolken verschwunden?*
> *Eröffne den feurigen Abgrund, o Hölle,*
> *zertrümmre, verderbe, verschlinge, zerschelle*
> *mit plötzlicher Wut*
> *den falschen Verräter, das mördrische Blut!*

Die Erzählung treibt einem dramatischen Kulminationspunkt zu: Mit Judas'»Verrat« wurde nicht nur der weitere Gang der Geschichte bestimmt, hier, bei der Erfüllung des Verrats, zeigt sich im Kuß Judas' auch der ganze Antagonismus menschlichen Zusammenlebens – Verrat und Grausamkeit sind nicht einfach isoliert das»Böse«, vielmehr haben sie Vertrauen zur Voraussetzung und schließen Zärtlichkeit ein.

Noch immer befinden wir uns im Garten Gethsemane. Aber die dunklen B-Tonarten der Verzweiflung und des Ringens im Gebet sind endgültig verlassen und machen hellen, bald sogar dramatischen Kreuztonarten Platz. In sechs Takten schildert der Evangelist in ruhig ausholenden Melodieschwüngen einer D-Dur-Kadenz, wie Jesus die Jünger schlafend findet und ein drittes Mal zum Zwiegespräch mit Gott zurückkehrt. Vorwurfsvoll wendet sich danach Jesus an seine Jünger, mit dissonantem Einsatz fährt er sie an: *Ach, wollt ihr nun schlafen und ruhen?* Mit den Tönen eines nach oben auffahrenden Septakkords unterstreichen die Violinen das *Siehe* in einer ausholenden Gebärde, wie wir sie ähnlich von den Flöten im Eingangschor auf das *Sehet* des Chors vernommen hatten (Beispiel 34); sie landen in einem heftigen Triller auf dem Leitton. In einer sukzessiven

Beispiel 34

Dramatisierung steigern sich die vorwurfsvollen Jesus-Worte von fis- über cis-Moll zur höchsten, der grellsten im Evangelienbericht vorkommenden Farbe, zu gis-Moll: *siehe, er ist da, der mich verrät.* In gezacktem Wechsel die Tonarten durchquerend (H-, E-, D-, E-, A-Dur), vorwiegend über Durkadenzen führt der Evangelistenbericht dann wieder zurück in gemäßigtere Farben. Die Kadenz nach *und küssete ihn* führt nach A-Dur.

Lange Jahre hindurch habe ich diese Kadenz, die ja von Bach nicht ausgeschrieben ist und die man improvisieren muß, am begleitenden Cembalo mit einem höhnischen Triller und mit »falschen« Quintparallelen begleitet (beide Stilmittel sind, wie geschildert, früheren Stellen der Passion entnommen). Aber war solcher Zynismus richtig? Inzwischen scheint er mir unangebracht. Wie bei der ersten Konfrontation zwischen Jesus und Judas (siehe S. 152) ist in der Streicherbegleitung der Jesus-Antwort kein Zorn, keine Aggressivität zu hören, wie sie Bach doch bei anderen Jesus-Worten zu Gebote stehen. *Mein Freund, warum bist du kommen?* wird mit einem einzigen eineinhalb Takte hindurch ausgehaltenen D-Dur-Akkord begleitet. Wir spüren Ruhe und Gelassenheit eines Liebenden, nicht Enttäuschung eines Verlassenen oder Wut eines Zornigen. So kadenziere ich heute den Judaskuß mit dem Seufzermotiv: Was könnte Anteilnahme und Verzweiflung treffender wiedergeben als ein wortloses, trauriges Seufzen!

Da traten sie hinzu und legten die Hände an Jesum und griffen ihn – mit einem unerbittlich lang gehaltenen Schlußakkord bekräftigt eine G-Dur-Kadenz das Endgültige, Unwiderrufliche dieses Satzes. Leuchtende Jesus-Tonart für den als Verbrecher Abgeführten, für den offensichtlich Gescheiterten – ist er in Wahrheit nicht der Gefangene, sondern der Herr der Geschichte?

Konnte man im Abschluß des Evangelistenberichts noch etwas von ausstrahlender Güte ahnen, so wird nun das G-Dur sofort abgewandelt in seine düstere Paralleltonart, in das e-Moll des Eingangschors. In einer Arie besingen zwei Frauen die Ungeheuerlichkeit: *So ist mein Jesus nun gefangen.* Es ist das einzige Duett der Passion, und es müssen wohl Frauen (Sopran und Alt des Coro primo) sein, die die Liebe und den Mut zum Bleiben und Klagen aufbringen.

Eine eigentümliche Proportionierung läßt die Gewichtsverteilung ahnen. Das Duett gliedert sich in 8 + 8 + 8 + 5 + 5 + 8 + 14 + 8 Takte. Im vorletzten Abschnitt werden also der durchgehenden Achttaktigkeit gerade so viele, nämlich sechs Takte, hinzugefügt, wie ihr vorher in zwei Fünftaktabschnitten weggenommen waren.

Solches Aufbrechen einer vielleicht allzu starr wirkenden Periodik, solches Herausbrechen aus Formteilen und ihr Einfügen in andere, solch souveränes Spiel mit der Ebenmäßigkeit der Form kennen wir aus anderen Werken von Bach. Ein großartiges Beispiel dafür ist das c-Moll-Präludium für Orgel (BWV 546). Dort bricht bei seinem zweiten Erscheinen der Hauptsatz nach wenigen Takten unerwartet ab, ein voller Nebensatz wird eingefügt und danach mit dem Hauptsatz fortgefahren, als sei nichts geschehen.

Die Perioden des Duetts sind nicht immer klar gegeneinander abgesetzt, sondern bisweilen ineinander verzahnt (etwa dadurch, daß regelmäßig der Neubeginn in die Schlußkadenz der vorausgehenden Phrase einsetzt, oder durch überlappende Gesangsstimmen in Takt 57). Oft gehen bei Bach die Perioden so ineinander über, als wolle der Baumeister die Naht- und Bruchstellen verbergen – ein großes Fugenthema für Orgel etwa verbirgt seinen Anfangston im Schlußakkord der vorausgehenden Passacaglia (BWV 582). Aufbrechen allzu schematischer Formen, Durchdringen und gegenseitiges Durchwachsen verschiedener Formteile, Ineinanderwachsen zweier Perioden – all dies nimmt Bachs Musik bei all ihrer Strenge den Eindruck des bloß Konstruierten, läßt sie uns organisch erscheinen, denn »dem Leben schauderte vor der genauen Richtigkeit« (Thomas Mann[180]).

Ich hatte gesagt, daß Bachsche Musik – wie überhaupt die seiner Zeit – meist aus einem Thema entwickelt ist. Ihre Einheitlichkeit und Ganzheitlichkeit gründet darin. Diese aber sind bei Bach nicht gleichbedeutend mit Uniformität. Die tatsächliche Fülle der Bilder und die Vielfalt der Affekte gehen oft in unterschiedliche Motive ein. Diese Motive sind bisweilen (so in der Tenorarie *Ich will bei meinem Jesum wachen*) in *ein* Thema eingebunden, bisweilen, so hier, nach- und ineinander geschachtelt.

Wie im – von Tonart und Aufbau verwandten – Eingangschor eröffnen zweimal acht Takte Instrumentalvorspiel. Einstimmig spielende Violinen und Bratschen beginnen mit synkopischen Wechselnoten, als wollten sie unbeholfen Tritt fassen, bevor sie in eine lange Kette von Achtelnoten münden: Unerbittlich und teilnahmslos den Klagen der Frauen gegenüber, lassen sie das harte Marschieren der davonziehenden *Schar mit Schwertern*

Beispiel 35

und mit Stangen hören, die den gefangenen Jesus abführt (Beispiel 35a). Die gleichmäßig marschierenden Achtelnoten haben verblüffende Ähnlichkeit mit einem Motiv, das Mozart in der *Zauberflöte* wählt, um die Worte der zwei Geharnischten zu begleiten:»Der, welcher wandert diese Straße voll Beschwerde« (Beispiel 36). Auch dort seufzen die Oberstimmen in Vorhaltsekunden über den tieferen Streichern, wie hier im Duett, wo

Beispiel 36

nacheinander einsetzende Bläser über dem Zug der Marschierenden mit Vorhaltsekunden ein Lamento entfalten (Beispiel 35b). Nach vier Takten wird es in ein komplementär vorgetragenes kurzes, immer wieder sequenziertes Motiv, schließlich in sich aufreckende Akkordbrechungen überführt.

In der autographen Partitur steht zu Beginn der Streicherstimmen die Bemerkung »Violoncelli concordant«. Aber diese Bemerkung ist in den hier ebenfalls autographen Stimmen nicht ausgeführt, so daß wir annehmen müssen, Bach habe das unsicher schwankende Klangbild gewünscht, das durch den Wegfall aller tiefen Instrumente entsteht, als wäre der Klage jeder Boden entzogen, als würde sie hilflos, ohne festes Fundament durch den Raum taumeln. Wir kennen aus der Traumdeutung die

Bedeutung aller Phantasien vom Fliegen und Vom-Boden-los-gelöst-Sein: Immer wollen solche Bilder warnend zeigen, daß wir tatsächlich »abgehoben«, dem festen Boden der Tatsachen entzogen sind, oder sie wollen kompensatorisch ein zu starr ein-geengtes Denken auffordern, mutig abzuheben und die herrliche Freiheit des Lebens zu erkunden. Später, in der Arie *Aus Liebe will mein Heiland sterben*, werden wir noch einmal eine solche Musik ohne Baßfundament hören. Dort erfüllt sich das Bild und wandelt sich aufs schönste.

Das Orchestervorspiel wird um weitere acht Takte fortgesetzt. Wie im Eingangschor erklingen sie in der Dominanttonart, im er-regteren h-Moll. Wieder beginnen ähnliche, aber nun nach oben gerichtete und gemeinsam vorgebrachte Vorhaltklagen in den Bläsern, sie münden aber diesmal in ausrufende Septsprünge – *Sie führen ihn, er ist gebunden* klagen darauf am Ende des Duetts die Sängerinnen. In den Gesang hinein, mit dem die Frauen im dritten achttaktigen Abschnitt die Bläser in ihrer Klage ablösen, skandiert der zweite Chor in kurzen, verzweifelten Schreien: *Laßt ihn, haltet, bindet nicht!* Das plötzliche Auftauchen eines Gegenübers, die unvermuteten Forteschreie in die ruhig strömen-de Musik der Sängerinnen sind von stärkster Wirkung.

Nach dreimal acht Takten – wir sind im Takt 25, am Schnitt-punkt des Goldenen Schnitts (24:40 Takte), wieder in der Domi-nanttonart h-Moll angelangt – beginnen zwar die Instrumente wie früher mit den synkopiert stolpernden Schritten der Streicher und den Klagen der Bläser (Beispiel 37a), nach zwei Takten aber wird die Bewegung gestoppt, und auf das visionäre Bild *Mond und Licht ist vor Schmerzen untergangen* verharren die Strei-cher wie erschauernd drei Takte lang mit zwölf Anschlägen auf der einen Note h (Beispiel 37b). Man erinnert sich der Ton-repetierungen im Eingangschor. Die Musik verharrt, bleibt ste-hen: aber nicht so sehr gefesselt von der Furcht vor Wandlung als vielmehr vor Schrecken gelähmt. Über den Tonrepetierungen klagen die beiden Frauenstimmen – von den Flöten in Gegen-bewegung unterstützt – ihr *ist vor Schmerzen untergangen* in seufzenden Sekunden (Beispiel 37c). Ähnliche fünf Takte führen zur Grundtonart e-Moll zurück. Die beiden Fünftaktperioden ste-

Beispiel 37

hen im Zentrum des Duetts, man kann sie als Mittelteil einer sehr freien Dakapoform ansehen. Sie werfen nicht nur die marschierenden Soldaten aus ihrem Tritt, sie werfen auch den Hörer aus der Geborgenheit der Achttaktperiodik. Sind sie – auch in ihrer Vorwegnahme der seltsamen Naturereignisse bei Jesu Tod – eine Art »Quint«essenz?

Die folgenden acht Takte ähneln in Klage und Chorschreien den ersten Sängertakten – nun allerdings das bittere und aufgeregte e-Moll/h-Moll in das a-Moll anteilnehmender Liebe überführend. Die nächste Formgruppe sprengt die Achttaktigkeit und erweitert sie auf zwölf Takte. Sie beginnt in der leuchtenden Paralleltonart G-Dur – in ihren ersten zwei Takten auch mit den gewohnten synkopierten Streichern, in den Bläsern mit den klagenden Vorhalten, abermals mit drei Chorschreien. Statt der erwarteten in Achteln marschierenden Fortsetzung aber schreiten die Streicher in gemessener – man hat den Eindruck: nun geordneter – Viertelnotenformation viermal eine Quarte hinab (Beispiel 38a). Sie erinnern damit an die ebenfalls abwärts sequenzierenden Quartgänge in der Arie *Blute nur, du liebes Herz*. Über dem gemessenen Abwärtsschreiten der Streicher klagen die Frauenstimmen *Sie führen ihn, er ist gebunden* mit nach oben gerichteten Seufzersekunden, die ihrerseits in eine Kette von marschierenden Achteln münden (Beispiel 38b). Die letzten acht Takte des Duetts beginnen in dramatisch grellem Fis-Dur, das dominantisch in den h-Moll-Schluß führt. Die Sängerinnen kla-

Beispiel 38

gen ihr *Sie führen ihn* mit den ausholenden Septrufen aus den letzten Takten des Orchestervorspiels.

Die drängende Kraft der Arie fegt die ja immerhin angedeutete Bogenform des Dakapos, die Geborgenheit verheißende Symmetrie beiseite. Das Duett öffnet sich übergangslos in einen gewaltigen Chor – beteiligt sind beide Chöre und Orchester –, in dem die Hörer aufgewühlt ob dieses Geschehens fragen: *Sind*

Beispiel 39

Blitze, sind Donner in Wolken verschwunden? In einem Getümmel von 73 Takten überschlagen sich erst die einzelnen Stimmen, dann die beiden Chöre in ihren Fragen. Beide Chorbässe
beginnen unisono mit einem gezackten, blitzähnlichen Abwärts-
dreiklang, der sogleich in den Violoncelli und alsbald auch in
den Baßstimmen in grollende Donnerbewegung übergeht – dort
tatsächlich nur auf das Wort *Donner* (Beispiel 39). Über den
Sechzehnteln der Bässe – man stellt sich das ratternde Krachen
eines nahen Donners vor – türmt sich – eine Stimme nach der
anderen fällt ein – eine Fugenexposition auf, die die beiden Chöre, nur vom Continuo begleitet, a cappella bestreiten. Nach dem
letzten Stimmeinsatz im Sopran spalten sich die beiden Chöre
auf und übertrumpfen sich gegenseitig in ihren beschwörenden
Ausrufen. Dabei fallen auch die beiden Orchester ein, überwiegend mit heftig und schnell bebenden Tonrepetierungen, wie
sie später beim Erdbeben nach Jesu Tod wiederkehren. Die immer noch vier- bzw. achttaktigen Formteile schieben sich ineinander, als würden sie sich unter solchem Druck wie ein Gebirge auffalten, quer zueinander stehen und ineinander verhaken.
   Nach 39 Takten brechen die Chöre abrupt ihr beschwörend-
fluchendes Fragen ab. In einer überraschenden riesigen Generalpause (der volle Takt der Pause ist noch mit einer Fermate
versehen) lauscht der Hörer gleichsam, ob der Wunsch der Chöre
sich erfüllt. »Nichts« – so legt die Pause nahe – nichts geschieht
(Beispiel 40a).
   Die Generalpause wird in der musikalischen Rhetorik als
»aposiopesis« beziehungsweise »homoioptaton«, als ein »absolutes Schweigen«, »eines Affektes wegen«, »um Aufmerksamkeit zu erregen« geschildert[181]. Aber eine viel radikalere Deutung,
nämlich als endgültiges Schweigen, als Vertonung des »Nichts«,
legt Bach nahe, wenn er in einer Motette bei »Es ist nun nichts –
nichts – nichts Verdammliches«[182] jedesmal nach dem Wort
»nichts« eine lange, erschreckende Generalpause einschaltet.
   Dieser Einsatz einer Generalpause findet sich übrigens auch
in späterer Musikliteratur, so im *Requiem* von Giuseppe Verdi,
ähnlich wörtlich wie in Bachs Motette auf das »nil inultum re-
manebit« (nichts wird ungerächt bleiben), oder, sich wieder-

Beispiel 40

holend und auf grausame Weise eindrucksvoll, immer nach dem Wort »mors« (Tod) – als folgte ihm wirklich »nichts«[183]. Und ich denke an eine ähnlich erschütternde Stelle im *Elias* von Felix Mendelssohn Bartholdy. Dort verhallt die wiederholte heftige Aufforderung an den Götzen Baal »Gib Antwort« ebenfalls im erschreckenden Nichts einer Generalpause.

Das ist wohl die erschütternde Erfahrung aller, die in Situationen äußerster Ungerechtigkeit schon Blitz und Donner auf die

Welt herabgewünscht haben: Gott ist kein Deus ex machina, der in ärgster Bedrängnis zur Hilfe bereit steht. Er ist oft ein schweigender Gott, verfügbar ist er menschlichem Willen und Schreien nicht. Mit einem heftigen Tonartenruck setzen die Orchester nach dem D-Dur-Abschluß in Fis-Dur wieder ein. Nicht mehr mit entsetzten Fragen, sondern mit fluchenden Beschwörungen rufen die Chöre Rache und Rettung herbei: *Eröffne den feurigen*

Abgrund, o Hölle. Bei dem Wort *Abgrund* öffnen die Stimmen ihren Schlund um riesige Intervalle abwärts, um in einem lang- gezogenen *o Hölle* infernalische Klänge hervorzubringen: Sechs von zwölf möglichen Tonleitertönen erklingen gleichzeitig auf den Ausruf *o* – in unserer vom Dreiklang geprägten Musik ist bereits jeder Akkord mit vier verschiedenen Noten eine Disso- nanz (Beispiel 40b). Sogar Dur- und Mollterz treffen verquer aufeinander, als sollte jede Ordnung samt Unterscheidung der Geschlechter beiseite gefegt werden. Die Streicher assistieren weiter mit ihren trommelnden, die Erde erbeben lassenden Sech- zehntelrepetierungen (Beispiel 40c). Das Donnergrollen des Continuos wandelt sich in einen Vulkan: Viermal bricht in der Tiefe je vier Takte lang eine ostinate Tonfolge auf (Beispiel 40d), die in Eruptionen der Bläser ihre feurig speiende Ergänzung er- fährt (Beispiel 40e). *Zertrümmre, verderbe, verschlinge, zer- schelle*, schleudern sich die Chöre in chromatischen Rückungen skandierend gegenseitig an den Kopf. Die Continuobässe häm- mern in auftrumpfenden Sechzehntelrepetierungen eine chroma- tische Quarte ab-, anschließend aufwärts. In der Tat: dies ist ein »harter Gang«! In der Vier- und Achttaktigkeit des Chors bildet diese Chromatik die einzige neuntaktige, über das abgezirkelte Ziel hinausschießende Periode (Beispiel 41). Die *Wut* entlädt sich in langgezogenen Schreien der Frauen, die Männer wieder-

Beispiel 41

Cont.

Cont.

holen wie verbohrt auf nur einer Note das dadurch geradezu ani- malisch anmutende *u*. Der *falsche* Verräter wird einmal mit der grellen Schärfe eines verminderten Septakkords, ein anderes Mal mit dem Pathos des neapolitanischen Sextakkords entlarvt. Der e-Moll-Chor schließt, wie der Eingangschor, mit einem grellen E-Dur-Akkord – »hülf- und hoffnungslos« (Johann Mattheson).

»O Mensch, bewein dein Sünde groß«

Teil I, Szene 12 (NBA 28–29, BWV 34–35)

EVANGELIUM

Und siehe, einer aus denen, die mit Jesu waren, reckete die Hand aus und schlug des Hohenpriesters Knecht und hieb ihm ein Ohr ab. Da sprach Jesus zu ihm: Stecke dein Schwert an seinen Ort; denn wer das Schwert nimmt, der soll durchs Schwert umkommen. Oder meinest du, daß ich nicht könnte meinen Vater bitten, daß er mir zuschickte mehr denn zwölf Legion Engel? Wie würde aber die Schrift erfüllet? Es muß also gehen. Zu der Stund' sprach Jesus zu den Scharen: Ihr seid ausgegangen als zu einem Mörder, mit Schwertern und mit Stangen, mich zu fahen; bin ich doch täglich bei euch gesessen und habe gelehret im Tempel, und ihr habt mich nicht gegriffen. Aber das ist alles geschehen, daß erfüllet würden die Schriften der Propheten. Da verließen ihn alle Jünger und flohen.

CHORAL

O Mensch, bewein dein Sünde groß,
darum Christus sein's Vaters Schoß
äußert' und kam auf Erden.
Von einer Jungfrau rein und zart
für uns er hie geboren ward,
er wollt' der Mittler werden.
Den Toten er das Leben gab
und legt' dabei all Krankheit ab,
bis sich die Zeit herdrange,
daß er für uns geopfert würd',
trüg' unsrer Sünden schwere Bürd'
wohl an dem Kreuze lange.

Atemlos nach der beschwörenden Hektik, nach dem Vulkanausbruch des vorausgangenen Chores springt der Evangelist wieder mit dem aufgeregten Sextakkord (Fis-Dur) der Dominante (von h-Moll), mit seinem *Und siehe* in die Erzählung von Petrus' mutigen, übermütigen Verteidigungsbemühungen. In drängender Chromatik unterstreichen die Continuostimmen die Worte Jesu: *Stecke dein Schwert an seinen Ort; denn wer das Schwert nimmt, der soll durchs Schwert umkommen.* Solche Prophezeiung ist nichts für die furchtsamen Kinder der Welt. *Da verließen ihn alle Jünger und flohen.* Eine cis-Moll-Kadenz, die höchste, grellste, mit der ein Evangeliumsbericht in der *Matthäuspassion* schließt, besiegelt die Szene. Sie wird leer. Fliehen die Jünger nur aus Angst vor einer Gefangennahme, oder verlassen sie vielmehr Jesus in blankem Entsetzen, weil ihnen sein Scheitern offenbar wird, weil sie sich von Gott verlassen, ihr Anliegen von ihm »verraten« fühlen[184]?

Die ausladende Choralbearbeitung *O Mensch, bewein dein Sünde groß*, die auf dies düstere und erschreckende Bild antwortet und damit den ganzen ersten Passionsteil abschließt, ist überraschenderweise nicht doppelchörig: Sind alle Bibeltexte, alle madrigalischen Texte immer nur einem der beiden Ensembles übergeben oder zum Zeichen einer großen Menge doppelchörig vertont, so nutzen die großen Ecksätze sonst grundsätzlich die vollen Möglichkeiten der Doppelchörigkeit. Hier aber musizieren, wie in allen schlichten Choralsätzen der Passion, beide Chöre und beide Orchester colla parte.

Es ist etwas Eigenes, wenn eine Anzahl Menschen so im Einklang ist. Die »Einseitigkeit« der nur von einem Orchester vorgetragenen Arien ist beseitigt, der Diskurs der Doppelchörigkeit aufgehoben. Jeder Widerspruch, jedes Besserwissen, jeder Kommentar, mit denen Menschen sonst so schnell zur Hand sind, verstummen, weil alle nur eines spüren; nicht etwas Sachliches, Unpersönliches, etwas dogmatisch »Richtiges«, sondern ein ganz persönliches Gefühl, das alle gleichermaßen bewegt und eint. Und doch sprechen Menschen in solcher persönlichen Betroffenheit nicht nur aus eigener, individueller Seele, vielmehr formt das von allen gleich und gemeinsam Empfundene eine urtüm-

liche Sprache des Überpersönlichen, des »kollektiven Unbewußten«. Die Individualität des Hörers ist aufgehoben, nicht im Sinn
von »ausgelöscht«, sondern im Sinn von »erhoben« in die Ge-
meinschaft der anderen Individuen, so wie die Individualität des
Musikers eingeht in *einen*, homogenen Klangkörper. Die Bibel
berichtet von solcher Geschlossenheit bei der Einweihung des
salomonischen Tempels, bei der 120 Priester mit »Trompeten
bliesen, und es war, als wäre es *einer*, der trompetete und sänge,
als hörte man *eine* Stimme loben und danken dem Herrn«[185]. Die
»so sehr subjektgebundene Musik« ist mehr als nur »tönende
Privatheit« (Ernst Bloch[186]).

Mir ist die Kraft solch gemeinsamen und dabei doch absolut
subjektiven Empfindens einmal schlagartig bei einer Beerdigung
klar geworden. Ein junger Tänzer des Neumeierschen Balletts
war nach grausamer Krankheit viel zu jung gestorben. Meine
persönlichen Beziehungen zu dem Gestorbenen waren sicher
lockerer als die der meisten anderen Teilnehmer am Begräbnis.
Immerhin war der Tänzer, inzwischen Ballettmeister, einer der
ersten, mit denen ich gesprächsweise Kontakt hatte: Schon nach
den ersten gemeinsamen Proben zum Ballett *Skizzen zur Matthäuspassion* war er zu mir gekommen und hatte sich in liebevoll
begeisterten Worten über die gemeinsame Arbeit geäußert. So
mochte jeder Besucher auf dem kleinen Dorffriedhof unweit
Hamburgs seine ganz persönlichen eigenen Erlebnisse mit dem
Verstorbenen gehabt haben, die sich kaum auf einen gemeinsamen Nenner würden bringen lassen. Als wir einer nach dem
andern vor der kleinen Kirche eintrafen, in der die Trauerfeier
stattfinden sollte, umarmten wir uns alle spontan. Jeder hatte zu
jedem eine intensive Beziehung. Jeder empfand anderes und
doch alle das gleiche.

Ähnliches – so hoffe ich – geschieht, wenn in einer Aufführung spannungsvoll lauschende Stille eintritt, der Hörer den
»Bruch von Objekt und Subjekt« (Anton von Webern[187]) überwindet, sich eins weiß ganz mit sich, ganz mit allen.

Obwohl also dieser Choralsatz mit seiner Vierstimmigkeit
sich gut in die der anderen Choräle einfügt, wirkt er doch in der
doppelchörigen *Matthäuspassion* wie ein erratischer Block, wie

ein Findling, der, aus fernen Zeiten hinterlassen, nun in neuer,
eigentlich unpassender Landschaft steht. Dem ist tatsächlich so.
Denn der Chorsatz ist aus der älteren *Johannespassion* übernommen. Dort eröffnete er ursprünglich die ganze Passion. Als
Schluß des ersten Teils der *Matthäuspassion* stand in der uns
durch Johann Christoph Altnikol überlieferten Frühfassung ein
schlichter vierstimmiger Choral *»Jesum laß ich nicht von mir,
geh ihm ewig an der Seiten«.* Das ungebrochene und schlichte
Vertrauen dieses Liedes in die eigene Stärke scheint Bach später
nicht mehr genügt zu haben. Wir wissen nicht, ob er Gründe
hatte, den Chor in der *Johannespassion* zu ersetzen. In der *Matthäuspassion* jedenfalls erhält er durch die vorausgegangene
Szene eigenes Gewicht und neues Gesicht. Auch eine neue Tonart. In der *Johannespassion* stand der Choral (wie eine Orgel-
bearbeitung des Liedes im noch älteren *Orgelbüchlein*) einen
Halbton tiefer im verinnerlichten, dunklen Es-Dur; hier in glei-
ßendem, grellem E-Dur, wahrlich *»verzweiflungsvoll, hülf- und
hoffnungslos«* (Johann Mattheson). Natürlich mußte die Trans-
position erfolgen, wenn der Choral den hochdramatischen, weit
in die Kreuztonarten gesteigerten Abschluß des ersten Passionsteils besiegeln sollte. Aber der Choral selbst ist damit einer umfassenden Metamorphose unterzogen. Wie die gemalte Kathedrale von Rouen bei Claude Monet, so ist hier das klingende
Tonmaterial selbst gleich geblieben; aber zu verschiedenen Zeiten, in anderem Kontext betrachtet, sind beide durch Farb- bzw.
Tonartenwechsel in völlig neue Stimmungen transponiert.

Der zugrundeliegende Choral ist mit seinen zwölf Zeilen ungewöhnlich lang. Ein 16taktiges Orchestervorspiel, viele Orche-
sterzwischenspiele und ein viertaktiges Orchesternachspiel dehnen die Bearbeitung auf monumentale Größe. Musikalische und
gedankliche Vielschichtigkeit verleihen ihr Gewicht. Die Musik
nämlich spielt gleichzeitig auf drei Ebenen. Zunächst natürlich
auf der des Cantus firmus. Er ist nicht auf diesen Text erfunden[188]
und hat so kaum besondere Textkongruenz. Wie ein überpersön-
licher, ja objektiver *»fester«* Cantus, den Bach nur mit einigen
Durchgangsnoten oder – man stellt sich vor: erregten – Trillern
versieht, läuft er im Sopran in majestätisch ruhigen Viertelnoten

daher. Halbe Noten als Auftakt der Zeilen verleihen ihm bei aller Dramatik etwas Nachdenkliches. (Sie sind schon im Lied enthalten. Ob Choräle mit Halben oder, ihr Metrum verkürzend, mit Achteln ihre Zeilen beginnen, bestimmt wesentlich ihren meditativen oder mehr agilen Charakter.) Noch einmal wird er vom »soprano in ripieno« verstärkt, der im Eingangschor das *O Lamm Gottes unschuldig* gesungen hatte. In einer zweiten Ebene kontrapunktieren die drei Unterstimmen des Chores, zerlegen die Liedmelodie in einzelne Bestandteile und interpretieren sie – viel exzessiver, als es in den schlichten anderen Choralsätzen auch der Fall ist. Diese zwei Ebenen sind eingebettet in eine dritte musikalische Schicht der in voller Besetzung spielenden beiden Orchester. Die Orchester verwenden abermals andere Motivik, die den Chor nicht einfach, wie in den anderen Choralsätzen, instrumental abstützt, sondern affektvoll interpretiert.

Diese Satzweise, die das Lied in einheitlicher, aber vom Cantus firmus meist unabhängiger Motivik anteilnehmend kontrapunktiert, ist übrigens in einer Sammlung früher Bachscher Orgelchoräle, dem sogenannten *Orgelbüchlein*[189], vorbereitet, in der auch unser Lied mit einer besonders ausgedehnten und ausdrucksvollen Bearbeitung bereits enthalten ist. Es ist darauf aufmerksam gemacht worden, daß der Jahrhunderte vorausgreifende Bach damit im Grunde den Typ des Schubert-Liedes »erfunden« hat, in dem die Klavierbegleitung auf interpretierende oder untermalende Weise die Stimme des Sängers kontrapunktiert[190].

Die Unterstimmen des Chores »reden« meist in einfachen Motiven, oft in aufblickenden oder absteigenden Tonskalen, die der Bewegungsrichtung des Chorals entgegengesetzt sind und so der Musik Spannung und der Textaussage Tiefe verleihen. Wie im Eingangschor die Quarte, so ist auch hier die Skala bisweilen weit überdehnt – textsinnig in riesigen Abwärtswendungen des Basses (durch Oktave bzw. Dezime) auf die Worte *äußert' und kam auf Erden* beziehungsweise bei der Wiederholung auf die Worte *er wollt' der Mittler werden* (Beispiel 42a). Welch eine Erniedrigung, welch ein Herabsteigen, *Mittler werden* zwischen Gott und Mensch! Bisweilen müssen

Beispiel 42

er wollt der Mit--tler wer-----den, er wollt der Mit--tler wer----den
Ju-Bert und kam auf Er------den, Ju-Bert und kam auf Er----den

sich die Stimmen durch die Enge von Chromatik quälen, so wenn von der *Erden* die Rede ist oder davon, daß er der Mittler *werden* wolle (Beispiel 42b).

Besondere Aufmerksamkeit beanspruchen vier Stellen, an denen die Unterstimmen sich nicht damit begnügen, den Cantus firmus kontrapunktisch dicht und affektvoll zu begleiten, sondern ihn mit zusätzlicher überlappender oder vorwegnehmender Aussage bekräftigen. Dieser heute noch wirkungsvolle Kunstgriff, eine Rede mit fesselnden Wiederholungen auszuschmükken, wird von einem mittelalterlichen Theoretiker als »expolitio est de eadem re dicere varie« (expolitio ist über die gleiche Sache abgeändert reden) beschrieben – offenbar hatte der Begriff in die musikalische Rhetorik der Bach-Zeit Aufnahme gefunden[191].

Mit solcher Bekräftigung läßt Bach die Unterstimmen gleich bei der ersten Zeile *O Mensch, bewein* nachklappen: mit einer ausrufenden Sexte im Alt und Tenor (Beispiel 43a), die in Abwärtswindungen (den Circumflex aneinanderreihend) mündet

Beispiel 43

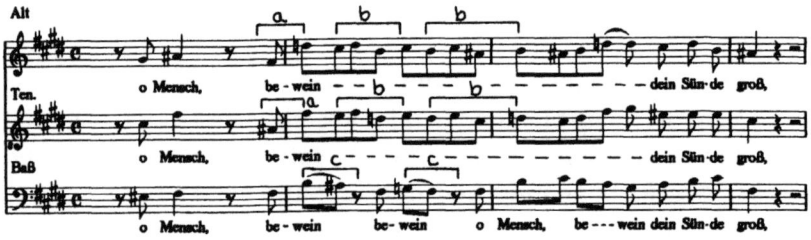

Alt: o Mensch, be-wein --b---b-------dein Sün-de groß,
Ten.: o Mensch, be-wein --b---b------dein Sün-de groß,
Baß: o Mensch, be-wein be-wein o Mensch, be---wein dein Sün-de groß,

(Beispiel 43b), dazu mit Seufzersekunden auf das *bewein* im Baß, die jeweils in Pausen nach Luft zu schnappen scheinen (Beispiel 43c). Die stöhnende Pausenunterbrechung ist als »suspiratio« in der Musikliteratur der Zeit mehrfach belegt[192]. Wenn die erste Choralzeile auf den anderen Text, *Von einer Jungfrau zart*

und rein, wiederholt wird, fehlen die nachgestellten Takte; an ihrer Statt ahmt der Alt die Choralzeile des Soprans nach, zärtlich die Worte **Jungfrau rein und zart** nachzeichnend.

Auch die achte Choralzeile **und legt' dabei all Krankheit ab** bedenken die Unterstimmen mit zusätzlichen Takten. Zwei Takte lang sind die drei Stimmen an den verminderten Septakkord gefesselt, als könnten sie keinen Ausweg aus solcher Disharmonie finden; wie in fiebriger Erhitzung steigert sich die Tonart, fällt damit aus der Ordnung der gewohnten Tonarten heraus und landet wie ein Phönix aus der Asche im grell-hellen Dis-Dur mit seinen neun Kreuzen (zwei Noten sind also mit Doppelkreuz versehen!) – welch treffende Synonyme für Krankheit und ihre Überwindung!

Die zehnte und elfte Choralzeile verknüpfen die Unterstimmen und heben dabei ausdrucksvoll das **für uns geopfert** hervor.

Schließlich wird die zwölfte, letzte Choralzeile **wohl an dem Kreuze lange** vor ihrem Erklingen ausführlich von den Unterstimmen vorbereitet: mit gewaltigen Oktavschritten im Chorbaß (Beispiel 44a), die gleichsam die ganze Welt umfassen: so, als ob Jesus am Kreuz **die Hand, uns zu fassen, ausgespannt** hat,

Beispiel 44

werden solche wiederholten Oktavschritte später in einer Arie eingesetzt. Die Umfassung der Oktaven mündet in eine sich herabneigende Tonkette mit einer festhaltenden Ligatur auf **lange** (Beispiel 44b). Über dieser aussagekräftigen Baßstimme erhebt sich im Alt eine hoffnungsvolle Aufwärtsbewegung. In einer Pause scheint sie zu zögern und in ständiger Erniedrigung gedrückt zu sein – in H-Dur erklingen der sechste, siebente und zweite Tonleiterton tiefalteriert als g–a–c –, bevor endlich mit

cis–dis die erlösende Kadenzierung erreicht ist (Beispiel 44c).
Mit den tiefalterierten Noten g und a entsteht auf die Schlüsselworte *dem Kreuze lange* die ungewohnte »Quintessenz« von
fünf Ganztonschritten[193].
Den affektgeladenen Chorstimmen fügt das Orchester eine
dritte Ebene hinzu. Mit nicht abbrechenden, ständig aneinandergereihten Sekundseufzern taucht sie den ganzen Satz in ein
»Meer von Tränen«. Die Flöten beginnen das Vorspiel mit diesen
Sekunden (Beispiel 45a), Oboen und Streicher folgen: Die Tränen, die, im Eingangschor nur angedeutet, in der Arie *Blute nur,*

Beispiel 45a–b

du liebes Herz bestimmend waren, hier überschwemmen sie
förmlich den ganzen Satz in allen Orchesterstimmen. Wie bisher
vermeiden die Sänger das Seufzen. Nur einmal kommt die Sub-
sumtio-Figur in der Baßstimme vor (Beispiel 43c).
Entkleidet man freilich die ersten Takte ihrer repetierenden
Sekunden und legt die zugrundeliegende Melodik frei, so entpuppt sich der thematische Einfall als Aneinanderfügung von
Quartmotiv (Beispiel 45c) und Circumflex (Beispiel 45d). Insbesondere der Quartgang durchströmt und prägt den Satz ähnlich

Beispiel 45c–d

intensiv wie das Seufzermotiv. Er erklingt auch unfiguriert – so gleich in den ersten Takten der Violinen in paralleler Bewegung zu den Seufzersekunden der Bläser. Dabei sind seine letzten Tonschritte ebenfalls zur Seufzersekunde phrasierend zusammengezogen, so daß er als Vergrößerung der Seufzersechzehntel erscheint (Beispiel 45b). Da die Choralmelodie und die sie kontrapunktierenden Chorstimmen selbst stark von Tonleitermotivik und Quartgängen geprägt sind, wirkt das thematische Material des Orchesters letztlich doch, als wäre es aus dem Choral hervorgegangen.»Die Kunst, alles aus einem zu zeugen« – sie blüht auch hier und prägt die mehrschichtige und komplexe Großform.

Zahlreiche Orgelpunkte im Satz lassen den Hörer immer wieder die Fesselung der Weinenden an ihre schmerzvolle Situation spüren, auch die festhaltende Liebe des *wohl an dem Kreuze lange*. Eine letzte lange Note der Continuostimmen auf dem Grundton hängt über den Schlußakkord aller anderen Instrumente im Raum verklingend nach. Trauernde Nachdenklichkeit? Nachhorchen in ratloser Erstarrung?

Der Schlußchor des ersten Teils wirkt wie ein großes Gegenüber zum Eingangschor. *Ein* Gegenüber, denn die Passion geht weiter, ein noch größerer Bogen führt vom Eingangschor über beide Passionsteile hinweg. Der Eingangschor steht in e-Moll und schließt mit einem grell leuchtenden E-Dur-Akkord. Der Schlußchor des ersten Teils übernimmt dies hohe E-Dur und bekräftigt die »hülf- und hoffnungslose« Verzweiflung. Der Eingangschor birgt bereits Tetrachord, Seufzermotiv und Circumflex, die hier ihre Entfaltung und Entschlüsselung erfahren. Der Eingangschor umfaßt 90 Takte, das Geheimnis der potenzierten Drei verzehnfachend. Hier zählen wir 99 Takte: eine amorphe Form, die nur Dramatik und kaum übergreifende Proportion erkennen läßt. Aber wird nicht auch hier die Zahl der Takte zum Symbol der einigenden Drei? Der Eingangschor steht im $^{12}/_8$-Takt, Gottes-Drei und Welt-Vier vereinend. Hier schlagen die vier Viertel der Welt, der heillosen, leeren, verlassenen, trostlosen. Aber hört man in dieser äußersten Verzweiflung nicht auch ein wenig Trost und Hoffnung?

Thomas Mann schildert den Schluß einer Komposition seines Musikers Adrian Leverkühn im *Doktor Faustus* so: »Aber wie, wenn der künstlerischen Paradoxie, daß aus der totalen Konstruktion sich der Ausdruck – der Ausdruck als Klage – gebiert, das religiöse Paradoxon entspräche, daß aus tiefster Heillosigkeit, wenn auch als leiseste Frage nur, die Hoffnung keimte? Es wäre die Hoffnung jenseits der Hoffnungslosigkeit, die Transzendenz der Verzweiflung, – nicht der Verrat an ihr, sondern das Wunder, das über den Glauben geht. Hört nur den Schluß, hört ihn mit mir: Eine Instrumentengruppe nach der anderen tritt zurück, und was übrigbleibt, womit das Werk verklingt, ist das hohe g eines Cellos, das letzte Wort, der letzte verschwebende Laut, in Pianissimo-Fermate langsam vergehend. Dann ist nichts mehr, – Schweigen und Nacht. Aber der nachschwingend im Schweigen hängende Ton, der nicht mehr ist, dem nur die Seele noch nachlauscht, und der Ausklang der Trauer war, ist es nicht mehr, wandelt den Sinn, steht als ein Licht in der Nacht.«[194]

»Ach, nun ist mein Jesus hin«

Eingang Teil II (NBA 30, BWV 36)

ARIE (Alt I) und CHOR (Coro II)
Ach, nun ist mein Jesus hin!
 Wo ist denn dein Freund hingegangen,
 o du Schönste unter den Weibern?
Ist es möglich, kann ich schauen?
 Wo hat sich dein Freund hingewandt?
Ach! Mein Lamm in Tigerklauen!
Ach! Wo ist mein Jesus hin?
 So wollen wir mit dir ihn suchen.
Ach, was soll ich der Seele sagen,
wenn sie mich wird ängstlich fragen?
Ach! Wo ist mein Jesus hin?

Die Freunde, die Jünger, haben Jesus verlassen, er selbst ist abgeführt. Man stellt sich vor, die Szene ist leer und dunkel. Eine Altarie eröffnet den zweiten Passionsteil mit fahriger Gestik und stolpernder Rhythmik. Zum zweitenmal (nach *Blute nur, du liebes Herz*) erklingt eine Arie in dem ausdrucksvoll klagenden h-Moll, zum drittenmal (nach der Arie *Buß und Reu* und nach dem Duett *So ist mein Jesus nun gefangen*) hören wir die Altstimme als Verkörperung von Klage und leidenschaftlicher Anteilnahme. Ihre Klage kulminiert später in einer weiteren h-Moll-Arie, gegen Ende der *Matthäuspassion* aber wandelt sich ihre Anteilnahme von der Klage zur Zuversicht und Geborgenheit *in Jesu Armen*.

 An dem Satz sind beide Cori beteiligt. Der Altstimme aus dem Coro primo sekundiert der zweite Chor, deutlich freundlicher und schlichter, zunächst sogar im der Sängerin entgegengesetzten Dur. Der Wechsel zwischen den beiden Ensembles mit un-

terschiedlich langen Abschnitten (12 Takte Vorspiel – 16 Takte
Solo – 17 Takte Chor – 8 Takte Solo – 12 Takte Chor –
12 + 12 Takte Solo – 10 Takte Chor – 8 + 16 Takte Solo) wirkt
wie eine ungeordnete, in der Aufregung und Verzweiflung zufällige Aneinanderreihung. Tatsächlich ist diese Arie eine derjenigen, die sich am weitesten von der Klarheit und Geborgenheit
der Dakapoform entfernt. Völlig freilich verzichtet auch sie auf
die Abrundung des Bogens, auf die Geborgenheit der Wiederholung nicht.

In unruhigem $^3/_8$-Takt stolpern die Oberstimmen (eine Flöte,
eine Oboe und die ersten Violinen) »ratlos dahinstürzend«[195] drei
Takte lang in Synkopen, heftig und verzweifelt gestikulierend
(Beispiel 46a). Als würden sie nach dem angestrengten Beginn
auf dem Quintton Fis resignierend in sich zusammenbrechen,
fallen die Spitzennoten im h-Moll-Dreiklang herab, um im vierten Takt vor einer Generalpause gleichsam fragend auf der
dissonanten Septime a innezuhalten. Im Continuo sind diesem
ziellosen Straucheln repetierende Noten entgegengestellt (Bei-

Beispiel 46

spiel 46b). Sie treten ratlos auf der Stelle wie die Repetierungen im Eingangschor. Nach vier Takten fällt das Motiv aus den oberen Stimmen in die Continuobässe (dort von der Quartsynkope auf eine Oktavsynkope gedehnt und um eine anschließende Seufzersekund erweitert; Beispiel 46c), die beiden Oberstimmen trillern indes erregt und rasen in schnellen Tonskalen auf und ab (Beispiel 46d). Die erste Stimme muß sich mit ihren Grundnoten (auf die Eins eines jeden Taktes) durch den chromatisch harten Gang quälen, in ihrer exzentrischen Raserei stößt sie mit der dissonanten Septime gleichsam an eine Mauer (Beispiel 46e). Weitere vier Takte, in denen sich seufzende Sekunden ähnlich wie in der Arie *Blute nur, du liebes Herz* synkopisch umeinander winden, schließen das zwölftaktige Instrumentalvorspiel ab (Beispiel 46f). Dreimal vier Takte – wir werden dieser Ordnung im Schlußchor wieder begegnen – bilden das Vorspiel. Die ersten und die letzten vier Takte werden von einer Generalpause abgeschlossen, denn ähnlich der Generalpause auf die Frage *Sind Blitze, sind Donner in Wolken verschwunden?*, auf die Klage der *Schönsten unter den Weibern*: *Ach, nun ist mein Jesus hin!* antwortet – niemand.

Die Aufnahme des Ritornells durch die Sängerin veranschaulicht abermals, wie Bach ein Motiv instrumental und vokal aufspaltet. Die Sängerin dehnt ihre erste Note und beginnt mit einem verzweiflungsvoll über vier Takte gehaltenen *Ach*, das den zwölf folgenden Takten vorgeschaltet ist, als wolle es die erste Achtelnote klagend ins schier Unendliche dehnen. Die oberen Instrumentalstimmen wiederholen indes das viertaktige erste Ritornellmotiv; die Orchesterbässe schweigen – die Klage ist im wahrsten Wortsinn bodenlos. Es schließen sich die zwölf Takte des Ritornells fast wörtlich an. Dabei entpuppt sich der lange Ausruf der Sängerin als erste (nach unten oktavierte) Note des von ihr nun vorgetragenen viertaktigen Synkopenmotivs. Die begleitenden Streicher unterstreichen nur die Synkope. In den nächsten beiden aus dem Ritornell bekannten Viertaktperioden verbleiben die auf und ab rasenden Tonskalen und die aneinandergereihten Seufzer in den Oberstimmen des Orchesters; die Stimme der Sängerin ist in die entsprechenden

Vorspieltakte hineinkomponiert, wobei sie die aufsteigende
Chromatik mitvollzieht. In ihren ausholenden Dreiklängen, in
den schnellen Skalen der beiden Violinen, in der Chromatik
meint man zu sehen, wie die Tochter Zion ängstlich verzweifelt,
die Arme werfend, ziellos bald in die eine, bald in die andere
Richtung rennt. Die vokal-instrumentale Einheitlichkeit Bachscher Musik, das hatten wir bereits früher beobachtet, hat
also ihre Grenzen. So instrumental die Gesangsstimme auch
geführt ist, erläßt ihr Bach doch manche virtuose Ausschwei-
fung.

Auf den ersten Abschnitt der Altistin mit einem erregt hohen
Fis-Dur-Abschluß (der Dominante zur Grundtonart der Arie
h-Moll) setzt der Coro secondo zärtlich nachfragend in strahlendem D-Dur ein. Der Alt II, die der Solistin korrespondie-
rende Stimme der Anteilnahme, beginnt, die anderen Stimmen
treten imitierend hinzu und fragen besorgt: *Wo ist denn dein
Freund hingegangen, o du Schönste unter den Weibern?* Der
Text entstammt dem *Hohelied Salomos*. Das Liebeslied aus dem
Alten Testament ist oft umgedeutet worden auf das Verhältnis
der Gläubigen, der Kirche zu Jesus. Bachs Musik läßt echte
erotische Zuneigung fühlen, in den seufzend phrasierten Abwärtsgängen (Beispiel 47) meint man fast ein körperliches
Streicheln zu spüren, mit einer Sexte abwärts (Beispiel 48) wird
im Choralt der Ausruf *o du Schönste* unterstrichen, und dieser

Beispiel 47

Beispiel 48

Beispiel 49

Schönsten unter den Weibern machen die Tenöre eine Liebeserklärung in Form einer ausdrucksvollen melismatischen Kantilene (Beispiel 49).

Mit dem stolpernden Anfangsmotiv fragt in einem vierten Arienabschnitt von nur acht Takten die Sängerin *Ist es möglich* (hier in, genauer nach Takt 46 wäre der Goldene Schnitt anzusetzen, der die Arie in 46:77 Takte proportioniert) . Eindringlich wird das Motiv im Wechsel mit den Oberstimmen des Orchesters wiederholt und fällt dabei resignierend im Quintenzirkel herab, als würde die Fragende ins Abgrundtiefe schauen. Hoffnungsfroh aber wendet sie sich zuletzt auf die Frage *kann ich schauen?* doch nach oben, um freilich wieder nur in der unaufgelösten Dissonanz und Generalpause zu landen, die wir aus dem Vorspiel kennen.

Hier setzt nahtlos der Chor ein mit der Nachfrage *Wo hat sich dein Freund hingewandt?* – in rastlosen Sechzehnteln die Bewegung nachempfindend, mit der offenbar der Freund sich ins Unbekannte *hingewandt* hat. Wie in einer zarten Liebeserklärung moduliert der Chor zum strahlend-freundlichen Jesus-G-Dur.

Mit der kühnen Dissonanz eines verminderten Septakkords, der in das schicksalhafte d-Moll führt, fällt die Sängerin (in Takt 66) mit ihrem *Ach! Mein Lamm in Tigerklauen!* ein (Beispiel 50a); in ausholender Bewegung der Oberstimme scheinen sich die Pranken des Tieres dreimal auszurecken (Beispiel 50b); in den synkopischen Sekunden meint man das Lamm »sich winden« zu sehen (Beispiel 50c); die *Klauen* schlagen mehrmals im anapästischen Rhythmus zu, um sich dann an einer längeren Note festzukrallen (Beispiel 50d). In der Oktavausdehnung torkelt das Hauptmotiv derweil im Baß (Beispiel 50e), wandert in die Oberstimmen (Beispiel 50f) und leitet dort (in Takt 78, wo die Nahtstelle eines umgekehrt angelegten Goldenen Schnitts liegt: 77:46 Takte) über zu einer Wiederholung der ersten Gesangsphrase (Beispiel 50g), nun mit dem abgewandelten Text: *Ach! Wo ist mein Jesus hin?* Die abgrundtiefe Lage der Sängerin wird bisweilen mit ausholenden Gesten in die Oberoktave gestemmt (Beispiel 50h).

Beispiel 50

Im vorletzten Abschnitt beteuert der Chor, wieder, wie schon
zuvor, fugenweise einsetzend, stimmenweise herbeitretend: *So
wollen wir mit dir ihn suchen.*

Die Verzweiflung der Sängerin *Ach, was soll ich der Seele
sagen* kann im letzten Arienabschnitt schließlich anders nicht
sich äußern als wieder mit dem strauchelnden Hauptmotiv, wobei
aber die Sängerin, als sei sie ängstlich geworden, als sei ihr die
Kehle zugeschnürt, die anfängliche expressiv klagende Quarte
des Motivs auf einen engen Sekundschritt reduziert. Die letzten
16 Takte übernehmen wörtlich die ersten 16 Gesangstakte – einschließlich des boden-, continuolosen *Ach,* einschließlich der
ins Instrumentalvorspiel eingebauten, nun zur Frage abgewan-

delten Klage: *Wo ist mein Jesus hin?* Die sich überstürzende
Fahrigkeit der Thematik, die scheinbar wahllose, verwirrte Aneinanderreihung der Formteile münden doch in einer bogen-
förmig abschließenden Wiederholung des Anfangs. Ähnlich dem
Eingangschor: Die vorwärtsstürmende Dramatik, die jede übergreifende Ordnung beiseite zu fegen scheint, kehrt doch in großem Bogen zu ihren Anfängen zurück, auch das scheinbar ziel-
lose Strömen findet sein Bett, seine Heimat im Beginn. Aber hier
verläßt es den Hörer in der Unaufgelöstheit eines Halbschlusses,
mit einer offen bleibenden Frage, der – im »Nichts« einer Generalpause – keine Antwort gegeben wird.

»Lügen«

Teil II, Szene 1 (NBA 31–32, BWV 37–38)

EVANGELIUM
Die aber Jesum gegriffen hatten, führeten ihn zu dem Hohen-
priester Kaiphas, dahin die Schriftgelehrten und Ältesten sich
versammlet hatten. Petrus aber folgete ihm nach von ferne bis
in den Palast des Hohenpriesters und ging hinein und satzte
sich bei die Knechte, auf daß er sähe, wo es hinaus wollte. Die
Hohenpriester aber und Ältesten und der ganze Rat suchten fal-
sche Zeugnis wider Jesum, auf daß sie ihn töteten; und funden
keines.

CHORAL
Mir hat die Welt trüglich gericht'
mit Lügen und mit falschem G'dicht,
viel Netz und heimlich Stricken.
Herr, nimm mein wahr
in dieser G'fahr,
b'hüt mich vor falschen Tücken!

Die erste Szene des zweiten Passionsteils ist ähnlich kurz wie
die erste Szene des ersten Teils. Wieder umfaßt sie nur
wenige (hier 16) Takte Evangelium und einen Choral. Das Evangelium berichtet vom Verhör vor dem Hohenpriester Kaiphas
und der vergeblichen Suche nach falschen Zeugen. Es setzt mit
der Dominante zur Grundtonart e-Moll ein und moduliert abwärts über die neutrale weiße Farbe von C-Dur *(auf daß er*
sähe, wo es hinaus wollte) ins schicksalsträchtige d-Moll. An
späterer Stelle wird diese Tonart entfaltet. Hier sei wieder nur
an den Charakter der entsprechenden Stücke im *Wohltem-*
perierten Klavier erinnert: schwer, lastend, dabei rastlos, bewegt.

Für die hier und in der folgenden Szene abgehandelte Erzählung von der Suche nach Zeugen verharrt die Musik nochmals in der Dunkelheit von B-Tonarten. Der Choral bedenkt solche Schurkerei zwar in der tiefen Tonart B-Dur, aber in affektvoll erregter, hoher Tonlage. Er spiegelt in seinem ersten Teil menschliche, allzumenschliche Erfahrung wider: *Mir hat die Welt trüglich gericht' mit Lügen und mit falschem G'dicht, viel Netz und heimlich Stricken.* Der Hörer bezieht also auch hier das geschilderte Geschehen auf seine persönliche Lebenserfahrung, wobei er auf *viel Netz und heimlich* den engen Weg der chromatischen Passusfigur durchschreiten muß. Die letzten Takte des Chorals schließen mit der Bitte *Herr, nimm mein wahr in dieser G'fahr, b'hüt mich vor falschen Tücken.*

Dieser deutliche Bruch im Text verlangt, denke ich, eine differenzierte Ausführung. Es wird oft gesagt, die Choralsätze Bachs müßten als Ausdruck einer kollektiven Äußerung, eines Gemeindegesangs etwa, sachlich, emotionslos »objektiv« gesungen werden. Die Spannweite eines solchen Textes aber läßt mich denken, ein Chor sollte, was einer Gemeinde nicht abzuverlangen ist, ausdrucksvoll textbezogen singen. Ich kann mir dies Lied nicht anders ausgeführt vorstellen, als mit einem lebhaft-zornigen Agitato zu beginnen und bei dem bittenden Text in ein flehendes Dolce überzugehen.

»Geduld!«

Teil II, Szene 2 (NBA 33–35, BWV 39–41)

EVANGELIUM
Und wiewohl viel falsche Zeugen herzutraten, funden sie doch
keins. Zuletzt traten herzu zween falsche Zeugen und sprachen:
Er hat gesagt: Ich kann den Tempel Gottes abbrechen und in
dreien Tagen denselben bauen. Und der Hohepriester stund auf
und sprach zu ihm: Antwortest du nichts zu dem, das diese wider
dich zeugen? Aber Jesus schwieg stille.

REZITATIV (Tenor I)
Mein Jesus schweigt zu falschen Lügen stille,
um uns damit zu zeigen,
daß sein Erbarmens voller Wille
vor uns zum Leiden sei geneigt,
und daß wir in der gleichen Pein
ihm sollen ähnlich sein
und in Verfolgung stille schweigen.

ARIE (Tenor I)
Geduld! wenn mich falsche Zungen stechen.
  Leid' ich wider meine Schuld
  Schimpf und Spott,
  ei, so mag der liebe Gott
  meines Herzens Unschuld rächen.

Der nächste Evangelistenbericht enthält eine der komischsten
Musikszenen, die wir von Bach kennen. Sie ist oft beschrieben
worden[196]:

Da *viel falsche Zeugen* einen hinlänglichen Verurteilungs-
grund offenbar nicht plausibel machen können, treten am Schluß
zwei weitere falsche Zeugen auf, die – in der verfänglichen Mi-

schung von Wahrheit und Falschheit – behaupten: ***Er hat gesagt:
ich kann den Tempel Gottes abbrechen und in dreien Tagen
denselben bauen***. Auch hier charakterisiert die Musik überdeut-
lich: Bei ***abbrechen*** purzeln die Continuostimmen durch zwei
Oktaven in Sekundschritten wie von selbst herunter (Beispiel 51a), in angestrengt versetzten Terzschritten ***bauen*** die
Sänger wieder auf (Beispiel 51b). So einfach, wie die Steine her-
abstürzen, sind sie eben nicht wieder aufzurichten. Eine köst-

Beispiel 51

liche Karikierung aber liegt darin, daß die beiden Stimmen sich
im Kanon nachsingen. Die Frau prescht mit vier Noten vor: ***Er
hat gesagt***; schnell, nach nur kurzer Viertelpause, und in gleicher
Höhe fistelnd plappert der Tenor nach (Beispiel 51c). Mit kurzem Erschrecken bemerkt er, daß er sich in der Tonhöhe (die im
weiteren Verlauf für ihn unerreichbar wäre) vergriffen hat. Der
Schreck kostet ihn freilich seinen Anschluß mit einem korrekten

Einsatz nach einem Viertel. Dies wiederum bemerkt er und gleicht es aus, indem er einfach eine ein Viertel während kurze Verschnaufpause der Frau nicht mitmacht und so wieder in den ursprünglichen Abstand hineinfindet. Eine mit der »bauenden« Terzenthematik nachklappende Kadenz der Continuoinstrumente äfft, wie höhnisch bekräftigend, die falsche Rede nach (Beispiel 51d). Auf die Vorhaltungen des Hohenpriesters schweigt Jesus. Dies gibt Bach Anlaß zu einer Betrachtung. Zwei Oboen, eine Viola da gamba mit gebrochenen Dreiklängen und Continuo begleiten den Tenor des Coro secondo in einem Rezitativ. Die Gambenstimme ist autograph, wurde aber nachweislich erst nachträglich von Bach eingefügt, in der autographen Partitur ist sie noch nicht enthalten. Ähnlich wurde sie auch erst später dem Continuo der folgenden Arie hinzugefügt. Kann es sein, daß Bach nur eine klangliche Verstärkung für eine spätere Aufführung wünschte, in der keine Orgel im Coro secondo zur Verfügung stand (sie wurde durch ein Cembalo ersetzt), oder verbergen sich hinter der Uminstrumentierung bedeutungsvolle Absichten des Komponisten[197]? Wir möchten den Klangzreiz der Viola da gamba – vielleicht weil er für unsere Ohren ungewohnter und damit interessanter ist als für die der Bach-Zeit? – nicht missen und werden sie wohl unabhängig von solchen Erwägungen besetzen. Ihr Part ist nicht etwa in eine Violoncellostimme aufgenommen, so daß wir annehmen müssen, Bach habe für die kurze Partie (ebenso wie später für die nur ein Rezitativ und eine Arie umfassende Partie einer Viola da gamba im Coro primo) einen eigenen Spieler oder vielleicht den Spieler eines gerade pausierenden anderen Instruments beschäftigt. Alle beteiligten Instrumente begleiten den Tenor in tupfenden, durch Pausen unterbrochenen, gleichsam einsilbigen Stakkatoakkorden, als wollten auch sie den Klang der Musik reduzieren, da es doch darum geht, schweigen zu lernen. Das zehntaktige Accompagnato beginnt in A-Dur und schließt in a-Moll. Ähnlich dem Rezitativ *Wiewohl mein Herz in Tränen schwimmt* ist aber das Zentrum der Tonart, die eigentliche Tonika des Stückes, mit d-Moll an der Nahtstelle des Goldenen Schnitts in Takt 6 erreicht. In den 39 Akkorden der zehn

Takte hat man einen Verweis auf Psalm 39, Vers 10, erblicken wollen: »Ich will schweigen und meinen Mund nicht auftun, denn du hast's getan«[198].

Mit dem Schlußakkord des Rezitativs sind wir im a-Moll der folgenden Arie *Geduld! wenn mich falsche Zungen stechen* angelangt. Diese Tonart ist uns bereits im Eingangschor aufgefallen. Dort erschien sie an der Stelle, an der der Chor singt: *Sehet ihn aus Lieb und Huld Holz zum Kreuze selber tragen.* Es ist, als werde die Tonart im Lauf der Passion immer mehr entfaltet. Hier erfahren wir, daß sie etwas mit Geduld zu tun hat. Die Arie ist die einzige der Passion, die nur aus der Continuo- und der Gesangsstimme besteht, sie verzichtet – abgesehen natürlich von der improvisierenden Aussetzung der Orgel – auf jede andere Instrumentenfarbe. Es ist, als könne auch das Orchester mit sei-

Beispiel 52

nen vielen Möglichkeiten auf das Schweigen Jesu anders nicht reagieren, als daß fast alle seine Instrumente pausieren. Das der Arie zugrundeliegende viertaktige Thema ist deutlich aus zwei unterschiedlichen Motiven zusammengesetzt. Der Text der Gesangsstimme entschlüsselt, daß der erste Takt mit seinen phrasierenden Achteln etwas mit der beschworenen »Geduld« zu tun hat (Beispiel 52a), die folgenden drei Takte mit ihren scharf punktierten Rhythmen etwas mit dem Stechen der *falschen Zungen* (Albert Schweitzer hört darin »die zuckende Bewegung des Kopfes einer gereizten Schlange«[199]; Beispiel 52b). Die zugrundeliegenden vier Ritornelltakte werden, wenn auch abgewandelt, die ganze Arie hindurch insistierend, fast wie ein Ostinato, beibehalten. Zunächst immer in der ursprünglichen Anordnung: ein Takt die Achtel der Geduld, drei Takte lang die stechenden Rhythmen der falschen Zungen, als entspräche der Anteil der Motive den Empfindungen im wirklichen Leben. Erst bei der vierten Wiederholung ändert sich das Verhältnis deutlich zugunsten der Geduldtakte. Der Sänger kontrapunktiert die Ritornelltakte mit ruhigen Vorhaltbildungen beziehungsweise ausdrucksvoll-melodischen Sechzehntelketten auf den Ausruf *Geduld!* (Beispiel 52c); mit seufzenden Sekunden auf die Worte *falsche Zungen* (Beispiel 52d); und mit schnellen, aggressiv anapästischen oder scharf punktierten Rhythmen auf das Wort *stechen* (Beispiel 52e).

In Takt 19 beginnt der Mittelteil der Arie mit dem Text *Leid' ich wider meine Schuld*. Das »Leiden« setzt unsicher stolpernd mit Synkopen ein. In den Continuobässen ist ihm das Motiv der Geduld unterlegt, das aber nun auf größere Tonschritte erweitert ist: Wahre Geduld entfaltet sich zur vollen Größe erst im Leiden. Auf das erbetene *rächen* sticht der Sänger mit den punktierten Rhythmen der *falschen Zungen* zu.

In Takt 37 setzt die Arie andeutungsweise zu einem Dakapo an, das (auch tonartlich) verändert und stark verkürzt Text und Musik des A-Teils aufnimmt. Die Wiederholung des instrumentalen Vorspiels ist wieder ans Ende der Arie gesetzt und umspannt sie wie ein Bogen. Das bewegende *Leid' ich wider meine Schuld* veranlaßt Bach, den Mittelteil für solch furchtbare Mitteilung auf die gleiche Länge wie den Anfangsteil, nämlich 18 Takte, anwachsen zu lassen. Aber die aufrüttelnde Mitteilung des Mittelteils sprengt nicht die Maße der Natur: Ergibt sich sonst die Proportion des Goldenen Schnitts zwischen Anfangs- und Mittelteil einer Arie, so hier zwischen Anfangsteil A und Mittelteil plus verkürztem Dakapo (statt A:B hier A:B+A' – 18:29).

Der »Menschensohn«

Teil II, Szene 3 (NBA 36–37, BWV 42–44)

EVANGELIUM
Und der Hohepriester antwortete und sprach zu ihm: Ich beschwöre dich bei dem lebendigen Gott, daß du uns sagest, ob du seiest Christus, der Sohn Gottes. Jesus sprach zu ihm: Du sagest's. Doch sage ich euch: Von nun an wird's geschehen, daß ihr sehen werdet des Menschen Sohn sitzen zur Rechten der Kraft und kommen in den Wolken des Himmels. Da zerriß der Hohepriester seine Kleider und sprach: Er hat Gott gelästert, was dürfen wir weiter Zeugnis? Siehe, itzt habt ihr seine Gotteslästerung gehöret. Was dünket euch? Sie antworteten und sprachen: Er ist des Todes schuldig! Da speieten sie aus in sein Angesicht und schlugen ihn mit Fäusten. Etliche aber schlugen ihn ins Angesicht und sprachen: Weissage uns, Christe, wer ist's, der dich schlug?

CHORAL
Wer hat dich so geschlagen,
mein Heil, und dich mit Plagen
so übel zugericht'?
Du bist ja nicht ein Sünder
wie wir und unsre Kinder;
von Missetaten weißt du nicht.

Das nächste Evangelium eröffnet in der Grundtonart e-Moll einen großen Abschnitt der *Matthäuspassion*, der mit dem Chor *Andern hat er geholfen* (NBA 58d) wiederum in e-Moll enden wird. Dieser große Passionsteil spannt einen weiten Bogen um eine bedeutungsvolle Mittelszene mit der Arie *Aus Liebe will mein Heiland sterben* (NBA 47–49). Die beiden vorausgegangenen Szenen mit den falschen Zeugen wirken wie ein Vorgepländel zum nun hochdramatischen Geschehen, berichten sie doch von Ereignissen, die zwar widerlich, aber an der Tagesordnung auch unseres Lebens sind. Die dem großen, von e-Moll umschlossenen Abschnitt noch folgenden restlichen drei Szenen bilden eigentlich einen dritten Passionsteil, der wiederum eine eigene Mitte hat.

Auf die Frage des Hohenpriesters, ob er *Christus, der Sohn Gottes* sei, antwortet Jesus *Du sagest's* in einer unglaublich kühnen Vision, die des *Menschen Sohn* zur *Rechten* Gottes sitzen und in den *Wolken des Himmels* wiederkommen sieht. Für keine anderen Jesus-Worte findet Bach solch visionäre Wendungen: In strahlenden Sechzehnteln der Violinen hört, ja sieht man dahinziehende Wolken – ein altes, in vielen Religionen bekanntes Bild für Gotteserscheinungen –, auf denen der Christus Pantokrator wiederkehrt. Auf die geschickte Einrede des Hohenpriesters *Er hat Gott gelästert... Was dünket euch?* springen *sie* (also die beim Verhör anwesenden Schriftgelehrten und Ältesten) mit erregten Sechzehnteln im Continuo in den fordernden Schrei hinein: *Er ist des Todes schuldig!* Statt in e-Moll, wie man es erwarten würde, setzt die erste Stimme in einem wie befreit wirkenden G-Dur ein: Endlich haben sie den Grund, nach dem sie so lange, mit falschen Zeugen gar, suchten. In nur fünf Takten setzen nacheinander nicht weniger als 15mal die Stimmen der beiden Chöre immer neu an, ihr vernichtendes Urteil herauszuschreien. Dabei wechseln sie bisweilen unsicher zwischen Dur- und Molleinsätzen, bevor sie sich schließlich zusammenfinden, um gemeinsam zu skandieren: *Er ist des Todes schuldig!* Erschreckend, wie groß die Versuchung auch, oder vielleicht gerade, für »schriftgelehrte« Menschen ist, nachplappernde Mitläufer zu sein und nicht auf ihr eigenes Gewissen zu hören. Konträr sind die Tonartenfarben der beiden kurzen Szenen: die Jesus-Worte in leidendem h-Moll, das zur Grundtonart e-Moll zurückgeführt wird, das Volksgeschrei im leuchtenden G-Dur; die sonst überwiegend Jesus vorbehaltene Tonart ist hier ins Grelle pervertiert.

Sie speien, schlagen und schreien schließlich noch erregter und spotten: *Weissage uns, Christe, wer ist's, der dich schlug?*

Hier bahnt sich an, was in späteren Volkschören noch krasser dargestellt werden wird: Nicht mehr nacheinander setzen die Stimmen ein, so als würden Männer und Frauen aufeinander folgen, sich gegenseitig ins Wort fallen und aufhetzen, sondern nun sind sie von vornherein eines Sinnes und skandieren gemeinsam, in knappen Akkorden auftrumpfend. Nur die beiden Gruppen der Chöre treten sich noch gegenüber und stacheln sich gegenseitig an. Schnell weiten die Soprane das Intervall, mit dem sie das *Weissage* herausschleudern, von der aggressiven Quarte zur Quinte, schließlich zur pathetischen Sexte. Die in hartem Stakkato skandierten Akkorde werden von einer hochfahrenden Flötenfigur übertrumpft. Fahrig-verblendetes Schreien folgt: in den Unterstimmen (besonders im Alt) in Sechzehnteln keifend, im Sopran in einem langgezogenen Schrei, der in drei knappe Achtel mündet. Schließlich überschlagen sich die Stimmen der Soprane in synkopischen Wechselnoten, und der Chor kulminiert in knappen, harten Akkordschlägen: *wer ist's, der dich schlug?*, die sich die beiden Chöre gegenseitig an den Kopf schleudern.

In pastoralem F-Dur wundert sich der Chor im anschließenden Choral *Wer hat dich so geschlagen*. Viele expressive Achtel, manchmal in weichen Terzparallelen geführt, nehmen Anteil bis zu der verwundert-verzweifelten Feststellung – im Tenor ausdrucksstark mit ausholender Kantilene vorgebracht –: *von Missetaten weißt du nicht*. Konnte der Hörer die Verleumdung der falschen Zeugen noch unmittelbar auf sich beziehen *(Mir hat die Welt trüglich gericht')*, so verfällt er jetzt in die Distanz des verwunderten Zuschauers. Uns allen klingen die kopfschüttelnden Fragen der Nachgeborenen etwa des Nationalsozialismus mit seiner Barbarei im Ohr: »Wie konnte das geschehen?« Drängende Fragen, die zwar richtig und notwendig sind, doch nur verdrängen, daß es Eltern und Geschwister waren, die das haben geschehen lassen, und daß wir hätten dazugehören können.

»Herz und Auge weint vor dir«

Teil II, Szene 4 (NBA 38–40, BWV 45–48)

EVANGELIUM
Petrus aber saß draußen im Palast; und es trat zu ihm eine Magd und sprach: Und du warest auch mit dem Jesu aus Galiläa. Er leugnete aber vor ihnen allen und sprach: Ich weiß nicht, was du sagest. Als er aber zur Tür hinausging, sahe ihn eine andere und sprach zu denen, die da waren: Dieser war auch mit dem Jesu von Nazareth. Und er leugnete abermal und schwur dazu: Ich kenne des Menschen nicht. Und über eine kleine Weile traten hinzu, die da stunden, und sprachen zu Petro: Wahrlich, du bist auch einer von denen, denn deine Sprache verrät dich. Da hub er an, sich zu verfluchen und zu schwören: Ich kenne des Menschen nicht. Und alsbald krähete der Hahn. Da dachte Petrus an die Worte Jesu, da er zu ihm sagte: Ehe der Hahn krähen wird, wirst du mich dreimal verleugnen. Und ging heraus und weinete bitterlich.

ARIE (Alt I)
Erbarme dich, mein Gott,
um meiner Zähren willen;
  schaue hier,
  Herz und Auge weint vor dir
  bitterlich.

CHORAL
Bin ich gleich von dir gewichen,
stell' ich mich doch wieder ein;
hat uns doch dein Sohn verglichen
durch sein' Angst und Todespein.
Ich verleugne nicht die Schuld;
aber deine Gnad und Huld

ist viel größer als die Sünde,
die ich stets in mir befinde.

Es folgen zwei Szenen, in deren Mittelpunkt zwei Hauptakteure der Passion stehen: Petrus und Judas. Der eine verleugnet, wozu er sich mutig, ja übermütig gerade noch bekannt hatte, der andere verrät,»überliefert«, was er liebt. Beide sind Eiferer, die im Übereifer herbeistürzen und sicher beide das Beste wollen. Wie weit sind sie eigentlich voneinander entfernt? Beide Berichte werden abgeschlossen von einer Arie mit Violinsolo, die erste im ersten Orchester, die zweite im zweiten Orchester. Das Gegensätzliche der beiden Szenen ist durch die Zuordnung zu zwei verschiedenen Orchestern, das Übereinstimmende durch die gleiche Besetzung der beiden Orchester betont.

Das Evangelium schildert zunächst die Konfrontation zwischen Petrus und den herumstehenden Mägden, die ihn an seinem Dialekt als einen Anhänger Jesu erkennen. Aus der Ähnlichkeit der Notenfolge zwischen der jeweiligen Behauptung der Magd und der Antwort Petrus' mag man heraushören, daß Petrus versucht, seinen Dialekt zu verbergen, indem er die Redeweise der Mägde nachahmt: eine Folge von hochtönendem Quartauftakt und Wendung zur Oberterz im ersten Fall, eine wegwerfende Wendung im Dreiklang nach unten im zweiten Fall. In diesem zweiten Fall sind nicht nur Petrus' Noten nahezu identisch mit denen der Magd. Seine Worte *Ich kenne des Menschen nicht* werden zudem dadurch als unwahr entlarvt, daß sie mit der Wirklichkeit des Continuoakkords nicht übereinstimmen (das Continuo in e-Moll, der Sänger in a-Moll).

Dann aber treten mehrere Herumstehende hinzu und bemerken: *Wahrlich, du bist auch einer von denen, denn deine Sprache verrät dich*. In vier Takten des Coro secondo erklingt ein Kabinettstückchen von Häme und Verhöhnung: mit zwei spitzen Akkorden auf *Wahrlich*, mit tapsig polternden Oktaven in den Bässen, einem Sechzehntelkichern in den Flöten und einem Mekkern der Tenöre auf das Wort *Sprache* – als geborener Leipziger meine ich den näselnden Tonfall der Sachsen zu hören. Petrus

bleibt bei seiner Aussage, ja *hub... an, sich zu verfluchen und
zu schwören: Ich kenne des Menschen nicht.* Diesem Schwur
wird alsbald der Spiegel vorgehalten mit der gleichen Tonfolge
der Aussage *Und alsbald krähete der Hahn.* In Bachs Notierung
mit Baß- und – heute unüblichem – Tenorschlüssel wird das kla-

Beispiel 53a

Beispiel 53b

rer als in moderner Notierung: Dort entsteht tatsächlich zweimal
das völlig gleiche Notenbild (Beispiele 53a und b).

Wenn der Evangelist dann von Petrus berichtet *Und ging
heraus*, verläßt er wirklich den Tonraum seines ganzen Be-
richts. Im Verlauf der Passion ist das eingestrichene a die für
erregte Stellen reservierte Spitzennote, die nur höchst selten um
einen Halbton überschritten wird. Hier verläßt der Tenor diesen
ohnehin schon weiten Tonraum und überschreitet ihn um eine
ganze Note – wie Petrus aus dem Hof herausgeht und damit
eine Illusion verläßt. Ergreifend schließlich die zwei Takte auf
und weinete bitterlich. Die erste Silbe des *weinete* wird über
sieben Noten ausgedehnt: das längste Melisma in dem fast ausschließlich syllabisch vorgetragenen Evangelistenbericht der
Matthäuspassion. Die ausdrucksvolle Vertonung mündet in den
Aufschrei einer verminderten Septime. Aber selbst sie ist knap-
per, konzentrierter als die ausschweifende Parallelstelle in der
Johannespassion.

Die folgende Arie für Alt, Solovioline und Streicher des ersten
Orchesters *Erbarme dich, mein Gott* gehört zu den Lieblingen
der Passion bei den Konzertmeistern, bei den Sängerinnen, bei
den Hörern und, wenn er einen sensiblen Sologeiger hat, bei den
Dirigenten. Zu Recht. Sie ist ein Höhepunkt. Ihre musikalische
Ausdruckskraft ist so eminent, ihre Bildhaftigkeit und Textkongruenz so gültig, daß sie alle Voraussetzungen zur Ein-
gängigkeit und Beliebtheit birgt. Über regelmäßig in Achteln

gezupften Violoncelli und Bässen (die tropfenden **Zähren**? – begnügen wir uns mit der Aussage, daß die festhaltenden, starr
repetierenden Noten etwas von der Ausweglosigkeit spüren lassen, in die die Weinende geraten ist), über meist langen Akkorden
in den übrigen Streichern (die in der ganzen Passion ähnlich nur
die Reden Jesu überstrahlen und dort ähnlich selten am musikalischen Geschehen eigentlich teilnehmen wie hier in der Arie),
klagt eine unendlich ausdrucksvolle Melodie in der Solovioline
und in der Gesangsstimme. Sie hebt zweimal mit einer pathetischen Aufwärtssexte an, ergeht sich in vielen Vorhaltseufzern
und mündet in einer erbarmungheischenden Kette von verzweifelt bewegten Noten, die immer wieder im anapästischen
Rhythmus erschauern. Die Aufwärtssexte, in der musikalischen
Rhetorik Exclamatio genannt, hatte auch das Arienthema **Gerne
will ich mich bequemen** bestimmt. Wir erinnern uns der Beschreibung: »hält alles Wünschen und herzliches Sehnen in
sich«, aber auch »Ausdruck des Schmerzes oder der Empörung«.
Als käme die Musik von Petrus' falscher Aussage nicht los, weist
das Arienthema Ähnlichkeit mit dessen vorausgegangener Beteuerung auf **Ich kenne des Menschen nicht** und ihrer Spiege-

Beispiel 53c

lung in der Aussage **Und alsbald krähete der Hahn** (Beispiel 53c).

  Die schmerzlich dissonanten, der Seufzersekunde verwandten Vorhalte sind von Bach verwirrend notiert. Oft fehlen sie bei
der Sängerin, sogar wenn sie (wie etwa in den Takten 17 und 18)
parallel zur Solovioline musiziert – absichtsvoll, weil Bach ihre
Klage dem Instrument vorbehalten wollte, oder bedeutungslos,
weil Bachs Sänger besser als die Instrumentalisten mit seinen
Aufführungswünschen vertraut waren und die Vorhalte des Soloinstruments auch ohne Notierung mitmachten? Im Orchester-
tutti sind die Vorhalte bisweilen ausgeschrieben (beispielsweise
in Takt 13 und 14) – als Achtel, obwohl die Regel der Zeit eine
längere Ausführung verlangte. Wie so manches Mal: es fällt oft
schwer, die Details von Bachs Absicht zu erkennen. Waren sie

allen Mitwirkenden seiner Aufführungen bekannt und bedeuten unterschiedliche Parallelstellen daher weniger, als wir vermuten, oder waren ihm, der doch so detailgenau arbeitete, manche aufführungstechnischen Fragen gleichgültig? Ob man der Regel der Zeit oder Bachs Notierung in diesen Tuttistimmen folgen mag: wichtig ist wohl insbesondere, den dissonant-schmerzlichen Vorhaltcharakter phrasierend zu erfassen.

Die Tonart der Arie ist h-Moll. Sie wurde im Eingangschor für die flehentlich gesteigerte Bitte eingesetzt: **helft mir klagen**. Wie in der **h-Moll-Messe** »Kyrie eleison«, klagt sie hier direkt: **Erbarme dich**! Der Takt aber der Arie ist jener wiegende $^{12}/_8$-Takt, den wir im Eingangschor als Takt der Pastorale kennengelernt hatten: als begegnete der Mensch in seiner Klage Gott wie die Hirten auf dem Feld den Engeln, als sei er aber auch wiegend darin geborgen. In den ersten Baßnoten der Arie hat man, wie in drei anderen Arien, ein Zitat des Chorals **O Haupt voll Blut und Wunden** erkennen wollen[200]. Aber es kann sich, wie gesagt, auch um eine zufällige Notenfolge, um eine typische Stilfloskel handeln.

Der in Takt 23 beginnende Mittelteil ist mit seinen zehn Takten schmaler noch, als selbst der Goldene Schnitt es vorgeben würde – danach müßte er 13 bis 14 Takte lang sein. Die Musik verharrt – gesteigert in die Dominante fis-Moll – in ihrem Erbarmensruf mit der Sexte aufwärts und den zahlreichen Vorhaltseufzern. Selten bleibt der Mittelteil einer Arie trotz neuen Textes so bei der Thematik des Anfangsteils, offenbar ist der Grundaffekt dann so stark, daß er wie in manischer Besessenheit nicht verlassen werden kann. Die Sängerin legt in keuscher Zartheit das Bekenntnis ab: **schaue hier, Herz und Auge weint vor dir bitterlich**, wobei sie sich auffällig in Terz- oder Sextparallelen an den ersten Violinen des Orchesters festhält, von deren Führung sie sich erst bei dem zweimaligen Stoßseufzer **Erbarme dich** wieder freimachen kann. Dieser besonders schmale Mittelteil steht für ein Äußerstes an schüchterner Strenge, an scheuer Zurücknahme, an erlesener Bescheidenheit. In seiner Knappheit – der Text **schaue hier, Herz und Auge weint vor dir bitterlich** erklingt mit wenigen Wortwiederholungen nur ein einziges Mal

– ist jede Larmoyanz oder gar Schwülstigkeit vermieden. Nach den nur zehn Takten beginnt, noch im gesteigerten fis-Moll, in Takt 33 das Dakapo. Es ist frei gestaltet, weist aber die gleiche Taktzahl auf wie der Anfangsteil. Auch rückt es wieder – wie immer die freien Dakapos – die acht Takte des Instrumentalvorspiels ans Ende und überspannt so die große Klage mit einem Bogen der Zuversicht und Geborgenheit.

Einmalig in der Passion: als deutende Aufnahme durch den Hörer genügt Bach die Arie nicht. Es ist, als müsse die einzeln und persönlich vorgebrachte Klage noch einmal von allen Betroffenen gemeinsam ausgesprochen und vor allem ins Zuversichtliche gewendet werden. Der Arie schließt sich nämlich ein Choral an: **Bin ich gleich von dir gewichen, stell' ich mich doch wieder ein**. (Wir kennen ein ähnliches Beispiel aus dem *Weihnachtsoratorium*. Dort werden die Evangelistenworte »Maria behielt all diese Worte in ihrem Herzen« ebenfalls einer solch zweifachen Auslegung wert geachtet.) Wie der Mittelteil der Arie verharrt der Choral in der Steigerung des fis-Moll. Wie kurzatmig singt der Alt in den ersten Takten im immer wiederkehrenden Rhythmus von zwei Achteln und einem Viertel, als müsse er, der sich doch gerade in der Klage der Arie verausgabt hat, immer neu ansetzen. Wieder fragt man sich: Haben bei Bach dieselben Sänger die gewaltige Aufgabe der Solopartien *und* die Chorpartien dazu bewältigen müssen? Die Affinität der Stimmcharaktere sticht jedenfalls ins Auge. Die Männerstimmen **weichen** und **stellen sich wieder ein** in schweifenden Auf- und Abwärtsskalen. Beim zuversichtlich hoffenden **deine Gnad und Huld ist viel größer als die Sünde** leuchten hohe Soprane und verzieren die Choralmelodie mit zwei lachenden, jubilierenden Sechzehnteln. Im Chorbaß, dem tiefsten Fundament und dazu in abgründig tiefer Lage, schlängelt sich eine »circulatio«-ähnliche Fessel bei der bitteren Erkenntnis: **(die Sünde,) die ich stets in mir befinde**.

Zu spät

Teil II, Szene 5 (NBA 41–42, BWV 49–51)

EVANGELIUM
Des Morgens aber hielten alle Hohenpriester und die Ältesten
des Volks einen Rat über Jesum, daß sie ihn töteten. Und bunden
ihn, führeten ihn hin und überantworteten ihn dem Landpfleger
Pontio Pilato. Da das sahe Judas, der ihn verraten hatte, daß er
verdammt war zum Tode, gereuete es ihn und brachte herwieder
die dreißig Silberlinge den Hohenpriestern und Ältesten und
sprach: Ich habe übel getan, daß ich unschuldig Blut verraten
habe. Sie sprachen: Was gehet uns das an? Da siehe du zu! Und
er warf die Silberlinge in den Tempel, hub sich davon, ging hin
und erhängete sich selbst. Aber die Hohenpriester nahmen die
Silberlinge und sprachen: Es taugt nicht, daß wir sie in den
Gotteskasten legen, denn es ist Blutgeld.

ARIE (Baß II)
Gebt mir meinen Jesum wieder!
Seht, das Geld, den Mörderlohn,
wirft euch der verlorne Sohn
zu den Füßen nieder.

Der Evangelist berichtet von der Beratung der Hohenpriester und
Ältesten, wie sie Jesum *töteten*, mit einem im Continuo aufge-
brochenen verminderten Septakkord. Der giftige Akkord kehrt
alsbald in der Harmonisierung des fanatischen *Barrabam*-
Schreis wieder. Affektgeladen gezackte Melodieausbrüche, ge-
häufte Dissonanzen und eine hocherregte Tonart (H-Dur, der
Parallele zum gis-Moll der Ankündigung Jesu im Garten Gethsemane: *Siehe, er ist da, der mich verrät*) berichten von der Reue
und vom Ende Judas'. Alles ist ganz anders gekommen, als Judas
es sich offenbar vorgestellt hatte: *Ich habe übel getan, daß ich*

unschuldig Blut verraten habe, beteuert er. Er wollte Jesus nicht schaden, sowenig wie Petrus Jesus verleugnen wollte. »Er hatte etwas getan, mit dem er alles gewinnen wollte. Als man Jesus zur Hinrichtung abführte, hatte er alles verloren« (Eugen Drewermann[201]). Die Verwandtschaft der Noten zum eben erklungenen *Erbarme dich* und damit zu Petrus' *Ich kenne des Menschen nicht* ist augenscheinlich (Beispiel 53d). Höhnisch fragen die *Hohenpriester und Ältesten* in gespreizter Rede, in gesetzten

Beispiel 53d

Ich ha-be ü-bel-ge-tan, daß ich un-schul-dig Blut ver-ra-ten ha-be.

Akkorden: *Was gehet uns das an?*; im Swing des $^3/_4$-Taktes – in Volkschören höchst selten – meint man sie übermütig herumtanzen zu sehen. Die einen – der zweite Chor – fangen an, die anderen – der erste Chor – wiederholen es um eine Quart nach oben gesteigert; und *Da siehe du zu!* erregen sie sich mit nach oben gereckter Geste. Die Flöten beider Orchester spielen eine Überstimme, die Judas' eben vernommene Beteuerung nachäfft (Beispiel 53e). Sie rückt die Verspottung damit aber auch in die Nähe der Petrus-Worte und der eben verklungenen *Erbarme*

Beispiel 53e   Fl.

dich-Arie. Kann es sein, daß Bach die beiden Geschehnisse um Petrus und um Judas verknüpfen wollte, wie es auch die gleiche Besetzung ihrer Arien nahelegt? Daß er Petrus und Judas letztlich gleiches sagen läßt und die Ältesten hier beide mit ihrer eigenen Rede verspotten läßt?

Judas wirft die Silberlinge weg und erhängt sich. Zwei Bässe – denn es gab, wie das *Lukasevangelium* erzählt, zwei amtierende Hohepriester: Hannas und Kaiphas – befinden über die Silberlinge: *Es taugt nicht, daß wir sie in den Gotteskasten legen*. Im gleichen scheinbar unschuldig-weißen C-Dur wie bei ihrer ersten Verabredung mit den Schriftgelehrten *Ja nicht auf das Fest*, in Wahrheit aber »rüde und frech« (Johann Mattheson), beginnen sie ihre gesetzte Rede nacheinander. Erst die furchtbare Wahrheit *denn es ist Blutgeld* läßt sie in klagendem h-Moll zu Einigkeit und parallelem Sprechen kommen mit einem langgezogenen, erschrockenen **Blut***geld* und gar mit einem erschauernden Triller bei der Wiederholung des Wortes. Man hat darauf aufmerksam gemacht[202], daß die Continuoinstrumente unter den Worten der Hohenpriester *Es taugt nicht, daß wir sie in den Gotteskasten legen* genau bis zu dieser Stelle 30 Noten spielen, als wollten sie die weggeworfenen Münzen klammheimlich aufsammeln.

Auch die ersten vier thematischen Takte der Solovioline in der folgenden Arie *Gebt mir meinen Jesum wieder!* umfassen 30 Noten. Hinter solchen Zahlenspekulationen verbirgt sich manchmal freilich auch ein Stück Kriminalistik. In der autographen Partitur ist nämlich im vierten Takt der Solovioline eine Note mehr enthalten, so daß die Summe nicht mehr 30 betrüge. In den autographen Stimmen aber und auch an späteren Stellen (Takte 30 und 56) ist diese Note wieder getilgt[203]. Hatte Bach nachgerechnet, bemerkt, daß er sich verzählt hat, und den Irrtum in den Stimmen korrigiert? Oder hatte Bach gar nicht gezählt und ist die Anzahl der Noten Zufall? Wir werden es nie erfahren. Ich finde es auch nicht sonderlich wichtig. Unbestreitbar bei der Menge solcher Erscheinungen ist, daß Bach bisweilen um bedeutungsvoller Anspielungen willen gezählt hat. Dafür sprechen die elf Einsätze der fragenden Jünger bei der Ankündigung des Verrats, das belegt die oben geschilderte Notiz in einem Satz der *h-Moll-Messe*.

Der Hörer aber zählt nicht. Den Eindruck der Musik können solche Zahlenverschlüsselungen weder fördern noch trüben. Daß Bach bis ins einzelne und kleinste hinein sorgfältig und liebevoll gearbeitet hat – wer wollte es bezweifeln auch ohne solche Enthüllungen? Allein die Anspielung auf eine im Text vorkommende Zahl oder auch auf Zahlen, die auf Bibelstellen mit ähnlicher Textaussage hinweisen, verstärkt die Wirkung der Musik nicht. Und die hat es auch nicht nötig. Wenn also Bach mit solchen Zahlenhinweisen gespielt hat, so bleibt es interessant, aber für

die Interpretation und für das Verständnis seiner Musik ist es
nicht unbedingt relevant.
Zum letztenmal erklingt eine Arie ohne vorgeschaltetes
Accompagnato. Es ist schwer auszumachen, was Bach (beziehungsweise Picander) im einzelnen veranlaßt hat, auf ein solches vorgeschaltetes Rezitativ zu verzichten. Vielleicht ist die
Beobachtung richtig, daß das einleitende Rezitativ immer bei
den Arien fehlt, deren Texte einen starken Aufforderungscharakter haben oder dramatisch und unvermittelt in die Situation hin-
einspringen: *Blute nur, du liebes Herz – So ist mein Jesus nun
gefangen – Ach, nun ist mein Jesus hin – Erbarme dich, mein
Gott* – und eben *Gebt mir meinen Jesum wieder*. Es ist, als dürfe
in diesen, gemessen an der Gesamtzahl der 15 Arien, selteneren
fünf Fällen keine ruhige Betrachtung die Dramatik der Handlung
unterbrechen oder die heftige Reaktion aufhalten, es sei denn (so
bei späterer Gelegenheit), das Rezitativ würde mit einem Schrei
Erbarm es Gott! selbst in die Handlung hineinfahren.

Kaum ein anderer Arientext kann einer handelnden historischen Person so in den Mund gelegt werden wie das *Gebt mir
meinen Jesum wieder*. Dies erklärt sich vielleicht aus dem Umstand, daß Picander sich hier besonders eng an die Vorlage der
erwähnten Passionspredigten gehalten hat. Dort heißt es: »Er
legt die dreyßig Silberling dar / wirfft sie den Hohenpriestern
vor die Füsse und wil sagen: Da habt ihr euer Geld gebt mir nun
meinen Herrn wieder.«[204] Sollte Picander die Redewendungen
der Predigt aufgenommen haben, ohne zu bemerken, daß sie in
seiner Passion als Äußerungen Judas' an dieser Stelle nicht mehr
passen? Schließlich hatte der Evangelist bereits Judas' Selbstmord berichtet. Selbst wenn Picander solche Unaufmerksamkeit
oder Gleichgültigkeit unterlaufen sein sollte: Bach trauen wir sie
nicht zu. So scheint man gerade aus diesem Arientext, der in der
Vorlage tatsächlich Judas in den Mund gelegt war, entnehmen
zu können, daß Bach keinesfalls, wie es in früherer Bach-Literatur bisweilen unterstellt wurde, seine Arien als Äußerungen
geschichtlicher Personen betrachtete. Wer in der *Matthäuspassion* ein Drama mit historischen Personen erkennen will,
flieht nur vor der Feststellung *Ich bin's*.

Die Arie ist dreiteilig; man entdeckt auch deutlich ab Takt 27 einen Mittelteil in der Dominanttonart und ab Takt 41 ein Dakapo. Die Proportion des Goldenen Schnitts entsteht an den gewohnten Stellen nur höchst ungenau, hingegen wegen des um einen Takt verkürzten Dakapos ziemlich genau zwischen Anfangs- plus Mittelteil zu Dakapo (A+B:A′= 40:25). Der ganze Text wird ohne Absetzen bereits im Anfangsteil vertont, und alle drei Arienteile arbeiten wieder, wie in der vorausgegangenen Arie, mit exakt dem gleichen musikalischen Material. Der Text ist so kurz und so fixiert auf den nur einen Gedanken, daß er in einem Atemzug heruntergehaspelt werden muß und auch keine zusätzliche musikalische Motivik gestattet, wie wir sie im Mittelteil erwarten würden. Emotional aufgeputschte Menschen vermögen – das ist ihre Stärke wie ihr Verhängnis – nichts anderes zu sehen und zu hören als nur den einen Gedanken, der sie so bewegt und irritiert. Der dominantgeschärfte Mittelteil beschränkt sich gar auf den immer wieder mit aufrüttelndem Anapäst begonnenen Ausruf: *Seht, das Geld, den Mörderlohn, wirft euch der verlorne Sohn zu den Füßen nieder*, das Dakapo dann ausschließlich auf die mehrfache dringliche Forderung *Gebt mir meinen Jesum wieder*.

Alfred Dürr hat darüber spekuliert, ob die stark kadenzierende Musik dieser Arie ursprünglich eher zu einem anderen Text mit Aussage-, nicht mit Aufforderungscharakter gehört haben mag[205]. Ich habe in der Hektik der zweimal in den ersten Violinen strauchelnden Synkopen (jeweils im ersten und dritten Takt), im auftrumpfenden Nebeneinander von Stakkatoakkorden (jeweils im zweiten und vierten Takt) und schließlich in der fahrigen, nervös exaltierten Folge von rasenden Sechzehntel- und Zweiunddreißigstelnoten, die in ihrer wegwerfenden Gestik oft ruckartig große Sprünge vollziehen – Albert Schweitzer bis Helmuth Rilling hören darin das Klingeln der in den Tempel geworfenen Silberstücke, Alfred Heuß[206] gar das »Ziehen eines Degens«, mir genügt die synästhetische Feststellung einer Raserei –, immer eine absolut adäquate und überzeugende musikalische Aussage gehört zu dem Judas, der hier verzweifelt gegen die Hohenpriester auftrumpft und schließlich hoffnungslos, irr in dem aufbrausenden Wunsch, aus seiner Haut zu fahren, keinen anderen Ausweg mehr weiß als den Selbstmord; zu dem Judas in mir, der in die tiefste Verzweiflung verfallen ist, in die ein Mensch fallen kann. Es gibt viele Verzweiflungen im Leben des Menschen: wenn er im Angesicht von schreiendem Unrecht beschwörend nach der Gerechtigkeit Gottes, nach dem Ausbleiben der rächenden **Blitze und Donner** fragt und vergeblich fluchend **eröffne den Abgrund, o Hölle** beschwört; wenn er eigenes Versagen, eigene Schwäche erlebt und flehentlich weint **Erbarme dich, mein Gott, um meiner Zähren willen**. Verfällt er aber nicht in schlimmste, nämlich ausweglose Verzweiflung, wenn er erkennen muß, daß er es war, der, vielleicht sogar in guter Absicht, schweres Unheil angerichtet hat, und in seinem rasenden Wunsch, Geschehenes rückgängig zu machen, furchtbar erfährt:»Zu spät«?

John Neumeier schreibt über seine Choreographie dieser Arie (ein Solo des Judas-Tänzers):»Es ist eine tänzerisch schwere, virtuose Variation von Sprüngen, Bewegungen, die den Körper auseinanderreißen, und mit raschen Richtungswechseln, in denen sich die innere Zerrissenheit, Sehnsucht und verzweifelte Bitte spiegeln. Jemand weiß nicht mehr, wohin er gehen, wohin er sich wenden soll in seinem Schrei nach Erlösung und seinem Versuch, die Tat rückgängig zu machen und die Schuld zu tilgen.«

Für mich ein großes Rätsel: die Worte der Hohenpriester waren mit ihrem **Blutgeld**, fast möchte man sagen erwartungsgemäß, in h-Moll angelangt. Die Arie aber rückt die Betrachtung darüber plötzlich in strahlendes G-Dur. Nirgends in der Passion und auch sonst nie bei Bach gibt es ein Beispiel dafür, daß eine solche Erregung und Verzweiflung in der leuchtenden, frühlingshaften Tonart vertont ist. In der *Matthäuspassion* scheint die Tonart ganz für Jesus und die Liebe zu ihm reserviert zu sein – **Ich will dir mein Herze schenken** lautet der Text der einzigen anderen G-Dur-Arie. Sollte Bachs Judas auch Jesus sein **Herze schenken** wollen? Sollte Bachs Judas auch geprägt sein von dieser großen, leuchtenden, bei ihm aber fehlgeleiteten Liebe des **senke dich, mein Heil, hinein**?

In Leo Perutz' Roman *Der Judas des Leonardo* ist Leonardo auf der Suche nach dem größten Sünder der Stadt, um ihn als Vorbild für den Judas in seinem *Abendmahl* zu nehmen. Als er meint, ein Vorbild gefunden zu haben, muß er erfahren, daß er sich getäuscht hat:»Wie könnte der ein Judas sein, es gibt ja in der ganzen Welt nicht einen Menschen, den er liebt.« Ein Knabe weiß auf Leonardos Frage nach dem Geheimnis und der Sünde Judas' die richtige Antwort:»Er verriet ihn, als er erkannte, daß er ihn liebte. Er sah voraus, daß er ihn allzusehr werde lieben müssen, und sein Stolz ließ es nicht zu.«[207]

Eine alte Legende spinnt die Begebenheit um Leonardos Modell noch dichter:»Als der Künstler, so wird erzählt, die ersten Porträtstudien zu diesem Fresko machte, fand er zuerst einen jungen Mann, der ihm für das Antlitz Christi Modell stand. Danach skizzierte er ein Jahr lang die Apostelfiguren. Schließlich fehlte ihm nur noch der Entwurf zum Judas. Lange suchte er nach einem Gesicht, aus dem unverkennbar innerer Verrat und Zerfall sprachen. Nach mehreren Monaten fand er in einer üblen Mailänder Taverne das Modell, das er suchte. Im Verlauf der Malerarbeiten offenbarte sich der Mann mit dem Judas-Gesicht: Er war jener, der zuvor dem Künstler zum Antlitz Christi Modell gestanden hatte.«[208]

Daß Bach dieser »Judas«-Arie die gleiche helle, freundliche Farbe zuordnet wie den meisten Jesus-Worten, ist so staunenswert, wie wenn ein Maler auf einer großen und umfassenden Passionsdarstellung für Jesus und Judas wirklich dasselbe Modell (wie es die Legende von Leonardo berichtet) oder wie wenn er die gleiche, sonst weitgehend ausgesparte Farbe verwendete (so tatsächlich auf dem Bild eines unbekannten frühgotischen Malers in der Altstädter Kirche zu Hofgeismar[209]). Zwar sind Farben vieldeutig. Auch Tonarten. Das Helle, Freundliche, Frühlingshafte kann vielleicht grell, schmeichlerisch, schrill, ja krankhaft stechend werden. Dennoch weist gleiche Farbe oder Tonart auf gleiches hin. Das gemeinsame G-Dur läßt Jesus und Judas als Brüder erscheinen, von denen jeder als Gegenpol des anderen an diesen gefesselt ist. Aufgebender Verrat und behütende Liebe scheinen, wie Wolfgang Teichert es beschreibt, als die zwei Seiten eines Paradoxes untrennbar miteinander verbunden zu sein. Vielleicht ist die gegenseitige Bindung von Jesus und Judas die engste, die zwischen zwei Menschen möglich ist: »Und *das* heißt, sich lieb haben: aneinander schuldig werden, nicht mehr« (Rainer Maria Rilke[210]). Die in einem Orgelchoral in eben demselben G-Dur, in heiter tanzendem $^9/_8$-Takt gestellte Frage:»Kommst Du nun, Jesu, vom Himmel herunter auf Erden? Soll nun der Himmel und Erde vereiniget werden?«[211] – die bange, erstaunte Frage, sie ist mit einem großen, überraschenden Ja beantwortet. Die Hölle ist vom Himmel durchdrungen. Nirgends leuchtet die Morgenröte von G-Dur verheißungsvoller auf als in ihrem unerwarteten Auftauchen in dieser Judas-Arie.

»Befiehl du deine Wege«

Teil II, Szene 6 (NBA 43–44, BWV 52–53)

EVANGELIUM
Sie hielten aber einen Rat und kauften einen Töpfersacker darum zum Begräbnis der Pilger. Daher ist derselbige Acker genennet der Blutacker bis auf den heutigen Tag. Da ist erfüllet, das gesagt ist durch den Propheten Jeremias, da er spricht: Sie haben genommen dreißig Silberlinge, damit bezahlet ward der Verkaufte, welchen sie kauften von den Kindern Israel, und haben sie gegeben um einen Töpfersacker, als mir der Herr befohlen hat. Jesus aber stund vor dem Landpfleger; und der Landpfleger fragte ihn und sprach: Bist du der Jüden König? Jesus aber sprach zu ihm: Du sagest's. Und da er verklagt war von den Hohenpriestern und Ältesten, antwortete er nichts. Da sprach Pilatus zu ihm: Hörest du nicht, wie hart sie dich verklagen? Und er antwortete ihm nicht auf ein Wort, also, daß sich auch der Landpfleger sehr verwunderte.

CHORAL
Befiehl du deine Wege,
und was dein Herze kränkt,
der allertreusten Pflege
des, der den Himmel lenkt.
Der Wolken, Luft und Winden
gibt Wege, Lauf und Bahn,
der wird auch Wege finden,
da dein Fuß gehen kann.

Der Evangelist führt die vorausgegangene G-Dur-Arie im parallelen e-Moll fort, er bleibt gleichsam in ähnlicher Gefühlslage, trübt sie nur nach Moll ein. Die Juden kaufen vom weggeworfenen Geld einen Friedhofsacker – welch sinniger Bezug: führt

doch Judas' »Verrat« zum Tod von Jesus und Judas! Als Beweis
für die abermalige Erfüllung einer alten Prophezeiung wird ein
Wort des Jeremia zitiert: *Sie haben genommen dreißig Silber-*
linge, damit bezahlet ward der Verkaufte, welchen sie kauften
von den Kindern Israel. Unter diesen Worten schreitet die Continuostimme chromatisch aufwärts; man glaubt ohne weiteres,
daß dieser Verkauf ein quälender, in seiner Aufwärtsgerichtetheit
aber auch ein für uns hoffnungstiftender Vorgang ist.

Mitten im Rezitativ des Evangelisten beginnt (in Takt 16) mit
dem schicksalsträchtigen c-Moll eine neue Begebenheit, eigentlich eine neue Szene in neuer Umgebung: Jesus steht vor Pilatus.
Hier erweist sich, wie wenig sich Bach von solchen in der Erzählung selbst liegenden Zäsuren beim Aufbau seiner Passion
beeindrucken läßt. Er unterbricht nicht unbedingt dort, wo es der
Handlungsablauf nahelegen würde, sondern an jenen Punkten
der Erzählung, die ihm einer Betrachtung wert scheinen. Auf
Pilatus' Frage, ob er der Juden König sei, antwortet Jesus mit
einem schlichten: *Du sagest's.* Ich wies schon auf die Parallelität
zur Frage Judas' hin (siehe S. 152), die Jesus mit ebendenselben
Worten beantwortete, die Bach aber mit einer viel liebevolleren
Begleitung bedachte. Hier sind es nicht ausgehaltene lange No-
ten wie sonst, sondern drei nüchterne Streicherakkorde, die Jesu
Rede umgeben. Die inhaltsschweren fünf Takte von der Frage
Pilatus' und der Antwort Jesu bleiben im schicksalhaften c-Moll
und wirken damit wie ein Fremdkörper in dem Rezitativ. Denn
rasch hellen sich danach die Farben wieder auf, eine abermalige
Frage Pilatus', die in einer dramatischen Tonartenrückung nach
oben führt, beantwortet Jesus nicht mehr, so daß *sich auch der*
Landpfleger sehr verwunderte. Das Rezitativ endet in der Con-
tinuokadenz mit einer ganzen Note. Dies ist selten. Die Spieler
des Continuos, die den Akkord aushalten müssen, empfinden
vielleicht am stärksten, wie hier die Musik gleichsam angehalten
wird und einen Augenblick in Nachdenklichkeit verharrt.

Anlaß zum Nachdenken, zum Bedenken eigener Reaktionen
hatte das Schweigen Jesu bereits an früherer Stelle gegeben mit
der Arie *Geduld, Geduld, wenn falsche Zungen stechen.* Nun
aber sind es nicht Lügen, die das souveräne Schweigen Jesu aus-

lösen, sondern Verständnislosigkeit. Es gibt im Leben Situationen, in denen Selbstverteidigung und Rechtfertigung sinnlos werden, weil man selbst in einer Geschichte drinnen ist, die ein anderer nicht verstehen kann oder will, weil er außerhalb steht. Bewegend schildert Manfred Hausmann solchen Gegensatz von »Außenstehen« und »in einer Geschichte drinnen sein« in seiner Betrachtung von Rembrandts geheimnisvollem Bild *Der Segen Jakobs*[212]: »... die Verständnislosigkeit, mit der manche Menschen zusehen, wenn sich etwas Ungewöhnliches ereignet. Zusehen ist schon zuviel gesagt. Sie bemerken das Ungewöhnliche nicht einmal, sie leben daran vorbei, oder sie sind, wenn sie es bemerken, ihrer Veranlagung nach nicht imstande, seine Bedeutung zu erfassen... so reiht sich Bild an Bild. Und jedesmal sind die einen von einem Geheimnis umfangen, während die andern nichts merken, leben die einen in einem magischen Raum, während die andern draußen stehen, haben die einen ihre Einsamkeit, während die andern sich im Getriebe des Tages tummeln.«

Diese und die nächste Szene werden von einem Choral abgeschlossen und ergeben so ein Pendant zu den beiden vorherigen, die mit einer Arie endeten. Wie könnte der Hörer auf das Unverständnis angemessener reagieren als mit dem Zuspruch an sich selbst: *Befiehl du deine Wege, und was dein Herze kränkt, der allertreusten Pflege des, der den Himmel lenkt.* Dazu in dieser sich wie ein Ariadnefaden durch die Passion ziehenden Melodie, in deren mehrmaligem Wiedererkennen wir ein Stück Geborgenheit in der verwirrenden Fremde der Geschehnisse erleben; in deren vertrauter, geheimnisvoll glühender, uns körperlich berührender Melodie wir immer – selbst wenn wir es so nie gehört hätten – etwas von seiner ursprünglichen Liebeserklärung mithören: »Mein Gmüt ist mir verwirret, das macht ein' Jungfrau zart«. Wir hatten die Melodie bereits auf zwei Verse aus einem anderen Lied auf den Tönen E und Es gehört. Jetzt ist die Melodie abermals einen Halbton abgesunken und erklingt auf D. Später werden wir sie noch zweimal hören. Jedesmal erkennen wir die vertraute Weise, und jedesmal erklingt sie doch in ihrem Kontext in jeweils anderer Tonart und unterschiedlichem Satz ganz einmalig. In dem Choral ***Befiehl du deine Wege*** sind es insbesondere einige laut»malerische« Stellen, die den Satz eng mit dem Text verbinden und sich dementsprechend in den anderen Sätzen des Liedes nicht finden: Der Tenor läßt uns geradezu zusehen, wie ***Wolken, Luft und Winde*** vorbeiziehen; der Baß schafft in einem zunächst nach unten, alsdann nach oben gerichteten Achtellauf ***Wege, Lauf und Bahn***; der Alt gleitet auf geschmeidigen Achteln unter solcher Obhut, ***da dein Fuß gehen kann***, indes der Baß Ton für Ton eine Quinte emporschreitet.

Zeitgenössische Musiktheoretiker kannten und beschrieben solche Effekte als »assimilatio«[213] – »ad simulatio« heißt »zum Abbilden«. Daß der Hörer solche »Abbildungen« spontan und unreflektiert empfindet, läßt sich nur mit einer tiefen Übereinstimmung unserer Sinneswahrnehmungen, mit Synästhesie (siehe S. 61) erklären. Ich habe einmal das Experiment gemacht, alle in der *Matthäuspassion* vorkommenden Sätze dieses Liedes in dieselbe Tonart zu transponieren und dann die transponierten Sätze und die Texte der entsprechenden Verse von Hörern, die die Passion nicht gut kannten, neu einander zuordnen zu lassen. Jedesmal sind dieser Vers und der Vers ***Wenn ich einmal soll scheiden*** eindeutig richtig zugeordnet worden. Wieviel besser wäre solches Erkennen gelungen, wenn ich noch die Charakteristik der Tonart und die musikalische Umgebung zur Bestimmung herangezogen hätte! Die Verbindung des Bachschen Liedsatzes mit seinem Text ist oft sehr eng.

»Wie wunderbarlich«

Teil II, Szene 7 (NBA 45–46, BWV 54–55)

EVANGELIUM
*Auf das Fest aber hatte der Landpfleger Gewohnheit, dem Volk
einen Gefangenen loszugeben, welchen sie wollten. Er hatte
aber zu der Zeit einen Gefangenen, einen sonderlichen vor andern, der hieß Barrabas. Und da sie versammlet waren, sprach
Pilatus zu ihnen: Welchen wollet ihr, daß ich losgebe? Barrabam
oder Jesum, von dem gesaget wird, er sei Christus? Denn er
wußte wohl, daß sie ihn aus Neid überantwortet hatten. Und da
er auf dem Richtstuhl saß, schickete sein Weib zu ihm und ließ
ihm sagen: Habe du nichts zu schaffen mit diesem Gerechten;
ich habe heute viel erlitten im Traum von seinetwegen! Aber die
Hohenpriester und die Ältesten überredeten das Volk, daß sie
um Barrabas bitten sollten und Jesum umbrächten. Da antwortete nun der Landpfleger und sprach zu ihnen: Welchen wollt
ihr unter diesen zweien, den ich euch soll losgeben? Sie sprachen: Barrabam! Pilatus sprach zu ihnen: Was soll ich denn
machen mit Jesu, von dem gesagt wird, er sei Christus? Sie sprachen alle: Laß ihn kreuzigen!*

CHORAL
Wie wunderbarlich ist doch diese Strafe!
Der gute Hirte leidet für die Schafe,
die Schuld bezahlt der Herre, der Gerechte,
für seine Knechte.

Pilatus ist Politiker. Wie oft bei Politikern: er muß Angst haben.
Entweder mißfällt er seinen Vorgesetzten oder seinen Unter-
gebenen. Seinem Gewissen zu folgen, das Volk (die Wähler) zu
verprellen, kann ihn die Existenz kosten. So verfällt er auf einen
Ausweg: Er bietet dem Volk an, Jesus freizugeben gegen das

ohnehin verwirkte Leben eines Mörders. Der Evangelist beginnt in erregtem A-Dur, wie so oft spannungsvoll mit dem Sextakkord von dessen Dominante. Auf den Namen *Jesum* erreicht er ein zärtliches a-Moll, um alsbald – *von dem gesaget wird, er sei Christus* – dem Gesalbten eine leuchtende G-Dur-Gloriole zu verleihen. Pilatus' Frau warnt ihren Mann mit beredten Worten und anrührender Musik: *Habe du nichts zu schaffen mit diesem Gerechten; ich habe heute viel erlitten im Traum von seinetwegen!* Mit reinem, lauterem C-Dur setzt sie ein, um bei dem Gedanken an den quälenden Traum die Tonartenfarbe mit einer ausdrucksvollen Kadenz im Continuo dunkel nach g-Moll einzutrüben. Ihr *erlitten* vollzieht sie mit einem verminderten Septimsprung abwärts: Man verspürt das Loch der Angst, in das ihr Traum sie gestoßen hat.

Aber, berichtet der Evangelist mit einem Tonartenruck, das Volk wird aufgewiegelt und verlangt auf die Frage, wer freikommen solle, Jesus oder der Mörder Barrabas, in drei geschrienen verminderten Septakkorden: *Barrabam!* Zum erstenmal in der *Matthäuspassion* tritt das *Volk* auf, und gleich ist es einig. Beide Chöre sind es, die nun nicht mehr stimmenweise oder im anstachelnden Gegenüber einsetzen, sondern in fataler Eintracht silbenweise hervorstoßen: *Bar-ra-bam!* In den folgenden Volkschören erleben wir solche zu Fanatismus aufgeputschte Einigkeit noch öfter, eine Einigkeit, die wir bisher doch den gemeinsamen Gefühlen der Hörer in den von beiden Chören gleich gesungenen Chorälen vorbehalten glaubten. Also auch dies Einssein der Menschen hat seine dunkle, seine dämonische Seite. Und auch Musik hat nicht nur die Kraft, Menschen in ihren Emotionen zu einen und zu befrieden, sie hat auch die Macht, aufzuputschen und Menschen auf ihre teuflischen Instinkte einzustimmen. Die drei dissonanten Akkorde müssen für die Leipziger Hörer der Bach-Zeit weitaus erschreckender geklungen haben als für unsere an Dissonanzen gewöhnten Ohren. Dazu ist der Schrei nackt: Beide Chöre singen, vom Continuo abgesehen, ohne jede instrumentale Abstützung a cappella. Dies ist für die Zeit Bachs und besonders für die großen orchesterbegleiteten Oratorien völlig ungewöhnlich und auch für uns von ungemeinem Effekt. Es gibt später eine Stelle, an der auch Jesus ohne Orchesterstütze, ohne den Glanz der ihn sonst begleitenden Streichergloriole singt. In beiden Fällen ist gewiß gemeint, daß der Mensch in äußerster Erregung – hier aufgeputscher Wut, später äußerster Verlassenheit und Todesangst –»nackt« wird, entblößt von allen Stützen. Für mich ist diese Wirkung vergleichbar der, die Michelangelo erzielt, indem er – zu seiner Zeit heftig umstritten und angegriffen – die Menschen in seinem *Jüngsten-Gericht*-Fresko in der Sixtinischen Kapelle alle nackt malt: Nicht anders als nackt, unbeschützt von Konvention und (sich in Kleidung manifestierendem) Rang treten die Menschen vor Gottes Angesicht.

Die außergewöhnliche Wirkung, menschliche Stimmen in einem Orchesterwerk plötzlich in unbeschütztem A cappella singen zu lassen, ist durch die Jahrhunderte unverändert stark geblieben, wenn auch in der Bedeutung bisweilen ins Nazarenische, ja verzückt Seraphische modifiziert. Eine ähnliche Wirkung menschlicher Unbeschütztheit und Unbedingheit erleben wir etwa, wenn im *Deutschen Requiem* von Johannes Brahms nach einem düsteren, melancholischen Orchestervorspiel die Chorstimmen ohne instrumentale Begleitung anheben zu singen »Selig sind, die da Leid tragen«, oder wenn in Giuseppe Verdis *Requiem* nach dem Schrei des »Dies irae« mit dem Tosen des vollen Orchesters plötzlich die Sopranstimme und der Chor a cappella beginnen: »Requiem aeternam dona eis«.

Ich glaube, daß die Musik Bachs mit ihrer Dichte, ihrer gewagten Harmonik und ihrem unglaublichen Formsinn die Jahrhunderte umgreift und nicht beispielsweise eine Uminstrumentierung benötigt, um aktuell zu erklingen – wie noch die Musiker der Romantik glaubten, die etwa diese drei **Barrabam**-Akkorde instrumentierten. Dennoch denke ich, daß an solchen Stellen eine behutsame Interpretation erlaubt und geboten ist, an denen die Wirkung auch stark von der Härte der Dissonanz ausgeht, die wir heute höchstens noch im Kontext der erklingenden Musik, aber nicht mehr absolut empfinden. Ich versuche das Grauen des Schreies nicht nur in exaltiertem Fortissimo, sondern auch durch eine Überdehnung der drei Silben herzustellen, die das in Wut

und Verblendung langgezogene Schreien nachahmen soll. Sicher
ist auch eine gegenteilige Interpretation effektvoll: ein hartes,
kurzes, wie verabredetes Skandieren. *Laß ihn kreuzigen!* fordert das aufgeputschte Volk von Pilatus. Wieder agieren beide Chöre und singen gleiche Noten – die
verblendete Einigkeit, die sich im skandierten *Barrabam*-Schrei
radikal manifestiert hatte, setzt sich fort. Aber nacheinander, in
einem kleinen Fugato, setzen die vier Chorstimmen ein, die Männer beginnen mit dem Wutausbruch, und die Frauen folgen. Mit
zwei eindringlich repetierenden Noten insistieren die Aufgebrachten, mit trotzigen Synkopen trumpfen sie vor Pilatus auf
und müssen sich doch dabei durch das verschlungene Circumflex-Motiv quälen: Die ersten fünf Noten des Motivs sind chiastisch (siehe Beispiel 9c, S. 70). Die Orchester begleiten »colla
parte«, nur die Flöten haben markante Oberstimmen, die wegen
der nicht besonders hohen Lage freilich schwer zum Hören zu
bringen sind. In parallelen oder komplementären Bewegungen
umkreisen sie impertinent den Quintton e, bis sie – beim Einsatz
der Frauenstimmen – im Unisono heftig fahriger Bewegung einig
werden. Der Chor umfaßt ganze acht Takte – in der *Johannespassion* sind die Turbae mit etwa gleichlautendem Text erheblich
länger. In der *Matthäuspassion* sind sie zu äußerster Exzentrik
gerafft, im Grunde ist ihre Wirkung so härter, dramatischer. Der
Chor setzt in a-Moll ein, moduliert und endet unerwartet mit
einem hohen H-Dur-Akkord, der Dominante zu einem immanenten e-Moll.

Auf H setzt dann – ich denke, nach einer Pause entsetzten
Schreckens – auch der betrachtende Choral ein: *Wie wunderbarlich ist doch diese Strafe!* Damit steht nach der wütenden Aufforderung *Laß ihn kreuzigen!* ein Vers aus demselben Lied wie
nach Jesu Ankündigung *daß er gekreuziget werde* (NBA 2). *Wie
wunderbarlich* beginnt der Choral – auch bei Bach absolut ungewöhnlich – mit einer Dissonanz, der Chorbaß drängt sich ungeduldig, als wolle er das Geschehen nicht wahrhaben, durch
einen aufwärts gerichteten Passus duriusculus. *Der Herre, der
Gerechte* neigt sich in einer großen Abwärtsskala der Bässe herab, um die Schuld zu bezahlen.

»Aus Liebe«

Teil II, Szene 8 (NBA 47–49, BWV 56–58)

EVANGELIUM
Der Landpfleger sagte: Was hat er denn Übels getan?
REZITATIV (Sopran I)
Er hat uns allen wohlgetan.
Den Blinden gab er das Gesicht,
die Lahmen macht' er gehend;
er sagt' uns seines Vaters Wort,
er trieb die Teufel fort;
Betrübte hat er aufgericht';
er nahm die Sünder auf und an.
Sonst hat mein Jesus nichts getan.

ARIE (Sopran I)
Aus Liebe will mein Heiland sterben,
von einer Sünde weiß er nichts,
daß das ewige Verderben
und die Strafe des Gerichts
nicht auf meiner Seele bliebe.

Der einzelne, in zwei Takten vertonte Vers des Evangeliums ist
der kürzeste Abschnitt, der Bach veranlaßt, den Bericht des Matthäus abzubrechen und eine Betrachtung einzuschieben. Der
Vers, der nicht in der Mitte des vertonten Textes steht, läßt zunächst kaum ahnen, warum er so wichtig ist, daß Bach innehält
und ihm sogar eine zentrale Stellung in der Architektur des zweiten Teils einräumt. Unsere Begebenheit spielt nämlich in der achten Szene, hat also sieben Szenen vor und ebenso viele hinter
sich. Zudem ist sie symmetrisch umgeben von zwei noten-
gleichen, um einen Halbton versetzten Chören *(Laß ihn kreuzi-*

gen) und dadurch ähnlich als Zentrum ausgewiesen wie die Pe-
trus-Szene im ersten Teil durch zwei notengleiche, um einen
Halbton versetzte Choräle. Schließlich ist sie axialsymmetrisch
umgeben von einem großen Tonartenbogen, der von der dritten
bis zur zwölften Szene reicht, mit dem e-Moll des Evangeliums
Und der Hohepriester antwortete und sprach zu ihm (NBA 36a)
beginnt und auf dem e-Moll des *er hat gesagt: Ich bin Gottes
Sohn* (NBA 58d) endet. Innerhalb dieser axialsymmetrisch ge-
ordneten zehn Szenen liegt übrigens die genaue Mitte, nach Takten gezählt (von 818 Takten der 409. und 410. Takt), auf zwei
Takten der Arie, die von *meiner Seele* sprechen.

Der Tonartenbogen umspannt, symmetrisch um seine Achse
geordnet, verschiedene sich entsprechende Chöre und je zwei
Arien, die alle um die Aussage des Zentrums eine Art schützenden Dom entstehen lassen. Dieser Tonartenbogen umfaßt das
eigentliche Gerichts- und Kreuzigungsgeschehen, er isoliert die
ersten beiden Szenen als Vorgeplänkel zum eigentlichen Drama,
insbesondere aber die letzten drei Szenen von den vorausgegangenen – wie wir sehen werden, nicht ohne Grund, denn in diesen
abgespaltenen letzten Szenen geschieht völlig anderes, das sich
auch in völlig anderen, dunkleren Tonartenfarben ausspricht.
Friedrich Smend hat darauf hingewiesen, daß Bach vor allem
mit der axialsymmetrischen Anordnung von Volkschören um
diese Szene ein Formprinzip wiederaufnimmt, das er in der
Johannespassion mit großer Könnerschaft und Strenge angewandt hatte[214]. Die Doppelung des Schreis *Laß ihn kreuzigen*
legt solche axialsymmetrische Anlage nahe. Aber freilich gilt
auch hier, daß der Fluß der Erzählung, von dem ja die Turbachöre vorgegeben sind, sich nicht in das Prokrustesbett eines
starren Formschemas pressen läßt, daß »dem Leben schauderte
vor der genauen Richtigkeit« (Thomas Mann[215]).

Pilatus hatte gefragt: *Was hat er denn Übels getan?* Das
schreiende Volk weiß darauf keine Antwort. Das nachfolgende
Rezitativ des Soprans aber gibt Antwort: *Er hat uns allen wohlgetan.* In zwölf Takten schildert die Musik Jesu Wohltaten mit
den dunklen Klängen zweier Oboi da caccia. Wir erinnern uns
an den Klang dieser Instrumente aus dem Tenorrezitativ im er-

sten Passionsteil *O Schmerz, hier zittert das gequälte Herz,* wo sie, durch Blockflöten verfremdet, mit eigenartig fahlem, unerlöstem Klang die Klage des Tenors grundierten. Zudem erinnert ihr dunkler Klang an ihr Vorkommen im *Weihnachtsoratorium* (dort ist die Gedankenverbindung zu den Schalmeien der Hirten durch den Text evident). Die beiden Instrumente spielen in sanften Terzparallelen im immer gleichen Rhythmus von zwei ungebundenen Sechzehnteln, einer übergehaltenen Achtel und drei gebundenen Sechzehnteln (Beispiel 54a) – als würden sie mit den gebundenen Noten auftaktig Anlauf nehmen, um in

Beispiel 54

den zwei ungebundenen Wechselnoten eine Gebärde wie Kopfschütteln zu vollziehen. Das Continuo hält immer wieder geduldig an einer langen Note fest, um dann in umfassenden Dreiklangsbrechungen, in weich getupftem Stakkato eine ganze Welt auszuschreiten (Beispiel 54b).

Die dunklen Hirtenschalmeien mit ähnlich weicher Parallelführung, dazu die gebrochenen Dreiklänge im Continuobaß kehren später in einer Arie wieder: *Sehet, Jesus hat die Hand, uns zu fassen, ausgespannt* (NBA 60). Dort scheint die Assoziation entfaltet und klar: Die beiden tiefen Oboen stehen mit ihrem dunklen Klang nicht nur für die Ruhe des Hirten, sondern auch für seine treusorgende Pflege, unter der wir uns aufgehoben fühlen dürfen; die weiten, gebrochenen Dreiklänge scheinen dort Sinnbild der allumfassenden Arme Jesu.

Die wenigen Takte unseres Rezitativs beginnen in e-Moll und erklären damit nachträglich den Schluß der in aufgeregt hohem

H-Dur landenden Frage des Pilatus als Dominante. Zur Beschreibung der vielfältigen Wohltaten modulieren sie weit und aus-
schweifend durch die Tonarten über das a-Moll der Geduld, das
pastorale orangefarbene F-Dur und das herbe Grund-e-Moll nach
C-Dur, jener »weißen« Tonart, die, wie gesagt, nicht Abwesen-
heit von Farbe, sondern Anwesenheit aller Farben bedeutet. Wir
befinden uns in der Mitte des zweiten Passionsteils, die auch –
mit wohlbegründeten Ausnahmen – dessen beide Hälften tonartlich trennt: hier die »weiße«, neutrale, jungfräuliche Tonart,
die im Quintenzirkel der Tonarten den Ausgangspunkt bildet;
vorher überwiegend erregte Kreuztonarten; hinterher oft, dann
ausschließlich dunkle, nach innen führende B-Tonarten.

Mit dieser tonartlichen Mitte von C-Dur ist die Ebene erreicht,
auf der sich in der »weichen« Paralleltonart a-Moll die nächste
Arie *Aus Liebe will mein Heiland sterben* ereignen kann. Ich
sage »ereignen«: denn diese Arie ist tatsächlich eine der kühn-
sten und ausdrucksvoll schwärmerischsten Äußerungen, die wir
aus Bachs Feder besitzen. Die beiden Oboi da caccia verharren
in der Einigkeit ihrer Parallelbewegung, aber nun in weichen,
meist in Vierteln hallenden Stakkatotönen, wie sich ein fest und
ruhig schlagendes Herz anhören mag. Dazu tritt eine Soloflöte
und ergießt aus überirdischen Höhen eine unendlich ausdrucksvolle, phantasievoll schweifende, wie verliebte Melodie; eine
träumerisch in die Weite ausgreifende Kantilene, die sich bereits
im ersten Takt vom Grundton A zur Quinte E und von dort zur
Dezime C aufschwingt, um sich alsdann in zärtlichen, über-
schwenglichen, schier unendlichen Melodieschwüngen zu verströmen – »die Fülle der Liebe und jedes leidenschaftlichen
Glücks verewigend«, so beschreibt Goethe »Kantilene«[216]. Dabei wiederholt die Melodie (ab Takt 5) immer wieder eine Figur,
die wie eine Erweiterung des Oboenmotivs aus dem Rezitativ
anmutet: Immer eine Kette mehrerer gebundener Sechzehntel
mündet in den charakteristischen Rhythmus von zwei Sechzehnteln und einem übergehaltenen Achtel. Dieser anapästische
Rhythmus aber steht im schwebenden Dreiertakt immer auf der
leichtesten Taktzeit. Es ist, als würden in den gebundenen Sechzehnteln liebevoll ein Arm sich ausstrecken und auf den un-

gebundenen Wechselnoten eine Hand sich öffnen, um etwas zu
verschenken, und als würden wir uns mit dem gleitenden Dreiertakt wirklich »in excelsis« befinden (Beispiel 55).

Die selige Melodik der Arie erinnert mich an ein Wort Felix
Mendelssohn Bartholdys, das von Robert Schumann überliefert
ist: Nachdem Schumann von Mendelssohn in der Leipziger Tho-

Beispiel 55

maskirche den Orgelchoral *Schmücke dich, o liebe Seele* hatte
spielen hören, schrieb er ihm: »Um den cantus firmus hingen
vergoldete Blättergewinde, und eine Seligkeit war dareinge-
gossen, daß Du mir selbst gestandest, wenn das Leben Dir Hoffnung und Glaube genommen, so würde dir dieser einzige Choral
alles von neuem bringen«[217]. In unserer Arie ranken die »Blättergewinde« noch viel üppiger als im Orgelchoral, und man ver-

nimmt gern die Botschaft, daß allein *Aus Liebe* Glaube und Hoffnung neu geboren werden kann. Es fehlt das Fundament aller tieferen Instrumente. Wir waren solcher »Bodenlosigkeit« bereits verschiedene Male in der *Matthäuspassion* begegnet (im Rezitativ *Der Heiland fällt vor seinem Vater nieder*, im Duett *So ist mein Jesus nun gefangen* und in der Altarie *Ach, nun ist mein Jesus hin*). Dort war den Sängern der instrumentale Boden unter den Füßen weggezogen als Zeichen ihrer Haltlosigkeit. Hier ist es, als bräuchte Leben nicht den Boden rauher Wirklichkeiten, wenn es in Liebe geborgen und erhoben ist. Hohe Lagen, die hier allein erklingen, haben etwas Vergeistigtes an sich, tiefe Frequenzen dagegen sind als Schwingungsreiz direkt auf der Haut spürbar und werden so leicht »im Bauch«, als Ausdruck unartikulierter Emotionalität, empfunden. Zur Höhe der Musik passen die vielen als spitz und hoch empfundenen »i«- und »e«-Laute des Textes[218].

Die Sopranstimme hat an der schweifenden, sich verströmenden Melodik Anteil. In langen Noten charakterisiert sie die Schlüsselworte *Liebe, das ewige Verderben, Strafe*. Am intensivsten aber hält sie sich zweimal, jeweils in taktelangem Melisma, mit dem *Sterben* auf, das zudem immer in einer Dissonanz mit Fermate und anschließender Generalpause mündet – wie in Ungewißheit anhaltend; wie in einer Frage unaufgelöst, nicht etwa mit der Sicherheit einer Kadenz bestätigt; wie in Spannung innehaltend, aus der sich neue Melodieschwünge lösen. Wenn die Sängerin beteuert: *von einer Sünde weiß er nichts*, schweigt die Stimme aus der Höhe, die Flöte; die beiden Oboen begleiten in einem ruhigen punktierten Rhythmus, der mit seiner besänftigenden Wirkung später in der bereits genannten Altarie *Sehet, Jesus hat die Hand, uns zu fassen, ausgespannt* wiederkehrt.

In einem kurzen Mittelteil (ab Takt 28) wird, ohne daß die Musik ihr schweifendes Strömen aufgibt, der Zweck der hingebungsvollen Liebe Jesu erklärt: *daß das ewige Verderben und die Strafe des Gerichts nicht auf meiner Seele bliebe*. Als könne Liebe keine ausgetretenen Wege gehen, wird auch das Dakapo (ab Auftakt 45) stark abgeändert. Es läßt wieder das zwölftaktige

Instrumentalvorspiel nicht am Anfang des Dakapos, sondern spiegelsymmetrisch am Ende der Arie erklingen: Die Geborgenheit des Hörers unter der Bogenform läßt etwas von der Wärme und Aufgehobenheit ahnen, die Liebende umfaßt und schützt. Aber das Strömen der liebevoll »unendlichen Melodie« (diesen Begriff prägte Richard Wagner für seine Musik, und er befand, sie sei bei Bach »präformiert«) läßt die Gliederungen der Arie unhörbar und ihr genaues Eintreten auch zweifelhaft erscheinen. Die melodische Kraft ist stärker als periodizierende Grenzen. In der Natürlichkeit der »göttlichen Teilung« ist sie dennoch geborgen: Der Mittelteil verhält sich zum Anfangsteil wie dieser zu beiden und beide in etwa zum Ganzen (B:A=A+B:A+B+A'= 27:44=44:74, genauer wäre 72).

Wir befinden uns in a-Moll. Alle wirren Gefühle sind – wie die Tonarten auf dieser Ebene – aufgehoben im einzigen, das alles erhebt: in Liebe. Liebe überwindet Enge und Angst; sie öffnet den Menschen so, daß er sich wie die unendliche Melodie der Arie verströmen kann, ohne sich zu verlieren. Liebe »duldet alles« (wir erinnern uns der in gleicher Tonart erklungenen Arie *Geduld, Geduld*) – davon zeugen in der Arie die langen, festhaltenden Noten. Ja, sie ermöglicht – so eine spätere Verknüpfung in Bachs Passion –, *wenn ich einmal soll scheiden*, Leben *aus den Ängsten gerissen* zurückgeben zu können. Die Spannung des »hülf- und hoffnungslosen« E-Dur aus dem Choral *Erkenne mich, mein Hüter, mein Hirte nimm mich an* ist gelöst, hat ihre »Dominanz« an ihre Grundtonart a-Moll abgegeben, der suchende Mensch ist nach Hause gekommen, im alles umfassenden a-Moll »angenommen«.

Im Zentrum des ersten Passionsteils war menschliche Schuld in ihrer typischsten Ausprägung geschildert: Wir machen uns alle gern selbst groß. Wir wollen nicht zugeben, daß wir alle stark und schwach zugleich sind: daß keiner ein »Petrus«, ein Fels ist; daß keiner über den anderen erhaben ist. Die zentrale Aussage des zweiten Teils schildert, wie solche Schuld überwunden werden kann: durch Liebe. Sie sieht den Menschen mit den Augen Gottes, läßt ihn so vor dem Auge des Liebenden entstehen, wie er sein könnte, wenn er er selbst wäre. »Einzig die Liebe ist imstande, einen Menschen als göttlich zu erkennen. Und einzig die Angst ist imstande, einen Menschen zum Gott zu erheben« (Eugen Drewermann[219]). Liebe allein ermöglicht, den »Kampf am falschen Ort« aufzugeben, die Projektionen zu lassen, mit denen wir dunkle Seiten unserer Existenz auszugrenzen versuchen, die uns schließlich verfolgen, weil wir sie nicht mehr beeinflussen können, wenn wir sie wegschieben. In der Angst vor unserer Dunkelheit, in dem Bestreben, unsere unangenehmen Seiten lieber bei anderen Menschen als bei uns wahrzunehmen, stellen wir auch positiven Möglichkeiten unserer Entfaltung ein Bein. Aus diesem Teufelskreis vermag allein Liebe herauszuführen. »Was wir ablehnen, wird für uns böse, was wir aufnehmen, wird für uns gut. Der Liebende sieht keine Feinde, weder im eigenen Herzen noch in der umgebenden Welt« (Peter Schellenbaum[220]).

Peer Gynt erfährt diese Wahrheit am Ende seines Lebens durch Solvejg, die ein Leben lang auf ihn gewartet hatte: Nur in der Liebe Solvejgs hätte er den »Sonnenweg« (das heißt Solvejg) seines Lebens beschreiten können, nur in der liebenden Annahme durch sie war Peer nicht mehr der Mensch, der in immer neue Rollen schlüpfte, die ihm von der selbstentfremdenden Kraft seiner eigenen Eitelkeit auferlegt waren, sondern der Mensch, der er hätte sein können und sollen.

Eine Formel verändert die Welt heißt ein spannendes Buch über die spezielle Relativitätstheorie von Albert Einstein[221]. Diese bahnbrechende Theorie lehrt uns, daß Raum und Zeit, in der wir uns in unserer Anschauung doch so sicher und geborgen fühlen und die wir nicht anders als absolut empfinden können, relativ sind, daß sie untrennbar miteinander zusammenhängen und ineinander verschoben werden können: Bei hohen Geschwindigkeiten dehnt sich die Zeit, und der Raum wird verkürzt. Die einzige absolute Konstante im Kosmos ist ein für uns unglaublich exotischer Wert, die Lichtgeschwindigkeit. Die Radikalität dieses Gedankens wird für mich noch übertroffen von der alle Gewohnheiten von Recht und Macht umstoßenden Idee: »Gott ist Liebe und wer in der Liebe bleibt, der bleibt in Gott und Gott in ihm«[222]. Denn ich denke, daß es auch mit unseren

Wahrnehmungen und Gefühlen ähnlich ist: Alles, was uns scheinbar Sicherheit und Geborgenheit verleiht, Besitz, Erfolg, Achtung, ist in Wirklichkeit relativ, hängt wohl auch miteinander zusammen und kann gegeneinander verschoben oder gar ausgetauscht werden. Die einzige Konstante, die die »Welt verändern« könnte, »die eigentliche Energie des Lebens, die Seele des Kosmos« (Eugen Drewermann[223]), ist Liebe. Daß sie ungeheure Energien freisetzen könnte, mit der sie sichtlich die Welt zu verändern vermöchte, erfahren wir tagtäglich nur in ihrer Verkehrung ins Negative, im Haß. Aber »die Liebe ist der Endzweck der Weltgeschichte, das Amen des Universums« (Novalis).

In John Neumeiers Ballett ist auf diese Arie ein unendlich zärtlicher Pas de deux voller liebevoller Umarmungen choreographiert. Für mich Sinnbild, daß Menschen in *ihrer* Liebe an Gott teilhaben, ja daß sie »Gott ist Liebe und wer in der Liebe bleibt, der bleibt in Gott und Gott in ihm« verwirklichen können.

»Sie schrien noch mehr«

Teil II, Szene 9 (NBA 50–52, BWV 59–61)

EVANGELIUM
Sie schrien aber noch mehr und sprachen: Laß ihn kreu-
zigen! Da aber Pilatus sahe, daß er nichts schaffete, sondern
daß ein viel größer Getümmel ward, nahm er Wasser und wusch
die Hände vor dem Volk und sprach: Ich bin unschuldig an dem
Blut dieses Gerechten, sehet ihr zu! Da antwortete das ganze
Volk und sprach: Sein Blut komme über uns und unsre Kinder!
Da gab er ihnen Barrabam los, aber Jesum ließ er geißeln und
überantwortete ihn, daß er gekreuziget würde.

REZITATIV (Alt II)
Erbarm es Gott!
Hier steht der Heiland angebunden.
O Geißelung, o Schläg', o Wunden!
Ihr Henker, haltet ein!
Erweichet euch der Seelen Schmerz,
der Anblick solches Jammers nicht?
Ach ja, ihr habt ein Herz,
das muß der Martersäule gleich
und noch viel härter sein.
Erbarmt euch, haltet ein!

ARIE (Alt II)
Können Tränen meiner Wangen
nichts erlangen,
oh, so nehmt mein Herz hinein!
  Aber laßt es bei den Fluten,
  wenn die Wunden milde bluten,
  auch die Opferschale sein.

In ungeheuerlichem Gegensatz zur Sanftmut der gerade gehörten Arie springt der Evangelist – wieder mit einem dominantischen Sextakkord – in die Wirklichkeit zurück: *Sie schrien aber noch mehr*. Eine Antwort auf Pilatus' Frage kann das Volk nicht geben. So greifen sie zum schlechtesten Argument, zu mehr Lautstärke. Nicht umsonst sagt der Volksmund:»Wer schreit, hat unrecht«. *Noch mehr* schreien sie, denn die abermalige Aufforderung des Volks *Laß ihn kreuzigen!* ist zwar notengetreu wiederholt, aber um einen Ganzton nach oben gerückt: Sie beginnt in erregtem h-Moll und endet auf einem (wieder als Dominante zu verstehenden) grellen Cis-Dur-Akkord. Pilatus wäscht seine Hände in Unschuld. Um ihn noch mehr unter Druck zu setzen, schreit das Volk den grauenvollen Fluch *Sein Blut komme über uns und unsre Kinder!* – grauenvoll, denn er sollte sich erfüllen: Jerusalem, auch sein Tempel, der den Juden als Zeichen der Gegenwart Gottes galt, wurde im Jahr 70 nach Christus vom späteren Kaiser Titus zerstört. Man hat diese Jahreszahl in Bachs Chorsatz, in der Zahl der Beschwörungen *über uns* und *unsre Kinder*, aufgespürt[224].

Furchterregend und von entfesselter Dämonie die Musik: Wieder musizieren beide Chöre, mit Ausnahme weniger Noten in den Altstimmen, das gleiche. Anders als die *Kreuzige*-Chöre sind sie aber in Bachs Partitur getrennt notiert, niemand muß erst angestachelt werden, bevor er in die verhängnisvolle Beschwörung einfällt. Wieder setzen die Chorstimmen mit dem Hauptthema nacheinander ein und bilden ein Fugato: Aber der Chor beginnt bereits vollstimmig, von vornherein sind alle an dem Fluch beteiligt. Das so bedeutsame h-Moll erreicht in diesem Chor eine furchtbare Kulmination: Grauenhafteres kann ein Mensch nicht wünschen; erregter, dramatischer kann Musik nicht sein. So gibt Pilatus nach und *überantwortete ihn, daß er gekreuziget würde*. Die wenigen Evangelistentakte modulieren zurück nach e-Moll.

Um so überraschender ist der folgende Einsatz des Altrezitativs im Coro secondo auf C mit einem Dominantseptakkord, der alsbald in einen verminderten Septakkord verwandelt wird. Stetige, schnell wechselnde, unaufgelöste Dissonanzen – nur ganze

drei Dreiklänge finden sich in dem zwölftaktigen Satz – lassen
uns im Zweifel, in welcher Tonart wir uns befinden. Wie könnte
es anders sein, denn der Hörer – *Erbarm es Gott!* – weiß weder

Beispiel 56

ein noch aus! Ein harter punktierter Rhythmus hält das ganze
Stück hindurch an und jagt durch entfernte Tonarten (Beispiel 56). Punktierte Rhythmen kommen bei Bach oft vor. Albert
Schweitzer widmet ihnen in seinem Bach-Buch ein ganzes Kapitel[225]. Freilich fällt es schwer, die Wirkung bestimmer Rhythmen, die doch jeder spontan empfindet, zu beschreiben. Offenbar sind wir, solange wir leben, dem Fluß, dem »Pfeil« der Zeit,
den natürlichen Rhythmen unserer leiblichen Existenz so verhaftet, daß wir nicht aus der Bewegung heraustreten, ihre Veränderungen gleichsam von außen betrachten und beschreiben
können. Wir haben kein Vorstellungsvermögen, keine Plattform
dafür, Zeit von außen zu betrachten, etwa wahrzunehmen, daß
sie, was wir doch seit Albert Einstein wissen, veränderbar ist.
Dies gilt mehr noch als für das Auf und Ab einer Melodie oder
die Struktur der Form. Deren räumlich empfundene Bewegungen widersprechen unseren Erfahrungen weniger, da wir es
gewohnt sind, uns im Raum zu bewegen. So lassen sich auch
punktierte Rhythmen mit Erklärungen nicht auf einen Nenner
bringen, sie erklingen in unterschiedlichstem Zusammenhang.
Was aber mag ihnen dennoch zugrunde liegen, sie trotz unter-

schiedlichster Bedeutungen tief in unserm Empfinden miteinander verbinden? Jede Punktierung unterbricht den gleichmäßigen Fluß natürlicher Rhythmen. Wenn der Pulsschlag eines Menschen so ab-
gehackt, manisch aufgeregt aus seinem regelmäßigen Schlag
herausgeworfen wäre, müßten wir von höchster Lebensgefahr
ausgehen. (Tatsächlich kennt die Medizin einen solchen punk-
tiert aus dem Gleichgewicht geworfenen, lebensgefährlichen
Pulsschlag, den »pulsus bigeminus«.) Aber in langsamerem
Tempo empfinden wir diese Veränderung gleichmäßigen Schla-
gens, das jambische Metrum sogar als feierlich, wie ein ständig
auftaktiges Bestätigen der punktierten Note. Davon zeugen die
Eingangssätze der *Französischen Ouvertüren* mit ihrem Pomp.
Der Rhythmus erfährt auch in der *Matthäuspassion* große Abwandlung. Ich bin sicher, daß jedem so unterschiedlichen Vorkommen dieses Rhythmus eine geheimnisvolle Synästhesie zugrunde liegt, die, wenn wir sie entschlüsseln könnten, uns über
etwas tief in unserem Unterbewußten Verborgenes unterrichten
würde.

Hier wie bei dem ersten, »stechenden« Vorkommen der
Punktierung in der Tenorarie **Geduld, Geduld, wenn falsche
Zungen stechen** (NBA 35) ist die Empfindung klar. Man mag
an das unbarmherzige Zuschlagen und Nachklappen der Geißeln denken, aber auch ohne den Umweg über solche Bilder ist
die Empfindung eindeutig und Allgemeingut. Jedenfalls beglei-

Beispiel 57

tet Bach das Wort »geißelte« in der *Johannespassion* mit dem
gleichen zuschlagenden Rhythmus (Beispiel 57), aber auch
Georg Friedrich Händel in seinem *Messias* den Text »den Rük-
ken bot er den Peinigern« (Beispiel 58[226]). Lange, gleichsam
unerbittlich am Tatort verweilende Noten im Continuo (siehe

Beispiel 58

Beispiel 56, S. 256) bewegen sich, wenn überhaupt, oft nur in
quälender Chromatik. In zackiger Melodik, überwiegend mit
großen oder dissonanten Sprüngen beschwört die Sängerin die
Henker. Nach heftiger tonartlicher Steigerung über a-Moll –
H-Dur – Cis-Dur endet das Rezitativ – *Erbarmt euch, haltet
ein!* – mit einer Abwärtswendung nach g-Moll, in einem nicht
loslassenden, unerbittlich einen ganzen Takt lang gehaltenen
Schlußakkord.

Das von Bach in allen Instrumenten verwirrenderweise no-
tierte »piano« kann ich unmöglich ernst nehmen. Ich denke, es
ist, wie immer in Bachs Orchesterstimmen beim Sängereinsatz,
relativ zu nehmen und bei heutigen Sängern nur bedingt gültig.
Andere Dirigenten (so Peter Schreier) entscheiden anders: Das
Stück klingt dann, durchaus faszinierend, als könne die Sängerin, vor Schreck atemlos, nur noch heiser flüstern.

Die Arie für Alt und Streichorchester II *Können Tränen meiner Wangen* behält zunächst den punktierten Rhythmus bei. Alle
beteiligten Orchesterstimmen (beide Violinen und Continuo; die
Bratschen pausieren) beginnen unisono in nackter Einstimmig-
keit (Beispiel 59a). Statt punktierter Sechzehntel im harten ge-

raden Vierertakt erklingen punktierte Achtel im verbindlicheren, schwingenden Dreiertakt. So wirkt der Rhythmus nicht mehr so unmittelbar zuschlagend, aggressiv wie im Rezitativ, wenngleich er – so empfinde ich – nichts von seiner Unerbittlichkeit eingebüßt hat. (Ich lasse ihn denn auch, den Regeln der Zeit folgend, scharf überpunktiert ausführen.) Es ist, als würde das grauenhafte Schlagen nachhallen, als würde die Arie im Untergrund tiefsten Gedächtnisses, und damit fast belastender als in der Wirklichkeit, rückerinnern, während sie über das Gesche-

Beispiel 59

hene nachdenkt. Nach zwei Takten bäumen sich die Violinen zweimal in einer Skala auf, sie fallen dabei aus dem natürlich daktylischen in den aggressiv anapästischen Rhythmus (Beispiel 59b). Ein pathetisches Hochrecken in einer Sexte bricht beide Male erschrocken in einer Pause ab (Beispiel 59c). Nach abermals zwei Takten im zuschlagend punktierten Rhythmus – diesmal spielen die beiden Stimmen in Parallelbewegung (Beispiel 59d) – folgen nochmals die Skalen und Sprünge, nun in melodischer Gegenbewegung (Beispiel 59e). Der zwölfte Takt schließt das Vorspiel mit der grausamen Einigkeit des unisono gespielten punktierten Motivs ab (Beispiel 59f).

Die Sängerin wandelt die ersten beiden Takte des Ritornells ab. In ständigen Wechselnoten, verzweifelt zwischen daktylischem und anapästischem Rhythmus wechselnd, kreist sie immer nur um den Grundton, an den sie – *Können Tränen nichts erlangen* – wie festgeschmiedet wirkt. Im dritten Takt übernimmt sie die auffahrende Bewegung und den wechselnden Rhythmus, die wir aus dem Ritornell kennen. Durch ihren Text erfahren wir, daß ihr verzweifeltes Hin- und Herwenden des Rhythmus *nichts erlangen* wird. Einmal wird ihre dringliche Aussage auf einem Septakkord abgebrochen. Sie hält inne, als hoffte sie, Trost und Zuspruch zu erlangen. Aber, ähnlich wie auf die beschwörenden Fragen nach Blitzen und Donnern, die Generalpause scheint ihr nur ein »Nein« entgegenzuhalten. Ein ganzer Komplex wird im Anfangsteil (ähnlich wie in der Baß-arie *Gerne will ich mich bequemen*, mit der unsere Arie auch die Tonart gemein hat) wiederholt – hier im parallelen B-Dur. Dadurch gerät, wie in jener Arie, so auch hier, der erste Arienteil unerhört lang, wie aus den Fugen geraten. Die beschwörende Aussage im Anfangsteil ist wohl so wichtig, daß sie alles andere verdrängt. Die Proportion des Goldenen Schnitts findet sich denn nicht, wie gewohnt, zwischen den Arienteilen, sondern nur innerhalb des Anfangsteils; sein g-Moll- und sein B-Dur-Teil übernehmen genau das Maß der Natur (24:39 Takte).

Nur wenig verändert und weniger ausführlich redet der Mittelteil noch einmal vom gleichen. Die Sängerin übernimmt den ständig umkippenden Rhythmus, um zu bitten, ihr Herz als Opferschale anzunehmen. Die Instrumente fallen indes immer in den punktierten Rhythmus und lassen in einem Zwischenspiel sogar noch einmal, nur wenig verkürzt, das ganze Ritornell mit seinen Aufgeregtheiten erklingen. Nach einer abermaligen Generalpause, mit der auch die neuerliche Bitte der Sängerin unterbrochen wird, musizieren in den letzten Takten Sängerin und Violinen in schmeichelnden Terzparallelen. Dunkles Es-Dur, mystische Versenkung birgt die Aufgeregtheit des Textes und seines Rhythmus wie in einer *Opferschale*.

Trotz solcher weicheren Elemente hinterläßt die Arie mit ihrer aufgeregten Motivik und mit ihrem motivisch gleichbleibenden Mittelteil den Eindruck manisch monotoner Verzweiflung. Trotz solcher Aufgeregtheit ist die Arie nochmals, ein letztes Mal, in der Symmetrie einer strengen Dakapoform geborgen. Und trotz ihrer extrovertierten Manie ist sie ein erster, auch textlicher, Einstieg in die Welt des dunklen Innen.

Mit der »weißen« a-Moll-Liebesarie schien der Hörer meditierend auf der Schwelle zu stehen zwischen dem Raum der Geschehnisse und dem Raum seines eigenen Inneren. Alle folgenden Arien stehen in B-Tonarten, bedenken nach innen gewandt das Geschehen, führen vom *oh, so nehmt mein Herz hinein* zum *Mache dich mein Herze rein*. Die Arie ist für das begleitende Orchester fraglos die schwerste in der ganzen Passion. Schwerer, als man erwarten würde, gelingen die genaue Ausarbeitung des Rhythmus, das Ausmusizieren der kurzen Noten, ein intensiver Klang, eine schlüssige, überzeugende Interpretation. Vielleicht hängt das mit der Vielschichtigkeit und Mehrdeutigkeit ihrer Affekte zusammen. Für mich steht die Aufregung im Vordergrund. Man hört – und dieser Aspekt ist gewiß vorhanden – die Arie aber auch in verklärt langsamem Tempo und piano musiziert.

»Gegrüßet seist du mir«

Teil II, Szene 10 (NBA 53–54, BWV 62–63)

EVANGELIUM
Da nahmen die Kriegsknechte des Landpflegers Jesum zu sich
in das Richthaus und sammleten über ihn die ganze Schar und
zogen ihn aus und legeten ihm einen Purpurmantel an und
flochten eine dornene Krone und satzten sie auf sein Haupt und
ein Rohr in seine rechte Hand, und beugeten die Knie vor ihm
und spotteten ihn und sprachen: Gegrüßet seist du, Jüdenkönig!
Und speieten ihn an und nahmen das Rohr und schlugen damit
sein Haupt.

CHORAL
O Haupt voll Blut und Wunden,
voll Schmerz und voller Hohn!
O Haupt, zu Spott gebunden
mit einer Dornenkron!
O Haupt, sonst schön gezieret
mit höchster Ehr und Zier,
jetzt aber hoch schimpfieret:
Gegrüßet seist du mir!

Du edles Angesichte,
dafür sonst schrickt und scheut
das große Weltgewichte,
wie bist du so bespeit!
Wie bist du so erbleichet,
wer hat dein Augenlicht,
dem sonst kein Licht nicht gleichet,
so schändlich zugericht'?

Das Evangelium verharrt im Tonartenraum der vorangegangenen Arie, wandelt aber das düstere g-Moll in das parallele orangefarbene B-Dur. Wieder mit dem spannungsvollen Sextakkord der Dominante beginnt der Tenor seinen Bericht, der die **dornene Krone** mit zwei Dissonanzen zustechen läßt. Die Kriegsknechte verspotten den dornengekrönten Jesus mit dem höhnischen **Gegrüßet seist du, Jüdenkönig**. Wieder wechseln anfangs beide Chöre einander ab, gesetzt akkordisch, fast derwischhaft-tänzerisch, übermütig spottend, sich gegenseitig anstachelnd. In den Oberstimmen und in den zwei Sechzehnteln der Chorbässe meint man das Lachen der Krieger zu hören (Beispiel 60). Auf die wenigen Silben der höhnischen Anrede **du, Jüdenkönig!** einigen sich die beiden Chöre in gemein-

Beispiel 60

samem Skandieren, das in einem aggressiv ausbrechenden verminderten Septakkord kulminiert.

Man hat darauf aufmerksam gemacht[227], daß das diesem kleinen Chorsatz zugrundeliegende Baßfundament im Kern identisch ist mit dem des (auch in gleicher Tonart begonnenen) Spottchors **Weissage uns, Christe, wer ist's, der dich schlug** (NBA 36d). Da in beiden Texten die gleiche Zynik waltet, mag Bach ähnliches in die Feder geflossen sein. Eine d-Moll-Kadenz mit einem ganztaktigen, nachdrücklich festhaltenden Schlußakkord besiegelt das brutale Geschehen.

In ebendiesem d-Moll setzt der Chor ein mit dem Aufschrei **O Haupt voll Blut und Wunden, voll Schmerz und voller Hohn.** Zum viertenmal erklingt die Melodie, im Gegensatz zu den vorangegangenen Sätzen nun die Kirchentonart anfänglich nach Moll abwandelnd. Die bisherige Abwärtsbewegung in der Tonartenfolge der Verse (E–Es–D), die später fortgeführt wird, ist hier unterbrochen: Auf dem Grundton F erklingt der Choral in seiner höchsten, grellsten Fassung der Passion. Bei den Worten

hoch schimpfieret erreicht der Tenor das eingestrichene a, das auch im Evangelium als Spitzennote für besonders dramatische Stellen eingesetzt ist. Im Abgesang des Liedes, schon bei ***sonst schön gezieret***, endgültig aber auf die Schlußwendung ***Gegrüßet seist du mir!***, geht die Harmonisierung ins pastorale, warmherzige F-Dur über.

Zum einzigen Mal in der *Matthäuspassion* läßt Bach unmittelbar nacheinander, im gleichen Satz, zwei Verse eines Liedes erklingen. Also auch der zweite Vers, der ganz persönlich-liebevoll vom geschundenen Angesicht Jesu handelt, muß Bach wichtig gewesen sein. Gewöhnlich vertont Bach nicht verschiedene Texte im gleichen Satz; denn nicht nur die Tonart, sondern insbesondere auch den Satz des Chorals gleicht er dem Affekt einzelner Schlüsselwörter oder dem Skopus des Textes an. Ein gleicher Satz verband auch schon die ersten beiden Verse dieses Passionsliedes, die das Evangelium von Petri Versprechen einrahmten. Dort war die Wiederholung in anderer Tonart sicher dramaturgische Absicht, um die Schlüsselszene des ersten Teils durch zwei gleiche Glieder einzurahmen und um die prophetische Hellhörigkeit der Musik allein durch den Tonartenabfall deutlich werden zu lassen. Hier scheint die Unterlegung eines zusätzlichen Verses unter die Noten des ersten wohl vertretbar, weil der Choralsatz nur wenige wort- oder situationsspezifische Eigenheiten aufweist, diese aber in beiden Versen übereinstimmen (so erreicht der Tenor im zweiten Vers bei ***dem sonst kein Licht nicht gleichet*** seine Spitzenlage, die im ersten Vers mit ***hoch schimpfieret*** textiert war.)

»Komm, süßes Kreuz«

Teil II, Szene 11 (NBA 55–57, BWV 64–66)

EVANGELIUM
Und da sie ihn verspottet hatten, zogen sie ihm den Mantel aus
und zogen ihm seine Kleider an und führeten ihn hin, daß sie
ihn kreuzigten. Und indem sie hinausgingen, funden sie einen
Menschen von Kyrene mit Namen Simon, den zwungen sie, daß
er ihm sein Kreuz trüge.

REZITATIV (Baß I)
Ja, freilich will in uns das Fleisch und Blut
zum Kreuz gezwungen sein;
je mehr es unsrer Seele gut,
je herber geht es ein.

ARIE (Baß I)
Komm, süßes Kreuz, so will ich sagen,
mein Jesu, gib es immer her!
Wird mir mein Leiden einst zu schwer,
so hilfst du mir es selber tragen.

Der Evangelist berichtet mit einer martialisch wirkenden Ligatur
verkürzt schneller Noten in der Singstimme und einem verminderten Sekundschritt in der Continuobegleitung, der das Kreuz
eines engen Circumflex um den Dominantton g legt, wie die
Kriegsknechte Jesus wegführen, *daß sie ihn kreuzigten* (Beispiel 61). Für die wenigen Worte dunkelt sich die Musik in das

Beispiel 61

schicksalsträchtige c-Moll ab, das allerdings in einer Continuo-kadenz sogleich und unvermittelt ins neutrale, weiß-unschuldige C-Dur abgewandelt wird, um von **Simon** zu erzählen, dem **Menschen von Kyrene.** Das ganze Rezitativ aber steht in a-Moll – der Tonart der Geduld und der liebenden Zuneigung. Dies a-Moll fungiert auch als Bindeglied zwischen dem d-Moll/F-Dur des vorangegangenen Chorals und dem F-Dur/d-Moll des folgenden Rezitativs.
Ja, freilich will in uns das Fleisch und Blut zum Kreuz gezwungen sein. Zum erstenmal tritt der Baß des Coro primo, dem bisher ausschließlich die Worte Jesu anvertraut waren, mit freien, meditierenden Gedanken hervor. Ich denke, diese Überraschung ist gewollt. Das ständige Changieren der Sänger zwischen verschiedenen Personenrollen gipfelt darin, daß der Sänger des Jesus mehrere betrachtende Stücke singt, deren Text man sich unmöglich aus dem Mund Jesu denken kann – wohl aber aus dem Mund eines jeden Hörers, der in seiner Person Anteil hat an Jesus. Die Baßstimme ist Synonym für alles Fundamentale, für den Grund allen Lebens – nicht nur für Jesus, sondern auch für das, was in mir ihm-nachfolgen will, für Vertrauen, für Glauben.

Arpeggien der Viola da gamba und tropfende Sechzehntel der beiden Flöten begleiten den Baß. Albert Schweitzer hört in ihnen die »letzten wankenden Schritte Jesu«, Alfred Heuß das »Hinwegstreben« und wieder »Zurückgerissen« werden[228]. Mir sind diese Bilder zu direkt für die eigenartige Stimmung: In der schicksalsträchtigen Tonart, in den wenigen Continuoanschlägen, erscheint sie düster und »bodenlos«, in den wie Sonnenstrahlen durch Wolken blinzelnden Flöten wirkt sie licht.

Die Viola da gamba bestreitet auch den großen und anspruchsvollen Solopart der anschließenden Arie **Komm, süßes Kreuz.** Die wunderbar stille und dabei doch so erregte Musik erschließt sich vielleicht erst nach mehrmaligem Hören, dann jedoch wird sie oft, ich denke zu Recht, als besonderes Juwel verehrt.

Im Gegensatz zu der erst später hinzugefügten Viola da gamba in der Tenorarie **Geduld!** ist die Gambe hier bereits in der autographen Partitur aus dem Jahr 1736 vorgesehen. Sie hat im überlieferten Stimmenmaterial eine eigene Stimme, ist also wohl von einem eigenen Instrumentalisten gespielt worden. Die Viola da gamba mit ihren sechs bis sieben Saiten und einem relativ flachen Steg ermöglicht die bravouröse Ausführung von großen Sprüngen, die in unserer Arie eine wichtige Rolle einnehmen. Dennoch war ihre Besetzung nicht immer vorgesehen, denn in der Frühfassung der Passion, die uns in der Abschrift Johann Christoph Altnikols überliefert ist, ist der Instrumentalpart dieser Arie und des vorausgehenden Rezitativs einer Laute übertragen. (Auch in der Frühfassung der *Johannespassion* war das Rezitativ »Betrachte meine Seel« für Laute vorgesehen; auch dort ersetzte Bach später die Laute durch Cembalo beziehungsweise Orgel. War ihm die Laute nicht groß genug im Klang, oder hatte er zu späterer Zeit keinen Instrumentalisten zur Verfügung, der die Laute souverän beherrschte?)

Die Arie ist das einzige Stück der *Matthäuspassion* in d-Moll – vom vorausgegangenen Choral und dem Chor *Weissage, wer ist's, der dich schlug* abgesehen, die beide allerdings in d-Moll nur beginnen; beide wirken wie eine andeutende Vorwegnahme dessen, was sich nun in dieser bedeutungsvollen Tonart entfaltet. Johann Mattheson schreibt, daß sie »etwas devotes, ruhiges, dabey auch etwas grosses, angenehmes und zufriedenes enthalte... zum Heroischen oder Helden-Gedichte... am bequemsten«[229]. Wenngleich die aufgezählten Charakteristika auffallend zu unserer Arie passen, greifen sie doch für die Bachsche Musik zu kurz. In unserem Dur-Moll-Denken nimmt C-Dur beziehungsweise a-Moll eine Mittelstellung ein, von der sich die Tonarten in zwei verschiedene Richtungen dunkel oder hell einfärben. Im älteren, der Melodik verpflichteten, kirchentonalen Empfinden hat diese zentrale Stellung das Dorisch, das mit unserem d-Moll fast identisch ist. Im Dorischen liegen nämlich die Ganz- und Halbtonschritte in zwei Quartgängen absolut symmetrisch nebeneinander. Diese hochbedeutsame Zentralstellung in der Ordnung der Musik mag in unserem d-Moll-Empfinden nachklingen, auch die Erinnerung an manches Musikstück in dieser Tonart, so die an Bachs letztes großes Werk, die *Kunst der Fuge*, die mit ihrem abschließenden Ernst in dieser Tonart erklingt. Unterschiedliche Assoziationen sind also beteiligt, wenn wir d-Moll als ernst, gedankenschwer, schicksalsträchtig empfinden.

Auffallenderweise ist der Part des Soloinstruments über weite Strecken von dem gleichen punktierten Rhythmus geprägt, den wir bereits zweimal in der Passion vernommen hatten; synonym für das *Stechen* der falschen Zungen (in der Arie *Geduld!*) beziehungsweise das Schlagen der Geißeln (in dem Rezitativ *Erbarm es Gott!* und der anschließenden Arie). Hier helfen uns solche Bilder nicht. So eindeutig wir die Punktierung empfinden, so schwer fällt es, sie in ein Bild zu übersetzen oder in Worten zu erklären. (Auffälligerweise sind auch alle Kommentare zu dieser wunderbaren Arie wenig überzeugend.) Die Punktierung, die wir als grausam und unnatürlich im Ohr haben, erscheint – was sich in der Arie *Können Tränen meiner Wangen* schon angebahnt hatte – abgemildert; als würde aus großer, unzugänglicher Tiefe einer dunklen Erinnerung etwas anklingen, das man aus dem Moment, aus der hier erklingenden Musik nicht benennen kann. Durch sehr große Intervalle, vor allem in den abschließenden Kadenzen, erhält der Rhythmus etwas Sperriges, dabei aber Entschlossenes, ja Feierliches, das an den gleichen Rhythmus in der *Französischen Ouvertüre* erinnert. Der geheimnisvoll-vieldeutige Rhythmus wandelt sich in der Passion von giftigem Zustechen über Geißelschläge zu dem Ernst dieser Arie und der innerlichen Feierlichkeit seines späteren, letzten Auftretens in der mystischen Es-Dur-Arie des Alts *Sehet, Jesus hat die Hand, uns zu fassen, ausgespannt.* In solcher Verwandlung leuchten unerklärbare Zusammenhänge unserer Seele auf, die von Ambivalenzen, von gegenseitig sich bedingenden Paradoxien offenbar häufiger geprägt sind, als wir es in unserem geradlinigen Denken wahrhaben wollen.

Der so schwer zu beschreibende ernste und konsequente Charakter des Stückes – »nicht zu unbestimmte Gedanken, um sie in Worte zu fassen, sondern zu bestimmte« (Felix Mendelssohn Bartholdy[230]) – wird freilich entscheidend auch von dem gleichmäßigen Dahinschreiten der Continuoinstrumente in Achtelbewegung geprägt, die jeweils in einem Takt, von Pausen unterbrochen, gleichsam Tritt fassen, um alsdann mit einer Folge von gleichmäßigen Achtelnoten meist in gemessenen Sekund- oder Terzschritten unbeirrt vorwärts zu schreiten. Tempo und Charakter der Arie (nach meinem Empfinden oft völlig verfehlt) entsprechen also einem echten Andante. Die punktierten Rhythmen der Viola da gamba werden immer wieder unterbrochen von ausdrucksvollen, wie sehnsüchtig und traurig um sich blickenden Zweiunddreißigstelkantilenen. *Komm, süßes Kreuz, so will ich sagen, mein Jesu, gib es immer her!* Die anfänglich vom Dreiklang geprägte Motivik des Sängers (sie erinnert ein wenig an das »Ich will den Kreuzstab gerne tragen« aus der gleichnamigen Kantate BWV 56) ist in die Zweistimmigkeit von Solo- und Continuostimme hineinkomponiert, wobei der Sänger oft in gleichen Taktzeiten die gleichen Noten berührt wie die Gambenstimme, so daß man diese wie ein die Gesangsstimme verzierendes »Blättergewinde« hören kann. Die Motivik des Soloinstruments bleibt gleich, wenn im Mittelteil (Takt 20) der Sänger beteuert: *Wird mir mein Leiden einst zu schwer, so hilfst du mir es selber tragen* (in indikativer Aussageform, nicht, wie manche Ausgaben berichtigen, bittend »so hilf«). Dem *Leiden* spürt er in langen, ausdrucksvollen Kantilenen voller verminderter oder übermäßiger Intervalle nach, das *zu schwer* seufzt er im lastenden Sekundmotiv. Der Sänger beendet sein zuversichtliches *so hilfst du mir es selber tragen* in einem leuchtenden B-Dur. Eine spätere Arie entfaltet die »Hilfe« dieser Tonart (*Mache dich mein Herze rein*, NBA 65). Der genaue Einsatz eines Dakapos ist schwer zu bestimmen, denn allzusehr wirkt das folgende instrumentale Zwischenspiel in dieser Tonart nach, bevor es in ein g-Moll überleitet, in dem der Sänger seinen anfänglichen Text wiederaufnimmt. Immerhin liegt der Goldene Schnittpunkt im Takt 34, in dem dies Zwischenspiel einsetzt. Das Dakapo weicht stark vom Anfangsteil ab, wenngleich es seine Motivik (um eine Quart nach g transponiert) und seine Wortdeklamation übernimmt. Es ist, als könne der Weg, den der Sänger da zu schreiten unternommen hat, nie wieder durch gleiche Gegenden führen. Und so wird die Arie zwar spiegelsymmetrisch mit einem instrumentalen Nachspiel beendet und eingerahmt, aber nur die ersten beiden Takte sind dem Beginn gleich, dann geht auch das Nachspiel neue, gegenüber dem Beginn verkürzte Wege.

Die Reime der vier Verszeilen überkreuzen sich[231]:

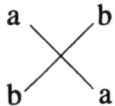

Sie sind chiastisch angeordnet wie die Körper der drei Tänzer in John Neumeiers Ballett. Eine berührende Szene, in der (wie schon im Eingangschor) ins Bild gesetzt wird, daß das Kreuz Jesu, wie das Kreuz der Menschen – der Mensch ist. »Jeder der drei – Jesus, Judas und der Mensch – erkennt im anderen das Kreuz, trägt ihn, wird von ihm getragen und nimmt ihm das Kreuz ab. Es ist eine Meditation über das Symbol des Kreuzes und die Bedeutung der Passion, die außerhalb der historischen Zeit steht. Auch die Grenzen zwischen den Figuren verwischen sich, und die Tänzer tauschen die Rollen und die Funktionen« (John Neumeier[232]).

»Das gehet meiner Seele nah«

Teil II, Szene 12 (NBA 58–60, BWV 67–70)

EVANGELIUM
Und da sie an die Stätte kamen mit Namen Golgatha, das ist
verdeutschet: Schädelstätt', gaben sie ihm Essig zu trinken mit
Gallen vermischet; und da er's schmeckete, wollte er's nicht
trinken. Da sie ihn aber gekreuziget hatten, teilten sie seine Klei-
der und wurfen das Los darum, auf daß erfüllet würde, das ge-
sagt ist durch den Propheten: Sie haben meine Kleider unter
sich geteilet, und über mein Gewand haben sie das Los ge-
worfen. Und sie saßen allda und hüteten sein. Und oben zu
seinen Häupten hefteten sie die Ursach' seines Todes beschrie-
ben, nämlich: Dies ist Jesus, der Jüden König. Und da wurden
zween Mörder mit ihm gekreuziget, einer zur Rechten und einer
zur Linken. Die aber vorübergingen, lästerten ihn und schüt-
telten ihre Köpfe und sprachen: Der du den Tempel Gottes
zerbrichst und bauest ihn in dreien Tagen, hilf dir selber. Bist
du Gottes Sohn, so steig herab vom Kreuz! Desgleichen auch
die Hohenpriester spotteten sein samt den Schriftgelehrten und
Ältesten und sprachen: Andern hat er geholfen und kann ihm
selber nicht helfen. Ist er der König Israel, so steige er nun vom
Kreuz, so wollen wir ihm glauben. Er hat Gott vertrauet, der
erlöse ihn nun, lüstet's ihn; denn er hat gesagt: Ich bin Gottes
Sohn. Desgleichen schmäheten ihn auch die Mörder, die mit
ihm gekreuziget waren.

REZITATIV (Alt I)
Ach Golgatha, unsel'ges Golgatha!
Der Herr der Herrlichkeit
muß schimpflich hier verderben,
der Segen und das Heil der Welt

wird als ein Fluch ans Kreuz gestellt.
Dem Schöpfer Himmels und der Erden
soll Erd' und Luft entzogen werden.
Die Unschuld muß hier schuldig sterben,
das gehet meiner Seele nah;
ach Golgatha, unsel'ges Golgatha!

ARIE (Alt I) und CHOR (Coro II)
Sehet, Jesus hat die Hand,
uns zu fassen, ausgespannt.
Kommt, – wohin? – in Jesu Armen
sucht Erlösung, nehmt Erbarmen,
suchet – wo? – in Jesu Armen!
Lebet, sterbet, ruhet hier,
ihr verlaßnen Küchlein ihr,
bleibet – wo? – in Jesu Armen!

Das Evangelium berichtet von der Ankunft auf Golgatha und der eigentlichen Kreuzigung. Solange es davon erzählt, wie man Jesus ***Essig zu trinken mit Gallen vermischet*** gibt, bleibt es zunächst im Tonartenkreis von F-Dur/d-Moll, wobei in der Continuoführung Chromatik, in der Harmonisierung zahlreiche Dissonanzen den Bericht »vergällen«. Dann verweilt der Bericht bei ***und hüteten sein*** in einer Kadenz kurz auf dem wohl bedeutungsvollen a-Moll – immerhin dies nimmt er aus der Gereiztheit der Tonarten heraus und birgt es in der Tonart der Geduld. Schließlich aber moduliert die Musik wieder in kreuzreichere Tonarten. ***Die aber vorübergingen*** beginnen ihren Spott mit repetierenden Fis-Dur-Akkorden: ***Der du den Tempel Gottes zerbrichst und bauest ihn in dreien Tagen.*** Beide Chöre setzen nacheinander ein und stacheln sich gegenseitig an. Mit ihren ersten Worten skandieren sie stereotyp, immer den gleichen Akkord wiederholend (Beispiel 62a). Auf das Wort ***bauest*** verfallen sie in aufgeregt gestikulierende Kolloratur (Beispiel 62b).

Mit dem langgezogenen ***hilf dir selber*** fächern sich die Stimmen der beiden Chöre auf (Beispiel 62c), nacheinander setzen sie in hektisch-ungeduldigen Synkopen ein, um sich als-

Beispiel 62a–b

bald in Vierstimmigkeit wieder einig zu werden und das *so steig
herab vom Kreuz* in langen Abwärtsgängen zu unterstreichen,
die durch Überbindungen ihrem Hohn Nachdruck verleihen
(Beispiel 62d). Das gemeinsame Skandieren am Anfang, die
Reduzierung der Doppelchörigkeit auf vier Stimmen am Ende

Beispiel 62c–d

lassen etwas von der fatalen Einigkeit ahnen, die sich so schnell
einstellt, wenn Menschen sich auf Kosten eines Schwachen und
Ausgegrenzten stark fühlen.

Die Hohenpriester und Schriftgelehrten stehen dem gemeinen Volk darin nicht nach. Auch sie beginnen sogleich danach ihre spöttischen Rufe **Andern hat er geholfen** chorweise gegeneinander mit gemeinsam skandierten, auf zwei Sechzehnteln hohnlachenden Akkorden. Auch sie fallen auf die Unterstellung *Ist er der König Israel* in einigende Vierstimmigkeit, allerdings gehen die Männer, wie bei so vielen Turbachören, mit ihren Schreien voraus und verleiten die Frauen, in ihren Spott einzustimmen.

Auf die merkwürdige Übereinstimmung dieses Themas mit dem Choral *O Lamm Gottes unschuldig* habe ich bereits hingewiesen: Dem Spott der Priester *Ist er der König Israel* wird so der wahre Anspruch Jesu gegenübergestellt, das *Lamm Gottes* zu sein. Zu der hämischen Aufforderung *so steige er nun vom Kreuz* fallen den Priestern keine anderen Wendungen ein als dem Volk. Vier höhnische, in pathetischer Sexte hochblickende Achtel der Soprane karikieren *(Er hat Gott) vertrauet*. Dümmlich auftrumpfende, insistierende Achtel beharren *der erlöse ihn*. Das *lüstet's ihn* erklingt mit einem verminderten Septakkord (ähnlich, ja auf die völlig gleichen Noten wie das *Barrabam!*) und einem wegwerfend spöttischen Vorhalt im Chorsopran. *Denn* ein martialischer Stakkatoakkord – *er hat gesagt: Ich bin Gottes Sohn* – die letzten, in den Augen der Schreier so gotteslästerlichen, Worte erklingen in völlig ungewöhnlichem Unisono aller Chor- und Orchesterstimmen. Die Verblendung macht vor Gelehrsamkeit und Alterserfahrung nicht halt. Die Einigkeit der rechthaberischen Fundamentalisten ist auf ihren Höhepunkt gelangt. Wie mit einer Stimme reden sie, die berufenen zwei Hohenpriester, die Schriftgelehrten, die Ältesten. Vielleicht ist die starre Verfolgung einer Glaubenslehre tatsächlich eine typische Reaktion von Männern. Sie waren immer die ersten, wenn es ans Schreien ging. Die einzige warnende Stimme einer Frau, der Frau des Pilatus, ist übergangen, die Anteilnahme Magdalenas beiseite gefegt.

Sogar die *Mörder, die mit ihm gekreuziget waren*, schließen sich dem Spott an, wovon ein kurzes abschließendes Rezitativ berichtet. Es stürzt nach c-Moll ab.

*

Ich mache einen großen Absatz und hole tief Luft, bevor ich fortfahre. Denn an dieser Stelle scheint es mir notwendig, nochmals mit aller Eindringlichkeit darauf hinzuweisen, daß meine Einteilung in Szenen ein kümmerlicher Notbehelf ist. Musik gliedert zwar, aber sie kennt keine Balken, keine Grenzwälle. Die Ruhepunkte, die Bach mit Chorälen und Rezitativen und Arien in den Bericht einlegt (Stätten der Ruhe? – sind es nicht vielmehr Stätten der Aufregung, des Entsetzens, des blutenden Herzens?), diese Stellen des Innehaltens sind nicht nur rückwärtsgewandt und bedenken nicht nur den eben vernommenen Bericht; sie weisen auch nach vorn. Dramaturgisch gleichen sie oft Portalen, durch die wir von der einen in die andere Begebenheit hinübergeleitet werden. Und manchmal ist es eben wichtiger, daß Türen einen neuen Raum eröffnen, als daß sie einen alten abschließen. Solche Portalfunktion, mit der der Text das Vergangene bedenkt, mit der die Musik aber das Künftige eröffnet, konnten wir schon bei den Chorpaaren feststellen, die die Mittelszenen der beiden Passionsteile symmetrisch umgeben und deren jeweils erster Satz mehr Eröffnungs- als Schlußfunktion hatte. So auch hier.

Mit dem höhnisch aufgenommenen Zitat *Ich bin Gottes Sohn* schließt sich ein großer Tonartenbogen. Wir befinden uns wieder in e-Moll, jener Tonart, die den Ausgangspunkt der ganzen *Matthäuspassion* gebildet hatte, die aber auch Ausgangspunkt eines großen Abschnitts innerhalb des zweiten Passionsteils war, der mit seinen verschiedenen Sätzen achsialsymmetrisch die Arie *Aus Liebe* umgibt. Die Evangeliumsworte *Desgleichen schmäheten ihn auch die Mörder, die mit ihm gekreuziget waren* sind Schlußpunkt unter allem bisher Geschehenen. Einsam, verlassen von Freunden, verhöhnt vom Volk, verurteilt von den Behörden, erweisen nicht einmal die Leidensgenossen am Kreuz Solidarität. Eigentlich ist alles gesagt; zwölf Szenen sind erfüllt. Der überraschende c-Moll-Abschluß des kurzen Rezitativs bildet ein wunderliches Portal, durch das wir in einen neuen Raum tiefdunkler B-Tonarten eintreten.

Wärme und Dunkelheit dieser neuen Welt nehmen ihren Anfang in einem Rezitativ und einer Arie des Alts I, die textlich doch als Abschluß und Reflexion der eben vernommenen Schmähungen zu verstehen sind. Das Tonartendunkel – mit einer bedeutungsvollen Unterbrechung – wird in den letzten drei Szenen beibehalten. Unerwartet und zunächst verblüffend schließt die große Passion in völlig anderen Tonarten, Farben, Stimmungen, als sie begonnen hatte. Aus den gleißenden Kreuztonarten des ereignisprallen Weltgeschehens treten wir nun überraschend in den dunklen Raum des eigenen Innen; aus dem mit irdischen Darstellungen übervollen, helleren Langschiff einer Kathedrale in das Heiligste, den Raum des Altars. Man meint, Goethes berühmte Aussage über Bach nachvollziehen zu können:

»Ich sprach mir's aus: als wenn die ewige Harmonie sich mit sich selbst unterhielte, wie sich's etwa in Gottes Busen, kurz vor der Weltschöpfung möchte zugetragen haben. So bewegt sich's auch in meinem Innern und es war mir als wenn ich weder Ohren, am wenigsten Augen, und weiter keine übrigen Sinne besäße noch brauchte.«[233]

Eine erste solche Wendung nach innen hatten wir bereits vernommen, als es im As-Dur-Choral hieß *Ich bin's, ich sollte büßen*; eine ausführlichere Situation der Inwendigkeit im Garten Gethsemane. Dort, bei den hochgemuten Versprechungen Petrus', hatte die Tonart den gleichen Abfall von E-Dur nach Es-Dur vollzogen wie hier zwischen dem Chorabschluß und der folgenden Arie zwischen e-Moll und Es-Dur. Die räumliche Nähe des Halbtonschritts und die tatsächlich weite Entfernung in der Gefühlsskala des Quintenzirkels sind an beiden Stellen gleichermaßen bedeutungsvoll.

*

Im Altrezitativ erklingt 15 Takte lang das gleiche As-Dur, in dem der Hörer auf die Frage nach dem Verräter geantwortet hatte *Ich bin's*. In der Dunkelheit des tiefen As und doch im Leuchten des Dur beklagt hier die Altstimme des Coro primo, die sich ja bisher schon als besonders menschlich und anteilnehmend erwiesen

hatte: *das gehet meiner Seele nah*. Noch einmal entfalten zwei
Oboi da caccia ihre dunkle Klangfarbe. Hier begleiten sie die
Altstimme mit einem ruhigen, immer gleichen Rhythmus von
einem Viertel und drei wie besänftigend zu ihm hinleitenden,
wie streichelnden Sechzehnteln. Achtmal wiederholen sie be-
ruhigend sogar die gleichen Noten (mit einer winzigen modulie-
renden Änderung in der zweiten Oboe da caccia), bevor ein Har-
moniewechsel geringfügig andere Tonschritte notwendig macht:
Man meint, nach aller Aufregung hielte die Musik den Atem an,
stünde plötzlich die Welt still. Die dunkle Tonart scheint zu glühen in ihrer spannungsvollen Harmonik; der Sicherheit der Tonart ist *die Luft entzogen* durch ständige Ausweichungen, die nur
wenige Dreiklangsruhepunkte zulassen; der Tonvorrat ist verwirrend überquellend (alle möglichen zwölf chromatischen Töne
kommen vor, zwei davon enharmonisch verwechselt sogar dop-
pelt[234]!).

Man spürt, daß in der scheinbaren Erschöpfung Schöpfung
enthalten ist, daß hier gänzlich Neues, bisher Unbekanntes ans
Licht drängt. Die tiefen Instrumente teilen sich auf: Die Kontrabässe stellen mit gewichtigen halbtaktigen Einsätzen das
Harmoniefundament, die Violoncelli spielen in ruhig pulsieren-
dem, glockenähnlichem Dreiklangspizzikato. Nachdenklichkeit,
Stille, Innerlichkeit – nichts wohl könnte so *meiner Seele nah*
gehen wie diese wenigen kostbaren, erstaunlichen Takte[235].

Die Altarie führt das Dunkel des As-Dur (gleich werden wir
ihm noch einmal begegnen und dabei Unglaubliches erfahren)
auf das bei Bach so charakteristische mystische Es-Dur zurück,
das durch zahlreiche Mollwendungen (schon im siebten und
achten Takt des Vorspiels) seiner eigentlich doch männlichen
Herrscherdominante zusätzlich »weich« erscheint. Die früher
in der Passion in Es-Dur erklungenen Worte *Ich will hier bei
dir stehen* (NBA 17) geben in ihrer schüchternen Zartheit, in
ihrem von der Musik einberechneten Scheitern allen hochfahrenden Mutes einen ersten Eindruck von der Wendung »in
meines Herzens Grunde«; mit ihrem dortigen Bild *alsdenn will
ich dich fassen in meinen Arm und Schoß* eine liebevoll vorwegnehmende Antwort auf das jesuanische *hat die Hand, uns*

zu fassen, ausgepannt der hiesigen Arie. Die beiden tiefen
Oboen reihen verschiedene Motivelemente aneinander: Einen
Takt lang erklingt in weichen Parallelen der beiden Instrumente
ein ruhig punktierter Rhythmus (Beispiel 63a); zwei Takte lang,
in den beiden Instrumenten nacheinander, eine Folge von je-

Beispiel 63

weils nach oben ausschwingenden Wechselnoten – wenn man
in Bildern denkt, mag man an das ängstliche Flügelschlagen der
verlaßnen Küchlein denken (Beispiel 63b); einen Takt lang der
punktierte Rhythmus in der ersten Oboe, von Komplementär-
noten in der anderen geglättet (Beispiel 63c); und schließlich
folgen, wieder in paralleler Bewegung, vier Takte lang aneinandergereihte Seufzersekunden (Beispiel 63d).

Trotz dieser motivischen Vielfalt wirkt die Arie ganz einheitlich. Dunkel leuchtende Tonart, dunkler Klang und weiche Par-

allelführung der beiden Oboen bewirken diesen Eindruck. Daneben aber gewiß die Continuostimmen: In ruhigen Achtelnoten, in weiten Schritten von Dreiklängen schreiten sie daher, um schließlich in der Ausdehnung spannungsvoller Septimen oder »alles« umfassender Oktaven zu verweilen.

In einem langen Melisma, in ausholender Geste verweist die Sängerin in ihrem ersten Einsatz nur: *Sehet*. Die ganze Aussage *Sehet, Jesus hat die Hand, uns zu fassen, ausgespannt* erklärt die Sängerin in ihrem zweiten Einsatz mit den im Continuo bereits gehörten Dreiklangsbrechungen: Die Liebe Jesu umfaßt die ganze Welt. Eine erste Vorstellung von solchem Ausschreiten, ja Umfassen der Welt in Dreiklängen hatten uns bereits die Continuoinstrumente im Rezitativ *Er hat uns allen wohlgetan* (NBA 48) gegeben.

Abb. 11   Kruzifix in der Neumünsterkirche, Würzburg.

Die Vorstellung, daß Jesus seine Arme am Kreuz ausstreckt, um uns zu umfassen, geht auf eine Vision zurück, die Bernhard von Clairvaux während des Gebets vor einem Kruzifix zuteil wurde: Christus löste seine Arme vom Kreuz, umfing den Beter und sprach mit ihm. Wir kennen viele Darstellungen dieser Vorstellung in der bildenden Kunst. Ein besonders eindrückliches und durch seine Armhaltung auffallendes Kruzifix hängt in der Neumünster-Kirche in Würzburg (Abb. 11).

Die Legende dazu unterstreicht die besondere, auch »Haltlose« umfassende Liebe Jesu: »Eines Tages kam ein Dieb in die Kirche und entdeckte bei seiner Suche nach den Schätzen die schöne Krone über dem Kruzifix. Er kletterte auf den Altar, trat mit einem Fuß auf den Nagel, der durch die Füße des Gekreuzigten getrieben war, und langte nach der Krone. Da brach der Nagel ab, und er verlor den Halt. Er hätte sich leicht das Genick brechen können, wenn der Gekreuzigte nicht plötzlich seine Arme vom Kreuz gelöst hätte, um den Dieb in einer Umarmung festhalten zu können. Den Mann durchzitterte es, als er erkannte: Jesu Liebe ist viel größer als seine Gerechtigkeit«[236].

Wenn die Altstimme – bei Picander als Tochter Zion ausgewiesen – fortfährt *Kommt, in Jesu Armen sucht Erlösung, nehmt Erbarmen, suchet,* wird sie unterbrochen von kurzen Fragen des Coro secondo – bei Picander als Gläubige ausgewiesen. Dreimal mit *wohin?,* viermal mit *wo?,* insgesamt – sicher nicht bedeutungslos – siebenmal fallen die Frager der Sängerin ins Wort.

In einem zweiten Arienteil (er beginnt in Takt 24 mit den ersten Takten des Vorspiels in der Dominanttonart B-Dur) verlassen die Instrumente in nur wenig aufgehellter Stimmung die Motivik des ersten Teils nicht. Die in solche gleich klingende Umgebung hineinkomponierte Stimme der Sängerin verleiht dem *Lebet* Nachdruck mit fanfarenhaften Dreiklängen (Bei-

Beispiel 64

spiel 64a), dem *sterbet* mit einem langen Abstieg über mehr als
eine Oktave (Beispiel 64b), dem *ruhet hier* mit einer langen,
ausruhenden Note (Beispiel 64c). Die in den Oboen schon ständig vernommenen Seufzersekunden schließlich entlarvt sie als
das Weinen der *verlaßnen Küchlein*, das den Satz in motivische
Nähe zu der tränenreichen Klage des Chors *O Mensch, bewein
dein Sünde groß* bringt. (Zwei Takte stimmen in ihrer seufzenden
Tonfolge nahezu wörtlich überein[237]!; Beispiel 65). Aber mehr
als sonst scheinen all diese Figuren, mit denen Bach Worte cha-

Beispiel 65

rakterisiert, eingeschmolzen in die dunkel-weiche Gesamt-
stimmung der tiefen Oboen und der Altstimme: So wie wir in
Jesu Händen aufgehoben, so scheinen Furcht und Verlassenheit,
Schmerz und Einsamkeit überführt in einen Zustand der Bergung, des Ankommens. »Musik und Weinen öffnen die Lippen
und geben den angehaltenen Menschen los... Die Geste der Zu-
rückkehrenden, nicht das Gefühl des Wartenden beschreibt den
Ausdruck aller Musik und wäre es auch in der todeswürdigen
Welt« (Theodor W. Adorno[238]).

Ein Dakapo, ein dritter Arienteil, fehlt; die Vorschrift des
»da capo« übrigens, wie schon bei zwei anderen Arien[239], bereits
in Picanders Text. Das so Verwunderliche, daß Jesus seine
Hand, uns zu fassen, ausgespannt hat, kann und will Bach wohl
nur einmal sagen. Statt einer Wiederholung, statt der Ungewißheit des *suchet!* schließt er lieber in einer alles besiegelnden
Kadenz mit der Gewißheit des *bleibet in Jesu Armen*. Nur
mehr die Instrumente setzen nochmals mit ihrem Ritornell ein.

Es birgt die beiden Teile der Arie unter einem einigenden Bogen.

In ihrer Dialogsituation zwischen Coro primo und Coro secondo hat die Arie Verwandtschaft zu den beiden Eingangsstücken der Passionsteile; in ihrem Text sogar deutliche Anklänge an den Eingangschor – dort: *Kommt... sehet – wen?*, hier: *Sehet... Kommt – wohin?* In ihrer Tonart Es-Dur eröffnet sie eine völlig neue, bisher höchstens angedeutete Sphäre. So darf man sie wohl tatsächlich als Eröffnung eines dritten Passionsteils ansehen, der das aufregende Geschehen nicht nur tragisch zu Ende bringt, sondern es auf eine Ebene persönlicher Anteilnahme und Verinnerlichung hebt.

»So reiß mich aus den Ängsten«

Teil II, Szene 13 (NBA 61–62, BWV 71–72)

EVANGELIUM
Und von der sechsten Stunde an war eine Finsternis über das
ganze Land bis zu der neunten Stunde. Und um die neunte
Stunde schrie Jesus laut und sprach: Eli, Eli, lama asabthani?
Das ist: Mein Gott, mein Gott, warum hast du mich verlassen?
Etliche aber, die da stunden, da sie das höreten, sprachen sie:
Der rufet dem Elias! Und alsbald lief einer unter ihnen, nahm
einen Schwamm und füllete ihn mit Essig und steckete ihn auf
ein Rohr und tränkete ihn. Die andern aber sprachen: Halt, laß
sehen, ob Elias komme und ihm helfe? Aber Jesus schriee aber-
mal laut und verschied.

CHORAL
Wenn ich einmal soll scheiden,
so scheide nicht von mir!
Wenn ich den Tod soll leiden,
so tritt du dann herfür!
Wenn mir am allerbängsten
wird um das Herze sein,
so reiß mich aus den Ängsten
kraft deiner Angst und Pein!

Das folgende Evangelium behält die Dunkelheit der Tonart
Es-Dur bei. Finsternis breitet sich über das Land – Synonym für
das Unheimliche, Ungeheuerliche, das in dieser *neunten Stunde*
geschehen wird. In zwei Takten sind die letzten Worte Jesu vertont. Sie führen nach b-Moll, der tiefsten Tonart der Passion –
das *Und sie wurden sehr betrübt* der Jünger (NBA 9c) nimmt es
voraus –, beide Male ist man erinnert an die düster lastende Stimmung im b-Moll-Präludium des *Wohltemperierten Klaviers I.* In

der tiefsten Verlassenheit, in die ein Mensch fallen kann, in der Verlassenheit von Gott, in seiner Todesangst wird Jesus zum Menschen, der spricht wie die anderen Personen der Passion. Die Gloriole der ihn sonst begleitenden Streicher erlischt. Ähnlich dem »et sepultus est« in der *h-Moll-Messe*: Der Mensch ist nackt, jeder instrumentalen Stütze entblößt[240]. Allein gelassen, in schauriger Einsamkeit entringt sich dem Mund Jesu wie ein Urschrei seine letzte Frage: *Eli, Eli, lama asabthani?* Über einer lang liegenden Note im Baß – Ausdruck nochmals von Fesselung, von Nichtloskommen-Können – führt er von einem Dreiklang über einen eigentlich bereits auflösungsbedürftigen Quartsextakkord, über die scharfe Dissonanz eines Akkords mit der Sekund-Quart-Sext-Septime zu einem dominantischen F-Dur-Dreiklang. Diese harmonische Entwicklung legt ein großes Spannungscrescendo und Entspannungsdecrescendo nahe, sosehr man immer auch versucht ist, den ganzen Schrei in einem heil- und hilflosen Forte singen zu lassen.

Man hat nachgezählt, daß mit diesem letzten Jesus-Wort im Fundament des Continuos unter allen Worten Jesu in der *Matthäuspassion* insgesamt 365 Noten erklungen sind – als solle nochmals (ähnlich wie bei den Einsetzungsworten) das »Siehe, ich bin bei euch alle Tage bis an der Welt Ende« bekräftig werden[241]. Mit zwei apodiktischen Noten auf *Das ist* wird die Übersetzung eingeleitet, die der Evangelist in gleicher Ton- und Harmoniefolge wie Jesus, aber eine Quart höher singt. *Etliche* – nämlich der erste Chor – vermuten irrtümlicherweise: *Der rufet dem Elias!* Da (hilfreich oder ein letztes Mal quälend) einer der Umstehenden einen Schwamm voll Essig holt und Jesus tränkt, rufen *andere* – nämlich der zweite Chor –: *Halt, halt, laß sehen, ob Elias komme und ihm helfe?* Die in beiden Chören Akkord für Akkord skandierende Vertonung hatte sich in den letzten Volkschören schon angebahnt. Die Gefühlsausbrüche vorausgegangener Volkschöre, die aufgeputschten, aber spontanen, langgezogenen Schreie weichen einer stumpfen, fanatischen Einigkeit.

Abb. 12 »Wenn ich einmal soll scheiden« im Partiturautograph.

Auch heute entsteht oft bei Massenansammlungen solche
Übereinstimmung in der gemeinsamen, silbenweise rhythmisier-
ten Aussprache weniger Reizwörter. Ich denke an die anstachelnden Rufe von Fußballfans oder die »Ho-Ho-Ho-Chi-Minh«-Rufe
der Studentenrevolte. Solch berauschtes Skandieren von Reiz-
wörtern klingt nach stillschweigender Verabredung von Schwachen – man denke nur an den *Bar-ra-bam*-Schrei; es offenbart
den Wunsch, in einer Bindung, und sei sie noch so fatal, die
eigene Identität aufzugeben, eigene persönliche Empfindungen,
vielleicht des Mitleids, zu verdrängen. Es hat – wie die Trommeln
oder der Gleichschritt des Militärs – etwas von Gleichmacherei
und macht denen, die keine anderen Argumente mehr haben, Mut
in ihrer Einfallslosigkeit. Aber wenn auch mühsam übertönt, so
herrscht doch nach wie vor emotional aufgewühlte, hilflose Hektik: Wie schon früher sind die schreienden Volksgruppen über-
lagert von aufgeregten Sechzehnteln der ersten Violinen, die in
wilden Dreiklangsbrechungen hochfahren.

Überraschend führen die Evangeliumsworte, die vom Tod
Jesu berichten, aus den B-Tonarten der Finsternis hinauf ins
stille, aber lichtere a-Moll, in dem dann die Reflexion des Hörers erklingt, das Lied *Wenn ich einmal soll scheiden*. Das Lied,
das schon so oft in der Passion erklungen war, ist in phrygi-
schem Kirchenton erfunden, einer Tonfolge, die weder unserem
Moll noch unserem Dur gleicht. Es gibt Reste dieses Unter-
schieds auch noch im Bachschen Satz, etwa wenn er den Schluß-
ton dieses Chorals – aus *Angst und Pein* erlöst – als Grundton
harmonisiert, nicht wie vorher als Terzton einer Durtonart. Aber
selbst in dieser Schlußwendung, wie auch sonst: Bach empfindet in seiner Harmonisierung so deutlich in den beiden Ge-
schlechtern Dur und Moll, daß es mir gerechtfertigt erscheint,
hier von a-Moll zu sprechen.

Albert Schweitzer bemerkt in seinem *Bach*-Buch über die
Choräle der *Matthäuspassion*: »Es ist unmöglich, in dem ganzen
deutschen Kirchenliederschatz einen Vers zu entdecken, der die
betreffende Stelle besser ausfüllen würde als der, den Bach dazu
ausersah.«[242] Hingegen schreibt Friedrich Smend: »... alles, was
man zum Ruhme unseres Satzes sagen mag, kann doch das eine

nicht beseitigen, daß der Text dem Augenblick von Jesu Opfertod nicht voll gerecht wird. Hier werden eben doch zwei Größen nebeneinandergestellt, von denen die eine gewiß schwer und hart ist, aber dennoch mit dem völlig Unvergleichlichen des Sterbens auf Golgatha nicht in einem Atem genannt werden darf«[243]. Wie sehr möchten wir Schweitzer zustimmen und das Diktum Smends verwerfen. Wäre nicht die Angst vor dem eigenen Tod – wären dann die Geschichte und das Sterben Jesu nicht längst dem Vergessen der Geschichte anheimgefallen? Ja, ist es nicht der eigene Tod, der »allem Reden Bedrängtheit und Feuer, allem Fragen seine Inständigkeit verleiht« (Thomas Mann[244])? Ich glaube, das Erklingen dieses Liedes innerhalb der Passion ist für viele Hörer *der* Ort in ihrem Leben, an dem sie über ihren eigenen Tod nachdenken und spüren, daß sie Todesangst überwinden können. Nicht nur, weil das Wiedererleben, das einübende Wiederholen von Traumata Heilung bereits in sich birgt, sondern auch, weil der Bachsche Satz trotz aller chromatischen Enge und Ängstlichkeit in Tonart und Melodik Trost und Bergung schenkt.

In dem Sterbelied sind Klänge gefunden, die selbst für Bach außergewöhnlich sind und in der Geschichte vierstimmiger Liedvertonungen an Gewagtheit nicht ihresgleichen finden. Es scheint, als solle das große Lamento der Passion in diesen wenigen Takten äußerster Todesnot noch einmal kulminieren. Auf den Text *Wenn mir am allerbängsten wird um das Herze sein* bewegt sich der Chorbaß – nein, er bewegt sich eben nicht, er windet sich in winzigen, quälend nur chromatischen Schritten (die noch enger sind als die ähnlichen Schritte in dem Motiv der

Beispiel 66

Arie **Blute nur, du liebes Herz**) um eine Note herum. Vergeblich bemüht er sich, aus dem Würgegriff loszukommen, mit dem er an den Dominantton E gefesselt ist, eingeschnürt von dem Zugriff der Angst wie das Herz bei einem Angina-pectoris-Anfall (Beispiele 9d, S. 70, und 66a, S. 287). Dazu taumelt der Tenor in Synkopen, als sei ihm der Boden beruhigender rhythmischer Sicherheit unter den Füßen entzogen (Beispiel 66b).

Lange Zeit habe ich gemeint, das einschnürend Beängstigende dieses Liedes und seines chromatischen Würgegriffs müsse sich in einer ebenso angstmachenden Interpretation ausdrücken. Der Chor müsse in einer wie stammelnden, nicht mehr singen könnenden, nur noch ängstlich-verhaucht geflüsterten, nahezu tonlosen Wiedergabe, das Orchester in einem fahlen Nonvibrato der Angst des Textes gerecht werden. Vielleicht hat diese Darstellung auf manche Hörer ebenso maniert gewirkt wie auf mich die ursprüngliche Deutung im Ballett John Neumeiers (hatte auch ich schuld daran mit meiner angsterfüllten Wiedergabe?): Dort standen die Tänzer unter dem Kreuz, gegen das sie eben noch, beim Chor **Halt, laß sehen, ob Elias komme und ihm helfe?**, mit wuterfülltem Haß die Faust emporgestreckt hatten; ihre Arme sanken langsam herab, betroffen schauten sie auf ihre sich öffnenden Hände und begannen in einem heftigen, angsterfüllten Zittern, »unverarbeitet, ungeformt und elementar« (John Neumeier[245]), gemeinsam zu erschauern. Inzwischen hat Neumeier die Choreographie wenig, aber einschneidend geändert. Immer noch zittern einzelne Tänzer, vor allem bei den Worten **Wenn mir am allerbängsten**, wie von einem Kälteschauer erfaßt. Aber bestimmender schiebt sich eine andere Geste, die vorher auch schon präsent war, vors Auge: Unter der Angst wenden sich die Tänzer paarweise zueinander, lehnen, ohne sich sonst zu berühren, trostsuchend und scheu zärtlich ihre Stirnen aneinander; ein Paar umarmt sich liebevoll in einem genauen Zitat aus dem Pas de deux »Aus Liebe«.

Auch ich denke jetzt: Ist die Chromatik nicht nur wie eine Rückerinnerung, wie ein letztes Aufflackern des von Bach doch als verheißend geschilderten Chromatgangs, und ist nicht bedeutsamer, daß das Lied noch einmal in jener Tonart erklingt,

die vom ersten Chor an immer die Tonart der Liebe und ihrer
Mitgift Geduld war, der Geborgenheit, des Angekommenseins;
jener Farbe im Tonartenspektrum, die alle Farben, alle anderen,
auch die noch so heftigen, Emotionen nicht aus-, sondern in
sich einschließt und damit aufhebt? Mit dem a-Moll erklingt
die tiefste Fassung des Liedes in der *Matthäuspassion*; aber ist
dies nicht wie das Herabsteigen auf einen sicheren Boden, ein
Nach-Hause-Kommen in das Element der Geduld und der Liebe? Und leuchtet nicht auf die Worte *so reiß mich aus den
Ängsten* gleichsam wissend und verheißend ein frühlingshaftes
G-Dur auf? Sollte dies Lied nicht zu einer unendlichen Be-
ruhigung gelingen? Zu einer selig lächelnden Überwindung der
Angst? Und so zwar in einem Piano der Innerlichkeit, aber
»erlöst«, mit natürlicher Stimme und warmem Vibrato erklingen? Nur in den wunderbaren Takten – wahrscheinlich den
letzten, die er geschrieben hat – von Mozarts *Requiem*: »fac
eas, Domine, de morte transire ad vitam«, höre ich die Bitte
ähnlich sehnlich vorgebracht und ähnlich selig als erfüllt (dort
in der Mystik eines innigen Es-Dur und im himmlischen Hin-
aufschweben der Violinen beim »Hinübergehen«). »Wir müssen
sterben lernen, und zwar sterben im vollständigsten Sinn des
Wortes; die Furcht vor dem Ende ist die Quelle aller Lieblosig-
keit« (Richard Wagner[246]).

Eine alte Fabel erzählt: »Wir sind wie der Mann, der sich
selbst für den Gefangenen in einer Zelle hält. Er steht am Ende
des kleinen, dunklen, öden Raums auf den Zehen. Die Arme nach
oben gestreckt, versucht er, sich am Gitter eines kleinen Fensters,
der einzigen Lichtquelle im Raum, festzuhalten. Wenn er sich
fest anklammert, sich ganz nah an das Gitter drückt und den Kopf
schräg hält, kann er zwischen den oberen Stäben einen winzigen
Flecken strahlenden Sonnenlichts sehen. Dieses Licht ist seine
einzige Hoffnung, er will es auf keinen Fall verlieren. Er bleibt
am Fenster, ans Gitter gepreßt, und schaut nach oben. Dieser
Schimmer von Licht, der ihm das Leben bedeutet, ist so wichtig
für ihn, daß er nie auf den Gedanken kommt, davon zu lassen
und den dunklen Teil der Zelle zu erforschen. Deshalb entdeckt
er nie, daß die Tür am anderen Ende offen ist, daß er frei ist. Er

war immer frei, durch die Tür in den hellen Tag zu gehen, wenn er nur losgelassen hätte.«[247] Vielleicht kann nur, wer Todesangst kennengelernt hat, loszulassen lernen; kann den dunklen Teil seiner Existenz aufsuchen und bemerken, daß er nicht in einem Gefängnis lebt. »Denn wie wir dieses Dasein des Einzelnen als einen größeren oder kleineren Raum denken, so zeigt sich, daß die meisten nur eine Ecke ihres Raumes kennen lernen, einen Fensterplatz, einen Streifen, auf dem sie auf und nieder gehen. So haben sie eine gewisse Sicherheit. Und doch ist jene gefahrvolle Unsicherheit so viel menschlicher, welche die Gefangenen in den Geschichten Poes drängt, die Formen ihrer fürchterlichen Kerker abzutasten und den unsäglichen Schrecken ihres Aufenthaltes nicht fremd zu sein. Wir aber sind nicht Gefangene. Nicht Fallen und Schlingen sind um uns aufgestellt, und es gibt nichts, was uns ängstigen oder quälen sollte. Wir sind ins Leben gesetzt als in das Element, dem wir am meisten entsprechen« (Rainer Maria Rilke[248]).

Es bewahrheitet sich ein Satz, der Mahatma Gandhi zugeschrieben wird: »Das Geheimnis des Lebens und das Geheimnis des Todes sind verschlossen in zwei Schatullen, von denen jede den Schlüssel zum Öffnen der anderen enthält.« In Bachs Passion, so gewiß hier, spürt man: Dieser Musiker hat beide Schatullen geöffnet. Mit der geöffneten Schatulle des Todes hatte er den Schlüssel zum Leben in der Hand. Denn nur soweit wir auch die Schatulle des Todes öffnen, erschließt sich uns das Leben. Angst vor dem Tod wählt viele und raffinierte Tarnungen, uns am Leben zu hindern, letztlich sind Angst vor dem Tod und Furcht vor dem Leben identisch: »Die Bedrohungsangst eines Menschen, der gewohnheitsmäßig starke Empfindungen unterdrückt, ist, psychologisch gesehen, identisch mit der Todesangst. Was uns in einer wirklichen Todesangst droht, nämlich die Trennung vom Leben und dessen Auflösung, bewirken wir jedesmal, wenn wir ein lebendiges Gefühl in eine Zwangsjacke stecken und selbst ersticken« (Peter Schellenbaum[249]).

Ob ein Leben gelebt wird oder ungelebt verstreicht, hängt entscheidend davon ab, ob wir Angst überwinden und Vertrauen gewinnen. Die Angst oder die verdrängte Angst vor dem Tod kann uns ein Leben lang in einem »Totstellreflex« erstarren und versteinern lassen. Angst vor dem Tod und vor dem Leben lassen sich so auch verstehen als Angst vor einem vorbehaltlosen Vertrauen, vor der sich öffnenden Unbeschütztheit der Liebe. In dem heute oft geäußerten Wunsch, schnell und möglichst ohne Bewußtsein zu sterben, offenbart sich ein tiefes Lebensdefizit. Wenn wir »Gottessöhne« werden, die dem Leben vertrauen wie ein Sohn dem Vater, wenn wir werden, was Gott mit uns vorgehabt und Jesus uns vorgelebt hat: Liebende – können wir auch loslassen und den Tod als »Bruder« des Lebens begrüßen. »Es gibt Erinnerungen, die unser ganzes Leben prägen und die am Ende darüber entscheiden, wieviel Vertrauen wir gegen den Tod und die Unzerstörbarkeit des Lebens zu setzen wissen; immer sind es Erinnerungen an die grundlose, unbegreifliche Liebe und Güte eines anderen Menschen« (Eugen Drewermann[250]).

Vom Tod des Franz von Assisi wird in der *Legenda aurea* berichtet: »Da er nun aber nahete seinen letzten Tagen, und war von langem Siechtum gar erschöpft, da ließ er sich nackend niederlegen auf die bloße Erde und hieß alle Brüder, die daselbst waren, zu sich rufen, legte seine Hände auf jeglichen und gab denen, die gegenwärtig waren, seinen Segen für die andern alle; und teilte jeglichem ein Bissen Brotes, als es geschah bei dem Abendmahl des Herrn. Und als es seine Gewohnheit war, so lud er alle Kreaturen zum Lobe Gottes und mahnte den Tod selber, der doch den Menschen allen gar schrecklich und verhaßt ist, zum Lobe Gottes, ging ihm fröhlich entgegen und lud ihn zu sich mit den Worten ›Willkommen sei mein Bruder der Tod‹. Und da seine letzte Stunde kam, entschlief er im Herrn. Und ein Bruder sah seine Seele als einen Stern, so groß wie der Mond, und so leuchtend wie die Sonne.«[251]

Das ist der Tod eines Erlösten. Eines Menschen, der nach vielen Verletzungen unverwundbar geworden ist; der nach vielen Irrungen und Umwegen angekommen ist; der sich selbst, der Gott gefunden hat und in diese Vereinigung alles, was lebt, seine Mitbrüder, »alle Kreatur« einschließen kann; der seinen Körper der trocken-warmen umbrischen Erde, die nicht mehr als feindlich empfunden wird, zurückgibt und freudig singen kann:

höchst vergnügt schlummern da die Augen ein. Mond und Licht
sind nicht mehr *vor Schmerzen untergangen*, sondern als Inbild
der Seele aufgegangen wie ein gewaltiger Stern. Was im Leben
der Tag, die Sonne war: der so oft in die Irre gehende Verstand,
der so oft unausgeführt gebliebene Wille; und was im Leben
Nacht, der Mond war: Schmerz, Verzweiflung, Scheitern, Angst
– beides, alles, was auseinander strebte und Leben zu sprengen
drohte, jetzt ist es vereint zu einem leuchtenden Stern. Ein Tod,
wie er wohl Bach gelungen ist, der den Tod als »Schlafes-Bru-
der«[252] so zärtlich besungen und willkommen geheißen hat. Ein
Tod, wie er wohl dem Hörer Bachscher Musik gelingen könnte,
wenn er sie in sein Inneres einläßt und beherzigt.

»O Herr, gib jedem seinen eignen Tod.
Das Sterben, das aus jenem Leben geht,
darin er Liebe hatte, Sinn und Not.

Denn wir sind nur die Schale und das Blatt.
Der große Tod, den jeder in sich hat,
das ist die Frucht, um die sich alles dreht.«

(Rainer Maria Rilke, *Das Stunden-Buch*[253])

»Mache dich, mein Herze, rein«

Teil II, Szene 14 (NBA 63–65, BWV 73–75)

EVANGELIUM
Und siehe da, der Vorhang im Tempel zerriß in zwei Stück, von oben an bis unten aus. Und die Erde erbebete, und die Felsen zerrissen, und die Gräber täten sich auf, und stunden auf viel Leiber der Heiligen, die da schliefen, und gingen aus den Gräbern nach seiner Auferstehung und kamen in die heilige Stadt und erschienen vielen. Aber der Hauptmann und die bei ihm waren und bewahreten Jesum, da sie sahen das Erdbeben und was da geschah, erschraken sie sehr und sprachen: Wahrlich, dieser ist Gottes Sohn gewesen. Und es waren viel Weiber da, die von ferne zusahen, die da waren nachgefolget aus Galiläa und hatten ihm gedienet, unter welchen war Maria Magdalena, und Maria, die Mutter Jacobi und Joses, und die Mutter der Kinder Zebedäi. Am Abend aber kam ein reicher Mann von Arimathia, der hieß Joseph, welcher auch ein Jünger Jesu war, der ging zu Pilato und bat ihn um den Leichnam Jesu. Da befahl Pilatus, man sollte ihm ihn geben.

REZITATIV (Baß I)
Am Abend, da es kühle war,
ward Adams Fallen offenbar.
Am Abend drücket ihn der Heiland nieder.
Am Abend kam die Taube wieder
und trug ein Ölblatt in dem Munde.
O schöne Zeit! O Abendstunde!
Der Friedensschluß ist nun mit Gott gemacht,
denn Jesus hat sein Kreuz vollbracht.
Sein Leichnam kömmt zur Ruh.
Ach! liebe Seele, bitte du,

geh, lasse dir den toten Jesum schenken,
o heilsames, o köstlich's Angedenken!

ARIE (Baß I)
Mache dich, mein Herze, rein,
ich will Jesum selbst begraben.
Denn er soll nunmehr in mir
für und für
seine süße Ruhe haben.
Welt, geh aus, laß Jesum ein!

Nach dem milden, liebevollen a-Moll des Chorals setzt der nächste Bericht des Evangelisten in der Paralleltonart mit einem aufschreckenden C-Dur-Dreiklang ein: *Und siehe da.* Im Ballett John Neumeiers wird an dieser Stelle eine hoch aufgerichtete Bank umgestoßen und landet mit einem ohrenbetäubenden Knall auf der Bühne. Den Schreck, der die Ballettbesucher überfällt, sollte der Musiker mit seiner Wiedergabe auch erreichen. Es wird von unglaublichen Naturbegebenheiten berichtet: Der Vorhang im Tempel zerreißt, die Erde erbebt, die Felsen zerreißen, und Gräber tun sich auf. Alles auch Sinnbild für tief im Menschen sich Ereignendes. Für den Menschen, der mit seiner Natur noch verwachsen ist, ist es unvorstellbar, daß Ereignisse, die die Welt im Innersten bewegen, nicht auch die Natur erschüttern. Solche Bilder sind archetypisch und werden auch von anderen Religionen erzählt.

So berichtet die Legende, daß der Tod des Vollendeten, des Erleuchteten, des Buddha, von gewaltigen kosmischen Ereignissen begleitet war. »Ein gewaltiges Beben erschütterte die Erde, die Göttertrommeln erdröhnten, und als die Leiche verbrannt worden war, löschte ein Wasserstrahl aus der Luft das Feuer des Scheiterhaufens.«[254] Und wie hat es selbst uns naturferne Menschen bewegt, als wir im August 1991 im Fernsehen miterleben konnten, daß während des Putschversuchs in der Sowjetunion nach anhaltenden Regengüssen genau dann die Sonne durchbrach und die für ihre Freiheit demonstrierenden Menschen wie eine Verheißung beglückte, als sich die Hoffnung auf ein Scheitern der diktatorischen Revolte zu erfüllen begann.

In Zweiunddreißigstelnoten rasen die Continuoinstrumente gewaltige Tonskalen auf- und abwärts. »Tonmalerei« des Reißens – ein synästhetischer Vorgang, der in der Musik das gleiche sagt wie ein Bild oder ein Geräusch in anderer Wirklichkeit. Das Erbeben der Erde wird fünf Takte lang in ratternden Repetierungen von Zweiunddreißigstelnoten dargestellt, die sich zu einem riesigen Passus duriusculus aufrichten; nicht wie gewohnt durch eine Quarte, sondern durch eine ganze Oktave bricht er auf, der »enge Weg«, eine unerhörte, auch bei Bach nicht wiederkehrende Strecke gleichzeitig der Einengung und Eruption (Beispiel 67)! Er ist aber auch »Geburtskanal« für eine von keinem Sterblichen erschaute Vision. Denn es wird be-

Beispiel 67

richtet, wie die Leiber von Heiligen auferstehen und in die Stadt Jerusalem kommen. Der Evangelist singt in extremen Lagen: oft hoch, exaltiert zweimal den Spitzenton a noch um einen Halbton überschreitend; aber auch in abgründige Tiefen *bis unten aus* führend, wie denn die ganze Szene in einem langen, tiefen *die da schliefen* ausklingt[255].

Und dann, merkwürdig genug, ausgerechnet der Hauptmann und seine Leute, die Jesus gekreuzigt hatten, bekennen als erste: *Wahrlich, dieser ist Gottes Sohn gewesen.* Wer je diese Stelle in der *Matthäuspassion* gehört hat, wird nicht anders können, als sie von nun an mit Herzklopfen zu lesen oder zu hören. Hier, an dieser nur zwei Takte währenden winzigen Stelle, bricht durch die dunklen Wolken von Trauer und Tränen, jenseits allen Klagens, jenseits von Zweifel und Verzweiflung, ein unerwarteter, nicht faßbarer Strahl von Hoffnung hervor. Zunächst erstaunt traumhaft, dann so direkt in der Aussage, daß einem das Blut in den Adern erstarrt. Nicht wie oft vorher nur ahnungsvoll, sondern siegesgewiß und voller Zuversicht.

Nicht ein Chor, wie es doch die geringe Zahl des *Hauptmanns und die bei ihm waren* nahelegen würde, sondern beide Chöre vereinigen sich in der Aussage zu vierstimmigem Singen. Die Einigkeit, die so fanatisch furchtbar in manchem Volkschor und so berührend anteilnehmend in allen Chorälen hergestellt war, findet hier ihre letzte Bekrönung: Alle schließen sich diesem Bekenntnis an.

Der Hauptmann und die Seinen befinden sich mit ihren erstaunlichen Worten in As-Dur, eine Quinte tiefer, innerlicher noch als das Es-Dur/c-Moll, das die letzten drei Passionsszenen prägt. Die Takte haben eine tonartliche Parallele, die eine unerwartete und kühne Deutung nahelegt. Als der Hörer mit dem Lied *Ich bin's, ich sollte büßen* bekannt hatte, auch Judas zu sein, befand er sich mit seiner erschütternden Aussage in der gleichen tiefen Tonart wie der Hauptmann mit seinen unerhörten Worten.

Abb. 13 »Wahrlich, dieser ist Gottes Sohn gewesen« und anschließendes Rezitativ im Partiturautograph.

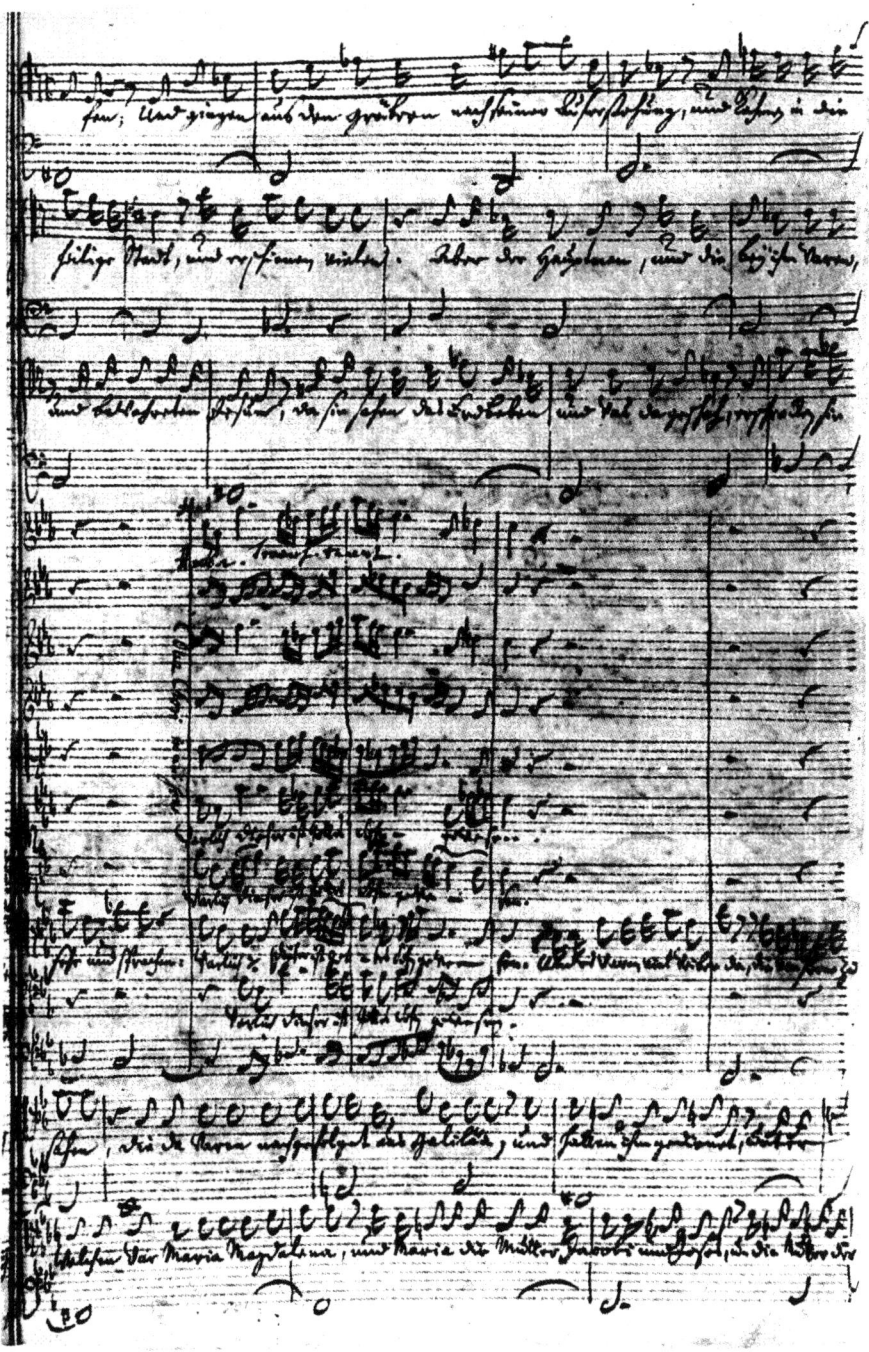

Wenn diese Tonart As-Dur erreicht ist, ereignen sich in der
Musik Vorgänge, die weit über das hinausführen, was wir gemeinhin von ihr erwarten. Ich meine das zunächst in wörtlichem Sinn:
Erstaunlicherweise kommt nämlich diese Durtonart mit vier
B-Vorzeichen bei Bach – außer im *Wohltemperierten Klavier*, wo
die Fuge mit ihrer glockenhaften, dunklen Feierlichkeit eine Vor-
ahnung abgibt – nur an diesen beiden Stellen und im ahnungs-
vollen Rezitativ *Ach Golgatha* der *Matthäuspassion* vor[256]. In
dem ganzen riesigen Werk Bachs scheint diese ins Persönliche,
zentral Innerste des Menschen zielende Tonart – obwohl das parallele f-Moll mit den gleichen vier erniedrigenden Vorzeichen geradezu zu den Lieblingstonarten Bachs gehört – aufgespart zu
sein für diese kurzen Stellen, um das Unglaubliche, eigentlich
Undenkbare auszusprechen: *Wahrlich, dieser ist Gottes Sohn gewesen.* Aber auch – *das gehet meiner Seele nah –: Ich bin's.*
Wer so tief in das Haus seines Lebens, in sein Innen hinabgestiegen ist wie die Tonart im Quintenzirkel, der weiß, daß in
seinem Keller viele Ungeheuer warten, auch Judas. Er spürt aber
auch, daß in der Dunkelheit ein Morgenrot aufleuchtet wie das
Dur der tiefen Tonart, da er seinem Gott wie der Sohn dem Vater
vertrauen darf. »Wenn es euch sogar geschehen sollte, im Laufe
eures Lebens ein Verbrechen zu begehen, so verzweifelt doch
niemals an Gott. Ihr seid seine Kinder« (Fjodor Dostojewski[257]).
Christus begegnet ihm nun nicht nur in dramatischen Tonarten,
als historischer Jesus, von außen, sondern in der Tonart der Versenkung, innen in eigener Seele. Auch bei dieser tonartlichen
Verknüpfung – wie zuvor bei dem G-Dur Jesu, das überraschend
bei Judas wiederauftaucht – scheint es mir nicht wichtig, daß
Bach das von mir Beschriebene so »gemeint« hat. Mir genügt
die Feststellung, daß ihm für scheinbar so entgegengesetzte Gedanken Gleiches oder Verwandtes, hier die gleiche ungewöhnliche Tonartenfarbe, eingefallen ist.
Die Bibel hat viel unbefangener als wir im heutigen Sprach-
gebrauch vom »Gottessohn« gesprochen. Dort ist der Ehrenname
auch auf andere Menschen als Jesus bezogen, etwa auf Elias.
Paulus' Aussage, Christus soll »in euch Gestalt gewinnen«[258],
meint das gleiche; oder die Formulierung von C. G. Jung: »Die-

ses Selbst steht nie und nimmer an Stelle Gottes, sondern ist vielleicht ein Gefäß für die Gnade Gottes«[259]. Vielleicht mag man auch Eugen Drewermann folgen in seiner – den Akzent auf die »Vaterschaft« Gottes verschiebenden – Aussage, »worin die ›Sohnschaft‹ Jesu besteht: nicht in einer supranaturalistischen Wesenheit, sondern in der Haltung eines Vertrauens, das alles, die gesamte Zukunft, vorbehaltlos aus der Hand Gottes erwartet«[260]. Ich persönlich finde Drewermanns Aussage nicht schwächer als die anderen Deutungen. Gleichviel: an der Besonderheit der zwei As-Dur-Takte und an ihrer tonartlichen Parallele zum *Ich bin's* ändert sich durch unterschiedliche dogmatische Aussagen über Jesu Göttlichkeit nichts.

Alle vier Stimmen singen in höchster, jeweils eigener, also ganz persönlicher Expressivität. Der Baß, sonst, in den schreienden Turbachören, oft der Anführer, setzt hier eine Viertelnote später ein als die Oberstimmen und singt deutlich seine ersten Noten dem Sopran nach, als hätte, entgegen der Textaussage, die Frauenstimme als erstes die erschütternde Erkenntnis gewonnen und ausgesprochen. Durch den verspäteten Einsatz hat der Baß weniger Noten zu singen als die anderen Stimmen. Es sind 14. Kaum ein Zweifel: das Fundament, auf dem die ganze Aussage ruht, weist das Signum des B-a-c-h auf. Bach hat diese Takte ganz persönlich unterschrieben.

Die zwei Takte sind für mich das größte Rätsel der *Matthäuspassion*, dazu die schwierigste, eigentlich unlösbare Aufgabe für den Interpreten. Eine dogmatisch sichere, in selbstbewußtem, demonstrativem Forte durchgesungene Wiedergabe würde meines Erachtens dem textlichen und musikalischen Geheimnis der Takte nicht gerecht. Ob vielleicht ein entrücktes, der seelischen Tiefe der Tonart und der Worte angemessenes Pianissimo das Richtige wäre? Die Lösung, zu der ich immer wieder zurückkehre – nach vielerlei Nachdenken und mancherlei Experimentieren, eigentlich traurig, die wahre Entsprechung noch nicht gefunden zu haben –, diese meine Lösung ist: Ein Pianissimoeinsatz, der das Erstaunen, die Sprachlosigkeit vor dem völlig Unerhörten aufnimmt; ein ausuferndes Crescendo, das das aufschreiende Erstaunen vor dieser Ungeheuerlichkeit, und ein Decrescendo bis ins

schiere Nichts, das das Resignieren der Bekenner, ihre erschrok-
kene Wendung zur Erkenntnis *Ich bin's*, wiedergeben soll. Dieser
dynamische Aufbau zeichnet am ehesten die melodische Entwicklung der Stimmen nach, die auf dem Höhepunkt nach einem
Takt ihre extremsten Lagen erreicht haben. Vielleicht, so tröste
ich mich in meiner Unsicherheit, ist es richtig, daß das größte,
unverständliche Rätsel des Textes auch das größte, unlösbare Rätsel in der Musik bleibt. Denn – so Thomas Mann – »aller Glaube
ist hilflos und stark vor Hilflosigkeit«[261].

Nach dem unerhörten Chorsatz von nur zwei Takten berichtet
eine dagegen nüchtern anmutende Erzählung von den zusehen-
den Frauen – sie waren also nicht voller Angst geflohen – und
dem reichen Mann von Arimathia, der Jesus in seinem Grab bei-
setzen will. Der Erzähler verbleibt in den dunklen B-Tonarten,
steigt aber unmerklich aus dem mystischen As-Dur um zwei
Quinten auf nach B-Dur.

Mit dem Chor des Hauptmanns endete Neumeiers ursprüngliche Choreographie *Skizzen zur Matthäuspassion*. Ein ungemein wirkungsvolles, ergreifendes Ende der Passion, wenn im
Ballett der Gekreuzigte mit ausgestreckten, weit geöffneten, wie
austeilend segnenden Armen vom Kreuz herabsteigt. Neumeier
schreibt:»Lange konnte ich nicht verstehen, warum die Bachsche Passion nicht mit diesem Chor, der die Erkenntnis der Göttlichkeit Jesu formuliert, aufhört. Als ich mich zur Choreographie
des Gesamtwerks entschlossen hatte, lag für mich das größte
Problem in der Frage: Was konnte noch nach Kreuzigung und
Auferstehung geschehen? War die Passion nicht hier eigentlich
zu Ende? War nicht musikalisch und choreographisch der Höhepunkt erreicht?«[262].

Auch ein erfahrener und ernster Kollege hat mir gestanden,
er fände es am schönsten, wenn Bachs Passion mit diesem unerhörten Ausblick schlösse. Aber um welche musikalischen Erlebnisse und gedanklichen Einsichten wären wir gebracht, wenn
es tatsächlich so wäre. Erlebnisse: denn die folgende Musik enthält einige der wunderbarsten Stücke, die Bach uns hinterlassen
hat (viele, und ich gehöre dazu, sagen, das Accompagnato *Am
Abend, da es kühle war* gehöre zu den ergreifendsten, kost-

barsten Rezitativen, die Bach geschrieben hat). Einsichten: denn nun geht es darum, das unerhörte Ereignis für das eigene Leben zu erschließen. Neumeier schreibt weiter:»Plötzlich merkte ich, wie menschlich und weise dieser hinausgezögerte Schluß der Matthäus-Passion ist, der nicht... mit dem Verlorengehen der Menschheit, dem Schock nach Jesu Tod... endet, sondern der den Menschen die Chance gibt, die Auferstehung zu erleben und darauf zu reagieren. Wie ist ihr Leben danach?«[263] Ergreifend, daß die Stimme Jesu, der Baß des Coro primo, noch einmal die Stimme erhebt, um erst in einer übrigens auch textlich überaus gelungenen Meditation über die Abendstunde, dann in einer für ihre Innerlichkeit erstaunlich nach außen gewandten Arie die Aneignung des Geschehens zu vollziehen.

Am Abend, da es kühle ward: In zwei großen g-Moll-Kadenzen, die genau in der Mitte des Rezitativs, im neunten Takt, aufeinandertreffen, schwingen weit ausholende Kantilenen des Sängers um die Gedanken des Abends. Der Abend offenbart das Geschehen des Tages. Am Abend, am Lebensabend, kann sich der Mensch nicht mehr hinter den Möglichkeiten künftiger Tage verstecken, sein *Fallen* wird offenbar. Aber ebenso gilt: Der Abend verheißt Ruhe von der Tagesmühe, Geborgenheit in der verhüllenden Dunkelheit – in Picanders Text mit seinen zahlreichen »a«-Lauten vorgeprägt[264]. Die Verheißung: *Der Friedensschluß ist nun mit Gott gemacht, denn Jesus hat sein Kreuz vollbracht* findet in die Unio mystica einer Es-Dur-Kadenz. In ruhig ausholenden Melodieschwüngen singt der Baß, bisweilen in großen Dreiklangsgebärden, denen wir als Grablegungsmotiv im Schlußchor wiederbegegnen werden. Friedensschluß, Vollendung. In ruhig wechselnden Akkorden begleitet das Streichorchester in Achtelbewegung. Die »Tiefe«, die Continuostimmen sind bereits zur Ruhe gekommen: Sie verharren in langen Noten. Die ersten Violinen aber lösen ihre Achtelbewegung in repetierende Sechzehntel auf: So entsteht ein eigenartiges Flimmern, ein Vorhang wie von aufsteigendem, abendlich verschleierndem Nebel.

Mit dem Friedensschluß, von dem das Rezitativ kündet, ist das Tor geöffnet zu etwas unerhört Neuem. Weil ich *Gottessohn*,

»Gefäß für die Gnade Gottes« bin, kann das Unwahrscheinliche, scheinbar Unmögliche gelingen: im Leben neu geboren zu werden. Plötzlich, wie in einem großen Aha-Erlebnis, spürt der Hörer, daß alle Dunkelheiten der Passion, die auch seine eigenen sind, nur Puzzles unverstandener Einzelheiten sind, die zu seinem Leben dazugehören wie Judas und Gethsemane zum Leben Jesu. Sie können – *o schöne Zeit!* – *begraben* werden. Mit Worten Jörg Zinks: »Wir rühren damit an ein tiefes Geheimnis. Paulus sagt: ›Christus soll ich euch Gestalt gewinnen.‹ Oder: ›Ihr seid in Christus. Damit ist alles neu in euch, und das Alte ist vergangen.‹ So soll unmerklich in uns der neue Mensch wachsen, der für das Gottesreich, für die Freiheit bestimmt ist, für das bleibende Leben. Wie kann das geschehen? Es beginnt damit, daß wir erkennen: Wir sind nicht festgelegt auf das, was wir jetzt sind. Niemand ist es. Alles ist voller neuer Anfänge, wenn wir sie geschehen lassen. Auch zwischen anderen Menschen und mir können neue Anfänge wachsen, oder dort, wo mir andere viel Mühe bereiten, und dort auch, wo der Haß die Menschen trennt. Die Schuld muß nicht bleiben und nicht der Streit. Güte kann einkehren. Helligkeit. Wahrheit. Christus selbst, das Kind, und Christus, der Erwachsene, der vom Gottesreich sprach und vom Frieden unter den Menschen, soll seine Gestalt finden in mir und in Ihnen.«[265]

Mache dich, mein Herze, rein ist die Antwort auf solche Verheißung, die Aufforderung zu solcher Erneuerung. Die Arie, der ganze Schluß der Passion erweist sich als große Initiationshandlung. Sie machen aus der Geschichte des Grauens ein »eu-angelion«, eine frohe Botschaft. Ob der Gottesleugner Friedrich Nietzsche die Passion doch mit offeneren Ohren gehört hatte als der Theologe Karl Barth? Gewiß, sie ist mehr als eine »Trauerode«, ein »Grabgesang« (Barth), sie kann zur frohen Botschaft, zum »Evangelium« (Nietzsche), ja zum »dessous de la vie« (Rainer Maria Rilke[266]), zum Grund und Fundament allen Lebens werden.

Nach drei Takten wiegender Pastoralmelodik, wie sie in jeder weihnachtlichen Hirtensinfonia stehen könnte, setzen sie ein und beherrschen noch einmal über weite Strecken die Musik der Arie:

die Seufzersekunden, die bereits so viele Sätze der *Matthäus-passion* geprägt hatten. Hier aber in neuer, gültiger, letzter Bedeutung: *ich will Jesum selbst begraben* wird vom Sänger nicht nur in einem unendlich langen Melisma betont, sondern im Orchester auch von ebendiesem tränenreichen Motiv unterstrichen. Das heißt doch wohl: diese Geschichte, die von Eifersucht und Großmannssucht, von übermütigen Versprechungen und Besserwisserei, von Feigheit und Opportunismus, von ideologischer Verblendung und Verrat, vor allem aber von ständiger Projektion meiner Schuld auf Sündenböcke, von ständigem Verdrängen der früh gewonnenen Erkenntnis *Ich bin's* gehandelt hatte, diese Geschichte meiner alltäglichen Lebenslüge darf ich beerdigen, dem Vergessen des Grabes, der Wandlung der Erde anvertrauen.

Was der schmächtige Nachtmensch Rilke vor dem muskelkräftigen Torso des Apoll von Belvedere empfand, wie sollte es nicht gelten, wenn wir, die wir stark im Verdrängen, schwach im Meistern des Lebens sind, Jesus, den großen Arzt des Lebens, *einlassen*:

»... denn da ist keine Stelle,
die dich nicht sieht. Du mußt dein Leben ändern.«[267]

... laß Jesum ein. Vom neuen, wahren Menschen, den die Sopranistin des Coro primo schon so liebevoll in ihren beiden Arien beschworen hatte, redet visionär der Mittelteil der Arie. In nur zweimal acht Takten. Sie korrespondieren in wunderbarer Formklarheit den jeweils acht instrumentalen Ritornelltakten, die die 20 Gesangstakte des Anfangsteils symmetrisch umschließen. *Denn er soll nunmehr in mir für und für seine süße Ruhe haben.* Unter den im Orchester sich hinstreckenden Tränensekunden kommt der Sänger auf einer langen Note zur erlösenden Ruhe, währenddessen das Continuo noch einmal die ganze Welt in Oktaven ausschreitet. Die ganze Welt des Scheins, der nur höchst relative Werte, diese *Welt, geh aus*, heischt er in herrisch nach oben gereckten Septen.

Mache dich, mein Herze, rein: als hätte Bach tatsächlich gezählt und die zentralen Worte in die genaue Mitte des großen letzten Formbogens setzen wollen, der die Passion in B-Tonarten schließt (denn wenn man einen eigenen dritten Formbogen der Passion mit dem endgültigen Eintritt in die B-Tonarten der Verinnerlichung, mit dem *Ach Golgatha*-Rezitativ des Alts beginnen läßt, so fällt sein genaues Zentrum in die ersten Worte dieses Dakapos: Von insgesamt 435 Takten sind die Takte 53 und 54 der Arie die genaue Mitte); als sei die Musik ungeduldig und wolle jede Verzögerung vermeiden, diese strahlende, neue Welt des *Mache dich mein Herze rein* zu wiederholen, überspringt sie beim Dakapo das Ritornell und fällt sofort mit dem Gesangsteil ein. Am Ende der Arie freilich, wenn die Musik zur Ruhe kommen will, fehlt das achttaktige Ritornell nicht, das die Arie wie ein Bogen überspannt. Wie ein Regenbogen, möchte man mit einem Bild der *Johannespassion* sagen, wo eine in gleichem $^{12}/_8$-Takt vertonte Arie davon spricht, daß »der allerschönste Regenbogen als Gottes Gnadenzeichen steht«[268]. Wie anders als in dem Takt der Pastorale könnte es gelingen, das *Herze rein* zu machen, jenem Takt, der schon im ersten Satz der Passion imaginiert hatte, Gottes-Drei und Menschen-Vier könnten und würden einander begegnen und sich vervielfachend durchdringen. Die beiden Oboi da caccia aus der alles Verständnis erst eröffnenden Sopranarie *Aus Liebe* und aus der letzten Arie, die *Jesus hat die Hand, uns zu fassen, ausgespannt* verkündet hatte – sie dürfen hier nicht fehlen, sondern geben dem satten Streicherklang eine dunkle Tönung der bewahrenden, behütenden Hirten.

Die große Arie wandelt das abendliche g-Moll des Rezitativs ins parallele B-Dur um, das aus der Introversion des Es-Dur herausfindet, ohne die Wärme der B-Tonarten zu verlassen. Von liebender Versenkung redet sie wie früher die G-Dur-Arie *Ich will dir mein Herze schenken*. Zwar nicht mehr unbekümmert-fröhlich wie die Sopranarie, aber – durchglüht vom Gang durch die Tiefe der Tonarten und die Abgründe des Lebens – wissend heiter, erlöst. Und in der Welt des Innen, der B-Tonarten von dem dunklen As-Dur um den gleichen Glorienschein zweier Quinten erhöht, wie in der Welt der Geschehnisse, der Kreuztonarten das königliche Trompeten-D-Dur von der Nüchternheit und Reinheit des C-Dur.

»Höchst vergnügt schlummern da die Augen ein«

Teil II, Szene 15 (NBA 66–68, BWV 76–78)

EVANGELIUM
Und Joseph nahm den Leib und wickelte ihn in ein rein'
Leinwand und legte ihn in sein eigen neu Grab, welches
er hatte lassen in einen Fels hauen, und wälzete einen
großen Stein vor die Tür des Grabes und ging davon. Es war
aber allda Maria Magdalena und die andere Maria, die satzten
sich gegen das Grab. Des andern Tages, der da folget nach
dem Rüsttage, kamen die Hohenpriester und Pharisäer sämt-
lich zu Pilato und sprachen: Herr, wir haben gedacht, daß
dieser Verführer sprach, da er noch lebete: Ich will nach
dreien Tagen wiederauferstehen. Darum befiehl, daß man das
Grab verwahre bis an den dritten Tag, auf daß nicht seine Jünger
kommen und stehlen ihn und sagen zu dem Volk: Er ist auf-
erstanden von den Toten; und werde der letzte Betrug ärger
denn der erste! Pilatus sprach zu ihnen: Da habt ihr die
Hüter, gehet hin und verwahret's, wie ihr's wisset. Sie gingen
hin und verwahreten das Grab mit Hütern und versiegelten den
Stein.

REZITATIV (Soli I) und CHOR (Coro II)
Nun ist der Herr zur Ruh' gebracht.
   Mein Jesu, gute Nacht!
Die Müh' ist aus, die unsre Sünden ihm gemacht.
   Mein Jesu, gute Nacht!
O selige Gebeine,
seht, wie ich euch mit Buß' und Reu' beweine,
daß euch mein Fall in solche Not gebracht!
   Mein Jesu, gute Nacht!
Habt lebenslang vor euer Leiden tausend Dank,

daß ihr mein Seelenheil so wert geacht'.
Mein Jesu, gute Nacht!

SCHLUSSCHOR
Wir setzen uns mit Tränen nieder
und rufen dir im Grabe zu:
Ruhe sanfte, sanfte ruh!
Ruht, ihr ausgesog'nen Glieder,
ruhet sanfte, ruhet wohl!
Euer Grab und Leichenstein
soll dem ängstlichen Gewissen
ein bequemes Ruhekissen
und der Seelen Ruhstatt sein.
Höchst vergnügt schlummern da die Augen ein.

Das Evangelium kommt zum Schluß. Die Vertonung seiner ersten Worte hier ist dem Anfang der ganzen Evangeliumsvertonung musikalisch verwandt in dem Ausschwingen um g (diesmal Moll) und dem Ausklingen auf der Terz. Ein letztes Mal agieren die Hohenpriester und Pharisäer in einem Doppelchor. Beide Chöre, als betonten sie die Einmütigkeit, singen nahezu gleiche, manchmal nur in Terzen parallel geführte Noten. Die Musik bildet mit aufwärtsgerichteten Skalen die Rede des vermeintlichen Verführers *Ich will nach dreien Tagen wiederauferstehen* und die aus dem Mund der Jünger befürchtete Behauptung *Er ist auferstanden von den Toten* ähnlich ab, wie es die zwei falschen Zeugen bei ihrer Aussage getan hatten, Jesu wolle *in dreien Tagen denselben* abgebrochenen Tempel wieder bauen. Bei dem Wort *und werde der letzte Betrug ärger denn der erste* fällt sie in zornige, aufgeregte Sechzehntel mit einem plötzlich ängstlich gekreischten Spitzenton im Sopran.

Ein letztes Mal willfährt Pilatus dem Begehren. *Sie gingen hin und verwahreten das Grab mit Hütern und versiegelten den Stein.* Endgültiger kann eine Geschichte – scheinbar – nicht zu Ende gehen. In warm-dunklem Es-Dur *versiegelt* eine letzte Kadenz des Continuos die letzten drei Szenen der *Matthäuspassion*, die in ihrer Tonart, vom Grundton e-Moll hinabgestiegen, eine neue, verinnerlichte Stimmung, eine Unio mystica, herstellten.

Ein Stein versiegelt das Grab: Hier ist nichts mehr zu ändern. Die Geschichte des Menschensohns ist vollendet. Auch Bachs Evangelienbericht. Er endet in Vollendung. Eine vielfach beschriebene Beobachtung ist so unglaublich, daß ich sie immer und immer wieder nachgezählt und überprüft habe: Der ganze Bericht des Evangelisten einschließlich der zugehörigen Volkschöre umfaßt genau 729, das sind $3 \times 3 \times 3 \times 3 \times 3 \times 3$ Takte[269]. An Zufall mag man bei der hohen Zahl nicht denken. Kann etwas vollendeter, vollkommener sein? Die sechsfach potenzierte Drei, die die Spaltung der Zwei überwindet, scheint zu sagen: Wider alle Erfahrung mit dem Grauen der geschilderten Geschichte zerfällt die Welt nicht in Widersprüche, im letzten ist sie »geeint«. Oder mit christlichen Vokabeln: Letztlich erschallt mit der grauenvollen Geschichte ein ständiger Lobpreis allmächtiger Gottestrinität.

Es folgt ein abschließendes Rezitativ der vier Solostimmen, auf die Bach die Worte aufteilt, die in Picanders Libretto der »Tochter Zion« zugeteilt waren. Wir kennen ein ähnlich abschließend zusammenfassendes Rezitativ aus der vorletzten Nummer des *Weihnachtsoratoriums*. Hier aber sind den Soli im ersten Chor, die natürlich vom ersten Orchester begleitet werden, noch einmal, wie schon in vier vorangegangenen Sätzen, Chor und Orchester des Coro secondo an die Seite gestellt. Der Bassist des ersten Chores, der die große Partie des Jesus und dazu bereits zwei Arien gesungen hatte, beginnt das Rezitativ mit den Worten *Nun ist der Herr zur Ruh' gebracht*. Voller Zuversicht, voller Glauben, voller Ruhe, wie wir den Sänger auch bisher erlebt hatten. (In heutigen Aufführungen wird das, wie gesagt, meist verfälscht: Die beiden Baßstimmen werden entgegen dem Willen Bachs nicht auf die Chöre aufgeteilt, sondern der eine mit der Aufgabe betraut, alle Arien und Nebenrollen, der andere, die Partie des Jesus zu singen.) Auch die anderen Solisten bleiben ihrem Charakter treu: der Tenor seiner anteilnehmenden Erzählweise, die Altistin ihrem *mit Buß' und Reu' beweinen*, die Sopranistin ihrer lichten, liebevollen Dankbarkeit. Während die Solisten in kurzen Takten ihren ausdrucksvollen Abgesang auf die große Passionsgeschichte formulieren, unterbricht immer der zweite

Chor mit den in lebendiger Deklamation und ebenfalls höchst expressiv gesungenen Worten *Mein Jesu, gute Nacht!* Er wird dabei von seinem Orchester colla parte begleitet, nur die beiden Flötenstimmen schweben über ihm wie ein überirdisches Licht. Das erste Orchester begleitet seine Solisten nur mit Streichern in ruhigen, lang gehaltenen Noten. Beim Einsatz aber jeweils des zweiten Chores, als könnte es diesem nicht allein alle Expressivität überlassen, mischt es sich in das ausdrucksvolle Stimmengeflecht ein, wobei es oft die Einsätze des Chores imitiert. Bevor es dann allein den Satz, der in glühendem Es-Dur begonnen hatte, mit seufzenden Tränensekunden im schicksalsträchtigen c-Moll abschließt, streift es in einem überraschenden Trugschluß auf dem letzten Ton des Chores noch einmal kurz das so bedeutungsvolle As-Dur.

Der Schlußchor *Wir setzen uns mit Tränen nieder* ist das gewichtige Pendant zum Eingangschor. Im Eingangschor waren die Stimmen kontrapunktisch verwirrend ineinandergeschachtelt, drängende Dramatik hatte geregelte Periodik beiseite gefegt, verzweifelt klagend stürmten die Stimmen einher. Hier vereinen sich die Stimmen fröhlich zu einfacher Homophonie, erlöst tanzen sie in weiten Melodiebögen, in beschwingten Periodikkreisen unter der symmetrischen Form einer Dakapoarie. Wie in großer Katharsis: Die Verworrenheit des Menschlichen im Eingangschor und in der Passion ist durchsichtiger, strahlender Klarheit gewichen, wie sie die Nähe Gottes erwarten läßt.

John Neumeier kontrastiert in seinem Ballett die im Eingangschor nahezu undurchschaubare Vielfalt der Bilder und Figuren durch eine hier streng quadratische, symmetrische Grundstellung der Tänzer. War vom pastoralen $^{12}/_8$-Takt des Eingangschors im Schlußchor des ersten Teils nur die Vier des heillosen »in terra« übriggeblieben, so hier die schwingende Drei des »in excelsis« eines Sarabandentanzes. Hatte die Zwölf im Eingangschor die Vertikale der Stimmenzahl gebildet, so hier die Horizontale: Anfangsteil und Dakapo des Chores setzen sich nämlich aus je vier Zwölftaktperioden zusammen; und diese zwölf Takte wiederum gliedern sich in drei Viertaktgruppen: horizontale Umlegung der drei vierstimmigen Gruppen (Streicher, Bläser, Chor) im Eingangschor. Jede Zwölftaktperiode erklingt erst instrumental, um alsbald vom Chor, von den Instrumenten colla parte begleitet, wiederholt zu werden. Durch die Textierung entpuppen sich die ersten vier Takte als große Grablegungsgebärde mit ausholenden Abwärtsdreiklängen in der Baßgruppe; darüber eine zunächst sich *setzende* und dann im Sekundmotiv *tränen*seufzende Abwärtsbewegung im Sopran (jeweils genau auf die Schlüsselwörter; Beispiel 68a); die zweiten vier Takte holen in gewaltigem Septsprung und weit ausgreifenden Intervallen zum *Rufen* aus (Beispiel 68b); die letzten vier Takte vertonen den eigentlichen Zuruf *Ruhe sanfte, sanfte ruh!*. Nur in diesen letzten vier Takten spalten sich die Chöre auf und lassen den großen Ruf wie im weiten Gebirge in Echomanier erklingen (Beispiel 68c). Zwei-

Beispiel 68

mal führen die zwölf Takte von c-Moll nach Es-Dur, zweimal von Es-Dur nach c-Moll. So zeichnen sie die Ambivalenz des Geschehens, das glühend Leuchtende wie das schicksalhaft Bedrückende in den beiden dunklen Tonarten nach. Der von diesen 48 Takten eingerahmte Mittelteil ist textlich und musikalisch das Herzstück des Chorsatzes. Die beiden Chöre und Orchester spalten sich auf, die Hauptlast liegt beim ersten Chor, der zweite fällt nur mit kurzen Echoeinwürfen ein. Immer noch hat der Hörer den unmittelbaren Eindruck kristallener Formklarheit. Aber die 32 Takte des Mittelteils scheinen doch mehr gewachsen als konstruiert; als wollte die unerwartete Heiterkeit des Textes die Strenge der starren Form aufsprengen und sich in der natürlichen Teilung des Goldenen Schnitts bergen. Denn alle Formteile des Chores folgen diesem Gesetz der Natur (die ganze Form zu Anfangsteil plus Mittelteil wie Anfangsteil zu Mittelteil verhalten sich wie eine Lamésche Reihe: 128:80:48:32; genauer: 128:79,1:48,8:30,1).

Ruht, ihr ausgesog'nen Glieder, singt der erste Chor zweimal in je vier Takten, das erstemal in c-Moll, das zweitemal
nahezu wörtlich um eine Quarte nach oben versetzt in f-Moll,
wobei er die *Glieder* mit den Sekunden des Schmerzes *aus-
saugt*. Nur weil der zweite Chor jeweils einen, wie um nicht zu
stören, piano geflüsterten Takt mit den Worten: *ruhet sanfte,
ruhet wohl!* einschiebt, ergibt sich zweimal die »Quintessenz«
von fünf Takten.

*Euer Grab und Leichenstein soll dem ängstlichen Gewissen
ein bequemes Ruhekissen und der Seelen Ruhstatt sein*: Die
zentrale Aussage wird vom Chor in zwölf plus zwei Takten vorgetragen. In zwei Stakkatonoten lacht er auf die Worte *soll dem
ängstlichen Gewissen* unter seinen eigenen Tränen, dem bekannten Motiv fallender Sekunden (Beispiel 69a). Noch einmal fällt
der zweite Chor, diesmal mit zwei Pianissimotakten, ein mit seinem Ruf: *Ruhet sanfte, sanfte ruht!* Der erste Chor pausiert

Beispiel 69

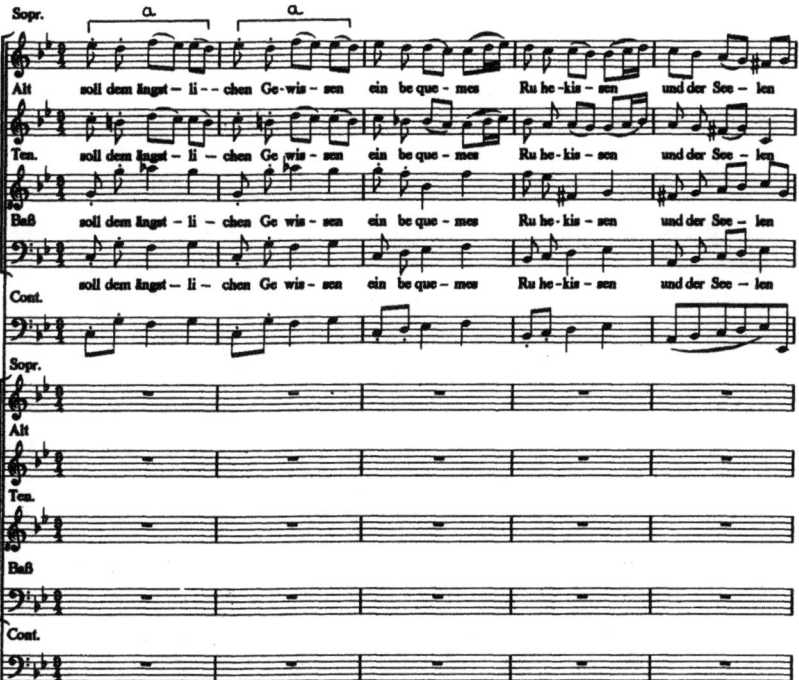

währenddessen nicht, sondern ruht sich seinerseits in diesen Takten auf dem **Ruhekissen** lang gehaltener Noten aus. Alle Angst ist aus der Welt verschwunden, und in der strahlenden Tonart Jesu, in G-Dur, kann der Chor zweimal aufjubeln: **Höchst vergnügt** (Beispiel 69b), um sich dann in immer leiser werdenden, erleichtert und entspannt seufzenden Sekundgängen zu vergewissern: **schlummern da die Augen ein** (Beispiel 69c). Die Wandlung des Seufzermotivs, die sich in der letzten Arie angebahnt hatte, ist vollzogen: Aus Schmerz und Tränen der Subsumptio-Figur wird Erlösung. Lachen und Weinen sind eins geworden wie das Ein und Aus des Atems. Es ist erfüllt, das »Selig seid ihr, die ihr hier weinet; denn ihr werdet lachen« (Lukas 6,21).

In der Abrundung und Geborgenheit, die der Organismus der Dakapoform verleiht, geht der Chor mit der Wiederholung der ersten 48 Takte zu Ende. Im Schlußakkord verharren die ersten

Flöten ein Viertel lang auf der herb dissonanten großen Septime, die sich schließlich in die Oktave auflöst. Ein letztes Mal fassen sie Spannung und Entspannung, Leiden und Erlösung der ganzen Passion, des ganzen Lebens in einem Akkord zusammen.

»Geh bis an deiner Sehnsucht Rand«

Nachwort

»Gott spricht zu jedem nur, eh er ihn macht,
dann geht er schweigend mit ihm aus der Nacht.
Aber die Worte, eh jeder beginnt,
diese wolkigen Worte, sind:

Von deinen Sinnen hinausgesandt,
geh bis an deiner Sehnsucht Rand;
gieb mir Gewand.

Hinter den Dingen wachse als Brand,
daß ihre Schatten, ausgespannt,
immer mich ganz bedecken.

Laß dir Alles geschehn: Schönheit und Schrecken.
Man muß nur gehn: Kein Gefühl ist das fernste.
Laß dich von mir nicht trennen.
Nah ist das Land,
das sie das Leben nennen.

Du wirst es erkennen
an seinem Ernste.

Gieb mir die Hand.«

(Rainer Maria Rilke, *Das Stunden-Buch*[270])

Drei Stunden ist der Hörer in der *Matthäuspassion* mit sich
selbst konfrontiert, mit allem, was ihn bedrängt und belastet;
auch mit dem in sich, was er nicht wahrhaben will und verdrängt; aber auch mit seinen Sehnsüchten, Hoffnungen und mit
unerhofften Tröstungen. Die drei Stunden erinnern an die Tage
der Gefangenschaft, die der Prophet Jona im Walfisch ver-
brachte; sie erinnern an die drei Tage zwischen Karfreitag und

Ostern, die Dante im »inferno« weilte: Synonym für Abstieg
der Seele in die Unter- und Innenwelt. Wie Jona, der sich seinem
Auftrag entziehen wollte, wie Dante, der erfuhr, daß die Durch-
schreitung des Bösen die Voraussetzung zum Aufstieg in das
Paradies ist, so ist der Hörer mit seinem Leben und dessen
Verwirklichung, dem »Prozeß der Individuation«, konfrontiert.
Er kann sein *Herze rein machen*, sein Leben neu beginnen in
der Erkenntnis: »Sünde ist: vor Gott verzweifelt nicht man
selbst sein wollen« (Sören Kierkegaard[271]). »Gott spricht zu
jedem nur, eh er ihn macht«, so gilt: »Gott macht keine anderen
Menschen aus uns, ja er hat uns offenbar einzig zu dem Zweck
geschaffen, daß wir den Mut aufbrächten, in diesem Leben zu
sein, was wir sind: nicht besser und nicht schlechter, als er uns
geschaffen hat.« Und: »Zu glauben heißt in diesem Sinne wesentlich, sich selber anzunehmen, weil und wie Gott mich geschaffen hat. Der Glaube ist das selige Gefühl, dasein zu dürfen« (Eugen Drewermann[272]).

Der Rektor der Leipziger Thomasschule zu Bachs Zeit, Johann Matthias Gesner, beteuert in einer Anmerkung zu seiner
Quintilian-Ausgabe: »Sonst ein begeisterter Verehrer des Alter-
tums, glaub' ich doch, daß Freund Bach allein, und wer sonst
ihm vielleicht ähnlich ist, den Orpheus mehrmals und den Arion
zwanzigmal übertrifft.«[273]

Ich weiß nicht, wie Orpheus übertroffen werden könnte, da
er allein doch alles bewirkte, was Musik vermag, mehr, als man
ihr gemeinhin zutraut. Ihm gelang Größeres als selbst Ödipus.
Dieser konnte das Rätsel des Lebens zwar lösen, aber er vermochte nicht, die Sphinx zu erlösen. Sie selbst war ja das Rätsel,
das sie erzählte, sie vereinigte die auseinanderstrebende Vierheit
in ihrem rätselhaften Leib. Ödipus löste ihr Geheimnis, aber lebte nicht mit ihm, dem eigentlichen Rätsel seines wie eines jeden
Lebens. Er tötete die Sphinx (oder nach einer anderen Version
ließ er zu, daß sie sich von einem Felsen stürzte) und regredierte
in einer Mutterehe zum Kind, hilflos der Gegensätzlichkeit der
Welt preisgegeben. Aber nicht, die ungeliebten Gegensätze zu
besiegen oder abzutöten, sondern sie zu erlösen, ist die Aufgabe
des Lebens. Orpheus gelang dies. Er lebte mit den rätselhaften

Widersprüchlichkeiten, vermochte sie in seiner Musik zu einen und so die gegensätzlichsten Wirkungen zu vollbringen. Daß Bach Orpheus gleicht, ist mir sicher. Keine Musik vereint so große, auseinanderstrebende Gegensätze wie die Bachs, die Göttliches und Menschliches, lichte Verheißung und dunkle Qual, kurzum alle Polaritäten eins werden läßt; die die unterschiedlichsten Taktarten, die entferntesten Tonarten, die verschiedensten Formprägungen zusammenzwingt; die strenge Logik, fest geprägte Form, melodische Klangsinnlichkeit, schweifende Harmonik, überströmende Emotion in sich vereint wie die Sphinx Männliches und Weibliches, Menschliches und Tierisches, Geistiges, Seelisches und Körperliches.

Orpheus vermochte mit seiner Musik beide Bedrohungen des Lebens zu besiegen: die steinerne Erstarrung zum Leben zu erlösen und das ungezügelt wilde Tier, das im Menschen schlummert, zu zähmen. So Widersprüchliches gelingt auch Bachs Musik. Stehenbleiben, Starrheit des Lebens vermag sie zu überwinden, den Tod im Leben zu besiegen. Zauber des Aufbrechens, Kraft des Anfangens, flutendes Strömen nehmen uns von den ersten Takten an gefangen. »Hinausgesandt«, werden wir an unserer »Sehnsucht Rand« geleitet. Wir erleben die Gefahren, opportunistisch wie Pilatus, Mitläufer wie die »Ältesten«, großsprecherisch wie Petrus, verblendet und aufgeputscht wie das Volk, ja »Verräter« wie Judas zu sein. Vielleicht aber spüren wir auch Chancen, unseren Träumen und Ahnungen zu trauen wie die sorgende Frau des Statthalters, der Stimme der Liebe zu folgen wie Maria Magdalena, ja Jesus in uns zu entdecken. »Schönheit *und* Schrecken« werden uns geschehen, kein Gethsemane-Kelch und keine Golgatha-Auswegslosigkeit werden uns von uns und von Gott »trennen«. Wenn wir zu allem *Ich bin's* zu sagen lernen, können Panzerung und Mauern fallen, Enge und Angst weichen, und wir können das »Land, das sie das Leben nennen«, betreten. Wenn wir »Gewand« geworden sind, *er... in mir, für und für, seine süße Ruhe* haben wird, so werden wir *das Herze rein* machen können und erfahren, daß das Tier, das Wilde in uns, nicht mehr böse ist, sondern gezähmt und vertraut. Es kann uns nicht von Gott entzweien, da wir seine Kinder sind.

Das Wunderbarste, das von Orpheus berichtet wird, ist, daß es ihm mit seiner Musik gelang, sogar die Pforten des Todes zu sprengen. Keiner musiziert so hoffnungsfroh, so verliebt, mit den zärtlichsten, wärmsten Tönen seiner Musik wie Bach, wenn er vom Tod redet. Im »Hellsehen des Ohrs«, in der Musik Bachs wie nirgendwo, »kommt ein Anderes, Unnennbares, unsere geheime Herrlichkeit selber herauf«, eine »Inwendigkeit... die die gänzliche Sprengung der Welt sein wird und der Morgen der Wahrheit über allen vergehenden Gräbern« (Ernst Bloch[274]).

»Gib mir die Hand«. Bachs Musik nimmt uns an die Hand, führt uns, birgt uns und läßt uns erfahren: »der Gerechten Seelen sind in Gottes Hand«. Sie wird uns als »Spiegel der göttlichen Geschöpfe«, als »Gottes Ebenbild«, Schlüssel zum Leben und Schlüssel zum Tod. Ja, wird sie nicht zur Offenbarung Gottes, wie es die Bibel von der Einweihung des salomonischen Tempels schildert[275]. Dort wird beschrieben, wie unter dem Erklingen der »Trompeten, Zimbel und Saitenspiele« das »Haus des Herrn erfüllt mit einer Wolke« war – das bekannte Bild der Gegenwart Gottes –, »so daß die Priester nicht zum Dienst hinzutreten konnten«. An dieser Stelle hat Bach handschriftlich in seiner persönlichen Bibel vermerkt: »Bey einer andächtig Musig ist allezeit Gott mit seiner Gnaden Gegenwart.«[276]

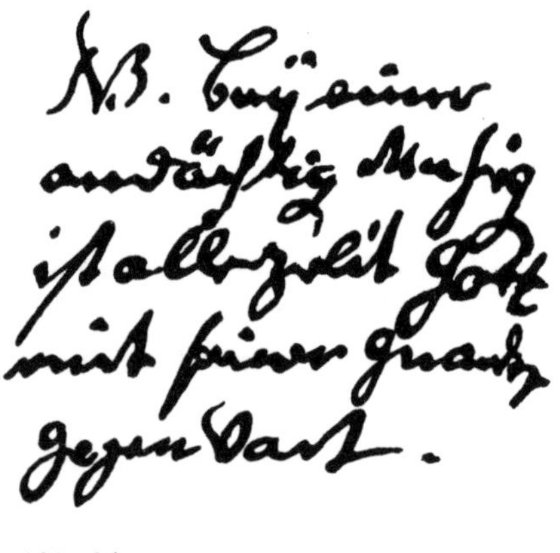

Abb. 14

Anhang

.

Anmerkungen

1 Rainer Maria Rilke, *Briefe*, Frankfurt a. M. 1980, S. 45, 50.

2 Johann Sebastian Bach, *Neue Ausgabe sämtlicher Werke*, seit 1950 herausgegeben vom Johann-Sebastian-Bach-Institut Göttingen und vom Bach-Archiv Leipzig in den Verlagen Bärenreiter, Kassel/Basel, und Deutscher Verlag für Musik, Leipzig (= NBA): Serie II, Band 5: *Matthäuspassion*; dazu: *Kritischer Bericht* (erscheint zu jedem Notenband); dazu (Supplementbände): *Bach-Dokumente*, herausgegeben vom Bach-Archiv Leipzig: Band 1, Schriftstücke von der Hand Johann Sebastian Bachs; Band 2, Fremdschriftliche und gedruckte Dokumente zur Lebensgeschichte Johann Sebastian Bachs 1685–1750; Band 3, Dokumente zum Nachwirken Johann Sebastian Bachs 1750–1800; Band 4, Bilddokumente zur Lebensgeschichte Johann Sebastian Bachs, Kassel 1963–79.

3 Wolfgang Schmieder, *Thematisch-systematisches Verzeichnis der Werke Joh. Seb. Bachs*, Leipzig 1950.

4 Beispielsweise der Verlage C. F. Peters oder Breitkopf & Härtel.

5 So Alfred Heuß, *Johann Sebastian Bachs Matthäuspassion*, Leipzig 1909.

6 So Hans Joachim Moser in: *Die Evangelische Kirchenmusik in Deutschland*, Berlin 1954, S. 190.

7 Thomas Mann, *Joseph und seine Brüder*, in: ders., *Das erzählerische Werk*, Frankfurt a. M. 1975, Bd. 1, S. 185.

8 Zitiert nach: John Briggs / F. David Peat, *Die Entdeckung des Chaos*, München/Wien 1990, S. 129.

9 Zitiert nach: Friedrich Smend, *Johann Sebastian Bach bei seinem Namen gerufen*, in: ders., *Bach-Studien. Gesammelte Reden und Aufsätze*, hrsg. v. Christoph Wolff, Kassel 1969, S. 192.

10 Robin A. Leaver, *Bachs theologische Bibliothek*, in: *Beiträge zur theologischen Bachforschung*, Neuhausen-Stuttgart 1983.

11 Zitiert nach: *Lust an der Musik*, hrsg. v. Klaus Stadler, München/Zürich 1984, S. 222.

12 Hans Blumenberg, *Matthäuspassion*, Frankfurt a. M. 1988.

13 Hanns Lilje, *Präludium der Ewigkeit. Gedenkrede auf den Todestag von Johann Sebastian Bach gehalten anläßlich der Bachwoche im Schloß Ansbach im Sommer 1948*, Nürnberg o. J.

14 Faksimile der Abschrift in: *Bach-Dokumente* (s. Anm. 2), Bd. 4, Nr. 300.

15 Siehe Friedrich Blume, Artikel *Bach, Johann Sebastian*, in: *Die Musik in Geschichte und Gegenwart*, Kassel 1949–68, Bd. 1, Sp. 967, 996.

16 Ernst Bloch, *Der Geist der Utopie*, Frankfurt a. M. 1964, S. 202.

17 Zitiert nach: Carl Heinrich Bitter, *Johann Sebastian Bach*, Berlin 1880, Bd. 2, S. 58.

18 In: *Bach-Dokumente* (s. Anm. 2), Bd. 1, S. 177.

19 Zu diesem Fragenkreis: Alfred Dürr, *Kritischer Bericht* zur *Matthäuspassion* (s. Anm. 2); ders., *Die Entstehungsgeschichte der Matthäus-Passion*, in: *Johann Sebastian Bach: Matthäus-Passion BWV 244. Vorträge der Sommerakademie J. S. Bach 1985*, Schriftenreihe der Internationalen Bachakademie Stuttgart, Bd. 2, Kassel 1990.

20 *Bach-Dokumente* (s. Anm. 2), Bd. 4, Nr. 384, S. 227.

21 Ein Faksimiledruck der autographen Partitur ist 1922 im Insel-Verlag, Leipzig, erschienen. Da sie stark unter Tintenfraß leidet (sie wurde 1941 zum Schutz vor weiterem Verfall mit Lyoner Chiffonseide überzogen), gibt dieser Faksimiledruck einzelne Stellen klarer wieder als heute die autographe Partitur. Ein weiterer Faksimiledruck erschien 1966 im Verlag für Musik, Leipzig.

22 Diese Frühfassung ist in der NBA als »kommentierte Faksimile-Ausgabe der Abschrift J. Chr. Altnickols« erschienen (Serie II, Band 5a). Es ist außergewöhnlich spannend, neben den großen Eingriffen auch die kleinen Verbesserungen zu studieren, die Bach in der uns bekannten Fassung vorgenommen hat. Gerade solche geringfügigen Veränderungen von bisweilen nur einer den Melodiefluß glättenden Note ermöglichen einen interessanten Einblick in Bachs Werkstatt.

23 Näheres *Kritischer Bericht* (s. Anm. 2), u. a. S. 48ff., 116f.

24 So zweier erfolgreicher Lustspiele *Die Weiberprobe* und *Der akademische Schlendrian*. Darüber in: Emil Platen, *Die Matthäus-Passion von Johann Sebastian Bach*, München/Kassel 1991, S. 54.

25 Carl Friedrich Zelter erwähnt einen »alten Kirchentext« aus dem Jahr 1729, der auf die Uraufführung verweisen soll, fügt aber selbst hinzu: »Ob diese Aufführung die allererste gewesen? besagt der alte Kirchentext des genannten Jahres nicht.« Selbst wenn also Zelter ein anderer Text als der Picandersche Druck vorgelegen haben sollte, ist er kaum ein Beleg für das Jahr der Uraufführung. Zudem ist belegt, daß Picander öfter seine Texte erst längere Zeit nach ihrem Entstehen veröffentlicht hat. Die Drucklegung des Picander-Textes im Jahr 1729 kann also ebensowenig Beleg sein für das Entstehungsjahr der *Matthäuspassion*. Siehe Dürr, *Entstehungsgeschichte* (s. Anm. 19).

26 Albert Schweitzer, *Johann Sebastian Bach*, Leipzig 1963, S. 569.

27 Elke Axmacher, *»Aus Liebe will mein Heiland sterben«. Untersuchungen zum Wandel des Passionsverständnisses im frühen 18. Jahrhundert*, Neuhausen-Stuttgart 1984.

28 Siehe Heinrich Miesner, *Philipp Emanuel Bach in Hamburg*, Leipzig 1929 (Reprint Vaduz 1969), S. 63.

29 Dazu: Martin Geck, *Die Wiederentdeckung der Matthäuspassion im 19. Jahrhundert*, Regensburg 1967.

30 Blume (s. Anm. 15), Sp. 962ff.

31 Alle Zitate nach: Geck (s. Anm. 29), S. 29f., 32, 46.

32 Friedrich Nietzsche, *Briefwechsel*, in: ders., *Kritische Gesamtausgabe*, hrsg. v. Giorgio Colli u. Mazzino Montinari, Berlin/New York 1977, Abt. 2, Bd. 1, S. 120.

33 Brief vom 22. März 1920, in: Rainer Maria Rilke, *Briefe an Sidonie Nádherný von Borutin*, hrsg. v. Bernhard Blume, Frankfurt a. M. 1973.

34 Karl Barth, *Dogmatik*, Bd. IV/2, Zürich 1955, S. 280.

35 Zitiert nach: Albrecht Dümling, *Laßt euch nicht verführen. Brecht und die Musik*, München/Zürich 1985, S. 28.

36 Siehe Hans Günter Ottenberg, *Carl Philipp Emanuel Bach*, Leipzig 1982, und Miesner (s. Anm. 28); über das Schicksal der Autographe zur *Matthäuspassion:* NBA (s. Anm. 2), *Kritischer Bericht.*

37 Schweitzer (s. Anm. 26).

38 Arnold Schering, *Johann Sebastian Bachs Leipziger Kirchenmusik*, Wiesbaden 1968; ders., *Bach und das Symbol*, zwei Aufsätze in den *Bach-Jahrbüchern* 1925 und 1928.

39 Smend (s. Anm. 9).

40 Dürr, in: NBA (s. Anm. 2), *Kritischer Bericht* und Notenband Serie II, Bd. 5a: kommentierte Faksimileausgabe der Frühfassung.

41 *Bach-Dokumente*, hrsg. v. Werner Neumann, Supplement zur NBA (s. Anm. 2), Bd. 1–4.

42 Ich folge hier den Ausführungen in: Schering, *Johann Sebastian Bachs Leipziger Kirchenmusik* (s. Anm. 38), S. 159, 173. Schering ging allerdings noch von einer falschen Datierung der Handschriften und damit auch der Stimmen aus, seine räumlichen Untersuchungen und seine Schlußfolgerungen werden aber davon kaum berührt; s. a. NBA (s. Anm. 2), *Kritischer Bericht*, S. 115.

43 Rainer Maria Rilke, *Zur Melodie der Dinge.*

44 John Neumeier, *Photographien und Texte zum Ballett der Matthäus-Passion von Johann Sebastian Bach*, Hamburg 1983, S. 19.

45 Giacinto Scelsi, der aus dieser Technik eine eigene Ästhetik entwickelte. Siehe Jürg Wyttenbach, *Giacinto Scelsi*, in: *Programmbuch Giacinto Scelsi des »Musikfest Hamburg«, 30.8.–13.9. 1992*, Hamburg 1992, S. 19ff.

46 Peter Schellenbaum, *Abschied von der Selbstzerstörung. Befreiung der Lebensenergie*, Stuttgart 1989, S. 192.

47 Rainer Maria Rilke, *Briefe*, Wiesbaden 1950, S. 66.

48 Oder handelt es sich bei der überlieferten Gesangsstimme des Liedes doch um den Einzelfall einer Aufführung? Wir wissen nämlich, daß für eine Aufführung im Jahr 1736 die zweite Orgel ausfiel, weil sie gerade repariert wurde. Auf diesen Sonderfall scheint die erhaltene Cembalostimme des Coro secondo zurückzugehen und eine Gambenverstärkung in einem Rezitativ (NBA 34) und einer Arie (NBA 35). Sollte die Vokalisierung auch nur der Klangverstärkung gedient haben, da doch durch die ausgefallene Orgel auch der Cantus firmus an Klangstärke verloren hätte? Gleichviel: kein Musiker wird heute auf den Gedanken kommen, die Orgelfassung wiederaufzunehmen. Fehlt es doch dafür an der wichtigsten

Voraussetzung, die zur Bach-Zeit gegeben war: daß jeder Hörer das Lied sofort erkennt und den Text assoziiert.

49 Siehe Dürr, *Kritischer Bericht* (s. Anm. 2), S. 115.

50 Der genaue Einsatz des Dakapos ist, wie gesagt, nicht auszumachen. Mit Choreinbau werden die Takte 9–16 ab Takt 82 wörtlich wiederholt, vorher gleitet aber das Orchester bereits sukzessive in die entsprechenden Vorspieltakte hinein. Die Mehrdeutigkeit der Gliederung erhellt auch aus der Tatsache, daß Autoren den Eintritt des Mittelteils unterschiedlich ansetzen. Christoph Wolff (*Musikalische Formen und dramatische Gestaltung in Bachs Matthäuspassion*, in: Schriftenreihe der Internationalen Bachakademie Stuttgart, s. Anm. 19) setzt den Mittelteil (wie ich) in Takt 57 an, Platen (s. Anm. 24), S. 244, in Takt 26.

51 In einem Brief an Charlotte von Stein vom 14. Februar 177.

52 Johann Wolfgang von Goethe, *Urworte. Orphisch: Dämon*, in: ders., *Sämtliche Gedichte. Zweiter Teil*, München 1961 (dtv-Gesamtausgabe Bd. 2), S. 157.

53 Arnold Schönberg, *J. S. Bach*, in: ders., *Stil und Gedanke. Aufsätze zur Musik*, Frankfurt a. M. 1976, S. 448.

54 *Bach-Dokumente* (s. Anm. 2), Bd. 2, S. 352.

55 Hoimar von Ditfurth, *Der Geist fiel nicht vom Himmel*, München 1980, S. 102.

56 Dies Wort führte der Psychologe und Musikwissenschaftler Albert Wellek in die Musikfachsprache ein. Manche Autoren, so Arnold Schmitz, unterscheiden zwischen »Urentsprechung« und »Synästhesie«. Diese Unterscheidung vollziehe ich nicht nach. Wohl aber meine ich, man sollte den Begriff »Symbol« eng fassen und von dem der bloßen Synästhesie unterscheiden.

57 Johann Wolfgang von Goethe, *West-östlicher Divan*, München 1961 (dtv-Gesamtausgabe Bd. 5), S. 68, 105. Zusammenstellung zitiert nach Smend, *Bach und Goethe*, in: *Bach-Studien* (s. Anm. 9), S. 223.

58 »Die Auffassung von Tönen hoher Frequenz als klein und niedriger Frequenz als groß ist in weiten Teilen Afrikas verbreitet. Sie wurde von Hugh Tracey immer wieder erwähnt und spiegelt sich in der Terminologie zahlreicher afrikanischer Sprachen.« So Gerhard Kubik in *Perzeptorische und kognitive Grundlagen der Musikgestaltung in Schwarzafrika*, in: *Musicologica Austriaca 1*, München/Salzburg 1977, S. 62.

59 So etwa schreibt Athanasius Kircher, ein großer Universalgelehrter des 17. Jahrhunderts, in seinem *Musurgia Universalis*: »Anabasis sive Ascensio est periodus harmonica, quam exaltationem, ascensionem vel res altas et eminentes exprimimus, ud illud Moralis (Ascensus Christus in altum etc.)« (Anabasis oder Ascensio [Aufstieg] ist eine musikalische Periode, durch die wir etwas Herausragendes, etwas im Aufsteigen Begriffenes oder etwas Erhabenes ausdrücken, wie zum Beispiel: Christus fährt auf in die Höhe.) Zitiert nach: Dietrich Bartel, *Handbuch der musikalischen Figurenlehre*, Laaber 1985, S. 84.

60 Eine Formulierung von Adolf Beck. Zitiert nach: Albrecht Goes, *Mörike oder die Zwiesprache*, in: ders., *Mit Mörike und Mozart*, Frankfurt a. M. 1991, S. 116.

61 Kantate BWV 67, Eingangschor.

62 Im *Tractatus compositionis augmentatus* von Christoph Bernhard, siehe Bartel
    (s. Anm. 59), S. 234.

63 Kantate BWV 12.

64 *Bach-Dokumente* (s. Anm. 2), Bd. 4, S. 330. Auf den Zusammenhang zwischen
    Passus duriusculus und der Bachschen Unterschrift unter den Rätselkanon machte
    zuerst Wilibald Gurlitt aufmerksam in einem Vortrag »Zu Johann Sebastian Bachs
    Ostinato-Technik« anläßlich des Bach-Festes Leipzig 1950, in: *Bericht über die
    wissenschaftliche Bachtagung der Gesellschaft für Musikforschung*, Leipzig
    1951, S. 240ff. Lothar Hoffmann-Erbrecht (s. Anm. 68) bestreitet den Zusam-
    menhang zwischen der Unterschrift Bachs und dem Passus duriusculus im Rätsel-
    kanon. Die Unterschrift (s. .Anm. 68) läßt sich auch anders erklären. Mir scheint
    der Zusammenhang doch deutlich gegeben durch den Scopus des Textes hier oder
    auch in BWV 12.

65 Martin Luther, *Werke*, Bd. 2, hrsg. v. Karin Bornkamm u. Gerhard Ebeling, Frank-
    furt a. M. 1982, S. 16f.

66 Zitiert nach Friedrich Heiler, *Die Religionen der Menschheit*, Stuttgart 1982,
    S. 202.

67 Matthäus 7,14.

68 Auf letzteres macht aufmerksam: Lothar Hoffmann-Erbrecht, *Von der Urentspre-
    chung zum Symbol*, in: *Bachiana et alia musicologia. Festschrift Alfred Dürr
    zum 65. Geburtstag*, Kassel/Basel 1983, S. 122.

69 Ludwig van Beethoven, *Missa solemnis*, Credo: Takte 162–164, Kontrabässe;
    Takte 163–164, erste Violinen. Erich Schenk führt in seinem Aufsatz *Barock bei
    Beethoven* eine Fülle weiterer Beispiele an (in: *Beethoven und die Gegenwart.
    Festschrift Ludwig Schiedermair zum 60. Geburtstag*, hrsg. v. Arnold Schmitz,
    Berlin/Bonn 1937, S. 177–219).

70 Joseph Haydn im Crucifixus der Messe Es-Dur, der *Nelson-* und der *Schöpfungs-
    Messe* wie an zahlreichen anderen Stellen seiner Messen sowie in den *Sieben
    Worten des Erlösers am Kreuze* bei »wenn du kommst in dein Reich«; Wolfgang
    Amadeus Mozart, *Don Giovanni*, I. Akt, Takte 190ff. in den Bläserstimmen; Giu-
    seppe Verdi, *Requiem*: Dies irae u. a. auf »mors stupebit« Takte 153–161; auf
    »Juste judex ultionis, donum fac remissionis« Mezzosopran Takte 424–428.

71 Ich konnte die Verwendung des Wortes in der Musikliteratur der Bach-Zeit nicht
    verifizieren, bin mir aber sicher, sie in einer neuen Abhandlung über die Figu-
    renlehre gelesen zu haben. Ich behalte die Bezeichnung wegen ihrer Anschau-
    lichkeit bei.

72 Genaue Beschreibung von vier vorgeburtlichen Phasen bei Stanislav Grof, *Auf
    der Schwelle zum Leben. Die Geburt: Tor zur Transpersonalität und Spiritualität*,
    München 1989.

73 Beschrieben bei Christoph Bernhard und Johann Gottfried Walther, siehe Bartel
    (s. Anm. 59), S. 254.

74 Diese Textierung kehrt wieder im Terzett Nr. 51 des *Weihnachtsoratoriums* »Ach,
    wann wird die Zeit erscheinen«.

75 Goethe (s. Anm. 57), S. 8.

76 So bei Christoph Bernhard bzw. Thomas Balthasar Janowka, zitiert nach: Bartel (s. Anm. 59), S. 265f.

77 *Bachs Matthäus-Passion*, in: *Bach-Studien* (s. Anm. 9), S. 35.

78 So bei Smend, ebd., S. 35ff.

79 Johann Mattheson, *Der Vollkommene Capellmeister. Das ist Gründliche Anzeige aller derjenigen Sachen, die einer wissen, können, und vollkommen inne haben muß, der einer Capelle mit Ehren und Nutzen vorstehen will*, Hamburg 1739 (Reprint 1954), S. 68.

80 Einzelheiten bei: Mark Lindley, *J. S. Bachs Klavierstimmung*, in: *Alte Musik als ästhetische Gegenwart. Bericht über den internationalen musikwissenschaftlichen Kongreß Stuttgart 1985*, Kassel/Basel 1987, Bd. 2, S. 409ff.

81 Mattheson (s. Anm. 79), S. 67.

82 Johann Mattheson, *Das Neu-Eröffnete Orchestre, oder Universelle und gründliche Anleitung / Wie ein Galant Homme einen vollkommenen Begriff von der Hoheit und Würde der edlen Music erlangen / seinen Gout darnach formieren / die Terminos technicos verstehen und geschicklich von dieser vortrefflichen Wissenschaft raisonnieren möge*, Hamburg 1713. Zitiert wird nach einem Exemplar der Staats- und Universitäts-Bibliothek Hamburg, der ich für freundliche Überlassung von Photokopien danke.

83 Zitiert nach *Riemanns Musiklexikon*, Mainz 1967, Bd. 3, S. 964.

84 Einige Bilder dieser Serie befinden sich im Jeu de Paume, Paris. Die Angaben über die Zahl der Bilder nach: *Lexikon des Impressionismus*, Gütersloh o.J., S. 137.

85 Auch darauf hat bereits Friedrich Smend hingewiesen: *Die Tonartenordnung in Bachs Matthäuspassion* (in: *Bach-Studien*, s. Anm. 9), S. 84ff.

86 Mattheson (s. Anm. 82), S. 239.

87 Ebd., S. 243.

88 Beschreibung und farbpsychologische Deutung dieses Fensters bei: Ingrid Riedel, *Marc Chagalls Grüner Christus*, Olten 1991.

89 Mattheson (s. Anm. 82), S. 250f.

90 200 Jahre später formuliert Arnold Schönberg die Grundzüge seiner »Zwölftontechnik«, die fordert, daß in jedem Thema ein jeder der zwölf chromatischen Töne gleichgewichtig vorzukommen hat. Tonalität im bisherigen Sinn ist damit aufgehoben. Schönberg selbst weist darauf hin, daß Bach in seiner *h-Moll-Fuge* als erster ein Zwölftonthema formuliert hat. Nach: Schönberg, *J. S. Bach* (s. Anm. 53).

91 Mattheson (s. Anm. 82), S. 240.

92 Ebd., S. 238.

93 Ebd., S. 250.

94 Näheres in: Otto Hagenmaier, *Der Goldene Schnitt. Ein Harmoniegesetz und seine Anwendung*, München 1963.

95 So genannt nach dem italienischen Mathematiker Filius Bonacci bzw. dem französischen Ingenieur Gabriel Lamé.

96 Meines Wissens hat darauf als erster Wilhelm Lütge aufmerksam gemacht: *Das*

architektonische Prinzip der Matthäuspassion J. S. Bachs, in: Zeitschrift für Ästhetik und allgemeine Kunstwissenschaft 30 (1936), S. 65ff.

97 Freundlicherweise mündlich mitgeteilt von Prof. Armin Sandig, Präsident der Akademie der Freien Künste, Hamburg.

98 *Bach-Dokumente* (s. Anm. 2), Bd. 4, S. 319.

99 Näheres bei Ditfurth (s. Anm. 55), S. 216–218, 288.

100 Zitiert nach: *Die Musik in Geschichte und Gegenwart* (s. Anm. 15), Bd. 16, Sp. 1832.

101 Andreas Werckmeister, *Der Edlen Music-Kunst*, Frankfurt/Leipzig 1691, S. 11f.

102 So nennt es Stephen W. Hawking in: *Eine kurze Geschichte der Zeit. Die Suche nach der Urkraft des Universums*, Reinbek 1988, S. 157ff. Geprägt wurde der Begriff offenbar von B. J. Carr und M. J. Ross in *The Anthropic Principle and the Structure of the Physical World*, in: *Nature* 278 (1979), S. 605, zitiert nach: Hoimar von Ditfurth, *Wir sind nicht nur von dieser Welt*, Hamburg 1981, S. 334, Fußnote 109.

103 Hawking, ebd., S. 157.

104 Thomas Mann, *Joseph und seine Brüder*, Frankfurt a. M. 1975, S. 326.

105 Johann Nepomuk David, *Das Wohltemperierte Klavier. Versuch einer Synopsis* und *Die Jupiter-Symphonie*, beide Göttingen 1962.

106 *Bach-Dokumente* (s. Anm. 2), Bd. 3, S. 636.

107 Zitiert nach: *Die Musik in Geschichte und Gegenwart* (s. Anm. 16), Bd. 16, Sp. 1975.

108 Ditfurth (s. Anm. 55), S. 53.

109 Christian Frevel in einer Reportage über die *Kinder des Mondes* (Yanomami-Indianer des Amazonasgebietes), in: *ZEIT-Magazin*, 22. Mai 1992.

110 Georges Ifrah, *Universalgeschichte der Zahlen*, Frankfurt a. M. 1986, S. 25.

111 Ebd., S. 21.

112 Legende des Sphinx-Rätsels so bei Sophokles, *Ödipus Tyrannos*. Text zitiert nach: Herbert Hunger, *Lexikon der griechischen und römischen Mythologie*, Reinbek 1974, S. 382.

113 Eine ähnliche Deutung des Mythos beispielsweise bei: Thorwald Dethlefsen, *Schicksal als Chance. Das Urwissen zur Vollkommenheit des Menschen*, München 1979; oder bei: Helmut Remmler, *Das Geheimnis der Sphinx*, Olten 1988, S.72, 100.

114 Übrigens kommt die Zeitrelation nur dadurch zustande, daß im zweiten Passionsteil mehr schnell musizierte Stücke enthalten sind als im ersten. Mit der simplen Taktumrechnung in Zeiteinheiten aus der Veröffentlichung der Mizlerschen Sozietät (s. Anm. 98) käme man zu anderen Ergebnissen. Die Gesamttaktzahl des ersten Teils beträgt 1322, die des zweiten Teils 1478. Die Taktzahlen ergeben also nicht das Verhältnis 3:4.

115 So rechnet Platen (s. Anm. 24), S. 115.

116 1712 in einem Brief, zitiert nach: *Die Musik in Geschichte und Gegenwart* (s. Anm. 15), Bd. 8, Sp. 500.

117 Darauf verweist Martin Jansen, *Bachs Zahlensymbolik, an seinen Passionen untersucht*, in: *Bach-Jahrbuch* 34 (1937), S. 100f.

118 Siehe den Artikel von Walter Blankenburg, *Zahlensymbolik C Barock*, in: *Die Musik in Geschichte und Gegenwart* (s. Anm. 15), Bd. 16, Sp. 1971ff.

119 Siehe den Beitrag von Herbert Anton Kellner, *Zum Zahlenalphabet bei Guillaume de Machaut*, in: *Musik und Kirche* 1 (1981), S. 29.

120 Nach: *Die Musik in Geschichte und Gegenwart* (s. Anm. 15), Bd. 14, Sp. 479.

121 Die Literatur über dieses Phänomen füllt inzwischen Bibliotheken. Grundlegend sind u. a. die Aufsätze von Jansen (s. Anm. 117), S. 96–117, und von Smend, *Johann Sebastian Bach bei seinem Namen gerufen* und *Luther und Bach* (in: *Bach-Studien*, s. Anm. 9), S. 159ff., 176ff.

122 So Harry Hahn, *Die »unbekannte« Matthäus-Passion*, Hamburg 1977, S. 40.

123 Reinhard Böß, *Die Kunst des Rätselkanons im Musikalischen Opfer*, Wilhelmshaven 1991.

124 Grundsätzliche Zweifel äußern beispielsweise: Ulrich Meyer, *Zahlenalphabet bei Bach? Zur antikabbalistischen Tradition im Luthertum*, in: *Musik und Kirche* 1 (1981), S. 15ff.; und Walter Dehnhard, *Kritik der zahlensymbolischen Deutung im Werk Johann Sebastian Bachs*, in: *Bericht über den internationalen musikwissenschaftlichen Kongreß Stuttgart 1985* (s. Anm. 80), Bd. 1, S. 450. Meyer begründet seine Bedenken hauptsächlich mit der Unvereinbarkeit der Kabbala mit Bachs orthodoxem Luthertum. Ich denke, so schematisch läßt sich Bachs Geisteswelt nicht einfangen. Dehnhards Kritik gipfelt in der einfachen Frage: »Warum aber sollte Bach seine Kompositionen in so außerordentlich kunstvoller Weise verschlüsselt haben?« Dehnhard vermutet, wir Nachgeborenen würden aus unsachgemäßer Ehrerbietung solche verschlüsselte Verehrung in Bachs Werk hineininterpretieren.

125 Siehe Smend, *Johann Sebastian Bach bei seinem Namen gerufen* (in: *Bach-Studien*, s. Anm. 9), S. 176ff.

126 So u. a. bei Jansen (s. Anm. 117), S. 112ff.

127 So der Titel eines Vortrags von Wolfgang Hildesheimer 1985 in Stuttgart (Frankfurt a. M. 1985).

128 Zitiert nach: Smend, *Goethes Verhältnis zu Bach* (in: *Bach-Studien*, s. Anm. 9), S. 219.

129 Auf den Unterschied in der Notierung weist auch Alfred Dürr hin (im Vorwort zur Partitur der *Matthäuspassion* in der NBA). Viele andere Bach-Interpreten (so Nikolaus Harnoncourt und Heinrich Trötschel) verweisen allerdings auf Äußerungen von Carl Philipp Emanuel Bach (1762) und Johann David Heinichen (1711), die in jedem Fall die Verkürzung der Continuoakkorde fordern, weil sonst Probleme mit den ungleichen Stimmungen entständen; siehe: *Musik und Kirche* 1 (1981), S. 25. Die Notierung der Stimmen gäbe dann also nur eine Praxis wieder, die ohnehin gültig gewesen wäre. Gleichviel: die Tatsache bleibt bestehen, daß die kurzen Noten einen bewußten Gegensatz zur Begleitung des Jesus zum Klang bringen.

130 »Was ist die Ursach aller solcher Plagen« in »O Schmerz!« (NBA 19) und »O Mensch, bewein dein Sünde groß« (NBA 29).

131 Carl Philipp Emanuel Bach nannte Fux unter neun Komponisten, die sein Vater im Alter besonders hoch schätzte; siehe: *Bach-Dokumente* (s. Anm. 2), Bd. 4, S. 360.

132 Zitiert nach: Theodor W. Adorno, *Anton von Webern*, in: ders., *Klangfiguren. Musikalische Schriften I.*, Berlin/Frankfurt 1959, S. 176.

133 Theodor Jakobi *(Zur Deutung von Bachs Matthäuspassion*, Stuttgart 1958, S. 26) hat darauf aufmerksam gemacht, daß im vorletzten Takt falsche, nach der strengen Lehre des Kontrapunkts unerlaubte Quintparallelen auftauchen (im vorletzten Takt zwischen den ersten Violinen des ersten und den zweiten Violinen des zweiten Orchesters). Freilich entstehen sie nur durch die geschilderte Oktavierung und sind so nach den Gesetzen des Kontrapunkts zulässig. Ihre Deutung als Zeichen hohenpriesterlicher Pseudofrömmigkeit ist also hinfällig.

134 Eugen Drewermann, *Das Markus-Evangelium. Zweiter Teil*, Olten 1988, S. 419.

135 Alfred Heuß, *J. S. Bachs Matthäuspassion*, Leipzig 1909 (Reprint Wiesbaden 1972), S. 57.

136 Darauf macht Klaus J. Schönmetzler in einem Programmheft zur *Matthäuspassion* am 30. März 1991 in der Philharmonie im Gasteig München aufmerksam. – Zur Charakteristik der Stimmen bei Bach sind insbesondere folgende zwei Veröffentlichungen zu nennen: Renate Steiger, *Svavissima musica Christo. Zur Symbolik der Stimmlagen bei J. S. Bach*, in: *Musik und Kirche* 1991, Nr. 6, S. 318ff., und Gustav Adolf Theill, *Beiträge zur Symbolsprache Johann Sebastian Bachs*, Bd. 1, Bonn 1983.

137 Mann, *Der Zauberberg*, in: ders. (s. Anm. 7), Bd. 5, S. 506.

138 Athanasius Kircher: »Kyklosis oder circulatio ist eine musikalische Periode, in der die Stimmen sich kreisartig zu bewegen scheinen. Sie dient dazu, eine kreisende Bewegung im Text auszudrücken, wie Philippe de Monte es zu folgendem Text macht: ›Ich werde mich erheben und die Stadt umzingeln‹.« Zitiert nach: Bartel (s. Anm. 59), S. 119ff.

139 »Aus tiefer Not schrei ich zu dir« aus dem dritten Teil der *Klavierübung* (Kleine Bearbeitung BWV 687), »Lasset uns nun gehen gen Bethlehem« aus dem *Weihnachtsoratorium* und »Vor deinen Thron tret ich hiermit« (BWV 668).

140 Eine Zusammenstellung von Beiträgen verschiedenster Autoren dazu in: *Judas, wer bist du?*, Gütersloh 1991.

141 Nach Johannes 12,6.

142 Drewermann (s. Anm. 134), S. 429.

143 Sacharja 11,12–13: »Und ich sprach zu ihnen: Gefällt's euch, so gebt her meinen Lohn; wenn nicht, so laßt's bleiben. Und sie wogen mir den Lohn dar, dreißig Silberlinge. Und der Herr sprach zu mir: Wirf's hin dem Schmelzer! Ei, eine treffliche Summe, deren ich wert geachtet bin von ihnen! Und ich nahm die dreißig Silberlinge und warf sie ins Haus des Herrn, dem Schmelzer hin.«

144 Walter Jens, *Der Fall Judas*, Stuttgart 1975.
145 Luise Rinser, *Mirjam*, Frankfurt a. M. 1983.
146 Drewermann (s. Anm. 134), S. 437, 441.
147 Wolfgang Teichert, *Jeder ist Judas – Der unvermeidliche Verrat*, Stuttgart 1990.
148 Mann, *Joseph und seine Brüder* (s. Anm. 7), S. 320.
149 Theodor W. Adorno, *Bach gegen seine Liebhaber verteidigt* (1951), in: ders., *Prismen. Kulturkritik und Gesellschaft*, Frankfurt a. M. 1955, S. 176.
150 »Also ward offenbar, daß Judas seinen Vater getötet, und seine Mutter hatte zum Weibe genommen«, in: *Legenda aurea des Jacobus de Voragine*, übersetzt von Richard Benz, Heidelberg 1979, S. 216.
151 Bloch (s. Anm. 16), S. 71.
152 So sind den vier Stimmen Sopran, Alt, Tenor, Baß im *Osteroratorium* (1. Fassung, BWV 249a) die Personen Maria Jacobi, Maria Magdalena, Petrus und Johannes, so sind in vielen weltlichen Kantaten den Gesangsstimmen bestimmte Personen zugewiesen.
153 Es sei denn, man unterstellt, daß die Notenstimme an andere Sänger weitergegeben wurde. Dann ist aber kaum zu erklären, warum es zwei Baßstimmen für Soliloquenten gibt.
154 Gilbert Keith Chesterton, *Das Geheimnis des Pater Brown*, München 1966, S. 10, 57.
155 *Hamburger Abendblatt*, 27. September 1991.
156 Romain Rolland, *»Ironie« in Bachs Matthäuspassion?*, zuerst erschienen in: *Basler Nachrichten*, 23. März 1917, wiederabgedruckt in: *Neue Musikzeitschrift* 1950, Nr. 10, S. 275.
157 Schellenbaum (s. Anm. 46), S. 53.
158 Mann, *Joseph und seine Brüder* (s. Anm. 7), S. 250.
159 Johann Wolfgang Goethe, *Faust*, München 1962 (dtv-Gesamtausgabe Bd. 9), S. 15.
160 Schellenbaum (s. Anm. 46), S. 51.
161 Teichert (s. Anm. 147), S. 54.
162 »Wahrlich, ich sage euch: Wo dies Evangelium gepredigt wird in der ganzen Welt«, im Rezitativ NBA 4e.
163 Jansen (s. Anm. 117), S. 104f.; Jakobi (s. Anm. 133), S. 33; Helmuth Rilling, *J. S. Bach Matthäuspassion. Einführung und Studienanleitung*, Frankfurt a. M. o.J., S. 31.
164 BWV 88: »Siehe, ich will Fischer aussenden«.
165 Zitiert nach: Goes, *Paris, Sommer 1778*, in: ders. (s. Anm. 60), S. 217.
166 Smend, *Bachs Matthäus-Passion* (in: *Bach-Studien*, s. Anm. 9), S. 62: »So ist sie [die Strophe] bekanntlich bei Felix Mendelssohns Begräbnis gesungen worden.« Ich konnte diese Behauptung nicht verifizieren. In den einschlägigen Mendelssohn-Monographien wird berichtet, der Schlußchor der *Matthäuspassion* sei zu dieser Gelegenheit gesungen worden. Am dargelegten Gedankengang änderte sich dadurch nichts.

167 1. Brief des Paulus an die Korinther 13,12.

168 Heinz-Josef Herbort in: *Die Zeit*, 14. Oktober 1990.

169 Mattheson (s. Anm. 82), S. 249.

170 Christian Friedrich Daniel Schubart, *Ideen zu einer Ästhetik der Tonkunst*, hrsg.
v. Ludwig Schubart, Wien 1806, S. 377.

171 Henrik Ibsen, *Peer Gynt*, Stuttgart 1953, S. 127.

172 Man kann sie nur umgehen, indem man tatsächlich im ersten Orchester zwei
Spieler mehr besetzt oder indem man die beiden Englischhornspieler wandern
läßt: hier aus dem zweiten Orchester ins erste; im zweiten Passionsteil kommen
große Soli für die Oboi da caccia im Coro primo vor, dort kann man sie sogleich
mit den Oboisten des ersten Orchesters ihren Platz wechseln lassen.

173 *Bach-Dokumente* (s. Anm. 2), Bd. 1, Nr. 80, S. 147.

174 Zitiert nach: Hans Christoph Worbs, *Felix Mendelssohn Bartholdy in Selbst-
zeugnissen und Bilddokumenten*, Reinbek 1974, S. 113f.

175 Ernst Bloch, *Das Prinzip Hoffnung*, Frankfurt a. M. 1977, S. 1244.

176 Jansen (s. Anm. 117), S. 96ff.

177 Zitiert nach: Bartel (s. Anm. 59), S. 168.

178 Darauf macht aufmerksam: Smend, *Luther und Bach* (in: *Bach-Studien*,
s. Anm. 9), S. 168.

179 Darauf macht aufmerksam: Hans Brandts Buys, *De passies van Johann Sebastian
Bach*, Leiden 1950, S. 238.

180 Mann (Zitat wie Anm. 137).

181 Bei verschiedenen Autoren, zitiert nach: Bartel (s. Anm. 59), S. 104, 186.

182 Motette *Jesu meine Freude* BWV 227, zweiter Satz.

183 Giuseppe Verdi, *Missa da Requiem*, »Dies irae«, Takte 153ff. und 219ff.

184 So Teichert (s. Anm. 147).

185 2. Chronik 5,12–13

186 Bloch (s. Anm. 175), S. 1269.

187 Anton von Webern, in: *Vom Klang der Bilder. Die Musik in der Kunst des 20. Jahrhunderts*, hrsg. v. Karin von Maur, München 1985, S. 328.

188 Sondern auf das Lied »Es sind doch selig alle«, ein Sterbelied, das sich in unseren
Gesangbüchern als Text nicht mehr erhalten hat, als Melodie aber für mehrere
Lieder.

189 *Orgel-Büchlein / Worinne einem anfahenden Organiste Anleitung gegeben wird,
auff allerhand Arth einen Choral durchzuführen, anbey auch sich im Pedalstudio
zu habilitiren, indem in solchen darinne befindlichen Chorälen das Pedal gantz
obligat tractiret wird. Dem Höchsten Gott allein zu Ehren, dem Nechsten, draus
sich zu belehren.* Autore Joanne Sebast. Bach (BWV 599–644). In dieser Sammlung hatte Bach die Bearbeitungen von 164 Chorälen vorgesehen, aber nur 45 ausgeführt (siehe NBA IV,1, *Kritischer Bericht*).

190 So Heinrich Besseler in: *Bach und das Mittelalter*, Vortrag, veröffentlicht in:
Bericht über die wissenschaftliche Bachtagung (s. Anm. 64), S. 124.

191 So nach Arnold Schmitz, *Die Bildlichkeit der wortgebundenen Musik Johann
Sebastian Bachs*, Mainz 1950, S. 58.

192 Siehe Bartel (s. Anm. 59), S. 259.

193 Darauf macht aufmerksam: Schmitz (s. Anm. 191), S. 64.

194 Mann, *Doktor Faustus* (s. Anm. 7), S. 490.

195 So Schweitzer (s. Anm. 26), S. 584.

196 So bei Heuß (s. Anm. 135), S. 105f.; oder bei Jakobi (s. Anm. 133), S. 61ff. Ich folge im wesentlichen ihren Beschreibungen.

197 Davon geht Klaus Hofmann aus in einem Beitrag *Gedanken zur Instrumentalbesetzung des Satzpaares »Mein Jesus schweigt zu falschen Lügen stille« – »Geduld! wenn mich falsche Zungen stechen«* der Matthäuspassion von Johann Sebastian Bach in: *Musik und Kirche* 1992, Nr. 2, S. 88ff. Er unterstellt, daß die Viola da gamba in Rezitativ und Arie die Continuostimme ersetzen und solistisch spielen sollte. Dadurch wäre die übliche Gleichheit der Instrumente in Rezitativ und Arie hergestellt, zudem das »Schweigen« der Orchesterinstrumente vollkommener, als es ohnehin ist.

198 Jakobi (s. Anm. 133), S. 65.

199 Schweitzer (s. Anm. 26), S. 469.

200 Rilling (s. Anm. 163, S. 41, 56, 60, 72) unterstellt Zitate in den Continuostimmen an folgenden Stellen: »Gerne will ich mich bequemen« (NBA 23), »Geduld! wenn falsche Zungen stechen« (NBA 35), »Erbarme dich, mein Gott« (NBA 39), »Komm, süßes Kreuz« (NBA 57).

201 Drewermann (s. Anm. 134), S. 431.

202 Jansen (s. Anm. 117), S. 103, und Jakobi (s. Anm. 133), S. 74.

203 NBA (s. Anm. 2), *Kritischer Bericht*, S. 189.

204 Axmacher (s. Anm. 27), S. 176.

205 NBA (s. Anm. 2), *Kritischer Bericht*, S. 112.

206 Heuß (s. Anm. 135), S. 121.

207 Leo Perutz, *Der Judas des Leonardo*, Reinbek 1959, S. 21.

208 Aus: Willi Hoffsummer, *Kurzgeschichten 1*, Mainz [5]1983.

209 Siehe Teichert (s. Anm. 147), S. 21.

210 Rainer Maria Rilke, *Der Totengräber*, in: ders., *Sämtliche Werke in 6 Bänden*, Frankfurt a. M. 1961, Bd. 4, S. 698.

211 BWV 650 aus den *Sechs Chorälen von verschiedener Art*, genannt Schübler-Choräle. Der Orgelchoral ist die Übertragung einer Kantatenarie »Lobe den Herren, der alles so herrlich regieret« aus BWV 137.

212 Manfred Hausmann, *Der Mensch vor Gottes Angesicht*, Neukirchen 1979, S. 39, 42.

213 So Athanasius Kircher in seiner *Musurgia Universalis*, Rom 1650, zitiert nach Bartel (s. Anm. 59), S. 108.

214 Smend (*Bachs Matthäus-Passion*, in: *Bach-Studien*, s. Anm. 9, S. 44) stellt den im folgenden abgedruckten Bauplan auf. In ihm sind freilich die in Klammern gesetzten Sätze nicht enthalten, und verschiedentlich ist u. a. auch deswegen seine These der Axialsymmetrie angegriffen worden. Sicher ist die Symmetrie nicht so evident wie in der Motette *Jesu meine Freude* oder in der *Johannespassion*. Dennoch kann man sie nicht gänzlich ableugnen.

┌─── Chor *Er ist des Todes schuldig*	e-Moll
┌─ Chor *Weissage, wer ist's*	d-Moll
│ Choral *Wer hat dich so geschlagen*	F-Dur
│ ┌Chor *Wahrlich, du bist auch einer*	D-Dur
│ ┌┤ Arie 1 *Erbarme dich, mein Gott*	h-Moll
│ └Chor *Was gehet uns das an*	h-Moll
│ (Arie 2 *Gebt mir meinen Jesum*	G-Dur)
│ (Choral *Befiehl du deine Wege*	D-Dur)
│ ┌Chor *Laß ihn kreuzigen*	a-Moll
│ │ Choral *Wie wunderbarlich*	h-Moll
│ │ Arie *Aus Liebe*	a-Moll
│ └Chor *Laß ihn kreuzigen*	h-Moll
│ ┌Chor *Sein Blut komme über uns*	h-Moll
│ ┤ Rezitativ und Arie *Erbarm es Gott – Können Tränen*	g-Moll
│ └Chor *Gegrüßet seist du*	d-Moll
│ Choral *O Haupt voll Blut und Wunden*	d-Moll/F-Dur
│ (Rezitativ und Arie 4 *Ja freilich – Komm, süßes Kreuz*	d-Moll)
└─ Chor *Der du den Tempel*	h-Moll
└─── Chor *Andern hat er geholfen*	e-Moll

215 Mann (Zitat wie Anm. 137).

216 Johann Wolfgang von Goethe, *Maximen und Reflexionen*, München 1963 (dtv-Gesamtausgabe Bd. 21), S. 119.

217 Zitiert nach: Hermann Keller, *Die Orgelwerke Bachs*, Leipzig 1948, S. 184.

218 Darauf macht aufmerksam: Platen (s. Anm. 24), S. 60.

219 Drewermann (s. Anm. 134), S. 359.

220 Peter Schellenbaum, *Das Nein in der Liebe*, München 1990, S. 54.

221 Harald Fritzsch, *Eine Formel verändert die Welt*, München/Zürich 1988.

222 1. Johannes 4,17.

223 Eugen Drewermann, *Ich steige hinab in die Barke der Sonne. Meditationen zu Tod und Auferstehung*, Olten/Freiburg 1989, S. 34.

224 So Jansen (s. Anm. 117), S. 102, und Jakobi (s. Anm. 133), S. 79f.

225 Schweitzer (s. Anm. 26), S. 467ff.

226 Johann Sebastian Bach, *Johannespassion*, Nr. 30; Georg Friedrich Händel, *Der Messias*, Arie Nr. 21 »Er ward verschmähet«.

227 Platen (s. Anm. 24), S. 81.

228 Schweitzer (s. Anm. 26), S. 588; Heuß (s. Anm. 135), S. 139.

229 Mattheson (s. Anm. 82), S. 236.

230 Heuß (s. Anm. 5).

231 Darauf macht aufmerksam: Smend, *Luther und Bach* (in: *Bach-Studien*, s. Anm. 9), S. 168.

232 Neumeier (s. Anm. 44), S. 129, 131.

233 Johann Wolfgang von Goethe in einem Brief (bzw. dessen »Beylage«) an Carl Friedrich Zelter vom 21. Juni 1827, zitiert nach: Friedrich Smend, *Goethes Verhältnis zu Bach*, in: ders., *Bach-Studien* (s. Anm. 9), S. 222.

234 Darauf macht aufmerksam: Hans Darmstadt,»... *soll Erd und Luft entzogen wer-*
   den«. Untersuchungen zum harmonischen Gerüst dreier Rezitative aus der Mat-
   thäuspassion von Johann Sebastian Bach, in: *Musik und Kirche* 1992, Nr. 2,
   S. 79ff.

235 In Bachs Handschrift ist überall deutlich zu lesen »*Der* Schöpfer Himmels und
   der Erden«. Ob es sich dabei nur um einen Schreibfehler handelt, ist umstritten.

236 Siehe *Neumünster Würzburg...* in *Kunstführer* Nr. 247, München 1991. Zitat aus:
   Eucharistie, Brot zum Leben (Materialien, Medien, Modelle für Katechese und
   katholischen Religionsunterricht Bd. 8), hrsg. v. Bernhard Book, Maria Klinke
   u. Manfred Siebenkotten, Kevelaer 1985.

237 Takt 87f. des Chores (NBA 29) mit Takt 48f. der Arie (NBA 60). Darauf weisen
   hin: Smend, *Bachs Matthäus-Passion* (in: *Bach-Studien,* s. Anm. 9), S. 78ff., und
   Platen (s. Anm. 24), S. 200.

238 Theodor W. Adorno, *Philosophie der Neuen Musik*, Frankfurt a. M. 1978,
   S. 122.

239 »So ist mein Jesus nun gefangen« (NBA 27) und »Ach, nun ist mein Jesus hin«
   (NBA 30).

240 Auf die Parallele zum Satz der *h-Moll-Messe* macht Christoph Wolff aufmerksam
   (s. Anm. 50, S. 96).

241 Jansen (s. Anm. 117), S. 106.

242 Schweitzer (s. Anm. 26), S. 570.

243 Smend, in: *Bach-Jahrbuch* 1928, S. 62.

244 Mann (s. Anm. 7), S. 5.

245 Neumeier (s. Anm. 44), S. 139.

246 Richard Wagner an August Röckel 1854; zitiert nach: *Lust an der Musik*
   (s. Anm. 11), S. 104.

247 Zitiert nach: Sheldon Kopp, *Triffst Du Buddha unterwegs... Psychotherapie und
   Selbsterfahrung*, Frankfurt a. M. 1979, S. 166.

248 Rilke (s. Anm. 1), S. 98.

249 Schellenbaum (s. Anm. 46), S. 125.

250 Drewermann (s. Anm. 223), S. 70.

251 Zitiert nach: *Legenda aurea* (s. Anm. 150), S. 778.

252 Im Schlußchoral der Kantate *Ich will den Kreuzstab gerne tragen* (BWV 56).

253 Rilke, *Das Stunden-Buch. Von der Armut und vom Tode* (s. Anm. 210), Bd. 1,
   S. 347.

254 Zitiert nach: Helmuth von Glasenapp, *Die fünf Weltreligionen*, Düsseldorf/Köln
   1981, S. 70.

255 Die Anzahl aller Continuonoten von Takt 4 an (nämlich 18+68+104, auch ein-
   teilbar in 18+104+68) hat Martin Jansen (s. Anm. 117) als Verweise auf die entsprechenden Psalmen gedeutet, die ebenfalls vom »Beben der Erde« sprechen.
   Mir erscheint diese Spekulation nicht schlüssig, denn erstens ist – worauf Jansen
   selbst hinweist – ein vierter Psalm mit entsprechendem Text (Psalm 114) ausge-
   lassen; zudem erscheint mir hier Jansens Zählung zufällig, ja unkorrekt, etwa
   wenn er den letzten Ton unter »schliefen« nicht mehr mitzählt.

256 Diese Beobachtung bei: Hermann Keller, *Die Klavierwerke J. S. Bachs*, Leipzig 1950, S. 151.

257 Aus: Aimée Dostojewski, *Dostojewski, geschildert von seiner Tochter*, München 1920, zitiert nach: Drewermann (s. Anm. 223), S. 72.

258 Brief des Paulus an die Galater 4,19.

259 C. G. Jung, *Psychologie und Religion*, in: ders., *Gesammelte Werke*, Bd. 11, Olten/Freiburg 1988, S. 23.

260 Drewermann (s. Anm. 134), S. 351, Fußnote 44.

261 Mann, *Joseph und seine Brüder* (s. Anm. 7), S. 484.

262 Neumeier (s. Anm. 44), S. 142.

263 Ebd., S. 143.

264 Darauf macht aufmerksam: Platen (s. Anm. 24).

265 Jörg Zink, *Grüße zur Heiligen Nacht*, Stuttgart 1990, S. 26.

266 Rilke (Zitat wie Anm. 33).

267 Rilke, aus: *Archäischer Torso Apollos* (s. Anm. 209), Bd. 1, S. 557.

268 *Johannespassion:* Tenorarie »Erwäge, wie sein blutgefärbter Rücken« (NBA 20).

269 Wenn man, was korrekt ist, einen halben Takt als Auftakt nicht mitzählt (NBA 18). Zum erstenmal taucht diese Beobachtung meines Wissens auf bei: Smend, *Luther und Bach* (in: Bach-Studien, s. Anm. 9), S. 160.

270 Rilke, *Das Stunden-Buch. Vom mönchischen Leben* (s. Anm. 210), Bd. 1, S. 294.

271 Sören Kierkegaard, *Die Krankheit zum Tode*, in: ders., *Gesammelte Werke*, Abt. 24/25, Gütersloh 1992, S. 77. Die Fortsetzung des Zitats: »... oder vor Gott verzweifelt man selbst sein wollen«, erklärt sich aus dem vorher Gesagten *nicht* als Widerspruch, da Kierkegaard davon spricht, daß und wie das »verzweifelte Selbst rastlos und tantalisch damit beschäftigt ist, es selbst sein zu wollen«. Kierkegaard erklärt, »daß der Gegensatz zur Sünde keineswegs Tugend ist... der Gegensatz zur Sünde ist Glaube«.

272 Drewermann (s. Anm. 222), S. 225, und (s. Anm. 134), S. 312, 620.

273 Zitiert nach: *Bach-Dokumente* (s. Anm. 2), Bd. 2, S. 332.

274 Bloch (s. Anm. 16), S. 204ff.

275 2. Chronik 4,13.

276 Handschriftlicher Eintrag Bachs in seiner Bibel bei 2. Chronik 5, Vers 13, aus: *Bach-Dokumente* (s. Anm. 2), Bd. 3, S. 636.

Glossar

Abgesang: Formteil B der (bereits aus dem Minnegesang stammenden)»Bar«form einer Liedstrophe: A–A–B (A bezeichnet den »Stollen«).

a cappella: »nach Art der (Sänger-)Kapellen«. In heutiger Terminologie: für (mehrstimmigen) Gesang ohne Instrumentalbegleitung.

Accompagnato: »begleitet«. Das von Instrumentalstimmen begleitete Rezitativ (ursprünglich der italienischen Oper). Im Gegensatz zum »Secco« – dem nur vom Continuoinstrumenten (Baßinstrumente und ein Akkordinstrument) begleiteten Rezitativ.

Anapäst: »zurückgeschlagen«. In der Metrik (Lehre vom Versmaß) eine Silbenfolge kurz – kurz – lang (beispielsweise: »in das Haus«). Diese Folge stellt, wenn sie auf betontem Taktteil beginnt, die natürliche Folge von betontem Anfang auf den Kopf und hat immer etwas Initiierendes, ja Aggressives an sich.

antiphonisch: »entgegentönend«. In Art eines Wechselgesangs das sukzessive Gegeneinandermusizieren zweier Ensembles (Chöre).

Barform: Aus dem Minnegesang stammende, häufig gebrauchte Liedform, die aus einem Aufgesang: dem (nahezu immer wörtlich wiederholten) »Stollen«, und einem Abgesang besteht.

Cantus firmus: »fester (vorgegebener) Gesang«. Die Hauptstimme in einem polyphonen Satz, meist ein Choral.

Chiasmus: von dem griechischen Buchstaben χ (chi) abgeleitet: kreuzförmig.

Chromatik: »Färbung«. Durch Versetzungszeichen (# oder b) angezeigte Einführung von Halbtonschritten, die nicht in den sieben Tönen der (Dur- oder Moll-)Tonleiter enthalten sind. Gegensatz: Diatonik.

Circulatio, Circulatio mezzo:»Umkreisung, Umzingelung«. In der Figurenlehre »eine musikalische Periode, in der die Stimmen sich kreisartig zu bewegen scheinen«. Sie dient dazu, eine kreisende Bewegung im Text auszudrücken, wie:»Ich werde... die Stadt umzingeln« (Athanasius Kircher, siehe Anm. 138).

Circumflex:»herumgedehnt«. In der (z. B. griechischen oder französischen) Grammatik ein Dehnungszeichen, das ursprünglich (in alexandrinischer Grammatik) eine zunächst ansteigende, dann abfallende Tonbewegung auf einem langen Vokal kennzeichnete. Hier verwendet wegen des Notenbildes (siehe Beispiele 9a–f, S. 169f.):

colla parte:»mit der Stimme (gehend)«. Die Führung einer Stimme in wörtlicher Übereinstimmung mit einer anderen (z. B. einer Instrumental- mit einer Vokalstimme, bei Bach in seinen schlichten Choralsätzen).

Continuo: eigentlich »Basso continuo«. In mehrstimmiger Musik durchgehende, »kontinuierliche« Baßstimme, die von einem oder mehreren Baßinstrumenten und zur Darstellung des harmonischen Ablaufs von einem Akkordinstrument gespielt wird. Beispielsweise von Violoncello, Kontrabaß und Orgel. Das Wort wird synonym – auch in diesem Buch – für diese Instrumente gebraucht.

Daktylus:»Finger«. In der Metrik (Lehre vom Versmaß) eine Silbenfolge wie die Glieder eines Fingers: lang – kurz – kurz (beispielsweise »väterlich«). Häufig vorkommende, als natürlich empfundene Folge von betontem Anfang und unbetontem Fortgang (in der Musik eine lange Note, zwei kurze Noten).

détaché:»losgebunden, getrennt«. Bei Streichinstrumenten die Bezeichnung dafür, daß jede Note mit einem getrennten Bogenstrich (»auf« oder »ab«) gespielt, also zwischen jeder Note ein Bogenwechsel ausgeführt werden soll. Diese Spielart ergibt besonders klare Konturen und kann dennoch (im »gran détaché«) sehr dicht klingen dadurch, daß der Bogen durch eine bestimmte Handbewegung beim Richtungswechsel nicht zum Stillstand kommt.

Diatonik:»durch die (Ganz-)Töne (gehend)«. Verwendung nur der sieben Tonleitertöne einer Moll- oder Durtonleiter. Gegensatz: Chromatik.

Dissonanz:»mißtönend«. Intervalle (z. B. Sekunde, Septime) bzw. Akkorde (z. B. Septakkord), die nach den Regeln der Harmonielehre einer Auflösung in eine Konsonanz bedürfen.

Dominante:»Vorherrschende«. Der Akkord auf dem 5. Ton der Tonleiter. Diese »5. Stufe« beherrscht das musikalische Geschehen und wird daher Dominante genannt. Sie hat eine starke Tendenz, sich in die 1. Stufe (Tonika) aufzulösen. – Auf jedem Ton der Tonleiter kann ein Dreiklang aufgebaut werden. Wenn dabei nur tonleitereigene Töne verwendet werden, ensteht in Dur dreimal ein Durakkord (auf dem 1., 4. und 5. Ton), dreimal ein Mollakkord (auf dem 2., 3 und 6. Ton), einmal ein verminderter Akkord (auf dem 7. Ton). Dominantische Funktion haben auch die 3. und 7. Stufe.

Fugato: fugenmäßig gearbeiteter Abschnitt (meist nur eine Themendurchführung in jeder Stimme).

Fuge: »Flucht« (der einen Stimme vor der anderen). Nach strengen Regeln kontrapunktisch durchgearbeitete Musikform, deren Hauptcharakteristikum das Nacheinandereinsetzen aller beteiligten Stimmen wechselweise auf Tonika und Dominante mit dem gleichen Thema ist.

Homophonie, homophon: »gleichklingend«. Eine Satztechnik, in der eine hervortretende Melodiestimme von untergeordneten, akkordisch empfundenen Stimmen begleitet wird. Gegensatz: Polyphonie; Kontrapunkt.

Jambus: in der Metrik (Lehre vom Versmaß) die Silbenfolge kurz – lang, z. B. »Verlust«.

Kontrapunkt, kontrapunktisch: eigentlich »punctum contra punctum« (Note gegen Note). Eine Satzart, in der jede Stimme ihre Selbständigkeit bewahrt und nicht nur harmonische Begleitfunktion gegenüber einer übergeordneten Melodiestimme wahrnimmt. Gegensatz: Homophonie.

Ligatur: »Bindung«. Die Unterlegung einer Textsilbe mit mehreren (durch die Silbe »gebundener«) Noten. Oft in der Notenhandschrift von Singstimmen mit einem Bogen gekennzeichnet und dadurch Anlaß zu Verwechslungen oder Mißverständnissen zur Vorschrift des »legato«-Musizierens, das mit dem gleichen Bogen gefordert wird. Siehe auch (hier bedeutungsgleich): Melisma. Gegenteil: syllabisch.

Melisma, melismatisch: »melodische Verzierung«, »gesanglich«: Mehrere Noten werden auf nur eine Silbe gesungen. Siehe auch (hier bedeutungsgleich): Ligatur.

modulieren: »abwandeln«. In eine andere Tonart übergehen.

Monade: das »Eine«, »Unteilbare«. Bei Gottfried Wilhelm Leibniz eine Ureinheit, aus der durch die in ihr liegende Kraft, Entelechie, alles entsteht.

neapolitanischer Sextakkord: Sextakkord (also 1. Umkehrung) der 2. Stufe, bei der der Grundton (und in Dur zusätzlich die Sexte) tiefalteriert ist; z. B. in C-Dur oder c-Moll: f–as–des (statt normal: f–a–d bzw. f–as–d).

Oboe da caccia: »Jagdoboe«. Eine etwa gleichzeitig mit der Oboe d'amore eingeführte Oboe in noch tieferer Stimmung (eine Quint gegenüber der Oboe, auf F). Bald abgelöst (und heute meist gespielt) von dem klanglich verwandten Englischhorn.

Oboe d'amore: »Liebesoboe«. Eine erst seit etwa 1720 eingeführte Oboe mit einer gegenüber der Oboe um eine Terz tieferen Stimmung (auf A).

Orgelpunkt: ein lang ausgehaltener (oder immer wieder repetierter) Ton in der Baßstimme (ausnahmsweise auch in anderen Stimmen), zu dem die anderen Stimmen zwischendurch auch dissonant geführt werden können. So benannt, weil sich auf der Orgel mit den Füßen, die ungelenker als die Hände sind, lange Noten im Pedal besonders leicht aushalten lassen.

Parodie: »Umbildung«. Umformung eines Tonsatzes zu einem neuen Werk, meist bei Bach durch neue Textunterlegung. In der Bach-Literatur nimmt die Diskussion über dies Verfahren eine breite Stellung ein. Dabei wird meist behauptet, eine Parodierung sei für Bach nur in Frage gekommen in der Richtung »weltlich«–»geistlich«, gleichsam als »Taufe« einer ursprünglich weltlichen Musik, nie als Profanierung einer ursprünglich geistlichen Musik. Es ist aber umstritten, ob dieser Befund nicht nur damit zusammenhängt, daß weltliche (Vokal-)Werke Bachs meist Auftragsarbeiten waren, die er durch die geistliche Textierung einer abermaligen Verwendung zuführen wollte. Im Fall der *Matthäuspassion* wäre dieser Grundsatz bereits außer Kraft gesetzt, wenn die heute allgemein unterstellte Entstehungsfolge Passion–Trauerode den Tatsachen entspricht. Meist, jedenfalls im Fall der überwiegend aus Parodien bestehenden *Weihnachtsoratorium* und *h-Moll-Messe*, scheint Bach bei seinen Parodierungen auf gleichen oder übereinstimmenden Affektgehalt Wert gelegt und zudem die Vorlage einer sorgfältigen Überarbeitung unterzogen zu haben.

Passus duriusculus: »harter Gang«. In der Figurenlehre (bei Christoph Bernhard) eine Reihe aufeinanderfolgender Halbtöne (chromatischer Gang, meist durch die Quart). So überwiegend in diesem Buch verwendet. In anderer Literatur wird der Passus auch als ein Gang beschrieben, der durch eine Dissonanz begrenzt ist.

Polyphonie, polyphon: »Mehrstimmigkeit«. In der Musik meist in eingeengter Bedeutung gebraucht, wenn die einzelnen Stimmen ihre melodische und rhythmische Eigenständigkeit bewahren. Dann nahezu bedeutungsgleich mit der Satzart »Kontrapunkt«.

projizieren: eigenes Unbewußtes unbewußt (!) auf andere Menschen, Dinge oder Umstände übertragen.

Quartsextakkord: siehe Sextakkord.

Querstand: die Aufeinanderfolge eines Tones und seiner chromatischen Veränderung in zwei verschiedenen Stimmen. Im strengen kontrapunktischen Satz ist der Querstand verboten. Im Barock, insbesondere von Bach, wird er als starker Ausdruck eines schmerzhaft quälenden Affekts eingesetzt.

Quintenzirkel: Tonartenzirkel durch zwölf Quinten, die im temperierten System (das die Quinten gegenüber den natürlichen Schwingungsverhältnissen geringfügig verengt und wegen der Halbtongleichheit enharmonische Verwechslungen ermöglicht) in ihren Ausgangspunkt zurückführen (siehe Anhang D, S. 348).

Ripieno: »gefüllt«. Mit vollem, nicht nur solistisch besetztem Chor (bzw. Orchester). »Ripienisten« waren in den Schulchören oft ungeübtere Sänger, die nur zu leichteren Aufgaben herangezogen wurden. In der *Matthäuspassion* die Knabenstimmen im Cantus firmus des Eingangschors und des Schlußchors im ersten Teil.

Ritornell: »Wiederkehr«. Im Gesangssatz ein instrumentales Vorspiel, das meist als Nachspiel (auch noch als Zwischenspiel) wiederkehrt.

Scopus: »Ziel«. In der Rhetorik zentrale Aussage, auf die die Rede hinführen soll.

Secco: »trocken«. Das nur von Continuoinstrumenten (z. B. Violoncello und Kontrabaß als Fundament und ein Tasteninstrument, z. B. Orgel oder Cembalo, als Aussetzung) gestützte Rezitativ. Gegensatz: Accompagnato.

Septakkord: der um die Septime erweiterte Dreiklang. Eine Dissonanz, die nach den Regeln des strengen Satzes aufgelöst werden muß. Kommt vielfach auf der 5. Stufe (Dominante) vor als Dominantseptakkord und führt dann zwingender als die reine Dominante in die Tonika (1. Stufe).

Sequenz: »Folge«. Hier als Begriff der musikalischen Satzlehre: die Wiederholung einer Tonfolge auf einer höheren oder tieferen Tonstufe.

Sextakkord: erste Umkehrung des Dreiklangs, bei dem die Terz (statt des Grundtons) im Baß liegt und so über dem Baß ein Terzsextakkord entsteht. Bei einer abermaligen Umkehrung, bei der der Quintton im Baß liegt, entsteht der Quartsextakkord.

Skala: »Leiter«. In der Musik: Tonleiter.

Soliloquent: »einzeln Redender«. In der Passion die neben Jesus und dem Evangelisten einzeln auftretenden Personen wie Judas, Petrus, Pilatus. Gegensatz: Turba.

Stollen: in der Barform des Liedes der erste Formteil, der meist wiederholt wird.

Subsumtio: »Unterführung«; genauer: »subsumtio postpositiva«. In der musikalischen Figurenlehre die Aneinanderreihung von jeweils zwei Tönen im Sekundabstand, deren zweiter »unten angehängt« den Folgeton vorwegnimmt. Eine bei Bach häufig anzutreffende Figur, die Albert Schweitzer treffend »Seufzer«- oder auch »Tränen«motiv genannt hat.

syllabisch: »silbenweise«. Jede Silbe des Textes ist mit je einer Note vertont. Gegenteil: melismatisch.

Tetrachord: »Vierton«folge. Tonreihe innerhalb einer Quart.

Tritonus: »Dreiton«. Das Intervall von drei Ganztönen. Obwohl der Tritonus in der diatonischen Tonleiter enthalten ist, wird er als chromatische Erhöhung der Quart oder (seltener) chromatische Erniedrigung der Quint gedeutet. Im strengen Satz ist er, wohl auch wegen seiner Unsanglichkeit, verboten, von Bach oft zur affektiven Textausdeutung eingesetzt. Der Komponist und Musiktheoretiker Johann Joseph Fux (1660–1741) bezeichnet den Tritonus als »diabolus in musica«.

Turba: »Haufe, Volk«. Meist Plural: Turbae. In der Passionsvertonung die den einzelnen (Soliloquenten) gegenübergestellten Gruppen, insbesondere des Volkes.

Umkehrung: Liegt der Grundton eines Akkords im Baß, so sprechen wir von Grundstellung: Wir empfinden den Akkord in Ruhelage. Liegt einer der beiden anderen Dreiklangstöne im Baß, so sprechen wir von Umkehrung. Die Terz im Baß bildet über sich einen Sextakkord: Er wird als fortführungsbedürftig empfunden. Die Quinte im Baß läßt über sich einen Quartsextakkord entstehen: Er wird als stark auflösungsbedürftig empfunden.

verminderter Septakkord: ein Septakkord, der, aus vier kleinen Terzen gebildet, eine verminderte Septime entstehen läßt; er ist dissonanter als der normale Septakkord.

Anhang A

Matthäuspassion BWV 244   Trauermusik BWV 244a

6. Aria
Buß und Reu
Knirscht das Sündenherz entzwei,
Daß die Tropfen meiner Zähren
Angenehme Spezerei,
Treuer Jesu, dir gebären.

3. Aria
Weh und Ach
Kränkt die Seelen tausendfach.
Und die Augen treuer Liebe
Werden wie ein heller Bach
Bei entstandnem Wetter trübe.

8. Aria
Blute nur, du liebes Herz!
Ach! ein Kind, das du erzogen,
Das an deiner Brust gesogen,
Droht den Pfleger zu ermorden,
Denn es ist zur Schlange worden.
Blute nur, du liebes Herz!

5. Aria
Zage nur, du treues Land!
Ist dein seufzerreiches Quälen
Und die Tränen nicht zu zählen,
O! so denke, dem Erbleichen
Ist kein Unglück zu vergleichen.
Zage nur, du treues Land!

13. Aria
Ich will dir mein Herze schenken,
Senke dich, mein Heil, hinein!
Ich will mich in dir versenken;
Ist dir gleich die Welt zu klein,
Ei, so sollst du mir allein
Mehr als Welt und Himmel sein.

22. Aria
Hemme dein gequältes Kränken,
Spare dich der guten Zeit,
Die den Kummer wird versenken
Und der Lust die Hände beut:
Schmerzen, die am größten sein,
Halten desto eher ein.

20. Aria (Zion – Die Gläubigen)
Z. Ich will bei meinem Jesum wachen.
G. So schlafen unsre Sünden ein.
Z. Meinen Tod
Büßet seine Seelennot;
Sein Trauren machet mich voll
Freuden.
G. Drum muß uns sein verdienstlich
Leiden
Recht bitter und doch süße sein.

19. Aria a 2 Chören (1. Die Sterblichen – 2. Die Auserwählten)
1. Geh, Leopold, zu deiner Ruh
2. Und schlummre nur ein wenig
ein!
1. Nun lebst du
In der schönen Himmelsruh,
Wird gleich der müde Leib
begraben,
2. Der Geist soll sich im Himmel
laben
Und königlich an Glanze sein.

23. Aria
Gerne will ich mich bequemen,
Kreuz und Becher anzunehmen,
Trink' ich doch dem Heiland nach.
Denn sein Mund,
Der mit Milch und Honig fließet,
Hat den Grund
Und des Leidens herbe Schmach
Durch den ersten Trunk versüßet.

39. Aria
Erbarme dich,
Mein Gott, um meiner Zähren wil-
len;
Schaue hier,
Herz und Auge weint vor dir
Bitterlich.
Erbarme dich,
Mein Gott, um meiner Zähren willen!

49. Aria
Aus Liebe,
Aus Liebe will mein Heiland sterben,
Von einer Sünde weiß er
nichts,
Daß das ewige Verderben
Und die Strafe des Gerichts
Nicht auf meiner Seele
bliebe.

57. Aria
Komm, süßes Kreuz, so will ich sa-
gen,
Mein Jesu, gib es immer her!
Wird mir mein Leiden einst zu
schwer,
So hilfst du mir es selber tragen.

65. Aria
Mache dich, mein Herze, rein,
Ich will Jesum selbst begraben.
Denn er soll nunmehr in mir
Für und für
Seine süße Ruhe haben.
Welt, geh aus, laß Jesum ein!

17. Aria
Wird auch gleich nach tausend Zähren
Sich das Auge wieder klären,
Denkt doch unser Herz an dich.
Deine Huld
Wird zwar durch den Tod entrissen,
Unsre Schuld
Bleibet aber ewiglich,
Daß wir dich verehren müssen.

10. Aria
Erhalte mich,
Gott, in der Hälfte meiner
Tage!
Schone doch,
Meiner Seele fällt das Joch
Jämmerlich.
Erhalte mich,
Gott, in der Hälfte meiner Tage!

12. Aria
Mit Freuden,
Mit Freuden sei die Welt verlassen,
Der Tod kommt mir recht tröstlich
für.
Ich will meinen Gott umfassen,
Dieser hilft und bleibt bei mir,
Wenn sich Geist und Glieder schei-
den.

15. Aria
Laß, Leopold, dich nicht
begraben,
Es ist dein Land, das nach dir ruft!
Du sollst ein ewig sanfte
Gruft
In unser aller Herze haben.

20. Aria
Bleibet nur in eurer Ruh,
Ihr erblaßten Fürstenglieder;
Doch verwandelt nach der Zeit
Unser Leid
In vergnügte Freude wieder,
Schließt uns auch die Tränen zu.

68. Chorus
Wir setzen uns mit Tränen nieder
Und rufen dir im Grabe zu:
Ruhe sanfte, sanfte ruh!
Ruht, ihr ausgesog'nen Glieder,
Ruhet sanfte, ruhet wohl!
Euer Grab und Leichenstein
Soll dem ängstlichen Gewissen
Ein bequemes Ruhekissen
Und der Seelen Ruhstatt sein.
Ruhet sanfte, ruhet wohl!
Höchst vergnügt schlummern da die
  Augen ein.

24. Aria tutti
Die Augen sehn nach deiner Leiche,
Der Mund ruft in die Gruft hinein:
Schlafe sicher, ruhe fein,
Labe dich im Himmelreiche!

Nimm die letzte Gute Nacht
Von den Deinen, die dich lieben,
Die sich über dich betrüben,
Die dein Herze wert geacht',

Wo dein Ruhm sich unsterblich hat
  gemacht.

Anhang B

Übersicht über die Choräle der *Matthäuspassion*

O Haupt voll Blut und Wunden (Text: Paul Gerhard)
Vers 1, 2 (O Haupt voll Blut und Wunden... Du edles Angesichte) =
NBA 54, BWV 63
Vers 5 (Erkenne mich, mein Hüter) = NBA 15, BWV 21
Vers 6 (Ich will hier bei dir stehen) = NBA 17, BWV 23
Vers 9 (Wenn ich einmal soll scheiden) = NBA 62, BWV 72

Befiehl du deine Wege (Text: Paul Gerhard)
Vers 1 (Befiehl du deine Wege) = NBA 44, BWV 53

O Welt, sieh hier dein Leben (Text: Paul Gerhard)
Vers 3 (Wer hat dich so geschlagen) = NBA 37, BWV 44
Vers 5 (Ich bin's, ich sollte büßen) = NBA 10, BWV 16

Herzliebster Jesu, was hast du verbrochen (Text: Johann Heermann)
Vers 1 (Herzliebster Jesu) = NBA 3, BWV 3
Vers 3 (Was ist die Ursach' aller solcher Plagen?) = NBA 19, BWV 25
Vers 4 (Wie wunderbarlich ist doch diese Strafe!) = NBA 46, BWV 55

Was mein Gott will, das g'scheh allzeit (Text: Albrecht, Herzog zu Preußen,
1554)
Vers 1 (Was mein Gott will) = NBA 25, BWV 31

O Mensch, bewein dein Sünde groß (Text: Sebald Heyden, 1525)
Vers 1 (O Mensch, bewein dein Sünde groß) = NBA 29, BWV 35

In dich hab ich gehoffet (Text: Adam Reusner, 1533)
Vers 5 (Mir hat die Welt trüglich gericht') = NBA 32, BWV 38

Werde munter, mein Gemüte (Text: Joachim Rist, 1642)
Vers 5 (Bin ich gleich von dir gewichen) = NBA 40, BWV 48

O Lamm Gottes, unschuldig (Text: Nicolaus Decius)
Vers 1 (O Lamm Gottes, unschuldig) = NBA 1, BWV 1

Anhang C

Übersicht über die Arien der *Matthäuspassion*

NBA 6, BWV 10
»Buß und Reu knirscht das Sündenherz entzwei« – AltI
Takt: 3/8, wörtliches Dakapo, abgewandelter Goldener Schnitt

NBA 8, BWV 12
»Blute nur, du liebes Herz!« – Sopran II
Takt: 4/4, wörtliches Dakapo, genauer Goldener Schnitt

NBA 13, BWV 19
»Ich will dir mein Herze schenken« – Sopran I
Takt: 6/8, wörtliches Dakapo, genauer Goldener Schnitt

NBA 20, BWV 26
»Ich will bei meinem Jesum wachen« – Tenor I (+ Coro II)
Takt: 4/4, freies Dakapo, nahe Goldener Schnitt

NBA 23, BWV 29
»Gerne will ich mich bequemen« – Baß II
Takt: 3/8, wörtliches Dakapo, verborgener Goldener Schnitt

NBA 27, BWV 33
»So ist mein Jesus nun gefangen« – Sopran/Alt I (+ Coro II)
Takt: 4/4, offene Form

NBA 30, BWV 36
»Ach, nun ist mein Jesus hin!« – Alt I (+ Coro II)
Takt: 3/8, Bogenform

NBA 35, BWV 41
»Geduld! wenn mich falsche Zungen stechen« – Tenor II
Takt: 4/4, sehr freies Dakapo, genauer Goldener Schnitt

NBA 39, BWV 47
»Erbarme dich, mein Gott« – Alt I
Takt: 12/8, freies Dakapo, genauer Goldener Schnitt

NBA 42, BWV 51
»Gebt mir meinen Jesum wieder« – Baß II
Takt: 4/4, freies Dakapo, genauer Goldener Schnitt

NBA 49, BWV 58
»Aus Liebe will mein Heiland sterben« – Sopran I
Takt: 3/4, freies Dakapo, genauer Goldener Schnitt

NBA 52, BWV 61
»Können Tränen meiner Wangen« – Alt II
Takt: 3/4, wörtliches Dakapo

NBA 57, BWV 66
»Komm, süßes Kreuz, so will ich sagen« – Baß I
Takt: 4/4, freies Dakapo, genauer Goldener Schnitt

NBA 60, BWV 70
»Sehet, Jesus hat die Hand« – Alt I (+ Coro II)
Takt: 4/4, zweiteilig, Bogenform

NBA 65, BWV 75
»Mache dich, mein Herze, rein« – Baß I
Takt: 12/8, verkürztes Dakapo

Anhang D

Quintenzirkel

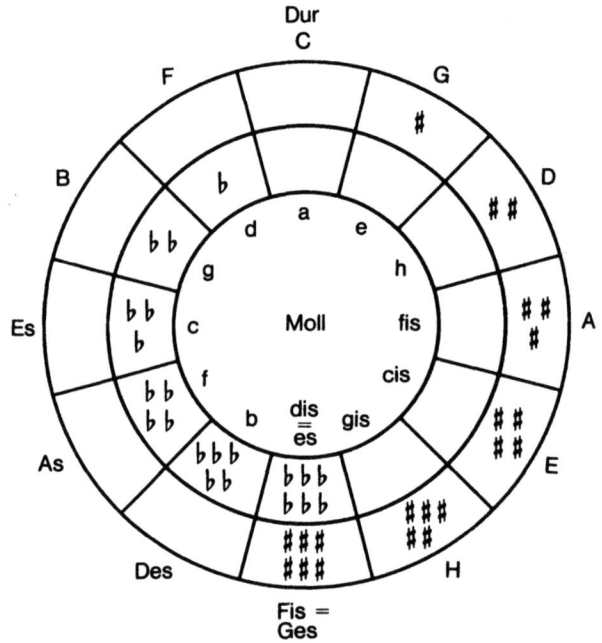

Anhang E

Verhältniszahlen des Goldenen Schnitts

1: 0,6	21:13,0	41:25,3	61:37,7	81:50,1
2: 1,2	22:13,6	42:26,0	62:38,3	82:50,7
3: 1,9	23:14,2	43:26,6	63:38,9	83:51,3
4: 2,5	24:14,8	44:27,2	64:39,6	84:51,9
5: 3,1	25:15,5	45:27,8	65:40,2	85:52,5
6: 3,7	26:16,1	46:28,4	66:40,8	86:53,2
7: 4,3	27:16,7	47:29,0	67:41,4	87:53,8
8: 4,9	28:17,3	48:29,7	68:42,0	88:54,4
9: 5,6	29:17,9	49:30,3	69:42,6	89:55,0
10: 6,2	30:18,5	50:30,9	70:43,3	90:55,6
11: 6,8	31:19,2	51:31,5	71:43,9	91:56,2
12: 7,4	32:19,8	52:32,1	72:44,5	92:56,9
13: 8,0	33:20,4	53:32,8	73:45,1	93:57,5
14: 8,7	34:21,0	54:33,4	74:45,7	94:58,1
15: 9,3	35:21,6	55:34,0	75:46,4	95:58,7
16: 9,9	36:22,2	56:34,6	76:47,0	96:59,3
17:10,5	37:22,9	57:35,2	77:47,6	97:59,9
18:11,1	38:23,5	58:35,8	78:48,2	98:60,6
19:11,7	39:24,1	59:36,5	79:48,8	99:61,2
20:12,4	40:24,7	60:37,1	80:49,4	100:61,8

Bildnachweis

Abb. 1 Photo: Bach-Archiv, Leipzig (© Deutsche Staatsbibliothek, Preußischer Kulturbesitz, Berlin).

Abb. 8 Photo: Holger Badekow, Hamburg.

Abb. 12 Photo: Bach-Archiv, Leipzig (© Deutsche Staatsbibliothek, Preußischer Kulturbesitz, Berlin).

Abb. 13 Photo: Bach-Archiv, Leipzig (© Deutsche Staatsbibliothek, Preußischer Kulturbesitz, Berlin).